예루살렘에서 히브리적 관점으로 읽는 출애굽기

예루살렘에서 히브리적 관점으로 읽는 출애굽기

초판	2020년 12월 08일
증보개정판	2024년 01월 04일

글쓴이	육에녹, 백에스더
펴낸이	육에녹
펴낸곳	도서출판 진리의집

출판등록	제2023-000005호(2020.09.02)
주소	(31411)충청남도 아산시 둔포면 관대길 59-6번지
영업, 관리	백진영(010-5164-2593)
전자우편	houseoftruth832@naver.com
유튜브	진리의집
네이버카페	http://cafe.naver.com/houseoftruth
온라인몰	http://smartstore.naver.com/houseoftruth

교정	박아인
편집,디자인	백진영

ISBN	979-11-979803-5-0
정가	25,000원

토라포션 시리즈 두번째
Torah portion
שמות

증보개정판

예루살렘에서 히브리적 관점으로 읽는 **출애굽기**
The Book of Exodus

진리의집

프롤로그

'이름들'에 담긴 하나님의 구속 계획

출애굽기 1:1은 "그리고 이것이 이름들이다, 붸엘레 쉐모트(וְאֵלֶּה שְׁמוֹת)"라고 시작합니다. 여기서 첫 글자 '바브(וְ)'는 '그리고'라는 뜻을 가진 접속사입니다. 출애굽기가 앞 이야기와 연결하기 위해 쓰이는 접속사 '바브(וְ)'로 시작한다는 것은 이 책이 창세기의 연속선상에 있음을 의미합니다. 레위기 1:1과 민수기 1:1도 바브(וְ) '그리고'로 시작합니다. 이것을 통해 우리는 모세오경 전체의 이야기가 하나의 주제를 향해 흘러가고 있음을 알 수 있습니다. 그 이야기의 방향은 하늘과 땅이 하나됨을 이루어 하나님과 사람이 함께 기쁨을 누리는 곳, '에덴-동산'입니다.

에덴-동산은 하나님 나라의 시작이자 중심이었습니다. 이곳에서 사람은 하나님과의 에하드(אֶחָד)를 누렸습니다. 히브리어 에하드는 숫자로 말하면 '1'이라는 뜻을 가지고 있지만 동시에 '하나됨'이라는 뜻을 가지고 있습니다. 숫자 '1'은 한 개라는 단수의 개념이지만 '하나됨'이란 아무리 많은 것이 더하여져도 하나가 된다는 개념입니다. 삼위가 하나됨을 이루고 계신 하나님의 계획은 아담과 하와로부터 시작된 인류가 생육하고 번성하여 모두 하나님 안에서 하나됨을 영원히 누리는 것이었습니다. 하나님과 누리는 하나됨을 위해 하나님은 하늘과 땅이 연합된 에덴-동산을 만드셨고 이곳에서는 모든 것이 하나됨을 누렸습니다. 그 하나됨 안에는 사랑과 기쁨과 복이 가득했습니다. 그러나 사단의 간교한 속임과 거짓말은 아담이 그 에덴-동산으로부터 분리되는 결과를 초래하였습니다. 그럼에도 여전히 땅의 그 동산으로부터 분리되지 않고 천년을 머물던 에덴은 결국 전지구에 가득한 우상숭배와 우상숭배에 사로잡혀 참 하나님을 거부하는 악한 세대가 말과 행위에서 도를 넘어서자, 에덴은 그 동산으로부터 분리되어 하늘로 올라가 버렸으며 그 순간에 쉐키나께서는 에녹 한 사람을 데리고 하늘로 올라가셨습니다.[1]

그러나 하나님은 태초부터 계획하신 하나님 나라의 완성을 위해 온 인류와 땅을 향한 구속의 계획을 세우시고 하나님의 일을 진행하셨습니다. 창세기를 통해 한 사람 노아, 한 사람 아브라함 그리고 그의 믿음의 후손들의 삶에 하나님의 구원을 위한 코드를 숨겨 놓으시고 그들을 세심하게 간섭하시고 이끌어 주심으로 하나님 나라가 어떻게 완성될 것인지를 보여주셨습니다. 그들의 고난, 아픔, 눈물, 땀, 대가, 삶과 죽음을 통해 하나님이 어떻게 온 인류와 땅을 구속하실 것인지 보여주셨습니다. 이들의 삶은 마치 하나님의 구속의 계획의

---

1 솔로몬의 성전 봉헌식 때 하늘에서 내려온 여호와의 영광이 성전에 가득했다. 그 순간은 하늘 에덴이 땅 동산으로 다시 내려온 순간이었으며 쉐키나께서 지성소 안에 내주하시기 시작한 순간이었다. 그 후 남유다가 바벨론에 의해서 멸망당하고 성전이 무너지기 전까지 약 370년 동안 쉐키나께서는 스스로 영광을 감추시며 지성소에 머무시며 내주하고 계셨다. 남유다가 멸망하기 직전, 성전 안까지 증오스러운 우상들이 들어와 우상숭배가 도를 넘어 행해지고 있었지만 참고 견디시며 내주하시던 쉐키나께서는 그발 강가에 있던 에스겔의 머리카락 한 묶음(찌찌트 로쉬יצת ראשית)을 잡아 공간 이동 후 예루살렘 성전 안의 혐오스러운 장면들을 보여주시며 성소를 떠나실 행차를 진행하시는 과정을 보여주셨다. 결국 여호와의 영광이 지성소를 떠나 성전 문지방으로, 성전 동문으로, 동편 감람산으로 이동 후 하늘로 떠나가셨다. 다시 돌아올 것을 기약하시며 예루살렘을 떠나시는 장면이 에스겔서 8-11장의 내용이며 40-48장은 다시 예루살렘으로 돌아오시는 장면이고 그 후로는 예루살렘이 여호와삼마(여호와께서 거기 계시다)라 불린다.

아담부터 에녹까지 하늘의 에덴이 땅 동산과 하나된 상태로 유지되었었다. 아담을 에덴-동산의 동편으로 쫓아 내신 후에도 에덴과 동산은 분리되지 않은 채 쉐키나께서는 스스로 영광을 감추시며 천년을 예루살렘에 머물고 계셨다. 이러한 과정은 예루살렘에 세워졌던 솔로몬 성전에 약 370년을 머무시던 여호와의 영광이 결국 떠나게 되는 과정을 통해서 이해해볼 수 있게 된다.

참고】【에녹3서 5:11-6:3】

비밀을 담아 놓은 상자 같아서 계속해서 찾고, 자세히 살펴보고, 주의 깊게 반복하여 읽고, 묵상하고, 생각하면 할수록 하나님의 치밀하고도 놀라운 경륜과 지혜, 그리고 사랑과 자비를 발견하게 됩니다. 하나님의 킹덤이 숨겨진 보석과 같은 것처럼 이들의 삶은 구속의 비밀을 담은 보석함과 같습니다.

하나의 비밀 코드를 발견하면 보석 하나를 발견한 것과 같은 기쁨에 환희를, 또 그 보석을 기가 막히게 숨겨 놓으신 하나님의 지혜에 탄성을 지르게 됩니다. 그렇게 숨겨진 비밀과 보석들을 하나씩 발견해 나가다 보면 어느새 5권의 책인 토라가 하나의 이야기를 하고 있음을 깨닫게 됩니다. 이 이야기의 시작은 에덴-동산이었고 그 종착지도 에덴-동산입니다.

하나님의 구속의 계획 중에 하나는 사람이 하나님의 형상(쩰렘צלם)과 모양(드무트דמות, 창1:26)을 온전하게 회복하고 에덴-동산으로 다시 돌아가는 것입니다. 하나님은 창세기를 통해 하나님이 창조하신 모든 세계의 온전한 회복과 완전함을 위한 하나님의 계획을 믿음의 조상들의 삶을 통해 우리에게 알려 주셨고, 이 계획이 구체적으로 어떻게 실행되었는지를 출애굽기를 통해 말씀해 주고 계십니다. 출애굽기라는 책의 이름은 70인역[2]의 헬라어 명칭에서 나온 것입니다. 본래 출애굽기의 히브리어 제목은 '이름들, 쉐모트שמות' 입니다. '그리고 이는 이스라엘 아들들의 이름들이다'고 시작하는 출애굽기는 야곱의 12 아들의 이름들로 시작합니다. 이름에는 그 사람의 특성과 기질, 삶의 목적과 사명, 때로는 시대의 흐름까지 담겨 있습니다. 출애굽기는 야곱의 12 아들의 이름들로 시작함으로써 하나님이 이들을 통해, 그리고 이들과 함께 구속의 여정을 본격적으로 시작하실 것임을 시사해 줍니다. 야곱의 12 아들의 이름들에는 이들을 통하여서 한 민족을 이루고 한 나라가 되게 하시어 열방으로 뻗어 나가게 하시고자 하는 하나님의 구속 계획이 담겨 있습니다. 하나님은 이집트 땅에서 이스라엘의 아들들과 그의 자손들을 생육하고 번성하여 매우 강하게 하시고 그 땅에 가득하게 되게 하셨습니다(출1:7). 이로써 아브라함에게 약속하신대로 하나의 큰 민족이 되어 다시 그 동산의 중앙으로 돌아오게 할 준비를 하십니다(창15:16).

하나님이 계획하신대로 야곱의 12 아들이 이스라엘이라는 민족이 되었습니다. 하나님은 이들을 이집트에서 데리고 나와 다시 '그 동산'으로 돌아가 하나님의 킹덤을 시작하게

---

2 70인역 성경은 B.C.3세기 중엽부터 B.C.1세기까지 히브리어 성경을 헬라어 성경으로 번역한 성경책이다. 초기에는 이스라엘의 12지파에서 각 6명씩 파견된 72명의 유대인 번역자들이 알렉산드리아에서 모세오경만을 번역했으나 그 후 약 200년의 기간동안 다른 책들도 번역되었다. 70인역 성경에는 오늘날 39권의 구약성경에는 포함되어 있지 않으나 신구약 중간시기의 유대인들과 초대교회 성도들이 읽어왔던 성경 목록들이 포함 되어있다.

하기 위해, 또 이집트의 노예생활로부터 완전한 자유와 온전함을 위해 하나님은 한 사람을 택하시는 것으로 출애굽기의 이야기를 시작합니다. 죽음의 물에서 건짐 받은 한 사람 모세는 하나님이 어떻게 친히 자기 백성을 구하시는지를 그의 삶을 통해 예표해 줍니다(출1-4). 또한 이집트의 노예에서 해방되고 자유와 구원을 경험한 이스라엘 백성을 통해 하나님이 어떻게 이 세상의 노예가 된 우리들을 해방시키고 구원받게 하시는지를 보여주십니다(출5-15). 그러나 하나님의 선하신 인도하심으로 자유를 얻은 이스라엘 백성이었지만 노예근성을 버리지 못해 끊임없이 하나님께 불평하고 거역합니다. 그래서 하나님은 이들을 하나님의 백성으로 단장시키기 위한 광야 훈련을 시작하십니다(출16-18).

광야 훈련의 첫 여정에서 하나님은 가장 먼저 이집트의 노예 습성 즉, 세상의 노예 습성 때문에 잃어버렸던 그들의 정체성을 회복시켜 주시면서 그들의 조상과 언약을 맺으셨듯이 이스라엘 백성과 언약을 맺으십니다(출19-20). 그리고 하나님 나라의 백성들이 지켜야 할 법들을 가르쳐 주시고(출21-24) 이제는 하나님이 친히 이스라엘 백성 가운데 거하겠다고 결정하시며 자신이 거할 처소인 성막, 미쉬칸(מִשְׁכָּן)을 하늘 미쉬칸의 패턴을 그대로 반영하여 만들도록 하십니다(출25-40). 이로써 마치 '그 동산'에서 하늘과 땅이, 그리고 하나님과 사람이 하나되었던 것처럼 하나님은 하나님의 백성들과 다시 하나되어 그들 가운데 거하실 모든 준비를 마치십니다.

출애굽기의 하나님은 오랜 시간 동안 잃어버렸던 자기 이름의 정체성, 이스라엘이라는 이름의 정체성을 기억나게 하고 찾아 주시면서 친히 그들의 하나님 되심을 보여주십니다. 신랑이 신부를 찾기 위해 적극적으로 사랑을 표현하는 것처럼 하나님은 매 순간 "나는 너의 하나님 여호와다(나는 너의 신랑이다)"라고 외치십니다. 신랑이신 하나님은 신부를 찾는데 있어 방해되는 모든 것을 제거하시고 당당하게 자기 신부를 데리고 나와 시나이 산 아래에서 사랑의 언약을 맺고 영원히 함께 하겠다고 선포하시며 다시 이 땅에 처소를 만드십니다. 이 처소는 신랑과 신부가 함께 머무는 처소입니다. 하나님의 꿈은 처음부터 한결같이 자신의 형상으로 지음 받은 사람과 하나됨을 누리는 것이었습니다.

하나님은 사탄과 세상에 빼앗겼던 자신의 사랑을 되찾고 원래대로 만들기 위해, 또한 이 사랑의 확장이 멈춰지지 않게 하기 위해 모든 것을 완벽하게 계획하시고 천천히 하나씩 정확한 그분의 시간(절기, 모아딤מוֹעֲדִים)에 실행하십니다. 하나님의 구속 계획은 단 한 번도 멈춘 적이 없습니다. 그분의 구속의 계획 안에서 이스라엘의 아들들은 한 민족을 이루었고, 나라(왕국)를 시작했습니다. 빼앗기고 잃어버렸던 그들의 이름의 정체성을 찾아가는 과정은 혹독했습니다. 그들이 한순간의 실수로 하나님의 사랑을 배신했을 때는 하나님의 폭풍 같은 질투에 완전히 역사 속에서 사라져 버릴 위기도 있었지만 그 때마다 하나님과 이스라엘 사이에서 중재했던 한 사람 모세로 인해 그들은 용서를 받고 다시 기회를 가졌습니다. 모세는 오늘날 이스라엘이 이스라엘이라는 이름의 정체성을 가지고 여전히 존재할 수 있도록 해 준 사람이었습니다. 이스라엘이라는 이름이 사라질 수도 있었지만 그는 하나님이 이 이름에 담아 놓으신 구속의 계획을 알고 있었기에 하나님의 계획이 성취될 수 있도록 자신의 생명을 다해 하나님을 사랑하고 자기 민족 이스라엘을 사랑한 사람이었습니다. 모세가 아니었다면 하나님의 구속의 계획이 어떻게 실행될 수 있었을까요?

　　창세기, 베레쉬트בְּרֵאשִׁית를 통해 우리는 에덴-동산의 시작, 그리고 에덴-동산에서의 쫓겨남, 그러나 다시 '그 동산'으로 돌아가기 위한 하나님의 구원의 계획을 보았습니다. 출애굽기를 통해서는 이 계획이 구체적으로 어떻게 진행되는지 살펴봄으로써 하나님의 깊은 지혜와 사랑, 자비를 깨닫게 될 것입니다. 자신의 사랑을 찾기 위해 폭풍같이 질주하시는 하나님의 행동을 통해 우리의 사랑이 어느 방향을 향해야 하는지 명확히 알게 될 것입니다. 무엇보다 우리와의 하나됨을 열망하는 신랑 앞에서 우리 이름의 정체성을 찾고 그분과 하나되는 신부로 거듭날 것입니다.

2024년 1월 예루살렘에서 진리의 집

차례

차
례

Torah Portion

토라 포션표

출애굽기 주간 토라 포션 Weekly Torah Portion

	주제	의미	파라샤	하프타라	브리트 하다샤	
					킹덤과 종말론적 관점	복음서 관점
13	쉐모트 שְׁמוֹת	이름들	출1:1 - 6:1	사27:6 - 28:13 사29:22 - 23 렘1:1 - 2:3	고전14:13 - 25	마2:1 - 12
14	봐에라 וָאֵרָא	그리고 내가 나타났다	출6:2 - 9:35	겔28:25 - 29:21	계16:1 - 21	눅11:14 - 22
15	보 בֹּא	들어오라	출10:1 - 13:16	렘46:13 - 13:28	롬9:14 - 29	요19:31 - 37
16	베샬라흐 בְּשַׁלַּח	그가 보냈을 때	출13:17 - 17:16	삿4:4 - 5:31	계19:1 - 20:6	마14:22 - 33
17	이트로 יִתְרוֹ	이드로	출18:1 - 20:26	사6:1-7:6 사9:6-7	마5:8-20	마19:16-26
18	미쉬파팀 מִשְׁפָּטִים	판결들	출21:1-24:18	렘34:8 - 22 렘33:25 - 26	마17:1 - 11	마26:20 - 30
19	테루마 תְּרוּמָה	예물	출25:1 - 27:19	왕상5:12 - 6:13	고후9:1 - 15	막12:35 - 44
20	트짜베 תְּצַוֶּה	너는 명령하라	출27:20 - 30:10	겔43:10 - 27	히13:10 - 16	마5:13 - 20
21	키 티싸 כִּי תִשָּׂא	네가 들어올릴 때 (계수할 때)	출30:11 - 34:35	왕상18:1 - 39	고후3:1 - 18	막9:1 - 10
22	봐야크헬 וַיַּקְהֵל	그리고 그가 불러모았다	출35:1 - 38:20	왕상7:13 - 26 왕상7:40 - 50	히9:1 - 11	마17:22 - 27
23	프쿠데이 פְקוּדֵי	결산목록	출38:21 - 40:38	왕상7:51 - 8:21	히8:1 - 12	눅16:1 - 13

출애굽기 일일 토라 포션 Daily Torah Portion

주간	주제	일 Day 1	월 Day 2	화 Day 3	수 Day 4	목 Day 5	금 Day 6	토 Day 7
13	쉐모트 שְׁמוֹת	1:1 - 17	1:18 - 2:10	2:11 - 25	3:1 - 14	3:15 - 4:17	4:18 - 31	5:1 - 6:1
14	봐에라 וָאֵרָא	6:2 - 13	6:14 - 27	6:28 - 7:7	7:8 - 8:7	8:8 - 19	8:20 - 9:21	9:22 - 35
15	보 בֹּא	10:1 - 11	10:12 - 20	10:21 - 11:3	11:4 - 12:20	12:21 - 28	12:29 - 51	13:1 - 16
16	베샬라흐 בְּשַׁלַּח	13:17 - 14:9	14:10 - 14	14:15 - 25	14:26 - 15:26	15:27 - 16:10	16:11 - 36	17:1 - 16
17	이트로 יִתְרוֹ	18:1 - 12	18:13 - 23	18:24 - 27	19:1 - 6	19:7 - 19	19:20 - 20:11	20:12 - 26
18	미쉬파팀 מִשְׁפָּטִים	21:1 - 19	21:20 - 22:4	22:5 - 27	22:28 - 23:5	23:6 - 19	23:20 - 33	24:1 - 24:18
19	테루마 תְּרוּמָה	25:1 - 16	25:17 - 30	25:31 - 26:14	26:15 - 30	26:31 - 37	27:1 - 8	27:9 - 19
20	트짜베 תְּצַוֶּה	27:20 - 28:14	28:15 - 30	28:31 - 43	29:1 - 18	29:19 - 37	29:38 - 46	30:1 - 10
21	키 티싸 כִּי תִשָּׂא	30:11 - 31:17	31:18 - 33:11	33:12 - 16	33:17 - 23	34:1 - 9	34:10 - 26	34:27 - 35
22	봐야크헬 וַיַּקְהֵל	35:1 - 19	35:20 - 29	35:30 - 36:7	36:8 - 19	36:20 - 37:16	37:17 - 29	38:1 - 20
23	프쿠데이 פְקוּדֵי	38:21 - 39:1	39:2 - 21	39:22 - 31	39:32 - 43	40:1 - 16	40:17 - 27	40:28 - 38

* 히브리적 관점에서 한 주간의 첫 날은 주일(Sunday)부터 시작입니다. 그래서 토라 포션을 읽고 묵상하실 때 주일(Sunday)을 주간의 첫 날로 시작하시면 됩니다.

절기 토라 포션표

절기 토라 포션들은 중요한 절기들에 읽혀지는데 유월절과 장막절을 제외한 나머지 날들은 그 주간의 토라 포션과 함께 읽게 됩니다. 유월절과 장막절에는 절기 포션만 읽도록 되어 있습니다. 그 외의 특별한 주간들에 정해진 토라 포션 외에 더 읽도록 되어 있는 포션들도 있지만, 여기서는 절기 포션들만 소개하도록 하겠습니다.

	절기	파라샤	하프타라	브리트 하다샤
1	하누카 (봉헌)	민7:1-11	슥2:14-4:7 왕상7:40-50	요9:1-7 요10:22-39
2	부림 (제비뽑기)	출17:8-16	에스더 전체 시3:3	히11장 전체
3	페싹 (유월절)	출12:21-51 민28:16-25	수3:5-7, 5:2-15 수6:1, 27	요1:29-31 요10:14-18
4	샤부옽 (오순절)	출19:1-20:23 민28:26-31	겔1:1-28 겔3:12	요1:32-34 마3:11-17
5	로쉬 하샤나 (나팔절)	창21:1-34 민29:1-6	삼상1:1-2:10	살전4:13-18
6	욤 키푸르 (대속죄일)	레16:1-34 민29:7-11	사57:14-58:14	고후 5:10-21
7	수콧 (장막절)	레22:26-23:44 민29:12-16	슥14:1-24	계7:1-10
8	심핫 토라	신33-34 창1:1-2:3 민29:35-30:1	수1:1-18	마5:17-48
9	로쉬 호데쉬 (월삭, 초하루)	민28:9-15	사66:1-24	벧전2:4-10

* 로쉬 호데쉬(달의 첫 날)는 월삭이라는 뜻으로 그 달의 첫 날에 읽는 본문입니다.

토라 기도문

בָּרוּךְ אַתָּה אֲדוֹנָי אֱלֹהֵינוּ מֶלֶךְ הָעוֹלָם

바룩 아타 아도나이 엘로헤이누 멜렉 하올람

여호와 우리 하나님 온 우주의 왕이신 당신을 송축합니다

אֲשֶׁר קִדְּשָׁנוּ בְּמִצְוֹתָיו וְצִוָּנוּ לַעֲסוֹק בְּדִבְרֵי תוֹרָה

아쉐르 키드샤누 베미쯔보타브 붸찌바누 라아쏘크 베디브레이 토라

우리를 그 계명들로 거룩하게 구별하시고

토라의 말씀들에 빠져들게 하시는 당신을 찬양합니다

אֲנִי יְהוָה וְאֵין עוֹד

아니 아도나이 붸에인 오드

나는 여호와라 나 외에 다른 신은 없다

Torah Portion

출애굽기

שְׁמוֹת

SHEMOT

쉐모트

13주간

שְׁמוֹת
SHEMOT
쉐모트, 이름들

파라샤 출1:1-6:1

하프타라 사27:6-28:13

사29:22-23

렘1:1-2:3

브리트 하다샤 고전14:13-25

마2:1-12

DAY 1 출1:1-17

이름들에 심어 놓으신 하나님의 구속 계획

출애굽기의 히브리어 제목은 쉐모트שמות '이름들'입니다. 이스라엘의 12아들들의 이름으로 시작하고 있는 출애굽기는 하나님이 이들을 통해서 큰 민족을 이루시고(출1:7) 창세기에서 보인 하나님의 구속의 청사진이 이 민족을 통해 본격적으로 실행될 것임을 시사해줍니다. 이스라엘 민족이 성장해가면서 받는 고통과 고난 가운데 등장하는 여러 인물들은 자신들의 이름에 담긴 하나님의 사명을 수행함으로써 하나님의 구속의 계획이 하나씩 이루어져가는 것을 보여줍니다.

창세기 46:8-27과 출애굽기 1:2-5에 이집트로 내려가게 된 이스라엘의 12아들들의 이름이 두 번 반복되어 등장하는 것은 인류 역사 가운데 두 가지 큰 구속의 사건이 있을 것임을 예표합니다 . 하나는 모세를 통해 이집트에서 구원받은 이스라엘 민족을, 다른 하나는 역사의 마지막 날에 메시아를 통해 구원받게 될 온 인류의 구속입니다. 출애굽기에서 이스라엘의 12아들들을 통해 이뤄진 이스라엘 민족의 구속 사건은 마지막 날 온 인류가 어떤 과정을 거쳐 구속될 것인지를 보여주면서 결국은 하나님의 구속 계획이 그분의 강력한 의지로 실현될 것임을 시사해줍니다.

미드라쉬 라바 는 하나님의 구속 계획이 12아들들의 이름을 통해 어떻게 실현되었고, 또 실현될 것인지를 설명해주고 있습니다. '보다'라는 뜻을 가진 르우벤은 하나님이 이집트에 있는 이스라엘 백성의 고통을 분명히 보셨음을 나타내고(출3:7), '듣다'라는 뜻을 가진 시므온은 하나님이 그들의 고통 소리를 들으셨음을 나타냅니다(출2:24). '연합'이라는 뜻을 가진 레위는 하나님이 그들의 고통을 외면하신 것이 아니라 그 고통 중에도 함께 하셨음을 나타내는데 이것은 마치 바짝 마른 떨기나무(이스라엘 민족의 상태)이지만 거룩한 불(하나님의 임재)이 그 나무를 태우지 않음으로써 하나님이 그들 가운데 거하고 계심을 상징하는 것과 같습니다(출3:2). 또한 하나님이 그들의 고통을 보고 들으셨다는 것은 그들을 외면하고 계신 것이 아니라 함께하고 계셨다는 것을 증명해 줍니다. 이스라엘의 고통가운데 함께 하신 하나님이 이스라엘 백성을 구속하셨고 결국 그들은 하나님을 '찬송'하게 될 것이라는 것을 유다의 이름을 통해 나타내셨습니다(출15).

'보상, 값을 지불하다'라는 뜻을 가진 잇사갈은 이스라엘 백성이 출이집트 할 때 이집트인들로부터 재물을 얻고 나오게 하심으로 그 땅에서 오랜 시간 노예살이했던 이스라엘 백성의 모든 수고와 땀에 대한 하나님의 보상을 나타냅니다(출12:36). '거주하다'는 뜻의 스불론은 하나님의 미쉬칸(처소, 미쉬칸)이 그들 가운데 세워짐으로 영원히 그들과 함께 하실 것임을 나타내고(출25:8), '오른손의 아들'이라는 뜻을 가진 베냐민은 하나님의 오른손이 위대한 능력으로 그들을 이집트로부터 나오게 하실 것을 나타냅니다(출15:6).

'심판'이라는 뜻의 단은 하나님이 이집트(세상)를 심판하시고 자신의 백성을 구원하실 것임을(출6:6-7), '경쟁에서 이겼다'는 뜻의 납달리는 하나님의 큰 승리를 나타냅니다. '군대의 추격'이라는 뜻의 갓은 이스라엘 백성이 하나님의 군대로써 이집트에서 나와 원수들을 추격하고 공격하여 하나님이 약속하신 것을 차지하게 될 것임을(야라쉬ירש), '기쁨, 축복'이라는 뜻의 아셀은 이스라엘이 모든 민족을 축복하는 제사장 나라가 될 것임을 나타냅니다(출19:6). 그리고 마지막으로 등장하는 이름, '더하다'라는 뜻의 요셉은 하나님의 구원이 이스라엘 백성에게서 끝나는 것이 아니라 마지막 날에 더 큰 구원, 온 인류의 구원으로 하나님의 구원이 더해지고 확장될 것임을 예표합니다.

요셉은 이스라엘의 12아들 이름들의 명단 가운데 마지막에 등장합니다. 그는 다른 아들들에 앞서 이집트에 있었고(출1:5) 이것은 다른 아들들과 가족들의 구원을 위해 요셉이 먼저 보냄을 받았다는 것을 의미합니다(창45:5). 메시아이신 예슈아는 인류의 구원을 위해 처음(먼저) 오셔서 십자가를 통해 죄의 값을 지불하고 죽음을 이기셨습니다. 그분은 마지막 날에 다시 오셔서 온 인류의 통치자로 그분의 보좌에 앉을 것이고 우리는 영원히 그분과 함께 하게 될 것입니다(요14:2-3).

한 사람의 이름은 그 사람의 정체성이면서 사명입니다. 이스라엘ישראל이라는 이름은 야곱이 천사와 씨름하였을 때 주어진 새로운 이름으로 이 이름은 싸라שרה 라는 단어와 엘

אֵל이라는 단어의 합성어입니다. 싸라שָׂרָה는 '힘을 가지다, 이기다, 승리하다'는 뜻이고, 엘 אֵל은 '하나님'이라는 뜻입니다. 그러므로 이스라엘יִשְׂרָאֵל은 '하나님이 이기신다'는 뜻을 가지고 있습니다. 하나님은 승리하셔서 모든 구속의 계획을 완성할 것입니다. 이스라엘이라는 이름은 하나님이 완전한 승리자이심을 보여주고 있으며 또한 이 이름을 통해 이들의 사명이 구속의 계획이 완성되기까지 이기는 것이라는 것을 나타내고 있습니다.

이스라엘יִשְׂרָאֵל은 '그가 하나님처럼 다스릴 것이다'라는 뜻으로도 해석할 수 있습니다. 하나님은 아담을 하나님의 형상과 모습으로 만드신 후 만물을 다스릴 하나님의 대리 통치자로서 세우셨습니다. 이스라엘의 정체성은 그 이름에 나타난 것처럼 하나님의 대리 통치자로서 만물을 다스리는 것이고 이들의 사명은 세상의 악한 것을 이기는 것입니다. 이스라엘의 정체성과 사명은 메시아로 인해 그분을 믿고 구원받은 자들인 우리들에게로 확장되었고, 마지막 날 우리는 왕 같은 제사장이 되어 메시아와 함께 그분의 나라에서 왕노릇 할 것입니다.

역사 속에서 이스라엘 민족은 수없이 실패하고 넘어졌습니다. 사탄은 철저하게 이스라엘의 민족적 정체성과 사명이 이뤄지지 못하도록 속여왔고 방해해왔습니다. 그러나 그럴 때마다 번번이 나타나는 한 사람과 믿음의 사람들이 자신들의 이름의 사명을 충실하게 감당함으로써 오히려 사탄의 전략을 완전히 패배로 돌아가게 하는 역전의 사건들이 있었던 것을 봅니다. 우리의 이름에 주어진 정체성을 깨닫지 못하고 사명을 감당하지 못하도록 사탄은 집요하게 속이고 거짓으로 우리의 존재 자체를 참소합니다. 그러나 우리는 이미 하나님이 승리하신다는 것과 우리가 만왕의 왕의 권위 아래서 왕 노릇 하게 될 것이라는 것을 알고 있습니다. 이스라엘은 자신의 민족의 이름에 주어진 정체성과 사명을 완수할 것입니다. 또한 나 한 사람에게 주어진 하나님의 뜻과 계획도 반드시 성취될 것입니다. 하나님은 일을 행하는 여호와, 그것을 지어 성취하는 여호와이시며(렘33:2) 승리자이십니다.

물질주의로 인해 잃어버린 영적 유업

야곱이 자신의 자녀들을 데리고 이집트로 내려갔을 때는 기근을 피해서 간 것이었습니다. 기근을 피하고 상황이 나아지면 다시 약속의 땅으로 돌아가는 것이 그들의 계획이었습니다. 그러나 주변 나라들과 달리 언제나 풍요한 이집트, 게다가 하나님의 축복으로 많은 자녀들을 낳으면서 점점 흥왕한 야곱의 자녀들은 금세 한 민족을 이룰 만큼 크고 강하게 되었습니다(출1:7). 이스라엘 민족은 그 땅에서 성공했습니다.

그러나 그 성공은 그들을 그 땅에서 떠나지 못하도록 만들었습니다. 그들은 기근이 끝나도 이집트 땅을 떠나지 않았습니다. 그들은 그 땅이 주는 안정과 풍요에 자신들의 삶을 정착시켰고, 그 땅에서 점점 번성하고 강해짐으로써 큰 영향력을 가지게 되었기 때문에 더더욱 그 땅을 떠날 수 없었습니다. 출애굽기의 유대 주석서인 '쉐모트 라바'에서는 이스라엘 민족이 그 땅에서 영향력을 가지고 살기 위해 그들은 이집트의 문화를 받아들이기 시작했고, 그 땅의 문화에 동화되었으며, 더욱이 할례를 멈추기 시작했다고 말하고 있습니다. 할례는 하나님이 자신의 백성이라고 구별하신 몸의 표식입니다. 그런데 이스라엘 백성은 이집트에 동화된 삶을 위해 자신들의 구별된 백성으로서의 정체성인 할례를 내려놓았습니다.

그들은 물질적인 번영을 얻고 영적인 유업을 잃어버렸습니다. 물질은 우리의 육신을 만족하게 하는 대신 영이 숨 쉴 수 없게 합니다. 물질은 처음에는 우리에게 평화와 안정을 주는 것 같지만 물질의 풍요에 매이게 되면 결국 우리의 영은 쇠약하게 되고 나중에는 물질의 노예가 되고 맙니다. 물질로 인해 하나님으로부터 멀어지고 영이 어두워지기 시작했다는 것을 알아차린 뒤에는 이미 늦습니다. 왜냐하면 그 때는 우리의 육신을 만족시켜 주는 물질을 포기하기가 너무 어렵기 때문입니다. 그래서 스스로 물질의 노예가 되는 삶을 선택하고 맙니다.

이스라엘 민족이 그러했습니다. 그들은 번성했고 강해졌지만 결국 이집트의 노예가 되고 말았습니다. 그들의 강함을 가만둘 수 없었던 이집트 왕 파라오는 그들을 통제하고 압제하는 방법으로 다스리기 시작했습니다. 그럼에도 이스라엘 민족은 이집트를 떠날 수 없었습니다. 이미 이집트에 익숙해졌고, 동화되었으며, 또 그 물질이 그들을 사로잡고 있었기 때문입니다. 예슈아는 한 사람이 두 주인을 섬길 수 없다고 말씀하셨습니다. 이것을 미워하고 저것을 사랑하든지 아니면 이것을 중요하게 생각하고 저것을 무시하든지 해야 한다고 말씀하시며 하나님과 재물(물질)을 함께 섬길 수 없다고 하셨습니다(마6:24). 이 시대의 물질적 풍요는 교회를 사로잡았습니다. 교회는 세상의 노예가 되었지만 그것에서 벗어나길 오히려 두려워하고 있습니다. 그러나 예슈아가 말씀하신대로 하나님의 킹덤이든지 세상이든지 둘 중 하나만 섬겨야 할 것입니다. 마지막 시대에 중간은 없습니다. 물질적 풍요를 보장받고 영적인 유업, 하나님의 킹덤을 잃어버리는 어리석은 자가 되지 않아야 할 것입니다.

하나님을 경외한 여인들

출애굽기 1장에는 산파 십브라와 부아가 등장합니다. 십브라(쉬프라שִׁפְרָה)는 '아름답고 기쁘게 하다'는 뜻을 가지고 있고, 부아(푸아פּוּעָה)는 '반짝반짝 빛나다'는 뜻을 가지고 있습니다. 그들은 열방을 구원하기 위해 먼저 선택하고 부르신 이스라엘 민족의 다음 세대들이 죽음으로 내몰려질 때 그들을 지켜내고 보호함으로써 하나님을 기쁘시게 했습니다. 민족의 운명을 지키고 다음 세대의 생명을 살려낸 그들은 이름 그대로 빛나는 존재였습니다. 하나님이 이들에게 허락하신 이름(쉠שֵׁם)에는 그들의 인생을 향한 하나님의 계획과 뜻이 있었고 그들은 자기 이름에 담긴 하나님의 계획과 뜻을 자신들에게 주어진 사명으로 감당했습니다.

파라오의 통제 방식은 이스라엘 민족에게 과한 일을 맡기는 것이었습니다. 파라오와 이집트 정부는 이스라엘 백성이 다른 생각을 할 수 없도록 그들의 삶 자체가 다람쥐 쳇바퀴 돌아가듯 반복적인 일을 하면서 나라에 충성하도록 하는 규율을 만들었고 그 과정에서 이스라엘 사람들은 부당한 대우와 학대를 받았습니다(출1:11-14). 그럼에도 그들은 더욱 번성하여 퍼져 나갔습니다. 그래서 파라오는 이스라엘 민족이 더 이상 늘어나지 못하도록 인구 감소 정책으로 태어나는 남자아이들을 죽이라는 명령을 내립니다. 그러나 히브리 산파 십브라와 부아는 이집트 왕의 명령보다 생명의 주관자이신 하나님의 주권을 어기는 것을 더욱 두려워합니다. 토라는 그녀들이 하나님을 두려워하여 이집트 왕의 명령을 어겼다고 증언합니다(출1:17). 십브라와 부아는 자신들을 실질적으로 통치하고 있는 왕 파라오보다 온 우주의 주관자이신 하나님을 더욱 의식했고, 눈에 보이는 물질세계보다 하늘세계를 더욱 의지했습니다. 그래서 그녀들은 왕의 명령을 따르지 않았습니다.

우리는 보이는 세계에 많이 매여 있습니다. 하나님만을 사랑한다고 고백하지만 실제 우리의 마음에는 하나님이 아닌 다른 것들을 의지하는 것이 너무 많습니다. 우리들이 사는 세상은 사회적인 책임을 아주 중요하게 여기는 세상입니다. 이 말은 사회 공동의 유익을 위해 우리가 따라야 할 의무가 있다는 뜻입니다. 이 공동의 유익을 따르지 않는 자들을 향해서는 비난이 이어집니다. '너 한 사람 때문에 우리 단체가, 혹은 우리 사회가 불이익을 당하게 된다면 어떻게 책임을 질것인가'라고 하면서 협박합니다. 그러나 사회가 하나님의 질서에서 벗어난 것을 강요하면서 따라오라고 한다면 아무리 그것이 그 사회가 지향하는 공동의 목표라 할지라도 우리는 그것을 따를 수 없습니다. 사회의 유익보다 우리에게 더 중요한 것은 하나님의 킹덤의 법입니다. 하나님의 킹덤의 법은 온 우주의 질서를 지키고 보호하는 것입니다. 이런 명확한 기준은 우리가 하나님의 백성이며 하나님의 킹덤의 법을 따르는 자들이라는 정체성이 확고할 때 흔들림이 없을 것입니다.

이집트에 동화된 이스라엘 민족이었지만 여전히 자기 민족의 근원이자 정체성인 하나님을 섬기는 여인들, 하나님을 경외하는 자들이 남아있었기에 그들은 자기 백성의 다음 세대를 지켜낼 수 있었습니다. 하나님은 자신들의 생명을 걸고 파라오를 따르지 않음으로써 하나님의 세대를 지켜낸 십브라와 부아의 집안을 흥왕하게 하셨습니다(출1:20-21). 여호와를 경외하는 자들에게는 부족함이 없습니다(시34:9). 하나님을 경외하는 자들에게 하나님은 방패가 되어 주십니다(시115:11).

하나님의 전략, 사탄의 전략

이스라엘의 아들들을 통한 하나님의 구속 계획은 이스라엘을 하나의 큰 민족으로 만들어서 이들을 통해 하나님의 킹덤이 확장되는 기초를 마련하는 것이었습니다. 그래서 이스라엘을 번성하게 하고 강하게 하셨습니다. 그러나 하나님의 구속 계획을 알고 있던 사탄은 이스라엘의 번성에 위협을 받고 이들을 없애기 위한 전략으로 세상의 태양으로 군림하고 있던 이집트의 파라오에게 생각을 넣어줍니다.

"이 백성 이스라엘 자손이 우리보다 많고 강하도다" (출1:9)

파라오는 이집트 온 땅의 왕이자 태양신이었습니다. 절대 권력을 가진 그는 이스라엘이 많고 강하여짐으로써 자신의 권력과 나라가 이 백성에 의해 전복될지 모른다는 위협을 받고 두려워하게 됩니다. 그의 두려움을 이용하여 사탄이 그에게 심어준 생각의 결과는 다음과 같은 사탄의 전략으로 이어졌습니다.

"자, 우리가 그들에게 대하여 지혜롭게 하자 두렵건대 그들이 더 많게 되면
전쟁이 일어날 때에 우리 대적과 합하여 우리와 싸우고 이 땅에서 나갈까
하노라 하고 감독들을 그들 위에 세우고 그들에게 무거운 짐을 지워 괴롭게 하여
그들에게 바로를 위하여 국고성 비돔과 라암셋을 건축하게 하니라"
(출1:10-11)

사탄의 전략은 하나님의 백성들에게 무거운 짐을 지워 괴롭게 하는 것이었습니다. 여기서 '지혜롭게 하다'라는 히브리어 동사 원형은 '지혜롭다'는 뜻의 하캄חָכַם인데 이 단어가 히트파엘(능동과 수동의 의미를 동시에 가지는 재귀동사) 1인칭 복수형으로 쓰이면 니트하크마נִתְחַכְּמָה라는 단어가 됩니다. '니트하크마'는 지혜로운 것이 아니라 '속이다, 지혜로운 것처럼 보여주다'라는 뜻입니다. '괴롭게 하다'라는 히브리어 아나עָנָה는 '누르다, 괴로움을 주다, 낮아지게 하다'라는 뜻을 가지고 있습니다. 파라오는 자기 생각에 지혜로운 것처럼 보이는 전략을 세웁니다. 그런데 이것은 지혜가 아니라 지혜로운 것처럼 보이게 하는 속임이었습니다. 파라오의 지혜는 억압하고 누르는 것이었습니다. 세상의 지혜는 이와 같습니다. 보기에는 그럴싸한 것 같지만 사실은 억압하고 누르고 파괴하고 죽이는 방향으로 쓰입니다(출 1:11). 세상의 지혜는 하나님의 백성들을 억압하고 누르고 묶어서 괴롭게 하여 구원을 향해 나아가지 못하게 합니다. 사탄은 파라오를 이용하여 이스라엘 백성이 번성하지 못할 뿐 아니라 그들을 통한 하나님의 구속 계획이 이뤄지지 못하게 하기 위해 그들을 억압했지만 사탄의 첫 번째 전략은 실패했습니다.

> "그러나 학대를 받을수록 더욱 번성하여 퍼져 나가니 애굽 사람이
> 이스라엘 자손으로 말미암아 근심하여"(출1:12)

이스라엘 자손을 누르고 괴로움을 주고 낮아지게 하면 할수록 그들은 더욱 번성하여 퍼져 갔습니다. '번성하여 퍼져가다'라는 히브리어 라바רָבָה와 파라쯔פָּרַץ에서 라바는 '숫자적으로 증가하는 것일 뿐 아니라 위대하고 크게 되다'라는 의미가 있고, 파라쯔는 '쪼개지고 나눠져서 계속 많아지고 뻗어져 나가다'라는 의미가 있습니다. 하나님은 억압 아래 있던 하나님의 백성들을 세포가 증가하듯이 계속 많아지고 크게 하셨습니다. 그러자 결국 사탄은 더 강력한 전략을 세웁니다.

> "애굽 왕이… 너희는 히브리 여인을 위하여 해산을 도울 때에 그 자리를
> 살펴서 아들이거든 그를 죽이고 딸이거든 살려두라"(출1:15-16)

사탄의 강력한 전략은 새로운 세대들이 일어나지 못하도록 출생을 막는 것이었습니다. 아마 사탄은 점점 강해져 가는 이스라엘 자손들을 보면서 일차적으로는 이들의 힘을 꺾

어 버리고 싶었을 것이고 더 나아가서는 이들 가운데서 일어나게 될 한 사람, 하나님의 구속을 성취할 그 한 사람을 죽이고 싶었을 것입니다. 온 세상의 구원의 통로가 되기 위해 선택받은 이스라엘 자손을 없애기 위해 사탄은 그들을 학대하고 없애려고 하였고, 파라오는 사탄의 전략을 실행하기 위해 두 가지 정치적 프레임을 사용합니다.

첫째, 이집트와 이스라엘은 더 이상 이웃이 아니고 계급이다. 그러므로 그들을 억압하고 눌러서 낮게 만들자.
둘째, 이스라엘의 수가 많아지지 않게 하기 위해 법을 바꿔서 아이를 죽이자.

이 두 가지 정치적 프레임은 지금 우리가 살고 있는 시대에도 그대로 실행되고 있습니다. 세상 정부는 하나님의 백성들이 증가하고 확장되어 하나님의 킹덤의 영향력이 커지는 것에 위협받고 이것을 경계합니다. 그래서 교회가 세상에서 힘을 발휘하지 못하도록 교회를 정치로부터 분리시키는 프레임을 만들었습니다. 결국 자리를 다 내어준 교회는 세상의 영향력 아래 눈치를 보며 살아가는 종교 집단으로 전락해 버렸고, 그 결과 교회는 하나님의 뜻을 실행하지 못하고 세상의 뜻을 따라가는 무기력한 공동체가 되었습니다. 더 나아가 세상과 타협한 교회들은 스스로 부패하여 정체성을 잃어버렸고 이로 인해 모욕과 수치를 당하게 되었습니다. 그래도 교회는 여전히 깨닫지 못하고 세상의 편에 서 있는 것을 봅니다. 그럼에도 하나님은 하나님 편에 서 있는 자들을 통해 당신의 뜻을 계속 이루고 계십니다. 이에 대해 세상 정부는 이집트의 파라오처럼 격렬하게 하나님께 저항하며 법을 바꾸어 동성애와 낙태법을 온 땅에 합법화하려고 하고 있습니다. 파라오 시대의 낙태법이 이스라엘 자손들의 증가를 막고 하나님의 세대가 일어나는 것을 막으려고 한 것처럼, 지금의 낙태법도 하나님의 킹덤의 확장을 막고 예슈아의 재림을 준비하는 거룩한 세대가 일어나는 것을 막으려는 사탄의 철저한 저항입니다.

지금 우리가 살고 있는 시대는 하나님의 전략을 실행하는 자들과 사탄의 전략을 실행하는 자들 사이에서 격렬한 전쟁이 벌어지고 있는 시대입니다. 하나님의 전략을 실행하는 자들은 숫자적으로 적고 힘도 약하지만 사탄의 전략을 실행하는 자들은 우세하고 힘도 강하고 재정도 많습니다. 그러나 이것은 우리의 눈에 보이는 것일 뿐입니다. 보이지 않지만 하나님의 전능하신 능력이 모든 것을 이기게 할 것입니다

역사를 통해 사탄은 끊임없이 이스라엘 민족을 몰살시키려고 하였습니다. 이스라엘을

통해 메시아(여인의 후손)가 오고, 또 이스라엘을 통해 온 인류가 구속의 계획안으로 들어올 것을 알았기 때문입니다. 그러나 사탄의 전략은 번번이 실패하였습니다. 사탄은 절대 이스라엘과 교회를 없앨 수 없습니다. 이스라엘은 하나님의 승리를 나타내는 민족이고, 교회는 하나님과 함께 승리하는 자들이기 때문입니다. 그러므로 우리는 거대한 세상 권력에 타협하는 자들이 아닌 승리하는 하나님의 편에 서서 하나님의 전략을 실행하는 자들이 되어야 할 것입니다.

DAY 2 출1:18-2:10

하나님을 경외하는 자=생명을 살리는 자

세상의 절대 권력자의 명령을 거스르고 이스라엘의 아들들을 살린 두 여인 십브라와 부아에 대해 토라는 이 여인들이 하나님을 두려워했다고 증거합니다(출1:17). 이집트의 거대한 힘에 억압당하고 있었던 대다수의 이스라엘 자손들과 달리 이 두 여인의 삶을 압도하고 있었던 것은 파라오의 권력도, 이집트의 시스템도 아니었고 오직 하나님이었습니다. 두려움은 어둠을 믿는 믿음입니다. 십브라와 부아가 두려워한 것은 어둠조차 창조하신 하나님이었습니다. 그녀들은 이집트가 주는 벌이나 두려움보다 하나님을 믿는 믿음이 더 컸기 때문에 파라오의 명령을 어길 수 있었습니다.

세상 가운데서 세상의 힘과 억압에 압도당하지 않을 수 있는 힘은 하나님을 경외하는 것입니다. 세상의 왕조차도 꺾을 수 없는 것은 하나님을 경외하는 사람들이 품은 하나님의 거룩한 뜻입니다. 하나님을 경외하는 사람들은 세상의 위협에 담대하고 하나님이 품게 하신 뜻을 끝까지 지켜냅니다. 그러나 하나님을 경외하는 자들이 이렇게 세상의 명령을 거부할 때 세상은 더욱 악하게 나아갑니다. 파라오는 산파들이 남자아이를 살려 두자 바로 나일강에 던져 죽여버리도록 합니다. 그러나 그렇게 많은 아이들이 세상의 권력 앞에 비참히 죽어갈 때 하나님을 아는 부모, 하나님을 절대적으로 의지하는 어머니였던 요게벳은 한 남자아이를 살려 둡니다. 그렇게 하나님의 부르심을 받은 아이가 그의 생명을 지키게 됩니다.

사탄은 모든 수단과 방법을 동원해서 하나님의 사람과 거룩한 세대가 태어나지 못하게, 혹은 살 수 없도록 죽이지만 그 와중에도 세상이 아닌 하나님을 두려워하고 경외하는 소수의 사람들에 의해 하나님은 하고자 하시는 뜻과 계획을 이루십니다. 십브라와 부아가 살려준 아이들, 요게벳이 살려 낸 모세는 이스라엘 민족을 친히 인도하시고 구원하시는 하나님의 전능한 역사에 참여하는 세대가 됩니다. 사탄이 삼키고 죽이고 있는 이 세대를 살려야겠다는 절박함이 있다면, 또 그것이 하나님의 거룩한 뜻인 줄 알고 있다면 세상의 시스템에서 멀어지는 것을 두려워하지 말고 세상이 주는 생각과 타협하지도 말며 하나님이 말씀하시는 것을 우리 삶에 실행해야 합니다. 하나님이 죄라고 말씀하시는 것은 죄라고 말하고, 하나님이 진리라고 말씀하시는 것은 진리라고 말해야 합니다. 이런 담대함은 하나님을 경외하는 마음에서 나오고, 하나님을 경외하는 마음은 하나님을 믿는 믿음에서 시작됩니다. 하나님을 믿는 믿음은 하나님을 아는 만큼 증가하고, 하나님을 아는 것은 그의 말씀을 듣는 것으로부터 시작됩니다. 그러므로 하나님을 경외하는 마음은 하나님의 말씀으로부터 시작되는 것입니다.

십브라와 부아, 요게벳은 지도자도 아니었고 사회적으로 영향력이 있는 여성들도 아니었습니다. 그녀들은 그저 자신들에게 주어진 역할 안에서 하나님을 믿는 믿음으로 그 역할을 끝까지 감당했을 뿐입니다. 산파는 산파로서 아이들을 살렸고, 어머니는 어머니로서 자녀를 보호하고 지켜내었습니다. 무슨 대단한 능력이나 지위가 있어야 하나님의 뜻을 이룰 수 있는 것이 아닙니다. 나에게 주신 역할 안에서 하나님이 말씀하시는 것을 듣고 지키면 됩니다. 이 시대는 하나님을 경외하는 어머니들이 더욱 필요한 때입니다. 낙태법이 통과되고 동성애를 인정하면 우리의 다음 세대의 앞날은 암울합니다. 그러나 하나님을 믿는 믿음이 세상을 이길 것입니다. 히브리어 레헴ㅁㄲㄱ은 '자궁'이라는 뜻인데 이것은 라함ㅁㄲㄱ이라는 동사에서 파생되었습니다. 라함은 '깊이 사랑하다, 자비를 가지다, 부드러운 애정, 긍휼히 여기다'라는 뜻을 가지고 있습니다. 생명을 잉태하는 거룩한 자궁은 하나님의 깊은 사랑, 따뜻하고 부드러운 자비와 긍휼이 머무는 곳입니다. 그분의 깊은 사랑 안에서 하나님의 거룩한 세대들이 잉태됩니다. 이 세대를 보호하고 지키는 하나님을 경외하는 아비, 어미의 세대가 일어나길 소망합니다.

【주제 #1】 유아 대학살과 인신 제사 VS 거룩한 다음 세대

지금 전 세계는 동성애와 낙태 문제로 이전 역사에 유래 없었던 격렬한 논쟁에 빠져 있다. 낙태라는 형태의 살인을 합법적으로 만들어서 자신의 권리를 찾으려는 자들과 이것이 합법화되는 법이 제정되는 것을 철저히 막으려는 사람들, 그리고 이것을 지켜보고 있는 사람들과 무관심한 사람들이 있다. 동성애나 수간 그리고 낙태의 문제들이 격렬하게 이슈가 되는 이유는 이것이 시대(또는 국가)의 끝이 가까웠음을 알리는 중요한 사인이기 때문이다. 이스라엘 백성이 요단강을 건너 가나안 땅을 정복하기 전에 가나안 땅에 살던 사람들도 이러한 죄들로 땅을 더럽혔고, 결국은 땅이 그들을 토해내었다. 하나님은 가나안 족속이 더럽힌 땅으로 이스라엘 백성이 들어가게 하셨고, 그렇게 가나안 땅은 이스라엘 백성이 차지하게 되었다(레18:24-25).

에녹 1서와 쿰란 사본들에서는 홍수 이전 시대에도 남자와 남자, 여자와 여자, 인간과 동물 그리고 인간과 천사 사이에 경계(바운더리)를 넘어버린 음란한 행위들이 온 땅에 가득하여 땅이 더럽혀졌던 것을 묘사하고 있다. 도를 넘어버린 음란한 행위들은 땅을 썩어 망가지게 했으며, 온 땅에 잔인한 폭력이 가득하게 했고, 결국 홍수로 그 시대는 멸망되었다(창6:11-13).

> "하나님께서 노아에게 이르시되, 모든 육체의 끝이 내 앞에 이르렀으니
> 이는 땅이 그들의 얼굴로부터 나온 잔인한 폭력으로 가득하기 때문이라.
> 보라, 내가 땅과 함께 그들을 멸하리라"(창6:13, 진리의 집 번역)

에녹1서 69장에서는 다섯째 하늘에 있다가 자기 지위와 위치를 지키지 않고 타락하여 땅으로 내려온 감찰자 천사들의 명단과 다섯 사탄들의 이름, 그리고 그들이 원래 하나님으로부터 받았던 임무와 그들이 받은 임무를 수행할 수 있도록 주님이 주신 능력을 어떻게 땅에서 잘못 사용하게 되었는지에 대한 정보들을 제공해 준다.

그들 중 다섯 번째 사탄의 이름은 하스드야חסדיה인데 그는 인간들에게 마귀들로부터 오는 악한 영의 흐름을 만들어 트렌드를 형성하는 일을 했다. 그 일 중에 하나는 태아가 자궁안에 있을 때 그 태아를 쳐서 유산되게 만드는 일이었다. 그는 이러한 악한 흐름을 만들기 위해서 사람들의 혼을 공격하였는데 에녹서는 악한 영이 사람들의 혼을 공격하는 것은 곧 뱀이 사람을 무는 것과 같은 것이라고 설명해 준다. 뱀에 물린 사람의 혼들은 낙태를 유행시켰고 대낮에도 드러내 놓고 낙태하는 분위기를 조장하였다. 그들은 경건한 후손(씨)은 태어나지 못하도록 차단하면서 뱀의 씨(후손)는 사람들에게 드러나게 해주었다. 이것은 창세기 3:15의 내용으로 여자의 씨(후손)와 뱀의 씨(후손) 사이에 적대감이 놓이고, 서로 원수관계가 될 것이며, 여자의 씨(후손)는 뱀의 머리를 상하게 할 것이요 뱀은 그의 발꿈치를 상하게 하여 여자의 씨(후손)가 오는 길이나 가는 길을 방해하고 피곤하게 함으로써 그 길을 막으려고 애쓰는 일을 할 것이라는 예언이다. 이 선포는 여호와께서 뱀에게 한 말이다. 이 선포를 직접 들은 뱀은 여자의 경건한 씨(후손)가 태어

나지 못하게 전력을 다하였다.

하스드야חסדיה는 헤쎄드חסד에서 파생된 것으로 '여호와의 헤쎄드' 또는 '여호와는 나의 헤쎄드'라는 의미이다. 헤쎄드는 '선함, 친절함, 자비'라는 뜻이지만 문맥에 따라서 '비난과 수치'라는 의미로도 사용된다(잠14:34, 레20:17) . 헤쎄드의 어근인 하싸드חסד는 기본 의미가 '몸을 구부려 바라보다'의 의미를 가진다. 부모가 어린 아기를 바라볼 때는 사랑과 자비의 시선이지만, 심판관이 죄인을 바라볼 때는 정죄와 비난의 얼굴로 모욕을 주는 시선으로 바라보기 때문에 그 시선이 사랑의 측면인지 혹은 정죄의 측면인지에 따라 하싸드의 의미는 정반대의 의미로 사용된다.

하스드야는 여호와의 헤쎄드를 실행에 옮기는 천사였을 것으로 보인다. 하지만 그가 타락하였을 때 헤쎄드의 힘은 왜곡되고 악용되고 오용되어서 잘못된 방향으로 사용되었다. 하스드야는 죄가 있어 처벌받아야 하는 자에게 사랑과 자비와 용서의 마음으로 편을 들어주며 옹호해주고 덮어주는 '좋은 헤쎄드'를 사용하게 하였고, 반대로 죄 없는 자에게는 죄를 덮어 씌우면서 오히려 그들에게 책임을 묻고 그들을 비난하는 분위기를 만들며 모욕감을 주는 등 '나쁜 헤쎄드'를 사용하게 만듦으로써 헤쎄드가 잘못된 방향으로 사용되게 한 것이다. 헤쎄드의 오용과 악용은 인간이 서로를 향해 불신, 원망, 증오로 가득하게 하였고 이로써 사회 분위기가 더욱 악하게 되어가게 만들었다.

에녹1서 99장에서 에녹은 마지막 시대에 불경건한 행위를 하는 불경건한 자들과 거짓말들을 높이 받들어주며 명예롭다고 하는 자들이 많이 일어날 것인데 그러한 자들에게 결국 심판이 있을 것이라 선언한다. 진리의 말들을 바꾸고 영원한 법을 왜곡시켜서 스스로를 죄 없는 존재로 여기는 자들이 마지막 때에 일어날 것이라고 말하면서 다음 구절을 언급하고 있다.

"그 날들에 여자들은 자기들이 원하기만 하면 나가서 그들의 아기들을 찢어버리고
뽑아 내서 강제로 제거하여 버려버릴 것(낙태落胎)이다. 그들의 자식은
그들로부터 흘러나올 것(유산流産)이며 그들이 아직 그들의 젖을 빠는 유아들을
버릴 것이고 그들을 돌아보지 않을 것이며 그들의 소중한 자들에 대한
동정심도 가지지 않을 것이다"(에녹1서 99:5)

인간들은 무책임하고 무절제하고 도를 넘어선 음란에 대한 욕구들을 합법적인 인권으로 포장하고 자신의 인권을 보호하기 위해서 무방비 상태의 가장 연약한 태아의 생명을 강탈하고, 태아의 인권을 박탈하며, 그들의 생명을 살인 강도질한다. 이것은 지난 과거에 불법도 합법도 아니었던 시절에 법의 테두리 밖, 사회의 사각지대에서 일부 행해지던 유산이나 낙태와는 전혀 다른 이야기이다. 사탄은 사람을 유혹할 때 "인간의 권리를 챙겨 먹어라"고 하며 인권, 인권 하지만 겉으로 아름답게 포장된 그 모든 이론들과 사상들과 이데올로기들은 결국 인권과 생명을 도둑질하고 죽이고 파괴시키려는 것뿐이다.

이스라엘 왕조에도 솔로몬의 왕비들로 인해 몰렉에게 자녀를 산 채로 바치는 끔찍한 유아 인신제사가 예루살렘 앞 멸망 산 몰렉 제단에 허락되기 시작했고, 남유다 말기의 두 왕은(아하스, 므낫세) 자신이 낳은 어린 아들을 직접 산 채로 몰렉에게 인신제사로 바치는 정신나간 일을 앞장서서 함으로써 백성들을 방자하게 했고 국가가 회복될 수 없을 만큼 기울어지게 했다.

시대의 말기 현상이 나타나는 현 시대에 다양하고 복합적인 이슈들을 가진 진보 진영들을 이용해먹는 정치적 좌파의 세력들의 배후는 과거 십여년 전의 정치적 좌파 세력들과는 그 성격이 확연히 달라진 모습을 드러내고 있다. 정치적 좌, 우성향은 역사 속에서 늘 존재할 수 밖에 없으나 현재의 좌익 세력이 보여주고 있는 적그리스도적, 반기독교적 행태가 다 드러난 상황에서 여전히 그들에게 힘을 실어주려고 하는 것은 어리석은 일이다. 진보적인 성향을 가진 이들이 주로 외치는 몇몇 이슈들에 같은 뜻을 가지며 공평과 정의를 추구하고자 하는 건강한 기독교인이라면 이제는 그들이 다 드러낸 이빨을 보았으니 더이상 그들에게 표를 주지 말아야 한다. 그들이 던져주는 떡밥을 물어주면 그들은 정치적인 힘을 더 얻어 악한 법을 제정하고 집행하고자 할 것이다.

신실하다고 보였고 하나님의 사람이라고 알려졌던 많은 사람들 중에서 하나님의 말씀과 성경의 기준으로 이야기를 해도 오히려 분노하며 좌우의 어떤 논리로만 받아들이고 결코 이데올로기의 입장에 변화를 보이지 않는 자들이 여전히 많다. 하나님의 말씀보다 자신의 이데올로기와 정치적인 색깔로 내편, 네편 논리를 더 위에 두고 성경을 자의적으로 해석하고 있는 것을 보면 오히려 이것이 그 사람에 대한 분별의 시금석이 되어준다.

낙태라는 형태의 살인을 합법으로 만들어서 유아 대학살을 하려고 세계가 움직이고 있는 이유는 무엇인가? 세대중에 하나님이 보내신 중요한 임무를 수행할 거룩한 세대가 일어나려고 할 때 유아 대학살이 있었던 것은 하나의 패턴으로 볼 수 있다. 모세 때에도 세례 요한과 예수님 때에도 그랬듯이 말이다. 이 시대에 태어나고 있는 세대는 어떠한 세대인가? 이 세대는 음란한 세대이기도 하지만 예수님의 재림 시즌에 가까워지면서 이제 태어날 세대 중에는 거룩한 세대, 에녹의 세대, 엘리야의 세대, 세례 요한의 세대로서 엘리야의 영과 능력으로 예수님의 재림을 위해서 일어나 짐승과 거짓 선지자와 맞서 싸우게 될 자들이 있을 것이다.

태아를 감별해서 다운증후군이 될 확률이 높다는 이유로 어떤 기독교인들과 헌신된 사역자들까지도 쉽게 낙태를 결정하는 것을 보았다. 반면 어떤 부모들은 현대 의학을 통해 의사가 장애아가 태어날 확률이 높다고 말했지만 믿음으로 낳고 보니 장애아가 아닌 건강한 아기가 태어났다고 하는 이야기도 전해 들었다. 또 어떤 부모는 비록 장애를 가지고 태어날 가능성이 많아 보인다고 하더라도 그 생명에게 출생의 기회를 주고 어머니는 출산의 기회를 생명의 축복으로 여기고 낳기로 결정했고 실제로 장애아가 태어났지만 그 아이를 선물로 받고 기쁘게 양육하는 부모도 보았다. 생명의 주관자는 하나님이시다. 그 어떤 생명도 감히 인간에 의해 죽음이 결정될 수는 없다.

DAY 3 출2:11-25

양떼의 목자

하나님의 놀라운 구속의 계획 안에서 하나님을 경외했던 여인인 요게벳은 아이의 남다름을 보고 그 아이를 노아의 구원의 방주(테바ה)와 같은 상자(테바ה)에 넣어 강물에 띄웁니다. 어떻게 될지 알 수 없는 상태로 물에 띄워진 아이는 기가 막힌 하나님의 섭리 안에서 죽음의 물로부터 건짐을 받고 모세라는 이름으로 이집트의 왕자로 자랍니다. 이집트의 왕자로 자라지만 하나님은 모세를 그의 친어머니의 손에서 자랄 수 있도록 보호하십니다. 친어머니의 손에서 자라면서 그는 아브라함의 하나님, 이삭의 하나님, 야곱의 하나님을 배웠고 그들의 조상의 하나님의 언약에 대해 들었으며 그의 마음에는 자신이 이 백성을 구해야 할 사람이 되어야 할지도 모른다는 자의식도 생기게 되었습니다. 그에게는 정치력이 있었고 힘도 있었습니다. 그리고 마침 그의 백성이 이집트 사람으로부터 학대 당하는 것을 보았을 때 그는 자신이 가진 힘으로 그 이집트 사람을 쳤고 결국 그 사람을 죽이고 말았습니다. 모세는 죽은 이집트 사람을 땅에 묻었습니다.

그러나 그 다음 날 자신의 백성들이 싸우고 있는 것을 말리며 잘못한 사람을 향해 어찌하여 같은 민족끼리 싸우냐고 꾸짖었을 때 잘못했던 사람은 자신을 지적하며 꾸짖는 모세를 향해 이렇게 비아냥거렸습니다.

> "누가 너를 우리를 다스리는 자와 재판관으로 삼았느냐
> 네가 애굽 사람을 죽인 것처럼 나도 죽이려느냐"(출2:14)

그 순간 모세는 자신이 가지고 있는 정치력과 힘으로 이스라엘 백성의 지도자가 될 수 없다는 것을 깨닫습니다. 게다가 자신의 살인이 폭로되자 그는 도망쳐 버리고 맙니다. 이집트 왕자의 신분으로서 모세는 뭔가를 할 수 있을 것이라 생각했고, 또 당연히 자신이 이스라엘 백성의 지도력을 가질 수 있을 것이라, 아니 오히려 이미 가지고 있다고 생각했을지도 모르겠습니다. 그러나 현실은 그렇지 않았습니다. 자신의 백성인 이스라엘은 자신을 지도

자로 인정하지 않았고 오히려 그는 이집트 사람을 죽인 살인자로서 도망친 자가 되었습니다. 도망친 모세는 광야의 미디안 족속의 제사장 이드로의 사위가 되어 그의 양을 돌보는 목자가 됩니다. 그는 40여년간 광야에서 목자 생활을 합니다. 물에서 건져져서 이집트의 왕자가 되었던 특별한 사연과 특권은 모두 사라졌고 그는 평범한 사람이 되어 평범한 삶을 살아갑니다. 그의 손에는 양을 돌볼 지팡이만 있을 뿐이었습니다.

하나님이 선택하신 지도자들은 모두 목자였습니다. 믿음의 조상들이었던 아브라함, 이삭, 야곱은 모두 양떼를 이끌었고, 다윗도 양떼를 이끈 목동이었습니다. 성경에서 양떼는 하나님의 백성을 의미합니다. 하나님은 자신의 백성을 양떼라고 말씀하시며 자신의 양떼를 돌볼 목자가 하나님이 선택하신 지도자가 될 것임을 암시하시고 또한 그 목자가 바로 구원자이신 예슈아이심을 말씀하십니다(겔37:24). 모세도 목자의 삶을 살며 양떼를 돌보게 됩니다. 이것은 곧 그가 장래에 하나님의 백성인 양떼를 이끌게 될 것임을 암시하는 것이었습니다. 유대인 출애굽기 주석서인 '쉐모트 라바'에는 다음과 같은 일화가 나옵니다.

하루는 모세가 광야에서 이드로의 양떼를 돌보고 있었다. 그 때 한 어린 양이
양떼의 무리를 일탈하여 혼자 멀리 달려가 외진 곳으로 들어갔다. 모세는 그 어린
양을 쫓아갔다. 그리고 도망친 양이 외진 곳에 멈춰서서 물을 마시고 있는 것을
보았다. 모세는 양에게 다가가 "너가 목이 마른 줄 몰랐구나. 너가 많이 지쳐
있었구나"라고 말하며 그 양을 기다려주고 다시 어깨에 메고 돌아왔다.
그 모습을 보며 주님이 말씀하셨다. "그가 양떼를 자비로 이끌고 있으니
그는 분명 나의 양떼 이스라엘을 잘 이끌 것이다"

하나님은 모세가 정치력과 힘이 있었을 때 그를 이스라엘 백성의 지도자로 세우지 않으셨고 그가 양떼를 돌볼 때, 그리고 그 양떼를 자비와 사랑으로 돌볼 때 그를 이스라엘 백성의 지도자로 세우기로 결심하셨습니다. 하나님의 양떼인 이스라엘 백성을 사랑으로 돌볼 목자, 하나님은 모세가 그런 목자가 될 때까지 기다리신 것이었습니다. 또한 이집트의 물질적 번영에 매여 하나님을 잃어버린 이스라엘 백성이 부당한 대우와 학대 속에서 하나님을 찾으며 이집트에서 구원하여 주시길 부르짖으실 때까지 기다리신 것이었습니다. 하나님의 구원을 부르짖으며 하나님을 찾는 백성, 하나님의 백성을 자비와 사랑으로 인도할 목자, 하나님은 이 두 가지가 준비될 때까지 기다리셨습니다. 그리고 진정한 목자가 된 모세를 이스라엘 양떼의 목자로 부르셨습니다.

왕자에서 나그네로, 세상에서 본향을 향하는 자로

광야에서 모세는 목자가 되고 가정을 이루고 아들을 낳았습니다. 그는 큰 아들을 낳고 게르솜이라 이름하며 "내가 타국에서 나그네가 되었음이라"(출2:22)고 고백합니다. 이집트 왕자의 정체성이 완전히 사라지고 스스로를 나그네로 인정한 모세는 마침내 그의 조상 아브라함, 이삭, 야곱의 길을 따라가게 됩니다. 모세의 나그네라는 자기 고백은 이 땅에서는 나그네였지만 본향(하나님 나라)을 멀리서 보고 환영하며 믿음으로 살아갔던, 그래서 하나님이 그들의 하나님이라 부름 받기를 부끄러워하지 않으시고 그들을 위해 한 성을 예비하시고 언약을 맺으셨던 믿음의 조상들의 유업을 이어받게 되었음을 의미합니다(히11:13-16). 그는 세상의 높은 자인 이집트 왕자의 신분을 버렸고, 메시아가 당하는 비난과 불명예를 이집트가 주는 보화보다 더 값진 큰 재물로 여기며 하늘의 상급을 바라보면서 더 높은 본향을 향해 믿음으로 하나님의 킹덤을 세워가는 영광스러운 나그네가 됩니다.

> "믿음으로 모세는 장성하여 바로의 공주의 아들이라 칭함 받기를 거절하고
> 도리어 하나님의 백성과 함께 고난 받기를 잠시 죄악의 낙을 누리는 것보다
> 더 좋아하고 그리스도를 위하여 받는 수모를 애굽의 모든 보화보다
> 더 큰 재물로 여겼으니 이는 상 주심을 바라봄이라"(히 11:24-26)

나그네는 세상에 안주할 곳이 없는 자이지만 동시에 더 나은 본향을 사모하는 하나님의 백성에게 주어지는 신분입니다. 인간적인 모든 것을 비워내고 하나님이 완전히 주관할 수 있는 상태, 많은 결핍이 있지만 하나님만이 채우신다는 믿음이 있는 상태가 나그네입니다. 그래서 하나님은 모세를 나그네의 삶으로 인도하십니다. 하나님은 하나님의 킹덤을 위해 한 사람을 부르실 때 부름받은 자가 자신의 의와 힘과 능력으로 하려는 것이 아니라 온전히 하나님의 말씀만 순종할 수 있는 상태가 될 때까지 기다리십니다. 나의 부르심이 실현되는 때는 나그네의 상태 즉, 내 것이 없는 상태일 때입니다. 오히려 내 것이 사라지고 그 자리에 하나님의 말씀으로 채워지기 시작할 때 하나님이 나를 통해 하고자 하는 계획들이 하나씩 실현되는 것을 볼 수 있습니다. 그러므로 나그네는 아무것도 아닌 자 같지만 모든 것을 가진 자입니다.

DAY 4 출3:1-14

떨기나무

> "여호와의 사자가 떨기나무 가운데로부터 나오는 불꽃 안에서
> 그에게 나타나시니라 그가 보니 떨기나무에 불이
> 붙었으나 그 떨기나무가 사라지지 아니하는지라"(출3:2)

모세가 본 떨기나무는 불이 붙어있었지만 타지는 않고 있었습니다. 광야 한 가운데의 떨기나무는 뜨거운 태양 아래 물이 없는 땅에서 겨우 그 생명을 버텨내고 있는 존재로써 이것은 고난을 겪고 있는 이스라엘 백성을 상징합니다. 그리고 광야의 뜨거움과 메마름을 견뎌내고 있는 떨기나무에 붙은 불꽃은 하나님의 임재입니다. 하나님의 임재는 슬픔과 고난을 견디고 있는 이스라엘 백성과 함께 하셨습니다. 하나님의 임재의 불꽃이 고난 중에 있는 이스라엘 백성과 함께 하셨기에 떨기나무와 같은 이스라엘은 불이 붙어있음에도 소멸되지 않았습니다.

이스라엘은 역사가운데서 수도 없이 잡혀가고, 흩어짐을 당하며, 대량 학살의 죽음 가운데 던져지면서 생명을 겨우 유지하는 고통과 고난의 시간을 지나왔지만 결코 다 태워지거나 사라지지 않았습니다. 그 이유는 불타는 떨기나무가 타지 않은 것처럼 하나님의 임재가 그들의 고통 가운데 함께 계셨기 때문입니다. 이스라엘은 왜 우리 민족에게 이런 고통이 있어야 했는가, 하나님은 그 때 어디계셨는가를 수도 없이 질문해 왔습니다. 그런 그들을 향해 하나님이 주시는 답은 떨기나무입니다. 민족 자체가 몰살될지 모르는 처절한 상황 가운데서 하나님은 그들을 외면하시거나 버리신 것이 아니라 그 한 가운데 함께 하셨기에 그들은 사라지지 않고 놀라운 생명의 부활로 다시 일어섰습니다 .

하나님이 불이 붙은 떨기나무를 통해 모세에게 나타나신 것은 고난 중에 있는 이스라엘 백성과 함께하고 계신다는 것을 나타낸 것이며, 또 그렇게 늘 함께 하실 것임을 보여주신 것이었습니다. 떨기나무가 타지 않은 상태로 있는 것이 놀라웠던 모세는 떨기나무로 가

까이 가고자 하였고 그가 가까이 가고자 돌이켜서 오는 것을 본 하나님은 불꽃 가운데서 그의 조상 아브라함, 이삭, 야곱의 하나님이심을 나타내시고 그를 민족의 해방자로 부르십니다.

이 떨기나무는 이스라엘과 온 인류를 대신해 죄와 고통을 짊어지신 예수님의 머리에 씌워진 가시관을 암시하기도 합니다. 고통을 외면하신 것이 아니라 결국 그 고통을 스스로 다 짊어지시고 예수님은 스스로 죽음속으로 들어갔지만 죽음은 예수님을 소멸시키지 못했습니다. 그분의 생명의 능력이 죽음을 이기셨고 이로써 떨기나무와 같은 우리들과 영원히 함께 하시는 하나님이심을 나타내셨습니다. 떨기나무의 불꽃 가운데서 주님은 고통 가운데 있는 하나님의 백성을 자유케 하고 그 백성을 위로할 사람으로 모세를 부르셨고, 그리고 우리를 부르십니다.

내가 누구이기에 출3:11

하나님의 임재와 영광 앞에서 모세는 새로운 부르심을 받게 됩니다. 그러나 이 부르심은 결코 새롭지만은 않은 것이었습니다. 이미 그가 태어날 때부터 주어진 사명, 그리고 그도 알고 있었던 사명이었습니다. 그러나 지금 그에게는 남은 것이 아무것도 없었습니다. 영향력을 행사할 정치력도, 젊은 혈기와 왕성한 힘도 없었습니다. 그는 그냥 평범한 목자였습니다. 그리고 그 평범한 삶이 너무 익숙해져서 그것이 편안하고 안정적이었습니다. 그런데 이제 와서 잊고 있었던 사명, 자기 민족을 돕고 이끌어주는 사명, 그것을 말씀하시는 하나님의 부르심 앞에 모세는 "내가 누구이기에"라고 대답합니다.

너무나도 당연한 대답입니다. 광야의 목자가 어떻게 한 나라의 왕 앞에 설 수 있겠습니까? 도망쳤던 자를 누가 한 민족의 지도자로 세워주겠습니까? 모세의 자의식은 왕자가 아닌 평범한 자, 광야에서 이동하며 살아가는 목자였습니다. 그런데 그 때가 하나님이 모세를 불러내실 가장 완벽한 때였습니다. 하나님은 영적으로 성숙한 사람을 부르시는 것도 아니고, 능력자를 찾으시는 것도 아닙니다. 하나님은 하나님의 영광의 임재 앞에 섰을 때 신발을 벗는 자, 자신을 낮추는 자를 찾으십니다. 영광의 임재가 무엇인지 몸을 돌려 그것을 자세히 들여다보는 자를 찾으십니다.

"내가 돌이켜 가서 이 큰 광경을 보리라 떨기나무가 어찌하여 타지 아니하는고
하니 그 때에 여호와께서 그가 보려고 돌이켜 오는 것을 보신지라
하나님이 떨기나무 가운데서 그를 불러 이르시되"(출3:3-4)

모세가 이집트의 왕자로서의 자의식이 아닌 하나님으로만 채워질 수 있게 하기 위해 하나님은 모세가 모든 것을 비울 수 있는 시간을 허락하셨습니다. 갖춰진 상태가 아닌 비어 있는 상태, 그래서 다 내려 놓을 수 있을 상태, 그 때 하나님이 부르십니다. 그러나 그 때는 우리가 아무것도 아닌 것을 알기에 우리는 "내가 누구이기에"라고 되물을 수밖에 없겠지만 그 때 하나님은 "내가 반드시 너와 함께 있겠다"(출3:12)고 약속하시며 완전히 비어 있는 우리 안에 하나님 자신을 가득 채우시고 우리의 자의식이 더 이상 아무것도 아닌 자가 아닌 하나님의 영으로 가득 채워진 자가 되게 하실 것입니다.

나는 나다 I AM WHO I AM

하나님의 부르심 앞에서 모세는 하나님이 누구신지, 이스라엘 자손에게 그들 조상의 하나님의 이름이 무엇이라 대답해야할지를 묻습니다. 이스라엘 백성의 고통을 보고 들으신 이스라엘 조상의 하나님에 대한 확신이 없을 뿐 아니라 자신의 정체성과 사명도 잊고 지냈던 모세는 그분의 부르심 앞에 선뜻 대답하지 못합니다. 그런 모세에게 하나님은 "나는 나다"라는 답을 주십니다.

אֶהְיֶה אֲשֶׁר אֶהְיֶה

에흐예 아쉐르 에흐예

"나는 스스로 있는 자이니라"(출3:14)

한국어로 '스스로 있는 자'라고 번역된 하나님의 이름은 현존하시는 하나님의 현재성에 대한 설명이자 미래에도 과거에도 변함없이 늘 존재하시는 하나님을 표현한 이름입니다. 오늘 지금 이 순간 존재하시는 하나님은 어제도 그렇게 계셨고 미래에도 한결 같은 모습으로 존재하실 것입니다. 이것은 영원히 현존하시는 하나님의 이름입니다. 떨기나무 한 가

운데서 즉, 이스라엘이 고통 가운데 있을 때 하나님은 영광의 불과 빛으로 함께 하고 계셨고, 함께 해 오셨으며, 앞으로도 어떤 상황가운데서도 함께 하시는 하나님이라는 것을 모세에게 말씀하시며 이런 하나님이 모세를 자신의 백성에게로 보내신다는 것을 모세에게 알려 주셨습니다. 하나님의 영원성에 대한 이와 같은 설명은 또한 하나님의 불변하심(변하지 않으심)을 의미하기도 합니다. 사도 야고보는 하나님의 불변성에 대해 그분은 회전하는 그림자도 없으신 분(약1:17)이라고 표현하였습니다. 영원하시고 변함없으신 하나님은 예수아를 통해 자신의 속성을 나타내셨습니다.

"예수 그리스도는 어제나 오늘이나 영원토록 동일하시니라"(히13:8)
"주 하나님 전능하신 이여 전에도 계셨고 이제도 계시고 장차 오실 이시라"(계4:8)

하나님의 백성의 고통가운데 함께 해 오신 하나님은 앞으로도 변함없이 함께 하실 것이며, 고통 중에서 그들을 구원해 내셨던 하나님은 앞으로도 고통 중에서 반드시 자신의 백성들을 구원해 내실 것입니다. 그러므로 우리는 내일을 걱정할 필요가 없습니다. 하나님의 구원의 역사가 어제 있었듯이 오늘도 있고 내일도 있을 것이기 때문입니다. 영원하신 하나님은 변함없으신 신실하신 하나님입니다.

DAY 5 출3:15-4:17

지팡이와 문둥병

하나님은 모세에게 아브라함과 이삭과 야곱의 하나님의 이름으로 이스라엘 백성에게 가라고 하셨습니다(출3:15). 모세는 이스라엘 조상의 하나님의 이름으로 보냄 받은 자가 되었습니다. 히브리어 샬라흐(שׁלח)는 '보내다'는 뜻으로 어떤 임무와 명령이 주어져서 보내는 것을 의미합니다. 이 단어는 헬라어로 번역될 때 아포스톨로스(ἀπόστολος)라고 번역되었고 이는 영어의 사도apostle를 의미합니다. 모세는 하나님으로부터 이스라엘 백성을 구원해

내라는 임무와 명령을 받고 보냄 받은 사도였습니다. 또한 메시아도 자신의 백성을 구원하기 위한 임무를 받고 아버지로부터 보냄 받으신 구속자였습니다. 사도 요한은 자신의 복음서를 통해 예슈아께서 자신이 아버지로부터 보냄 받은 자라는 것을 거듭 강조해서 선포하셨음을 기록하고 있습니다. 또한 부활하신 예슈아는 아버지께서 자신을 보내신 것처럼 예슈아도 제자들을, 그리고 우리들을 세상으로 보내신다고 말씀하셨습니다(요20:21).

하나님은 자신의 임무와 명령을 가지고 보내실 때 그냥 보내지 않으십니다. 하나님의 권위를 보냄 받은 자에게 위임하십니다. 모세는 영원하고 변함없으신 하나님의 현존을 마주하며 그분의 영광과 임재를 경험했지만 그런 하나님이 자신에게 나타나셨음을 이스라엘 백성에게 증명할 자신이 없었습니다. 그는 이스라엘 백성이 자신을 믿지 않을 것이라고 생각했습니다(출4:1). 그래서 하나님은 자신의 전능하심을 나타낼 사인 즉, 표징을 그에게 허락하십니다. 모세가 들고 있는 지팡이가 뱀이 되고 그 뱀이 다시 지팡이가 되는 사인과, 모세의 손이 문둥병이 되었다가 다시 고침 받는 기적이 하나님이 모세에게 주신 사인이었습니다. 하나님은 자연적으로는 가능하지 않은 초자연적인 능력을 보냄 받은 자 즉, 사도들에게 주시면서 자신의 전능성을 그들을 통해 나타내시며 그들이 하나님의 권위를 받은 자라는 것을 증명하십니다.

모세가 손에 든 지팡이는 뱀이 되었습니다. 한동안 이 세상은 뱀(사단)의 영향력 아래 있도록 허락되었습니다. 그러나 메시아는 그 뱀을 다시 잡으실 것이며 그의 손에 들린 통치의 규는 영원할 것입니다. 모세가 뱀의 꼬리를 잡았을 때 그 뱀이 다시 지팡이가 된 것은 바로 메시아의 손에 주어질 영원한 통치의 권세를 의미하는 왕의 규를 상징합니다.

> "여호와께서 시온에서부터 주의 권능의 규(지팡이)를 내보내시리니
> 주는 원수들 중에서 다스리소서"(시110:2)
> "규(지팡이)가 유다를 떠나지 아니하며"(창49:10)

모세의 손이 문둥병이 되었다가 다시 고침 받은 것은 부정한 우리를 정결하게 하시는 하나님의 치유의 능력을 의미합니다. 도저히 고침 받을 수 없을 것 같은 상함과 질병이 우리 몸에, 우리 마음에 있다 할지라도 하나님은 초자연적인 그분의 능력으로 우리를 치유하시고 구원하실 것입니다. 하나님은 이스라엘 백성들이 첫 번째 기적은 믿지 않을지라도 두 번째 기적은 믿을 것이라 하십니다. 이것은 유대인들이 예슈아의 첫 번째 오심을 믿지

못했지만, 두 번째 오실 때 통곡하며 그분을 메시아로서 영접할 것을 예표합니다.

DAY 6 출4:18-31

이집트로 돌아가다

　　헤롯 왕을 피해 이집트로 피해 있던 예수님의 아버지 요셉에게 아기를 찾던 자들이 죽었으니 다시 돌아가라 명령하신 것처럼(마2:20) 하나님은 모세에게 모세의 목숨을 노리던 자가 죽었으니 다시 돌아가라고 명령하십니다(출4:19). 하나님의 기적의 표징인 지팡이를 손에 들고 모세는 미디안 땅을 떠나 이집트로 향합니다. 이집트로 향하는 모세에게 하나님은 파라오 앞에 가서 메세지를 전하라고 하십니다.

> "…이스라엘은 내 아들 내 장자라 내가 네게 이르기를 내 아들을 보내 주어 나를
> 섬기게 하라 하여도 네가 보내 주기를 거절하니
> 내가 네 아들 네 장자를 죽이리라 하셨다 하라 하시니라"(출4:23)

　　하나님은 모세에게 이스라엘이 하나님의 아들, 장자라는 사실을 파라오에게 분명하게 전달하라고 명령하십니다. 그러나 파라오가 하나님의 말씀을 듣지 않을 것도 하나님은 이미 아셨습니다. 하나님이 그의 마음을 완악하게 하셨기 때문입니다(출4:21). 하나님이 파라오의 마음을 완악하게 하신 것은 그가 하나님 앞에서 한없이 교만하여 하나님이 그 악한 마음을 그냥 내버려 두셨기 때문입니다. 사도 바울은 하나님을 알 만한 것을 사람들에게 보이셨지만 사람들은 하나님을 알면서도 영화롭게 하지 않고, 감사하지도 않으며, 생각이 허망하고 마음이 어두워져 어리석게 되었기 때문에 하나님이 그들을 내버려두어 합당하지 못한 일을 하게 하셨다고 말합니다(롬1:19-22). 하나님은 파라오가 스스로 지혜있는 것처럼 하지만 하나님을 대적하는 미련하고 어리석은 결정으로 결국 그가 멸망하게 될 것임을 모세에게 알려주셨습니다. 파라오는 하나님의 장자인 이스라엘을 내어주지 않은 죄로 말미암아

그의 장자가 죽게 될 멸망이 이미 정해져 있었습니다.

이스라엘은 하나님의 장자입니다. 이것은 하나님이 정하신 것입니다. 이스라엘을 대적하는 것은 하나님의 선택과 주권을 대적하는 것입니다. 이런 자들에게는 멸망이 정해져 있습니다. 예수님은 하나님의 독생자이며 장자입니다. 예수님을 대적하는 세상은 반드시 심판받게 될 것입니다. 그러나 예수님을 받아들이고 믿는 자들에게는 구원과 영원한 생명이 있게 될 것입니다.

이집트 왕자였던 모세는 이집트의 권세를 버렸고 하나님으로부터 하늘의 권위를 새롭게 위임받고 이스라엘의 목자가 되어 다시 이집트로 돌아가게 됩니다. 하나님이 주신 지팡이를 들고 이집트로 돌아간 모세는 장로들과 백성들 앞에서 하나님의 이적을 보여줍니다. 이에 백성들은 하나님의 사인을 믿으며 하나님이 이스라엘 자손을 찾으시고 그들의 고난을 살피셨음을 듣고 머리 숙여 경배합니다(출4:31). 이로써 모세와 이스라엘 백성의 출이집트가 본격적으로 시작됩니다.

DAY 7 출5:1-6:1

여호와가 누구이기에 출5:2 – 하나님을 따를수록 악화되는 상황

모세는 하나님이 함께 하신다는 것이 정확히 어떤 의미인지 다 알 수 없었지만 불타는 떨기나무 가운데서 만난 하나님의 영광의 임재를 의지하여 하나님이 표적으로 주신 지팡이를 들고 파라오 앞에 서서 메시지를 전합니다. 그러나 파라오는 묻습니다.

"여호와가 누구이기에 내가 그의 목소리를 듣고"(출5:2)

파라오는 여호와를 알지 못했습니다. 하나님을 알지 못하는 자에게 가서 '하나님이 말씀하시기를'이라고 말했을 때 돌아온 것은 비웃음이었습니다. 게다가 상황이 더욱 악화되었습니다. 모세는 하나님의 말씀에 순종한 것뿐이었는데 파라오는 이스라엘 백성을 향한 통제를 강화했을 뿐 아니라 그들의 노동을 더욱 가혹하게 하였습니다. 파라오는 하나님을 따르겠다고 말하는 모세와 아론 때문에, 그것도 이스라엘 백성을 데리고 하나님을 섬기겠다는 말에 분노를 쏟아냅니다. 하나님의 백성들이 하나님을 따르겠다고 말하면 세상은 분노합니다. 그리고 더 통제하고 더한 두려움과 공포를 줍니다. 두려움과 공포를 통해 그 너머에 계시는 하나님을 인식하지 못하도록 할 뿐 아니라 소망을 갖지 못하도록 만듭니다.

바로 그 전 날까지 하나님의 표적과 메세지를 들고 온 모세를 믿고 하나님께 경배한 백성들이었지만 악화된 상황에 모세와 아론은 당장 모든 백성들의 원망을 듣게 됩니다. 어제까지 하나님이 그들의 고난을 살피셨다고 믿었던 이스라엘 백성이었지만(출4:31) 그들은 절대 권력자의 말 한 마디에 마음이 다시 뒤집히고 맙니다. 어제 역사하였던 하나님이 오늘도 역사하실 것이라 믿지 못하는 이유는 오랫동안 세상에 묶여 있어서 하나님을 알지도, 경험하지도 못했기 때문이며 이것은 결국 하나님을 신뢰하지 못하게 합니다. 파라오가 '여호와가 누구이기에'라고 물으며 하나님을 몰랐던 것처럼 이스라엘 백성들도 하나님을 알지 못했습니다. 세상을 이길 힘은 하나님을 믿는 믿음에 있으며(요일5:4), 하나님을 믿는 믿음은 하나님이 어떤 분이신지 알 때 생깁니다. 그리고 하나님이 어떤 분이신지에 대한 증거는 말씀을 통해 이뤄집니다. 그러나 이스라엘 백성은 오랜 시간 이집트의 신에 익숙해져 있었고 하나님이 어떤 분이신지에 대한 말씀을 들어오지 못했습니다. 한 번의 표적만으로는 하나님을 믿을 수가 없었습니다.

마지막 때 하나님을 향해 한껏 교만해져 있고 높아져 있는 세상은 우리를 향해 물을 것입니다. "하나님이 누구냐, 하나님이 어디 있느냐, 그가 무엇을 해 줄 수 있느냐" 그럴 때 하나님이 어떤 분이신지를 아는 자들은 믿음으로 견고히 설 것이지만 그렇지 않은 자들은 세상을 두려워하며 "너희들이 하나님을 따른다고 유난을 떨어서 우리가 더 괴롭게 되었다, 너희들이 긁어 부스럼을 만들었다"라며 도리어 하나님을 따르는 자들을 비난할 것입니다. 그리고 그냥 가만히 있으라고 할 것입니다. 세상이 지시하는 대로 따르라고 할 것입니다. 그러나 우리는 그럴 수 없습니다. 왜냐하면 우리는 하나님을 알지 못하는 그들과 달리 하나님이 얼마나 신실하시며 전능하신 역사의 주관자이심을 알기 때문입니다. 하나님은 자신의 백성을 돌보시고 살피시는 하나님이십니다.

"곤고한 자가 부르짖으매 여호와께서 들으시고 그의 모든 환난에서 구원하셨도다"

(시34:6)

하프타라 사27:6-28:13, 사29:22-23, 렘1:1-2:3

이름(쉠םשׁ)은 부르심 (calling) 이고 부르심의 목적은 구원 (예슈아ישׁוע)이다

창세기를 통해 우리는 하나님의 구속의 계획의 치밀함과 놀라움을 보았습니다. 유대인과 이방인을 세우시는 구원의 순서와 방향(야곱이 에브라임을 오른쪽에 두고 므낫세를 왼쪽에 두고 축복한 것)과 그 완성의 비밀을 보았습니다(창48:8-22). 출애굽기를 통해 에덴-동산에서 쫓겨난 하나님의 자녀들을 다시 돌아오게 하기 위한 구속의 계획을 위해 하나님은 사람을 부르시고 세우시는 것을 봅니다. 각자의 역할이 모두 다르고, 각자의 이름에는 하나님의 부르심이 있습니다. 그리고 이 부르심들은 모두 같은 곳을 향하고 바라봅니다. 그것은 하나님의 구원입니다. 그러므로 구원이 그냥 단순히 던져지고 불려지는 쉬운 말이 아닌 것을 깨닫게 됩니다. 구원을 이루기 위해 하나님은 한 사람을 부르시고 부름받은 자를 기다려 주십니다. 부름받은 자는 자기에게 주어진 사명을 감당하기 위해 말로 할 수 없는 치열한 과정을 통과하게 됩니다. 이 치열한 과정 가운데 부름받은 자들은 고난을 받기도 하지만 주님은 원수들에게 하는 것과 같이 다루지 않으시고 적당한 견책으로 그들을 인도하십니다(사27:7-8). 고난을 통해 부름받은 자들은 정결한 신부로 단장되어 갑니다.

이집트와 같은 세상은 우리에게 더 많은 일을 해라, 더 높이 쌓아라, 더 많이 축적해라, 같은 시간 안에 더 많은 성과를 내라고 요구합니다(출5:6-9). 경계에 경계를 더하고(do and do, do and do) 교훈에 교훈을 더하며(rule and rule, rule and rule) 여기서도 조금, 저기서도 조금(a little here, a little there) 하게 합니다(사28:10). 이것은 세상이 우리에게 심어주는 멍에이자 거짓말입니다. 그러나 하나님은 세상이 주는 멍에로 인해 우리가 고통받는 것조차도 우리를 겸손하게 다루시는 과정으로 사용하십니다. 억압과 고통의 시간 속에서 우리에게 섞여 있는 것들을 뽑아 내시고 제거하셔서 우리를 정결한 신부로 단장해 주십니다. 이렇게 단장된 신부들을 마침내 하나하나 모으시고 예루살렘 성산에서 구원의 감격으로 예배하게 하시겠다고 약속하십니다(사27:12-13).

우리의 이름(쉠םשׁ)에는 하나님의 부르심과 사명이 있습니다. 그리고 그 부르심과 사명의 끝에는 구원(예슈아ישׁוע)이 있습니다. 구원의 완성은 예슈아를 통해 이루어집니다. 우리가 부르심을 따라야 하는 이유는 그 끝에 예슈아(구원)가 있기 때문입니다.

부르심과 말

예레미야는 20세의 젊은 나이에 부르심을 받습니다. 예레미야(이르메야후 יִרְמְיָהוּ)는 '여호와께서 지명하신 자', '여호와께서 높이 드신다'라는 뜻을 가지고 있습니다. 하나님이 그를 모태에서부터 구별하셨고 알았다고 말씀하시며 열방의 선지자로 예레미야를 세우십니다(렘1:5). 예레미야는 스스로 아이라 말할 줄 알지 못한다고 하지만 하나님은 그의 입술에 말씀을 두시고 나라들을 향해 예언하는 선지자가 되게 하십니다 (렘1:9-10).

모세는 80세 노인의 때에, 예레미야는 20세의 젊은 때에 부름을 받습니다. 노인은 늙어서, 젊은이는 너무 어려서 할 수 없다고 생각하는 우리의 생각과 하나님의 시간 계획은 전혀 다릅니다. 각 사람이 부름 받아 하나님의 일을 수행할 수 있는 상태, 그들의 준비됨을 가장 잘 아시는 분은 하나님이십니다. 그러므로 내가 언제 부름 받았는가는 중요하지 않습니다. 더 중요한 것은 하나님이 친히 나를 부르시고 가라고 하시는 시간, 전하라고 하시는 타이밍입니다. 하나님이 친히 말씀하시기 전에 내가 이뤄보겠다고 움직이면 실패가 있을 뿐입니다. 나를 향한 삶의 계획이 있습니다. 그 부르심의 계획이 언제 실행되는지는 주님의 시간에 있습니다. 그러므로 그 때까지 우리가 해야 할 것은 혼을 철저히 다루고 자기를 부인하는 것입니다. 모세는 자신에게 이스라엘 백성을 이끌 수 있는 권위가 없다고 말합니다. 그의 젊은 시절에 겪었던 일로 인한 쓴 마음이 남아 있었기 때문입니다. 그러나 하나님은 내가 너에게 권위를 주겠다고 하십니다. 이집트, 세상의 권위가 아닌 하나님의 권위로 하겠다고 하십니다. 세상이 주는 권위, 스펙이 나의 부르심을 이루는데 쓰임은 받을 수 있겠지만 그것이 본질은 아닙니다. 나의 부르심을 이뤄가는 데 있어서 가장 중요한 것은 하나님이 주시는 권위입니다. 그 권위는 내가 비워질 때 안전하고 온전하게 부어지게 됩니다. 부르심을 향해 가기 위해 나를 비우고 하나님의 권위가 부어지는 그 타이밍을 기대합니다.

하나님의 거룩한 부르심 앞에서 모세도, 예레미야도 자신은 말이 부족하고 말을 잘 하지 못하는 자라고 말합니다.

"나는 본래 말을 잘 하지 못하는 자니이다"(출4:10)
"나는 아이라 말할 줄을 알지 못하나이다"(렘1:6)

말이 부족하고, 말을 잘 하지 못한다는 것은 자신에게 그럴 만한 권위가 없다는 것을 의미합니다. 그런데 하나님은 그 입술에 하나님의 말씀을 주심으로 권위를 주겠다고 하십니다(출4:12, 렘1:9). 말씀은 하나님 그분 자신이며 그분의 권위입니다. 그래서 하나님은 하나님의 영적 권위를 부으실 때 입술의 권세를 더하십니다. 말을 통해 하나님의 영이 일하십니다. 모든 선지자들은 말을 통해 나라와 백성들을 일으키고 권면하고 책망하고 예언하였습니다. 우리들은 중요한 시기가 되면 하나님의 말씀을 기다립니다. 예수님은 말이 곧 영이고, 생명이라고 하셨습니다(요6:63). 태초에 말(씀)이 있었고, 그 말(의 권세)로 없는 것에서 있는 것으로 존재를 창조하셨으며 이 말(씀)은 곧 하나님이었습니다(요1:1). 그러므로 말을 주시는 것은 하나님 자신을 부어 주시는 것입니다.

우리가 부르심을 성취해 감에 있어 하나님 자신인 그분의 말씀이 우리에게 부어질 때 우리의 말이 거짓 영이 되지 않게 하려면 그만큼 우리의 혼이 다루어져야 합니다. 그래야 섞이지 않은 깨끗한 영이 순전하게 흘러가게 됩니다. 말은 우리의 속에 있는 생각과 감정으로부터 나옵니다. 그러므로 내 말을 어떻게 다루느냐는 내 혼을 어떻게 정결하게 관리하는가와 관련이 있고, 내 혼이 정결하게 된 만큼 하나님의 부르심을 온전하게 실행할 수 있는 상태가 되어집니다. 똑같은 말을 하더라도 내 혼과 영의 상태에 따라 권위와 영향력은 달라집니다. 그러므로 하나님의 부르심을 따라가는 자들은 입술(말)에 부어 주신 권위와 생명을 잘 다루기 위해 먼저 내 생각과 감정과 기억 속에 걸러지지 않은 것이 무엇인지를 잘 체크하면서 혼의 문제를 다룸 받아야 합니다. 혼이 정결하게 다룸 받지 않은 상태에서 성령이 부어지고 예언이라는 말의 영적 권위가 주어지면 우리는 그것에 우리의 것들을 섞어서 잘못 사용하여 영혼을 상하게 하고 실족하게 할 수 있습니다. 우리의 말은 하나님의 생명을 살리고 회복하는데 사용되어져야 합니다. 이것을 위해 하나님이 우리의 입술에 권세를 주시는 것입니다.

입을 열어야 할 때가 있고 닫아야 할 때가 있습니다. 하나님의 백성으로 부르심을 받은 교회와 성도들은 더욱 혼의 다룸을 받고 생각과 감정을 정결케 하여 하나님이 그 입술에 부어 주시는 권세를 악한 영을 대적하고 생명을 살리는 데 사용할 수 있도록 준비되어야 합니다. 지금 하나님은 하나님의 메시지를 전할 메신저들(말라카이מַלְאָכַי)을 찾고 계십니다. 내 지식과 능력을 자랑하는 말은 하지 않고 하나님의 말씀으로만 채워진 권세 있는 거룩한 입술의 메신저들이 더 많이 일어나야 할 때입니다.

메신저

하나님은 자신의 백성을 구원하실 때 메신저들을 부르십니다. 그들을 통해 먼저 하나님이 어떤 분이신지를, 하나님이 어떤 계획을 가지고 계신지를 선포하게 하고 하나님의 말씀을 듣고 믿도록 백성들에게 하나님의 마음을 전달합니다. 하나님의 마음을 전달할 수 있도록 메신저들에게 하나님의 말씀을 입에 담아 주십니다. 모세가 혀가 둔하여 말을 할 수 없다고 했을 때 하나님은 '네 입과 함께 있어서 할 말을 가르치리라(출4:12)'고 약속하셨습니다. 예레미야가 아이라 말할 줄 모른다고 했을 때 '내 말을 네 입에 두겠다(렘1:9)'고 약속하셨습니다. 혀가 둔하고 말을 잘 할 줄 모르는 자들을 메신저로 선택하신 이유는 그들이 하나님의 입에 말씀을 담아주지 않으시면 말을 할 수 없는 자들이었기 때문이었습니다. 오직 하나님의 말씀을 담아 주실 때만 말할 수 있는 자들이었기 때문이었습니다. 하나님이 찾으시는 메신저는 하나님의 말씀만 전하는 자들입니다.

넘쳐나는 메시지를 듣고 사는 시대입니다. 그런데 변화가 없습니다. 그 이유가 무엇입니까? 전해지는 메시지가 사람의 지식과 말솜씨를 자랑하는 것들이 많기 때문입니다. 또 진짜 하나님이 주시는 메시지가 무엇인지 분별하지 못하기 때문입니다. 하나님의 말씀은 살아있는 능력입니다. 마지막 때에 하나님은 자신의 메신저들을 찾으십니다. 그들의 입술에 하나님의 말씀을 두시고 하나님을 나타내고 하나님의 구원을 선포하게 할 것입니다. 하나님의 말씀은 자신의 힘으로 전하는 것이 아닙니다. 듣기 좋은 말, 우리의 지식적 욕구를 충족시켜 주는 것이 하나님의 말씀이 아닙니다. 살아 있어 우리의 영을 깨우고 흔드는 말씀, 그래서 하나님이 어떤 분이신지를 알게 하며 하나님을 따르도록 삶이 변화되게 하는 말씀, 그것이 하나님의 말씀입니다.

그러나 세상은 하나님의 말씀을 싫어하고 미워합니다. 그래서 마음이 세상을 향해 있고 육신에 매여 있으면 하나님의 말씀이 들리지 않고 또 피하고 싶어집니다. 그런데 하나님의 메신저들은 그런 세상을 향해 말해야 합니다. 파라오가 듣기 싫어해도, 심지어 하나님을 섬긴다고 하는 남유다 백성과 제사장들이 듣기 싫어해도 모세와 예레미야는 말해야 했습니다. 헤롯 왕이 듣기 싫어해도 세례 요한은 말해야 했습니다. 그들이 말해야 하나님의 백성들이 구원받기 때문이었습니다. 마지막 때 메신저들은 하나님의 백성을 구원하기 위해 세워집니다.

마지막 추수와 부흥의 때가 가까이 와 있습니다. 더불어 메시아닉 킹덤도 가까이 와 있습니다. 한 사람이라도 더 구원안으로 들어오게 하기 위해 우리는 말해야 합니다. 그런데 파라오가 두렵고, 종교인들이 두렵습니다. 파라오는 세상의 힘을 가지고 있어서 두렵고, 종교인들은 종교를 가장하여 하나님을 섬기고 있다고 말하기 때문에 더 어렵습니다. 그런데 하나님은 자신의 말씀을 입에 두겠다고 약속하십니다. 그리고 반드시 함께 하겠다고 약속하십니다. 우리의 입술에서 선포되는 말씀을 통해 세상 왕들과 권세자들 앞에 견고한 성읍, 쇠기둥, 놋성벽이 되게 하겠다고 말씀하십니다(렘1:18).

> "주님 우리의 입술에 당신의 말씀을 두시고 우리가 어떻게 말해야 할지
> 가르치소서. 내가 측량할 수 없는 주의 공의와 구원을 내 입으로 종일 전하리이다"
>
> (시71:15)

브리트 하다샤 고전14:13-25 / 마2:1-12

영의 말

　　입이 둔하여 말하지 못한다고 했던 모세의 고백은 자신에게 하나님이 맡기신 일을 해낼 수 있는 능력이 없음을 고백하는 것과 같은 것이었습니다. 그런 모세에게 하나님은 말의 능력으로 하는 것이 아니라 즉, 사람이 가지고 있는 능력으로 하는 것이 아니라 하나님이 하신다는 것을 거듭 말씀하십니다. 하나님은 모세의 조상인 아브라함, 이삭, 야곱에게 알리지 않으셨던 하나님의 이름까지 알려주시면서 자신을 보여주십니다. 하나님의 이름을 알게 된 모세가 가지게 된 최고의 능력은 하나님과의 친밀함이었습니다. 하나님과 친밀함을 누릴수록 모세는 더욱 하나님의 마음을 알게 되었고, 백성들에게 하나님의 마음과 계획을 전할 수 있었습니다. 결국은 말의 기술이나 능력이 중요한 것이 아니고 말 속에 담긴 하나님의 마음이 얼만큼 드러나고 전달되는가가 중요한 것입니다.

　　하나님은 연약한 사람들에게 하나님의 마음을 전달할 수 있도록 예언이라는 은사를, 또 하나님의 계획을 다 알 수 없어 어떻게 기도해야 할지 모르는 우리에게 영의 기도를 올려드릴 수 있도록 방언이라는 은사를 허락하셨습니다. 예언을 통해서는 사람들의 마음을 만질 수 있도록 하셨고, 방언을 통해서는 우리의 영이 하늘에 닿을 수 있도록 하셨습니다. 예

언과 방언은 모두 말을 통해 흐르는 것이고, 이것은 하나님이 우리에게 주실 때만 할 수 있는 말들입니다.

　　모세가 하나님의 마음을 알아가고 하나님과 더 친밀해질수록 자신의 말의 기술이나 능력에 제한되지 않고 담대하게 하나님의 뜻을 이루어 갈 수 있었던 것은 그가 하나님이 주신 말씀을 전했기 때문입니다. 하나님의 말씀은 능력입니다. 이 능력은 하나님과의 친밀한 관계로부터 시작됩니다. 하나님과의 관계가 시작되면서 하나님의 마음을 더 깊이 알아가게 될 때 우리는 사람들에게 하나님을 나타낼 수 있게 됩니다. 그러므로 예언과 방언은 우리와 교제하시는 하나님의 말(언어)이자 하나님의 마음을 사람들에게 전달하여 더 많은 하나님의 자녀들이 그분 안으로 들어오도록 부르는 자들이 되라는 사명이기도 합니다.

모세와 예슈아

　　토라에는 메시아인 예슈아를 예표하는 사건들과 인물들이 기록되어 있는데 요셉이 그 중의 한 사람이며, 또한 모세가 그러합니다. 요셉이 메시아의 고난과 부활을 예표하는 인물이라면 모세는 메시아의 인류 구원과 왕의 통치를 예표하는 인물입니다. 물론 요셉에게도 인류 구원을 위한 하나님의 계획이 나타나지만 그 계획이 실제적으로 실현될 것임을 나타내는 사람은 모세입니다.

　　모세의 출생이 어머니의 특별 보호아래 파라오의 죽음의 위협으로부터 건져졌듯이 예슈아도 헤롯의 위협으로부터 건져졌습니다. 모세가 이집트로부터 이스라엘 백성을 구원해 내었듯이 예슈아도 세상으로부터 자신의 백성을 구원하셨습니다. 모세가 홍해를 건너 이스라엘 백성을 약속의 땅으로 인도했듯이 예슈아는 자신의 백성을 영원한 하나님의 나라로 들어가게 하실 것입니다. 모세가 하늘로부터 토라를 받고 백성을 다스렸듯이 토라이신 예슈아는 친히 하늘로부터 오셔서 자신의 백성을 가르치셨고 또 영원히 통치하실 것입니다.

쉐모트 주간의 말씀

1. 이스라엘의 12아들들의 이름으로 시작하고 있는 출애굽기는 하나님이 이들을 통해서 큰 민족을 이루시고(출1:7) 창세기에서 보인 하나님의 구속의 청사진이 이 민족을 통해 본격적으로 실행될 것임을 시사하면서 마지막 날 온 인류가 어떤 과정을 거쳐 구속 받게 될 것인지를 보여줍니다.

2. 한 사람의 이름은 그 사람의 정체성이면서 사명입니다. 이스라엘의 정체성은 그 이름에 나타난 것처럼 하나님의 대리 통치자로서 만물을 다스리는 것이고 이들의 사명은 세상을 이기고 악한 것을 이기는 것입니다. 이스라엘의 정체성과 사명은 메시아로 인해 그분을 믿고 구원받은 자들인 우리들에게로 확장되었고 마지막 날 우리는 왕 같은 제사장이 되어 메시아와 함께 그분의 나라에서 왕노릇 할 것입니다.

3. 이스라엘은 물질적인 번영을 얻고 영적인 유업을 잃어버렸습니다. 물질은 우리의 육신을 만족하게 하는 대신 영이 숨을 쉴 수 없게 합니다. 물질은 처음에는 우리에게 평화와 안정을 주는 것 같지만 물질의 풍요에 매이게 되면 결국 우리의 영은 쇠약하게 되고 나중에는 물질의 노예가 되고 맙니다.

4. 사회가 하나님의 질서에서 벗어난 것을 강요하면서 따라오라고 한다면 아무리 그것이 그 사회가 지향하는 공동의 목표라 할지라도 우리는 그것을 따를 수 없습니다. 사회의 유익보다 우리에게 더 중요한 것은 하나님의 킹덤의 법입니다. 하나님의 킹덤의 법은 온 우주의 질서를 지키고 보호하는 것입니다.

5. 두려움은 어두움을 믿는 믿음입니다. 십브라와 부아가 두려워한 것은 어둠조차 창조하신 하나님이었습니다.

6. 세상 가운데서 세상의 힘과 억압에 압도당하지 않을 수 있는 힘은 하나님을 경외하는 것입니다.

7. 나의 부르심이 실현되는 때는 나그네의 상태, 내 것이 없는 상태일 때입니다. 오히려 내 것이 사라지고 그 자리에 하나님의 말씀으로 채워지기 시작할 때 하나님이 나를 통해 하고자 하는 계획들이 하나씩 실현되는 것을 볼 수 있습니다. 그러므로 나그네는 아무것도 아닌 자 같지만 모든 것을 가진 자입니다.

8. 모세가 이집트 왕자로서의 자의식이 아닌 하나님으로만 채워질 수 있게 하기 위해 하나님은 모세가 모든 것을 비울 수 있는 시간을 허락하셨습니다. 갖춰진 상태가 아닌 비어 있는 상태, 그래서 다 내려 놓을 수 있을 상태, 그 때 하나님이 부르십니다.

9. 한국어로 '스스로 있는 자'라고 번역된 하나님 자신에 대한 소개는 하나님의 현재성에 대한 설명이자 과거에도 미래에도 변함없이 늘 존재하시는 하나님을 표현한 것입니다. 오늘 지금 이 순간 존재하시는 하나님은 어제도 그렇게 계셨고 미래에도 한결 같은 모습으로 존재하실 것입니다.

10. 하나님은 자신의 임무와 명령을 가지고 보내실 때 그냥 보내지 않으십니다. 하나님의 권위를 보냄 받은 자에게 위임하십니다. 하나님은 자연적으로는 가능하지 않은 초자연적인 능력을 보냄 받은 자 즉, 사도들에게 주시면서 자신의 전능성을 그들을 통해 나타내시며 그들이 하나님의 권위를 받은 자라는 것을 증명하도록 하십니다.

쉐모트 주간의 선포

1. 세상의 거대한 흐름에 압도되지 않게 하소서. 오직 하나님만 두려워하고 그 앞에 있게 하소서. 십브라와 부아처럼 하나님의 다음 세대를 지켜내게 하소서. 하나님을 경외하는 영으로 충만하게 하소서. 거룩한 세대를 일으키는 거룩한 영적 어미들을 일으켜 주소서.

2. 누군가 나를 볼 때 '저 사람은 실력있는 사람이다, 말씀을 잘 하는 사람이다, 찬양을 잘 하는 사람이다' 가 아니라 '저 사람은 하나님이 함께 하는 사람이다'라고 알게 하소서. 나의 정체성과 자격은 하나님이 나와 함께 하심이라는 것을 내 영혼이 확실하게 인식하게하소서.

3. 하나님의 영에 충만하여 영으로 말하는 자, 이런 사람이 마지막 때 하나님의 말라흐, 메신저가 될 것입니다. 주님! 나의 영을 당신의 거룩한 영으로 충만케 하소서. 소멸하는 불로 육의 생각을 태워 정결하게 하시고 오직 영의 생각으로 채워주소서. 당신이 우리에게 맡기신 임무를 충성되게 감당할 수 있도록 하여주소서.

4. 세상의 힘에 압도되지 않도록 날마다 하나님과의 깊은 친밀함을 누림을 통해 하나님을 경외하는 마음을 알게 하소서.

5. 내 이름에 심어 놓으신 하나님의 뜻이 이뤄지기까지 영원 불변하신(나는 나다) 하나님의 임재를 경험하는 은혜가 내 삶 가운데 있게 하소서. 그래서 끝까지 주어진 사명을 감당할 수 있는 보냄 받은 자로서의 삶을 살아낼 수 있길 소망합니다.

6. 하나님의 장자로 부름받은 이스라엘을 대적하는 이집트(세상)의 영에 가리워져 있는 교회와 성도들을 깨워 주소서. 이스라엘을 대적하는 것(안티 세미티즘)은 곧 하나님을 대적하는 적 그리스도의 영(파라오)이라는 것을 깨닫고 하나님 편에 서는 교회와 성도 되게 하소서.

14주간

וָאֵרָא
VA'ERA
봐에라, 그리고 그가 나타났다

파라샤 **출6:2-9:35**
하프타라 **겔28:25-29:21**
브리트 하다샤 **계16:1-21 / 눅11:14-22**

DAY 1 출6:2-13

봐에라וָאֵרָא **쉐미 아도나이**יְהוָה שְׁמִי (나의 이름은 여호와)

아브라함은 하나님의 말씀을 따라 믿음으로 약속의 땅에 들어와 세겜을 거쳐 벧엘 근처에서 제단을 쌓고 여호와의 이름을(베쉠 아도나이בְּשֵׁם יְהוָה) 불렀습니다(창12:8). 그런데 하나님은 모세에게 자신을 나타내시면서 아브라함과 이삭, 야곱에게는 전능의 하나님, 엘 샤다이אֵל שַׁדַּי 로 나타나셨지만 그들에게 하나님의 이름을(쉐미 아도나이יְהוָה שְׁמִי) 알리지 않았다고 말씀하십니다(출6:3). 아브라함이 분명히 하나님의 이름을 불렀음에도 불구하고 왜 하나님은 모세에게 그들의 조상에게는 자신의 이름을 알리지 않았다고 말씀하신 것일까요?

하나님은 아브라함과 이삭과 야곱과 언약을 맺으셨고 그들에게 약속의 땅, 에덴-동산의 중심을 주시고 그들을 통해 많은 자손들이 일어나게 될 것이라고 약속하셨습니다. 그러나 아브라함, 이삭, 야곱은 그 약속을 살아 있을 때는 받지 못했습니다. 그들은 그 모든 약속을 믿음으로 받았을 뿐입니다. 아브라함과 이삭과 야곱이 믿은 하나님은 엘 샤다이(전능하신 하나님)입니다. 그들은 엘 샤다이(전능하신 하나님)께서 이루실 것이라는 것을 믿는 믿음 하나로 자신들의 삶의 여정을 이어갔고 그 믿음을 자손들에게 유업으로 남겨주었습니다.

그런데 이제 하나님의 약속이 실행될 때가 되었습니다. 아브라함과 이삭과 야곱과 맺으신 언약을 성취하시기 위해 하나님은 모세를 부르시고 그에게 엘 샤다이(전능하신 하나님)께서 언약을 잊지 않고 성취하시는 아도나이라는 것을 말씀하셨습니다. 하나님의 이름 아도나이는 언약을 기억하고 반드시 성취하시는 하나님으로 그분은 전능하실 뿐 아니라 자신의 백성을 향해 신실하시며, 선하시며, 완전하시며, 구원하시는 하나님이라는 그분의 속성과 성품을 담고 있습니다. 하나님은 아브라함과 이삭과 야곱은 완전히 알지 못했던 하나님의 속성과 성품을 모세에게 계시하심으로 그들이 믿어왔던 조상의 하나님(엘 샤다이)이 모든 약속을 구체적으로 실행하시고 성취하시는 하나님(아도나이)이라는 것을 알게 하셨습니다. 다시 말해, 아브라함과 이삭과 야곱에게 나타나신 전능하신 하나님은 그들이 다 알지 못했던 하나님의 속성을 모세에게는 더 깊고 구체적으로 가르쳐 주시면서 친밀함 안에서 관계하시는 하나님으로 자신을 계시하신 것입니다. 아브라함과 이삭과 야곱이 그저 하나님의 이름을 부른 것과 달리 모세에게는 하나님의 이름에 담겨있는 속성까지 알려주심으로써 아도나이라는 이름의 진짜 의미를 계시하셨기에 하나님은 아브라함과 이삭과 야곱에게는 알리지 않았던 자신의 이름을 모세에게 알려주신 것이라고 말씀하신 것입니다.

아브라함과 이삭과 야곱에게는 알리지 않으셨던 하나님의 이름과 속성을 모세를 통해 알리실 때 하나님은 이스라엘을 자신의 백성으로 삼으시고 그들의 하나님이 되실 것이라는 것을 강조하셨습니다(출6:7-8). 이로써 하나님은 압제하고 통제하는 세상의 신들과 다른 인격적 관계를 맺으시는 하나님이라는 것을 알려주셨습니다. 온 우주의 창조자이신 하나님이 전능하신 하나님 엘 샤다이אֵל שַׁדַּי의 모습에서 나는 여호와יהוה라(출6:2,6,8)고 모세와 이스라엘 백성에게 자신을 알리신 이유는 다음과 같습니다.

1) 나 여호와는 이집트의 신들이나 가나안의 신들보다도, 또 수많은 어떤 신들보다도 뛰어난 우주의 하나님이다.
2) 이집트와 가나안의 신들은 압제하고 누르고 묶어서 통제하는 신이지만 나는 너희와 친히 인격적 관계를 맺는 하나님이다. 너희들이 두려워하는 이집트(세상)도 통치하고 다스리는 나는 너희를 그들의 밑에서 빼내며 건지고 그들을 심판하여 너희를 구속할 것이다.
3) 나는 너희를 내 백성으로 삼고 너희의 하나님이 되는 여호와이다. 내가 너희 조상에게 약속한 땅을 기업으로 줄 것이다. 나는 언약을 기억하고 성취하는 하나님이다.

하나님의 이름 아도나이יהוה는 네 문자의 조합으로 나타나는 발음 그 이상입니다. 하나님의 이름은 그분의 속성이며 성품 그 자체입니다. 하나님은 자신의 이름을 단순히 이름으로만 계시하지 않으시고 그 이름을 통해 하나님의 속성과 성품을 계시하십니다. 그래서 우리가 하나님의 이름을 부른다는 것은 하나님의 속성과 성품을 선포한다는 것을 의미합니다. 여호와의 이름 안에 모든 것이(신실함, 선함, 완전함, 구속, 사랑, 공의, 샬롬…) 담겨 있습니다. 그래서 그 이름을 부르는 것 자체가 능력이며 구원입니다. 그리고 그 이름 아도나이는 바로 예슈아입니다. 예슈아의 이름은 능력이고 구원이며 사랑을 통한 치유와 회복입니다. 구원을 위한 다른 이름은 없습니다. 오직 예슈아, 아도나이만이 구원의 이름입니다.

"누구든지 여호와의 이름을 부르는 자는 구원을 얻으리니"(욜2:32)
"누구든지 주의 이름을 부르는 자는 구원을 받으리라"(행2:21, 롬10:13)

【주제 #2】 성경에 나타나는 여호와(하나님)의 이름

	명칭(영어)	명칭(히브리어)	뜻	말씀구절
1	El Elyon 엘 엘룐	אל עליון	The Lord Most High 지극히 높으신 하나님	창세기 14:18
2	EL Gibbor 엘 깁보르	אל גיבור	The Mighty God 용사이신 하나님	이사야 10:21-22
3	El Olam 엘 올람	אל עולם	The Everlasting God 영원한 하나님	창세기 21:33
4	El Roi 엘 로이	אל ראי	The God who sees me 나를 감찰하시는 하나님	창세기 16:13-14
5	El Shaddai 엘 샤다이	אל שדי	God Almight 전능한 하나님	창세기 17:1-2
6	El Elohe Yisrael 엘 엘로헤 이스라엘	אל אלהי ישראל	the God of Israel 이스라엘의 하나님	창세기 33:19-20
7	El Qanna 엘 칸나	אל קנא	The Jealous God 질투하시는 하나님	출애굽기 34:13-14
8	El Sali 엘 쌀리	אל סלעי	God my Rock 하나님은 나의 반석	시편 42:9-10
9	El Hanne'eman 엘 하네에만	אל הנאמן	The Faithful God 신실하신 하나님	신명기 7:9
10	El Emet 엘 에메트	אל אמת	The God of Truth 진리의 하나님	시편 31:4-5
11	El Hakavod 엘 하카보드	אל הכבוד	The God of Glory 영광의 하나님	시편 29:3-4
12	El De'ot 엘 데오트	אל דעות	The God of Knowledge 지식의 하나님	사무엘상 2:3

13	Jehovah Jireh 여호와 이레	יהוה יראה	The Lord will see and provide 여호와가 보시며 공급하시리라	창세기 22:13-14
14	Jehovah Rapha 여호와 라파	יהוה רפא	The Lord who heals 치료하시는 하나님	출애굽기 15:26
15	Jehovah Shalom 여호와 샬롬	יהוה שלום	The Lord is peace 여호와는 평화	사사기 6:23-24
16	Jehovah Nissi 여호와 닛시	יהוה נסי	The Lord is my Banner 여호와는 나의 승리의 깃발	출애굽기 17:14-15
17	Jehovah Tzebaoth 여호와 쩨바올	יהוה צבאות	The Lord of Hosts 만군의 여호와	사무엘상 17:45
18	Jehovah Mekoddishkem 여호와 메코디쉬켐	יהוה מקדשכם	The Lord who sanctifies 너희를 거룩하게 하시는 하나님	출애굽기 31:13
19	Jehovah Tsidkenu 여호와 찌드케누	יהוה צדקנו	The Lord our Righteousness 여호와는 우리의 의	예레미야 23:5-6
20	Jehovah Rohi 여호와 로이	יהוה רעי	The Lord is my Shepherd 여호와는 나의 목자	시편 23:1-3
21	Jehovah Tsuri 여호와 쭈리	יהוה צורי	My Rock and Redeemer 나의 반석 구속자	시편 19:14
22	Jehovah Shammah 여호와 삼마	יהוה שמה	The Lord is there 여호와가 거기 계신다	에스겔 48:35
23	Jehovah Hesed 여호와 헤세드	יהוה חסד	God of Forgiveness 자비의 하나님	느헤미야 9:17
24	Jehovah Magen 여호와 마겐	יהוה מגן	God our Shield 여호와는 나의 방패	시편 3:3-4
25	Adonai 아도나이	אדני	Lord and Master 나의 주님	시편 110:1
26	Elohim 엘로힘	אלהים	God the Creator 창조의 하나님	창세기 1:1-2
27	Jehovah Yahweh 여호와 야훼	יהוה	The Lord 존재하시는 하나님	출애굽기 6:2-3
28	Attiq Yomaya 아티크 요마야	עתיק יומיא	The Ancient of Days 옛적부터 항상 계신 이	다니엘 7:13
29	Ehyeh Asher Ehyeh 에흐예 아쉐르 에흐예	אהיה אשר אהיה	I Am Who I Am 나는 스스로 있는 자	출애굽기 3:13-14
30	Qedosh Yisrael 케도쉬 이스라엘	קדוש ישראל	Holy One of Israel 이스라엘의 거룩한 자	레위기 19:1-2
31	Yeshua 예슈아	ישוע	Salvation / JESUS 구원	마태복음 1:21-23

32	Immanuel 임마누엘	עִמָּנוּאֵל	God with us 하나님이 우리와 함께 계신다	마태복음 1:22-23
33	Avi'ad 아비아드	אֲבִיעַד	Everlasting Father 영존하시는 아버지	이사야 9:6
34	Migdal Oz 미그달 오즈	מִגְדַּל עֹז	The Strong Tower 강한 성루	잠언 18:10-11
35	Pele Yo'etz 펠레 요에쯔	פֶּלֶא יוֹעֵץ	Wonderful Counselor 기묘자 모사	이사야 9:6
36	Ish Mach'ovot 이쉬 마코볼	אִישׁ מַכְאֹבוֹת	Man of Sorrows 슬픔과 고통을 아시는 분	이사야 53:3

마음의 상함과 가혹한 노역으로(출6:9)

그러나 이스라엘 자손들은 나는 여호와יְהוָה라는 하나님의 이름과, 이스라엘 자손들을 향해 여호와께서 행하시고자 하는 일들을 전혀 듣지 못합니다. 여호와 하나님은 "내가 강한 손을 더하므로…강한 손을 더하므로…"(출6:1)를 반복하시면서 이집트 사람의 무거운 짐 밑에서 그들을 빼내겠다고 거듭 말씀하시지만 그들은 마음의 상함과 가혹한 노역으로 인해 하나님의 음성을 듣지 않습니다(출6:9). '마음의 상함'이라고 번역된 히브리어 코쩨르 루아흐מִקֹּצֶר רוּחַ에서 코쩨르מִקֹּצֶר는 '짧음, 부족함, 참을성 없음, 고뇌'라는 뜻을 가지고 있습니다. 짧고 부족하니 여유가 없어 쉽게 짜증내고 불평하고 오래 참지 못하는 상태 즉, 참을성이 없어 성급하고 기다리지 못해 안달복달하는 상태를 의미합니다. 결론적으로 쉽게 스트레스를 받고 정신적인 고통을 겪는 상태가 코쩨르 루아흐입니다. '영의 부족, 영의 결핍' 때문에 여유가 없어서 나타나는 현상인 것입니다.

참고 인내할 수 있고 쉽게 스트레스를 받지 않으며 짜증 때문에 마음이 찌그러지지 않게 보호하면서 상황을 여유 있게 받아들일 수 있어야 치열한 영적 전쟁에서도 영적 저항감을 이겨내고 추진하며 나아갈 수 있습니다. 그러나 오랜 시간 이집트의 노예로 살면서 하나님이 어떤 분이신지에 대한 인식을 잃어버리고 자신들의 정체성도 잃어버린 이스라엘 자손들은 코쩨르 루아흐의 상태였고 이런 상태는 그들이 전능하신 하나님의 음성에 반응하지 못하게 했을 뿐만 아니라 오히려 자기들을 구원하시겠다는 하나님의 계획 때문에 더 가혹한 상황들이 생겼다며 하나님을 원망하도록 만들었습니다. 전능하신 하나님은 이루시지 못할 일이 없으시지만 사람이 믿음으로 협력해서 하나님과 동역하지 않으면 그 뜻이 이뤄지지 못하여 다른 사람에게 기회가 넘어가든지, 혹은 뜻이 이뤄질 때까지 오랜 시간을 돌아가야 하기도 합니다. 그러나 사랑의 하나님은 오래 참으심으로 여전히 쉽게 짜증내고 불평하는 연약한 백성들을 격려하고 설득하셔서 하나님의 큰 구원에 믿음으로 동역할 수 있도록 이끌어 주십니다. 상황이 악화되어 영적 저항이 거세질 때 쉽게 마음 상해(코쩨르 루아흐קֹצֶר רוּחַ) 하지 않고 하나님의 큰 뜻과 계획이 있음을 바라보면서 믿음을 견지하고 나아가야 합니다.

그러나 이집트의 압제, 보이는 세계의 억압은 이스라엘 자손에게 너무 큰 영향력이었습니다. 모세도 여호와 하나님의 유일함과 다름을 아직 정확하게 인식하거나 경험하지 못했기에 "이스라엘 자손도 나를 듣지 아니하였거든 바로가 어찌 들으리이까? 나는 입이 둔한 자니이다"(출6:12,30)라고 두 번이나 반복해서 말하며 자신의 상황에 절망하여 파라오 앞에(세상의 권력 앞에) 서기를 두려워합니다.

파라오의 완고함은 하나님의 백성을 계속 이집트의 노예로 남게 하기위해 그들을 놓아주지 않으려고 하는 끈질긴 고집이었습니다. 하나님의 백성이 계속 세상의 통제에 길들여지게 하고, 또한 죄의 노예로 남아 있도록 함으로써 하나님의 군대가 되지 못하게 하려고 사탄은 파라오의 마음을 더욱 완고하게 했지만 하나님은 그 완고함 조차도 하나님의 영광과 권능을 나타내실 도구로 사용하십니다. 하나님께서 마음먹으시고 작정하시면 그 어떤 것도 하나님에게는 장애가 될 수 없음을 기억해야 합니다. 모든 것은 하나님의 주권 아래서 이뤄집니다. 파라오의 완고함은 하나님의 전능하심을 나타내는 도구였을 뿐입니다. 그러므로 세상의 완고함 때문에 마음 상해하지 말고 하나님의 큰 계획을 바라보아야 합니다. 하나님의 큰 계획을 바라보려면 여호와 하나님이 어떠한 분이신지에 대한 우리의 인식을 더 확장해야 합니다.

이집트(미쯔라임מִצְרַיִם)안에 있을 때에는 여호와라는 하나님을 더 인식하느냐, 아니면 나 자신, 혹은 내가 압제 당하고 있는 세상을 더 인식하느냐 사이에서 우리는 늘 주저하기 쉽습니다. 그러나 여호와 하나님은 모세에게 계속해서 파라오 앞에 서라고 말씀하시는 것처럼 우리에게도 세상 앞에 당당하게 서라고 말씀하십니다. 모세를 파라오 앞에 나아가게 할 때 하나님의 능력을 모세에게 부어 주셨듯이, 우리가 세상과 맞서야 할 때 하나님의 능력을 주십니다. 하나님의 능력은 그분의 임재입니다. 모세 안에 자기의 능력, 위치, 지식 등이 완전히 사그라져서 광야의 메마른 떨기나무 같은 상태가 되었을 때 하나님은 그 떨기나무에 임재하시며 거룩한 영광을 나타내셨습니다. 마찬가지로 우리 안에 세상을 갈망하는 마음, 높아지려는 마음, 돈을 사랑하는 마음, 하나님보다 다른 것을 더 의지하는 마음이 완전히 사그라져서 비워졌을 때 그분의 임재로 우리를 채우시고 그분의 권위와 능력으로 우리를 입혀 주십니다. 분명히 하나님이 나와 함께 계신다는 믿음이 있는 것 같은데도 세상 앞에 당당하지 못하는 자신을 마주하고 있다면 아직 비워지지 않은 세상을 향한 사랑, 혹은 세상이 하나님보다 더 높은 것처럼 느껴지는 두려움이 있지 않은지 살펴보아야 합니다. 우리 여호와 하나님은 세상보다 크신 하나님이실 뿐 아니라 그 세상을 만드신 하나님임을 인식해야 합니다.

【주제 #3】 미쯔라임מִצְרַיִם 이라는 견고한 진

이집트의 히브리어 이름인 미쯔라임מִצְרַיִם의 어근이 되는 마쪼르מָצוֹר는 육지 사이에 바다가 흐르는 '좁고 깊이 파인 긴 해협'이라는 뜻과 '사방으로 둘러싸여 포위됨'이라는 뜻, 그리고 '견고한 진'이라는 뜻을 가지고 있다.

미쯔라임은 하나님의 백성이 코쩨르 루아흐רוּחַ קָצָר(마음이 쉽게 상하는 영의 상태)되게 하고 압박과 환경 아래에서 스스로를 통제하는 힘을 잃게 하며 사방으로 둘러싸이고 포위되어 결국 두 손 들고 항복하여 세상의 시스템과 겁박에 순응하며 살게 하는 이 세상의 환경을 잘 표현해주고 있다.

우리가 우리의 생각과 마음의 자리를 세상에 내어주어 사로잡히게 되면 우리의 생각과 사고방식, 감정과 습관, 태도안에 미쯔라임이라는 견고한 진이 들어와 자리를 차지하게 된다. 이와 같이 사람의 삶에 하나님으로부터 오지 않은 것들이 미쯔라임으로 채워지게 되면 그 사람은 평생 세상의 노예가 되는 삶을 선택하며 살게 된다.

하나님께서 유월절을 통해서 우리를 미쯔라임으로부터 옮기시고 이미 자유를 주셨다. 그리고 누룩 없는 무교절의 삶을 통하여서 우리 속사람 안에 깊이 뿌리내려 자리를 차지하고 있는 미쯔라임이라는 견고한 진을 뽑아내고 태워 버림으로 교만한 노예적 사고와 감정의 쓴 뿌리들을 제거하라고 하신다.

DAY 2 출6:14-27

모세와 아론의 족보

　　출애굽기 6:2-13과 출애굽기 6:28-30의 두 본문 사이에는 모세와 아론의 족보가 기록되어 있습니다. 두 본문 모두 하나님은 모세에게 말하라고(대언) 명령하시고 모세는 나는 입이 둔해서 할 수 없다고 말하는 장면을 기록하고 있습니다. 모세가 말하도록 사명을 부여받는 장면 사이에 레위 지파의 족보가 기록된 것은 모세라는 한 사람을 태어나게 하기 위해 하나님이 레위 지파를 선택하셨음을 암시해 줍니다. 다시 말해, 12지파 중에서도 특별히 레위 지파가 선택되고, 레위 지파 중에서 아므람과 요게벳 사이에서 모세가 태어난 것을 기록한 것은 모세를 태어나게 하기 위해 하나님이 레위 지파를, 레위 지파 중에서도 아므람과 요게벳을 선택하셨다는 것을 보여주신 것입니다.

　　미드라쉬 라바에서는 레위 지파가 선택된 이유가 야곱의 아들들이 이집트에서 생육하고 번성하는 과정 가운데 많은 지파들이 이집트와 동화되어 야곱을 통해 받은 믿음의 유업을 잊어버리거나 이집트와 타협된 생활을 하고 있었지만, 레위 지파만은 끝까지 믿음의 유업을 지키며 경건하게 살고 있었기 때문이라고 증언합니다. 토라가 레위 지파 가운데서 아므람과 요게벳을 언급하고 그들에게서 모세와 아론이 태어났다고 기록한 것을 통해 아므람과 요게벳이 믿음을 지켜낸 신실한 자들이었을 것이라 추정해 볼 수 있습니다. 이는 마치 다윗의 혈통에서 메시아가 태어날 것이라는 믿음으로 세상과 섞이지 않는 순수한 혈통의 보존을 위해 나사렛이라는 숨겨진 마을에 살고 있었던 다윗 혈통의 자녀들인 요셉과 마리아를 통해 예수님이 태어나게 하신 것을 연상케 합니다. 또한 레위 지파의 족보에는 세 명의 여인의 이름이 나오는데 아므람의 아내인 요게벳, 아론의 아내인 엘리세바, 엘르아살의 아내인 부디엘의 딸입니다. 아론은 아므람의 장자이고, 엘르아살은 아론의 셋째 아들이나 나답과 아비후가 죽었기 때문에 장자의 역할을 대신하게 된 아들이기도 합니다. 장자로 이어지는 이들 가문의 여인들의 이름이 등장한 것도 이들이 신실하고 경건한 여인들로 자녀들에게 믿음의 유업을 잘 이어주었을 것이라 예상해 볼 수 있습니다.

　　하나님은 하나님이 정해놓으신 시간에 하나님의 뜻을 이루시기 위해 거룩한 자들을 뽑으시고 그들을 보호하심으로 거룩한 세대가 일어나도록 하십니다. 하나님이 뽑으신 거룩한 자들은 세상과 섞이지 않고 하나님 편에 서서 말씀을 따르겠다고 스스로 결정하고 그 삶을 살아낸 자들입니다. 12지파 가운데서도 레위 지파가 그러했습니다. 레위 지파가 하나님의 말씀대로 사는 삶을 지켜내기 위해 이집트와 동화되지 않을 때 하나님은 그들 가운데서 이스라엘을 구원할 자 모세를 태어나게 하셨습니다. 또 금송아지 우상숭배로 이스라엘 백성에게 하나님의 진노가 임했을 때 레위 지파는 하나님의 편에 서겠다고 결정함으로써 하나님 나라의 제사장 직분을 감당하는 영광을 얻게 됩니다. 모세가 태어나기 전에 하나님이 레위 지파를 구별하시고 보호하신 것처럼, 예수님이 태어나기 전에 다윗의 혈통을 숨겨진 동네에 살게 하시고 보호하신 것처럼, 예수님이 다시 오시기 직전 하나님은 당신의 거룩한 세대를 숨겨서 보호하고 계실 것입니다. 그들을 말씀을 지키고 성취하는 거룩한 자들로 양육하기 위해 거룩한 아버지, 어머니들이 믿음의 유업을 전해주고 있을 것입니다. 하나님의 킹덤이 하나님의 보호 아래서 확장되어 가고 있습니다.

DAY 3 출6:28-7:7

입이 둔한 자

하나님의 산 호렙에서 부름 받을 때 모세는 자신의 입이 둔하기 때문에 파라오 앞에서 말할 수 없다고 했습니다. 여호와 하나님의 거룩한 임재와 영광 앞에서 자신의 모든 것을 내려 놓고 그 앞에 무릎 꿇었지만 아직은 하나님이 어떤 분인지 알지 못했던 모세에게 보인 현실은 자신의 입이 뻣뻣하고 혀가 둔한 것이었습니다(출4:10). 그러나 하나님의 능력과 단호한 호통 앞에 순종함으로 40년 전 이집트 왕자의 신분이 아닌 광야의 목자로서 이집트 땅으로 돌아옵니다. 왕자로서 자신의 힘을 과시할 수 있을 때가 아닌 목자로서 하나님의 백성을 돌볼 수 있게 되었을 때 하나님은 모세가 이스라엘 백성의 지도자가 되게 하셨습니다.

그러나 파라오 앞에서 "여호와가 누구이기에(출5:2)"라는 조롱을 받으며 하나님의 이름이 모욕을 당할 뿐 아니라 이스라엘 백성에게 가혹한 노역과 핍박이 더해지자 모세는 백성들로부터 심한 비난과 원망을 듣게 됩니다. 그럼에도 하나님은 그의 조상 아브라함, 이삭, 야곱과 맺은 언약을 반드시 성취하시는 여호와 하나님, 아도나이라고 자신의 속성과 성품을 거듭 계시해 주시면서 다시 가서 말하라고 합니다. 모세는 이스라엘 자손도 듣지 않는 말을 파라오가 어떻게 들으며 게다가 자신은 입이 둔한 자라고 두 번이나 더 호소합니다(출 6:12, 30). 입이라고 번역된 히브리어 싸파שָׂפָה 는 '언어, 화술'이라는 뜻입니다. 이것은 말을 잘 전달하는 능력을 의미합니다. 모세는 이스라엘 자손과 파라오가 듣지 않는 이유가 자신의 입이 둔하기 때문에 즉, 자신의 화술이 둔하고 좋지 않기 때문이라고 생각했습니다. 자신의 능력이 없기 때문에 사람들이 듣지 않는 것이고 또 듣지 않을 것이라고 생각했습니다. 그러나 이스라엘 자손이 듣지 못하는 이유나 파라오가 듣지 않은 이유는 모세의 입이 둔해서가 아니었습니다. 이스라엘 자손이 듣지 못한 이유는 가혹한 노역과 그로 인해 마음이 상했기 때문입니다. 이스라엘 자손들은 오랜 시간 바뀌지 않는 자신들의 현실에 낙담되어 있었기 때문에 하나님의 능력을 모세를 통해서 보았고, 또 그 앞에 경배했지만 파라오 앞에서 단 한 번의 내쫓김과 이후 더 거센 역풍을 맞은 상태를 견디지를 못했습니다. 또한 파라오는 여호와가 누구냐고 비아냥거릴 정도로 자신을 신의 경지에 올려놓고 한껏 교만해져 있는 상태였습니다. 세상의 모든 힘과 권세를 가지고 있었기에 파라오는 여호와 하나님을 인정할 수 없었습니다.

자신의 연약함과 이스라엘 백성의 비난 속에서 좌절하고 있는 모세를 향해 하나님은 파라오 앞에서 모세를 신(엘로힘) 같이 되게 할 것이고 그의 형 아론을 모세의 대언자로(나비נָבִיא, 선지자) 세우겠다고 말씀하십니다(출7:1). 모세의 언어적 화술이 뛰어나서가 아니라 오히려 그의 입이 둔하기 때문에 하나님은 그를 사용하겠다고 하십니다. 아무것도 없는 비어 있는 상태의 모세야말로 하나님으로 채워질 수 있고, 하나님으로 채워져 있는 사람만이 하나님의 능력을 나타낼 수 있기 때문입니다. 자신으로 가득 채워져 있는 사람은 하나님이 보여주신 꿈과 비전을 자신의 야망을 이루는데 사용하며 자기를 드러내고 세우려고 합니다. 그런데 하나님은 그런 사람을 통해서 하나님의 영광을 나타내지 않으십니다. 하나님은 자기를 완전히 비워낸 사람에게 하나님 자신을, 그분의 거룩한 영을 부으시고 하나님의 하나님 되심을 나타내심으로 영광을 받으십니다.

어느 때는 너무 유창한 화술이 거룩한 영의 흐름을 막는 것을 봅니다. 유창한 화술로 사람들의 마음을 사서 자신의 명예와 명성을 높이고 자신만의 바벨을 쌓는 것을 봅니다. 말은 영입니다(요6:63). 하나님은 하나님의 영으로 가득 채워진 사람을 통해서만 하나님의 말씀을 전하기를 원하시고 마지막 때에 그런 메신저를 찾으십니다. 더 좋은 화술을 갖기 위해, 더 나은 능력을 쌓기 위해 자신을 채우기 보다 오히려 더 비우고 하나님만을 의지할 때, 하나님은 그런 겸손한 자의 입술을 통해 하나님의 거룩한 영이 흐르는 말씀을 전하게 하실 것입니다.

하나님 같이

> "여호와께서 모세에게 이르시되 볼지어다 내가 너를 바로에게
> 신(엘로힘) 같이 되게 하였은즉
> 네 형 아론은 네 대언자(예언자)가 되리니"(출7:1)

자신의 입의 둔함으로 파라오 앞에 가서 말할 수 없다고 말하는 모세를 향해 하나님은 두 가지를 약속하십니다. 첫째는 모세가 파라오에게 신(엘로힘)과 같이 되게 할 것이고 둘째는 아론을 모세의 대언자(예언자)로 세우시겠다는 것이었습니다. 하나님은 모세를 하나님과 같이 되게 하겠다고 하시며 그에게 하나님 자신의 고유한 이름인 '엘로힘' 이라는 타이틀을 과감하게 허락하셨습니다. 이것은 하나님이 모세를 자신의 이름으로 부르셨음을 의미합니다. 세상의 어떤 왕도 자신의 이름을 한 사람에게 위임하거나 왕의 이름으로 불리도록 허락하지 않습니다. 세상의 어떤 왕도 자신의 영광을 백성과 공유하지 않습니다. 세상의 왕은 스스로 홀로 높여지길 원합니다. 그들은 자신들의 통치권을 공유하지 않으며, 자신의 보좌를 내어주지 않습니다. 그러나 온 우주의 왕이신 하나님은 자신의 영광을 그의 백성들에게 허락하시며, 자신의 통치권을 나눠 주시고, 자신의 보좌를 기꺼이 내어 주십니다. 자신의 백성이 하나님과 같이 되기를 원하시며 그들을 영화롭게 하기 위해 구원자인 예슈아를 보내셨고, 예슈아는 자신의 육체를 찢고 피를 흘림으로 죄를 해결하시고 그의 영광과 통치권을 그를 믿는 자들에게 허락하심으로 하나님의 백성들이 영화롭게 될 수 있는 길을 활짝 열어놓으셨습니다.

하나님은 모세를 하나님 같이 되게 하여서 그를 통해 이스라엘 백성을 구원하시고 영화롭게 하여 하나님의 영광 안으로 들어오게 하셨습니다. 모세는 앞으로 오실 구원자 메시아를 예표하는 자로서 먼저 이스라엘 백성을 구원하는 통로가 되었고, 이후 참 메시아이신

예슈아는 열방을 구원하시고 영화롭게 하여 하나님의 영광으로 들어갈 수 있도록 하셨습니다. 하나님이 인간을 하나님 같이 되게 하시려는 이 놀라운 계획은 역사 가운데 가장 먼저 에녹을 통해 한 번 성취되었고[1], 구원의 여정 중에서 모세를 통해 또 한 번 나타났으며, 예슈아를 통해 성취되었습니다. 그리고 역사의 마지막 날 끝까지 믿음을 지키고 하나님을 따른 순결한 백성들이 하나님과 같이 영화롭게 됨으로써 완전히 성취될 것입니다.

그들이 나를 여호와인 줄 알리라(피 재앙)

וְיָדְעוּ כִּי אֲנִי יהוה

뭬야드우 키 아니 아도나이

"그들이 나를 여호와인 줄 알리라"(출7:5)

하나님이 모세에게 여호와(아도나이)라는 이름과 그분의 속성과 성품을 계시하시면서 하고자 하신 것은 바로 하나님 보다 한껏 높아져 있는 파라오와 이집트를 향해 여호와 하나님이 어떤 하나님이신지를 똑똑히 알게 하고, 자기 백성을 직접 그 어둠과 죽음에서 구속하심으로 세상의 그 어떤 신과 비교할 수 없음을 온 세상에 보여주기 위함이었습니다. 하나님은 여호와 하나님을 온 땅에 알게 하기 위해 세상의 모든 힘을 가지고 하나님 앞에서 높아져 있던 이집트를 사용하기로 결정하신 것입니다. 모세에게 하나님 자신을 부으시고 그의 형 아론을 대언자(선지자)로 삼으신 뒤 하나님은 어떻게 자신을 나타낼 것인지 그분의 계획을 말씀하십니다.

"바로의 마음을 완악하게 하고"(출7:3)
"내 표징과 내 이적을 애굽 땅에서 많이 행할 것"(출7:3)
"내가 내 손을 애굽에 뻗쳐 여러 큰 심판을 내리고"(출7:4)
"내 군대, 내 백성 이스라엘 자손을 그 땅에서 인도하여 낼지라"(출7:4)

---

1   에녹서에 나타난 인간 영화론

하나님은 파라오의 마음을 완악하게 할 것이라고 말씀하십니다. 그 이유는 파라오가 하나님께 굴복하지 않을수록 하나님의 표징과 이적은 온 이집트 땅에 나타나고 이로써 하나님의 권능이 더 드러날 것이기 때문입니다. 결국 파라오의 완악함은 하나님의 권능의 손이 직접 나타나 이집트 땅을 심판하시고 이로 인해 친히 자신의 백성을 그 땅에서 데리고 나오는 도구가 되었습니다. 그리고 모든 하나님의 표징과 이적, 심판의 결과는 "그들이 나를 여호와인 줄 알리라(붸야드우 키 아니 아도나이 וְיָדְעוּ כִּי אֲנִי יהוה, 출7:5)"로 끝났습니다.

하나님의 최종 목표는 모세나 이스라엘 자손에게만이 아니라 그들이(파라오와 이집트가) 하나님을 여호와로 알게 하는 것이었습니다. 그래서 감히 여호와 하나님을 함부로 어떤 신과도 비교할 수 없다는 것을, 여호와 하나님만이 유일한 신이라는 것을 이집트를 통해 온 세상이 똑똑히 알도록 하는 것이었습니다. 이것을 위해 하나님은 자신을 여호와로 모세에게 알리셨고 그를 통해 이스라엘 백성뿐 아니라 이집트 사람들에게까지 자신을 보이시고 나타내셨습니다. 그리고 이집트의 심판을 통해 주변 모든 나라들이 여호와 하나님을 두려워하게 하심으로 하나님이 온 열방의 주관자이신 유일한 하나님이라는 것을 알리셨습니다.

하나님은 이스라엘 백성에게는 구원의 하나님으로, 이집트 사람들에게는 심판의 하나님으로 나타나심으로써 하나님의 백성에게는 구원의 하나님으로 하나님을 따르지 않는 세상 사람들에게는 심판의 하나님으로 나타나신다는 것을 알게 하셨습니다. 마지막 날에 하나님은 자신의 권능뿐 아니라 말씀을 통해 수없이 약속해 오셨던 모든 것을 성취하시는 하나님으로써 자신의 영광을 나타내실 것입니다. 하나님이 자신을 나타내시는 이유는 온 세상이 하나님을 여호와인 줄 알게 하기 위함입니다.

DAY 4 출7:8-8:7

지팡이와 뱀

호렙 산 불타는 떨기나무 가운데서 모세를 부르실 때 그에게 주신 하나님의 표적이었던 모세의 지팡이가 아론에게 주어집니다. 이 지팡이는 하나님의 통치권을 상징하는 메시아의 규로써 먼저는 모세에게 주어졌고, 모세의 대언자로 세워진 아론에게도 허락됩니다. 모세는 자신에게 보여주신 지팡이가 뱀이 되는 표적을 아론의 지팡이를 통해 나타나도록 명령합니다(출7:9). 아론의 지팡이는 모세의 지팡이가 변하여 뱀이 되었던 것과 똑같은 하나님의 표적을 나타냅니다. 아론에게도 하나님의 권위가 위임됩니다. 하나님은 자신의 권위를 하나님을 믿는 자들에게 나눠 주시고 흘러가게 합니다. 이것이 하나님의 권위의 특징입니다. 자기에게 주어진 권위를 혼자만 가지고 모든 사람들 위에 군림하려는 세상의 권위와 완전히 다릅니다. 하나님의 권위가 위임되었다는 것은 하늘의 영향력이 흘러가는 통로로써 부름 받았다는 의미입니다. 하나님은 아론을 모세의 대언자로 세우시고 그에게도 하늘의 힘과 권위를 허락하십니다.

아론의 지팡이는 뱀이 되었지만 이집트의 마술사들도 같은 표적을 행함으로 여호와 하나님을 신으로 인정하지 않습니다. 그러나 아론의 지팡이가 그들의 지팡이를 삼켜버립니다(출7:12). 토라(말씀)는 아론의 뱀이 이집트의 뱀을 삼켰다고 하지 않고 아론의 지팡이가 그들의 지팡이를 삼켰다고 증거하고 있습니다. 지팡이는 통치를 상징하는 것이고 아론의 지팡이가 이집트의 지팡이를 삼킨 것은 하나님의 통치가 세상의 통치를 삼켜버릴 것임을 예표하는 것입니다. 하나님의 통치권이 모세에게서 아론에게로 위임되었고, 그 권위는 아론을 통해 그의 아들들에게로, 그의 아들들을 통해 대대로 제사장들에게로 위임되었습니다. 또한 다윗을 통해 메시아의 왕권이 대대로 이어졌습니다. 예수님은 자신의 피로 우리를 사셨고 그로 인해 우리는 그분의 나라와 제사장이 되었고 영원히 그분과 함께 왕으로서 온 땅을 통치하게 될 것입니다.

피와 개구리 재앙

하나님은 모세를 부르실 때 지팡이와 문둥병 표적을 보여주시면서 지팡이 표적은 믿지 못할지라도 문둥병 표적은 믿을 것이라고 하셨고, 그러나 혹 그 두 가지 표적을 모두 믿지 않는다면 피 재앙이 있을 것이라고 말씀해 주셨습니다(출4:8-9). 피 재앙은 하나님의 표적을 보고도 믿지 못하는 강퍅하고 완악한 인간들을 향한 하나님의 심판을 예표하는 것으로 계시록에서는 마지막 때에도 끝까지 하나님을 따르지 않는 세상을 향해 이와 같은 피 재앙이 있을 것을 예언합니다.

"둘째 천사가 나팔을 부니 불붙는 큰 산과 같은 것이 바다에
던져지매 바다의 삼분의 일이 피가되고"(계8:8)

"그들이 권능을 가지고 하늘을 닫아 그 예언을 하는 날 동안
비가 오지 못하게 하고 또 권능을 가지고 물을 피로 변하게 하고 아무 때든지
원하는 대로 여러 가지 재앙으로 땅을 치리로다"(계11:6)

"둘째 천사가 그 대접을 바다에 쏟으매 바다가 곧 죽은 자의 피 같이 되니"(계16:3)

"셋째 천사가 그 대접을 강과 물 근원에 쏟으매 피가 되더라"(계16:4)

계시록은 이와 같이 땅의 물들과 바다가 피가 되는 이유는 악한 세상이 성도들과 선지자들의 피를 흘렸기 때문에 그들에게 피를 마시게 하는 것이 합당하다고 증언합니다(계 16:6). 이집트의 파라오는 수많은 이스라엘의 남자 아이들을 죽임으로써 억울한 피를 흘렸고 하나님은 이에 대해 피 재앙으로 응징하십니다. 마지막 때에 세상은 하나님을 따르는 의로운 자들이 피를 흘리게 할 것이고 결국 그들은 이에 대한 심판으로 피 재앙을 겪게 될 것입니다. 그럴지라도 세상은 여전히 하나님을 인정하지 않고 따르지 않을 것입니다.

하나님의 말씀대로 파라오는 마음을 돌이키지 않았고 하나님은 모세를 통해 아론에게 명령하여 그의 지팡이를 잡고 그의 팔을 강들과 운하들과 못 위에 펴서 개구리가 모든 물에서 이집트 땅으로 올라오도록 하셨습니다(출8:5). 개구리 재앙은 마지막 날 온 땅에 더러운 영들이 세상을 덮을 것을 예표합니다.

"또 내가 보매 개구리 같은 세 더러운 영이 용의 입과 짐승의 입과 거짓 선지자의
입에서 나오니 그들은 귀신의 영이라 이적을 행하여 온 천하 왕들에게 가서 하나님
곧 전능하신 이의 큰 날에 있을 전쟁을 위하여 그들을 모으더라"(계16:13-14)

개구리는 용의 입(사탄), 짐승의 입(적그리스도), 거짓 선지자의 입(이세벨)에서 나오는 온갖 거짓말들과 악한 계략들을 도모하는 영을 의미하며 성경은 이것이 귀신의 영이라고 말합니다. 세 가지 더러운 귀신의 영들이 하는 것은 천하의 왕들, 지도자들을 꾀어 내어 그들로 하여금 하나님과 이스라엘을 대적하여 전쟁하도록 하는 것입니다. 지금 이와 같은 일이 예표적으로 일어나고 있습니다. 온 세상이 하나님과 이스라엘을 대적하여 일어나고 있

고 개구리와 같은 더러운 귀신의 영이 미디어를 통해 거침없이 거짓말들을 쏟아내고 있습니다. 아직은 아마겟돈 전쟁 직전까지 가지 않았지만 이러한 미혹이 마지막 때에 얼마나 거셀지 짐작할 수 있을 만큼 수많은 미디어들의 거짓말들은 세상을 떠들썩하게 하고 믿는 사람들까지도 흔들고 있습니다. 주님은 마지막 때 있을 환란 중에서도 믿는 이들에게 있어서 가장 큰 환란은 '미혹'이라고 경고하시며 깨어 있어 기도하며 견디라고 말씀하셨습니다. 끝까지 견디는 자가 구원을 얻을 것입니다(마24:13). 끝까지 견디는 자는 결국 세상의 주류의 의견에 동조하지 않고 하나님의 말씀을 믿음으로 붙드는 자가 될 것입니다.

DAY 5 출8:8-19

종교의 영(이 재앙)

첫 번째 피 재앙 앞에서 파라오는 요지부동이었습니다. 그는 자신의 신의 권능을 믿고 있었고, 또 그것이 자신의 힘이라고 믿고 있었습니다. 자신의 신도 펼칠 수 있는 이적 하나로 여호와 하나님을 인정할리 없었습니다. 한껏 높아져 있는 파라오와 그의 신하들과 이집트 사람들은 하나님이 말씀하신대로 완악했고, 또 하나님이 말씀하신대로 하나님의 표징과 이적이 이집트의 심판으로 나타났습니다. 이로써 모세는 하나님이 약속하신 것을 성취하시는 하나님이라는 것을 확실히 알게 되었습니다. 그래서 그는 파라오의 비웃음 앞에 더 이상 무너지지 않았습니다. 오히려 하나님의 다음 약속의 성취를 기다리면서 첫 번째 재앙 이후 7일 뒤에 그는 다시 담대하게 파라오 앞에 나아가 요구합니다.

"내 백성을 보내라"(출8:1)

두 번째 개구리 재앙 때도 파라오의 마음은 변하지 않았으나 그는 모세와 아론을 불러 개구리를 떠나게 하도록 요청합니다. 그는 여호와 하나님을 인정한 것이 아니라 모세와 아론이 자신의 요술사보다 낫다는 것을 인정했습니다. 모세는 파라오의 요청에 하나님께 간구합니다(출8:12). '간구하다'로 번역된 히브리어 짜아크צעק는 '외치다, 부르짖다'는 뜻입니다. 모세는 파라오와 이집트를 위해 하나님께 부르짖습니다.

이것이 중보자입니다. 하나님을 인정하지 않는 세상을 위해서, 그들의 괴로움을 위해서도 부르짖을 수 있는 자가 중보자입니다. 모세는 파라오와 이집트를 미워하는 마음이 아니라 그들의 괴로움이 덜해지도록 진심으로 부르짖었습니다. 그것을 통해 그들이 여호와 하나님을 알게 되기를 바랐을 것입니다. 모세는 하나님의 말씀을 통해 이미 파라오가 완악할 것과 앞으로 더 많은 표징과 이적이 심판으로 나타날 것을 알았지만, 그럼에도 그는 자신의 중보자로서의 역할을 파라오와 이집트를 대신해서도 수행합니다. 심판의 목적이 사망이 아니라 하나님을 알고 구원받는 것이라는 것을 모세는 정확히 알고 있었습니다. 또한 모세는 하나님의 능력을 파라오 앞에서 나타냄으로써 그것 때문에 자신을 높이지 않았습니다. 그는 자신을 무시하고 하나님을 모욕한 파라오 앞에서 그를 여전히 왕으로 인정했고 겸손했습니다. 그리고 하나님이 하라고 하신 말씀만 전하면서 하나님의 메신저, 대리자로서의 역할에만 충성했습니다. 우리가 중보를 한다면 모세와 같이 해야 할 것입니다. 우리를 괴롭게 하고 하나님을 모욕하는 교만한 사람이라도 그들이 우리에게 요청한다면 그들을 위해서도 부르짖을 수 있는 중보의 마음, 온전히 하나님의 마음으로만 기도하는 모세와 같은 중보자가 된다면 하나님은 그런 사람을 온 땅의 어떤 사람보다도 겸손하고, 하나님의 온 집에 대해 충성된 자라고 칭찬하실 것입니다.

세 번째 이 재앙 앞에서 드디어 이집트의 요술사들은 하나님의 권능을 인정합니다. 요술사들은 자신들의 요술로 같은 이적을 행해보려고 하였지만 하지 못했습니다. 자신들의 요술이 더 이상 통하지 않는다는 것을 확인하고 나서야 그들은 하나님의 권능을 인정합니다. 그러나 파라오는 여전히 듣지 않습니다. 그의 교만한 마음은 그를 패망의 길로 인도하고 있었습니다. 교만한 마음은 눈과 귀를 막아버립니다. 보아도 보지 못하고 들어도 듣지 못합니다. 그 끝은 멸망입니다. 그래서 하나님은 철저히 우리의 교만한 마음을 다루십니다. 교만이 다뤄지지 않고 낮아짐이 없으면 그 끝은 멸망이고 죽음이라는 것을 아시기 때문에 하나님은 사랑하는 사람일수록 더 철저히 교만의 뿌리를 뽑아 내십니다. 그래서 하나님만이 하실 수 있다고 완전한 신뢰와 의지를 두게 하십니다. 그것이 구원의 길로 인도하기 때문입니다.

하나님의 권능은 교만한 자는 낮아지게 하시고 겸손한 자는 높이심으로 나타납니다. 교만한 자나 겸손한 자나 모두 하나님의 구원으로 들어오길 원하시는 것이 하나님의 마음입니다. 끝까지 돌이키지 않는다는 것만큼 어리석고 슬픈 일이 없습니다. 특별히 종교의 영은 분명히 하나님이 하시는 일이라는 것을 알고 느끼고 있으면서도 인정하지 않고 따르지 않으려는 고집으로 나타납니다. 또한 종교의 영은 성령의 이끌림으로 되어지는 일을 오히려 방해하거나 그런 사람을 시기하고 질투해서 잘 안되게 만들려고 합니다. 전자는 파라오에게서 나타났고 후자는 사울에게서 나타났습니다. 이 둘의 공통점은 모두 하나님을 인정하지 않거나 하나님의 사람을 인정하지 않았다는 것입니다. 그리고 그 뿌리는 교만이었습니다. 종교의 영은 겉으로는 거룩하게 보이고 하나님으로부터 위임받은 권위를 가지고 있는 것처럼 보이나, 실상은 자신의 의로 가득 차 있고 하나님의 자리에 스스로 서려는 교만이 그 뿌리입니다. 파라오는 자신이 신이라고 믿는 자였고, 사울은 자신의 왕의 자리를 빼앗기지 않기 위해 하나님이 선택하셨다는 것을 알면서도 다윗을 죽이려고 했습니다. 종교의 영을 가진 자는 언제나 성령을 따르는 자를 죽이려고 합니다.

마지막 때 가장 격렬한 전쟁을 치러야 할 영 중에 하나는 바로 종교의 영일 것입니다. 이것은 우리가 눈을 뜨고 있어도 보지 못하게 하고 귀로 듣고 있어도 듣지 못하게 하여 결국은 진리를 따르지 못하게 할 것입니다. 그리고 구원이 아닌 멸망의 길로 나아가게 할 것입니다. 또한 종교의 영을 가진 자들은 진리를 따르는 자들을 죽일 것입니다. 그러나 분명히 우리가 아는 것은 하나님의 권능이 이것을 심판하신다는 것입니다. 하나님의 권능이 우리를 보호하실 것입니다.

DAY 6 출8:20-9:21 / DAY 7 출9:22-35

고센의 구별(파리, 가축, 종기, 우박)

네 번째 파리 재앙을 통해 하나님은 자신의 백성들이 거하는 땅 고센과 이집트 사람들이 사는 땅을 분명하게 구별하셨습니다. 하나님은 고센 땅과 이집트 사람들이 거하는 땅 사이에 나타나는 구별됨으로 인해 파라오가 하나님을 여호와인 줄 알게 될 것이라고 말씀하셨습니다(출8:22). 파리 재앙을 통해 결국 파라오는 이스라엘 백성이 하나님께 예배 드리는 것을 허락합니다. 그러나 그는 이집트 땅에서 하나님께 예배 드리도록 허락합니다. 그는 하나님이 권능의 하나님이라는 것을 인정했지만 여전히 그의 힘과 권세를 놓을 수 없었습니다. 이전에는 파라오가 하나님보다 높아져 있었다면 이제 그는 예배는 드려도 좋지만 그 땅을 떠날 수는 없다고 말함으로써 여전히 하나님의 백성인 이스라엘을 향한 힘과 권세를 놓지 않고 적어도 하나님과 같은 위치에 자신을 놓고 싶어했습니다.

그런 파라오 앞에 다섯 번째 재앙이 나타납니다. 심지어 이 재앙 때는 이스라엘의 가축과 이집트의 가축까지도 구별됩니다. 이집트의 신들을 향해 제사 되어지는 이집트의 가축은 돌림병으로 죽었지만 이스라엘의 가축들은 하나도 죽지 않았습니다. 하나님은 자신에게 속한 모든 생명체를 보호하셨습니다.

여섯 번째 종기 재앙과 일곱 번째 우박 재앙은 요술사들, 신하들, 이집트 사람들, 가축, 그리고 그들의 땅에까지 이집트 전역에 내립니다. 대재앙이 시작되었습니다. 이제는 어떻게 손을 쓸 수 없는 상황에 이르렀습니다. 하나님은 이 재앙을 통해 두 가지를 말씀하십니다.

"온 천하에 나와 같은 자가 없음을 네게 알게 하리라"(출9:14)

"내가 너를 세웠음은 나의 능력을 네게 보이고
내 이름이 온 천하에 전파되게 하여 하였음이니라"(출9:16)

하나님과 같은 신이 없다는 것을 파라오가 똑똑히 보고 알도록 말씀하셨고, 또한 무엇보다 자신을 하나님과 같은 신이라고 알고 있는 파라오를 향해 그를 세우신 분이 하나님이시고 파라오 위의 주권자가 하나님이시라는 것을 말씀하셨습니다. 파라오는 하나님께 속한 이스라엘 백성, 심지어 그들의 가축까지도 철저히 보호를 받지만 하나님을 인정하지 않고 교만한 자신에게 속한 모든 것이 재앙과 심판을 받는다는 것을 알고 나서야 고백합니다.

"내가 범죄하였노라 여호와는 의로우시고 나와 나의 백성은 악하도다"(출9:27)

하나님의 백성들이 구별되고 보호됨은 세상 사람들이 하나님을 인정하고 그들의 마음이 돌이키게 되는 표징이 될 것입니다. 파리, 가축의 전염병, 몸의 종기, 우박 같은 천재지변은 사람의 힘으로 통제될 수 있는 것이 아니기에 이 모든 것을 주관하시는 하나님을 따르는 백성들이 보호를 받는 것이 세상 사람들에게는 두려움이 될 것입니다. 그러므로 우리는 재앙으로 인해 두려워할 필요가 없습니다. 오히려 그 재앙으로 인해 보호받는 우리가 하나님의 백성이라는 것을 나타낼 것이고, 세상 사람들이 조금이라도 하나님께 돌이키는 기회가 될 것입니다.

파라오는 잠시 하나님을 인정하고 그 상황을 모면하기 위해 자기 죄를 인정했지만, 금방 마음을 다시 완악하게 했습니다. 그러나 파라오의 신하들과 이집트 사람들 가운데 여호와의 말씀을 마음에 둔 사람들은 피할 길을 얻고 자신들의 것을 지킬 수 있었습니다(출9:20-21). 마지막 때도 이와 같을 것입니다. 이집트에 내렸던 하나님의 재앙은 계시록의 일곱 나팔과 일곱 대접을 통해 확장 증가되면서 반복적으로 나타날 것입니다. 그럴 때 깨닫고 돌이키는 자들은 소수일 것이고, 다수의 사람들은 파라오와 그의 신하들, 이집트 사람들처럼 여전히 깨닫지도 돌이키지도 않고 하나님을 대적할 것입니다. 하나님의 자리에 앉으려는 인간의 교만은 하나님의 완전한 심판이 있기 전까지 쉽게 사라지지 않을 것입니다. 그러나 남겨진 자들과 깨달은 자들은 역사의 마지막에 보호받을 것입니다. 역사 속에서 한 번 일어난 일은 증가하면서 반복적으로 나타나고 역사의 마지막에 최종 완성됩니다. 고센 땅의 구별됨은 마지막 때에 나타날 것이고 우리는 그 고센에서 보호받고 구원받는 자가 될 것입니다. 그리고 홍해, 불이 섞인 유리 바다를 건너 어린 양의 혼인 잔치에 참여하며 기쁨을 누리게 될 것입니다.

하프타라 겔28:25-29:21

하나님의 전능함을 나타내는 도구 이집트(세상)

역사 속에서 한 번 나타난 일은 증가하면서 반복적으로 다시 나타납니다. 이집트의 파라오의 교만은 모세 때에 끝나지 않고 에스겔 때에도 여전히 나타남을 봅니다. 하나님은 에스겔을 향해 이집트의 파라오의 교만에 대해 심판의 메시지를 전하라고 하십니다.

하나님은 이집트의 파라오를 향해 강에 누워있는 악어라고 하십니다(겔29:3). 파라오는 자기 스스로 이 강은 내 것이고, 자기가 만들었다고 말하면서 자신을 신의 위치에 놓았습니다. 당시 나일강은 이집트 땅에 풍요를 주는 근원으로써 이집트 사람들에게 있어서는 신과 같은 존재였습니다. 그런 강을 향해 스스로 내 것이요, 내가 만들었다고 말하는 것은 하나님보다 자기를 높이 둔 교만함의 극치를 보여주는 것이었습니다. 그리고 이스라엘은 그런 이집트를 두려워하며 의지합니다. 그래서 하나님은 이집트와 파라오를 향해 완전히 사막과 황무지로 만들겠다고 하시며 화려한 문명을 자랑하는 이집트 땅이 사막이 되고 황무지가 되었을 때 비로소 파라오와 이집트는 하나님이 여호와인 줄 알게 될 것이라고 말씀하십니다.

וְיָדְעוּ כִּי אֲנִי יהוה

베야드우 키 아니 아도나이

"내가 여호와인 줄을 그들이 알리라" (겔29:9)

모세 때 파라오를 향해 하나님이 선포하신 이 말씀은 에스겔 때 다시 한번 파라오와 이집트를 향해 선포됩니다. 이스라엘은 하나님의 위대하심과 언약의 성취가 이집트의 심판으로 나타났고 그것을 통해 자신들의 구원자가 오직 하나님 한 분뿐이라는 것을 역사를 통해 경험하였습니다. 그러나 시간이 흘러 하나님을 잊어버린 이스라엘은 이집트의 힘과 권세 앞에 한없이 약해져서 그들을 두려함으로 다시 이집트의 힘과 권세에 붙어 하나님이 아닌 이집트를 의지하는 모습을 보입니다. 그래서 하나님은 이집트를 나라 가운데서 지극히 미약한 나라가 되어 스스로 높이지 못하게 할 뿐 아니라 이스라엘이 다시는 이집트를 의지하지 못하도록 하겠다고 말씀하십니다(겔29:14-16). 그리고 하나님이 참 신임을 그들이 알게 하겠다고 선포하십니다.

에스겔 29:9에서의 '그들'이 이집트라면 에스겔 29:16에서의 '그들'은 이스라엘 백성입니다. 하나님은 이집트를 의지했던 이스라엘이 돌이켜 이집트를 바라보지 않음으로써 하나님이 여호와인 줄을 알게 될 것이라고 선포하십니다. 그리고 하나님이 열방 가운데서 가장 먼저 선택하신 이스라엘이 최종적으로 어떻게 될 것인지 말씀하십니다.

"내가 여러 민족 가운데서 흩어져 있는 이스라엘 족속을 모으고 그들로 말미암아
여러 나라의 눈 앞에서 내 거룩함을 나타낼 때에…
그들의 사방에서 멸시하던 모든 자를 내가 심판할 때에 그들이 평안히 살며
내가 그 하나님 여호와인 줄을 그들이 알리라"(겔28:25-26)

결국 하나님의 백성인 이스라엘이 하나님이 여호와인 줄을 알게 하기 위해 하나님은 그들을 구원하셨고, 흩어 버리기도 하셨으며, 그러나 결국 다시 그들을 모으심으로 그들을 통해 하나님의 거룩함을 나타내게 하실 것입니다. 그리고 이스라엘을 멸시하던 모든 자들 즉, 하나님의 백성을 멸시하던 자들은 심판하심으로 모든 하나님의 백성들이 하나님이 여호와인 줄 알게 하실 것입니다.

하나님이 이스라엘을 향해 계획하신 것은 이스라엘을 통해 하나님의 거룩함을 모든 나라 앞에 나타내는 것입니다(겔28:25). 그러나 이스라엘은 하나님의 거룩함을 나타내는 통로가 되지 못하고 늘 끊임없이 이집트를 갈망하고 의지합니다. 그들은 눈에 보이는 이집트에 눌려 모든 것을 통치하시는 하나님을 바라보지 못합니다. 이집트는 하나님의 뛰어나심과 전능하심을 나타내게 하는 도구일 뿐입니다. 반면 이스라엘은 하나님의 거룩함을 나타내는 도구입니다. 세상은 그 교만함을 완전히 멸하시는 하나님의 위대하심을 나타내는 도구이며, 교회와 주님의 백성들은 하나님의 거룩함을 나타내는 도구입니다. 심판은 멸망과 회복이 동시적으로 나타나는 현상으로써 이집트에게는 멸망이, 이스라엘에게는 구원이 명확해지는 사건입니다. 이와 같은 명확한 결론에도 불구하고 여전히 세상을 두려워하며 그 아래 눌려 있다면 여호와 하나님이 나의 하나님이심을 충분히 인식하지 못하게 하고 세상을 더 크게 인식하게 하는 견고한 미쯔라임מִצְרַיִם이 내 안에 많이 자리하고 있다는 것입니다. 내 안에 견고한 미쯔라임이 인식되는 순간 출미쯔라임מִצְרַיִם사건(출이집트)이 바로 일어나도록, 그리고 주님이 찾아오시도록 요청해야 합니다. 여호와 하나님은 이스라엘을 향해 "내가 너희의 하나님이 되겠다"고 말씀하셨고 또 "내가 너의 하나님이다"라고 말씀하셨습니다. 여호와 하나님은 자기 백성 가운데 친히 거하시며 직접 이끌어 가시는 하나님입니다.

결국 신앙생활, 믿음생활이라는 것은 위대하신 여호와 하나님과 지극히 미약한 나 사이의 간극을 좁히면서 하나님과 내가 하나가 되고 깊은 관계로 나아가는 과정입니다. 세상에 지나치게 눌려 있으면 위대한 하나님이 "내가 너희 하나님이다"라는 말이 다가오지 않고 도무지 실감이 나지 않습니다. 하지만 세상의 신을 벗어버리고 하나님을 향해 초점을 맞추기 시작하면 그 간격이 좁혀지면서 하나님에 대한 인식이 증가하고 그에 따라 믿음도 더 증가하게 됩니다. 하나님은 그렇게 하나님을 잘 모르는 백성들이 하나님을 알 수 있도록 가르쳐 주시고 기다려 주십니다. 단, 세상의 입장을 벗어 버리고 하나님의 입장에 서겠다는 결단이 필요합니다. 두 마음을 품은 사람은 하나님의 킹덤에 합당하지 않습니다. 세상과 하나님의 킹덤은 공존할 수 없습니다. 그래서 하나님은 이집트로부터 이스라엘 백성을 빼내어 광야로 이끌어 내신 것입니다. 하나님의 킹덤에 온전하게 속하려면 이집트에서 배운 생각의 틀인 이데올로기와 경험의 체계, 감정의 습관들을 벗어버려야 합니다.

우리 하나님은 위대한 하나님 여호와이십니다. 결코 세상보다 살짝 조금 높은 곳에 계시면서 겨우 세상을 이겨주는 신이 아니십니다. 우리 하나님은 나를 억압하고 요구하는 이방 종교의 허상과 같은 신이 아닌, 친히 보여주시고 알려주시는 계시의 하나님이십니다. 우리 하나님은 온 세상을 창조하시고 모든 것을 계획하셨으며 지금도 역사를 주관하시는 세상의 그 어느 누구와도 비교할 수 없는 유일한 하나님 여호와이십니다.

"대저 여호와께서 이같이 말씀하시되 하늘을 창조하신 이, 그는 하나님이시니
그가 땅을 지으시고 그것을 만드셨으며 그것을 견고하게 하시되
혼돈하게 창조하지 아니하시고 사람이 거주하게 그것을 지으셨으니
나는 여호와라 나 외에 다른 이가 없느니라"(사45:18)

אֲנִי יְהֹוָה וְאֵין עוֹד

아니 아도나이 뭬에인 오드

I AM ADONAI, AND THERE IS NO OTHER

브리트 하다샤 계16:1-21 / 눅11:14-21

역사의 마지막에 최종적으로 이뤄질 심판 – 나를 여호와인 줄 알리라

"나를 여호와인 줄 알리라"는 말씀은 성경에 약 60회 나옵니다. 출애굽기에 5번(7:5, 7:17, 8:22, 14:4, 14:18) 이사야에 1번(49:23) 그리고 에스겔에서는 무려 55번이나 반복됩니다. 이 문장은 하나님의 심판(멸망, 재앙)을 통해서 모든 것을 반드시 다 드러내시고 하나님의 영광과 거룩과 위대함을 나타내실 것을 표현하고 있습니다. 이집트에 피의 재앙을 시작으로 심판을 내리실 때 하나님은 "나를 여호와인 줄 알리라"(출7:17)고 말씀하시며 이 심판의 목적이 하나님의 영광과 위대함을 나타냄으로써 하나님 자신을 계시하시는 데 있음을

알리십니다. 또한 택한 백성을 구별하시기 위해 고센 땅에 거하는 하나님의 백성과 이집트 백성 사이에 구별을 두심으로 "나는 세상 중의 여호와인 줄을 네가 알게 될 것이라"(출8:22)고 하십니다. 세상을 심판하시고 하나님의 백성을 구별하심이 "나를 여호와인 줄 알리라"는 선포 안에서 진행되었습니다.

"나를 여호와인 줄 알리라"의 위엄 있는 하나님의 영광과 거룩과 위대함의 선포는 첫 번째 출이집트 사건과 관련이 있고, 또한 마지막 출이집트 사건과 관련이 있습니다. 첫 번째 출이집트 사건이 이집트에서 이스라엘 자손들을 구원하실 때였다면 마지막 출이집트 사건은 예수 그리스도를 믿는 하나님의 백성들을 세상으로부터 구원하시는 첫째 부활과 휴거의 사건이 될 것입니다. 이 마지막 출이집트 사건은 요한계시록 15장부터 19장에 잘 나타나 있습니다.

일곱 번째 천사가 그 나팔 곧 마지막 나팔을 불 때 인류 역사 최종 최대 구원의 사건인 첫째 부활과 휴거가 있게 될 것입니다. 첫째 부활과 휴거를 통하여서 어린 양의 신부인 우리들은 공중으로 들려 올려지고 불이 섞인 유리 바다를 건너 모세와 어린 양의 노래를 부르며 전능하신 하나님이 그분의 두려우심과 영화로우심과 거룩하심을 드러내신 것을 찬양하고 경배하게 될 것입니다(계15:2-4). 그리고 땅에는 하나님이 이집트에 열 가지 재앙을 내리신 것과 같이 하나님의 진노의 일곱 대접을 그리스도를 대적하는 세상 왕국(적그리스도의 바벨론과 거짓 선지자의 큰 음녀) 위에 부으셔서 땅을 심판하심으로 "내가 여호와인 줄 알리라"는 선언을 하실 것입니다. 요한 계시록에서 나타난 심판들을 한 문장으로 요약한다면 바로 이 선언이 될 것입니다.

וְיָדְעוּ כִּי־אֲנִי יְהֹוָה

뭬야드우 키 아니 아도나이

그들이 내가 여호와인 줄 알리라

וִידַעְתֶּם כִּי־אֲנִי יְהֹוָה

뷔다에템 키 아니 아도나이

너희가 나를 여호와인 줄 알리라

파라오를 완악하게 하셔서 여호와의 영광을 더 드러내셨던 것처럼 예수님의 재림 과정에서 이 세상 지도자들의 완악함은 더 심해질 것이고, 그에 따라 그리스도의 영광도 더 강력하게 이 땅에 드러나게 될 것입니다. 마지막 나팔, 곧 일곱 번째 나팔이 불리면 무덤에서 일어나 부활에 참여하게 될 잠자는 성도들과 부활의 몸으로 변형될 성도들의 빛나는 첫째 부활이 있고 연이어서 '부활의 자녀로서 하나님의 자녀'(눅20:36)가 된 성도들이 하늘로 끌려 올려져서 공중에서 그리스도와 함께 만나게 될 것입니다. 성도들과 천사들이 앞장서신 그리스도와 함께 다시 땅의 보좌인 예루살렘으로 내려오는 과정 중에 일곱 진노의 대접이 천사들에 의해서 땅에 하나씩 부어지면서 세상을 미혹하고 더럽힌 음녀와 짐승은 바벨론과 함께 무너지고 심판 받게 될 것입니다(계16:1). 이 때 부어지는 진노의 대접으로 짐승의 표를 받은 자들(세상과 타협하고 하나님을 버린 자들), 짐승의 왕좌와 나라는 이집트에 재앙이 임한 것과 같은 재앙으로 심판받게 될 것이지만 여전히 땅에 있는 자들은 뉘우치지 않고 오히려 하나님의 이름을 비방하며 회개하지도 않는 완악함으로 영광을 주께 돌리지 아니할 것입니다(계16:9).

결국 짐승(세상 연합 제국)과 땅의 통치자들은 그들의 군대를 미혹하여 므깃도 평야에 집결시키고 여호와의 보좌인 예루살렘으로 쳐들어가기 위해서 하나님 곧 전능하신 이의 큰 날에 있을 아마겟돈 전쟁을 일으킬 것입니다(계16:14, 19:19). 그러나 이 전쟁의 끝에 예슈아는 하늘에서부터 거룩한 무리들과 내려와 만국을 치시고(계19:11-16) 짐승과 땅의 임금들과 군대들, 거짓 선지자들을 산채로 유황불 못에 던지면서(계19:19-20) 사탄을 잡아 무저갱에 집어넣으신 뒤 천년 동안 가두시고(계20:3), 메시아닉 킹덤(천년왕국)을 시작하실 것입니다(계20:4). 메시아닉 킹덤이 오기 직전 세상은 난리와 소문, 전쟁과 천재지변에 몸살을 앓을 것이고 하나님은 이런 것들을 통해 여호와 하나님 되심을 계속 나타내실 것입니다. 일곱 인과 일곱 나팔의 순서대로 많은 일들이 온 세상에 일어나게 될 것입니다. 땅과 바다에 재앙이 임하고 하늘로부터 이상한 현상들이 나타날 것이고 전쟁, 기근, 전염병 등으로 죽음과 공포가 창궐할 것입니다. 그러나 그 가운데서도 거룩한 백성들은 죽임당하신 어린 양께 영광과 존귀, 지혜와 힘과 능력, 찬송을 올려드리며 만왕의 왕 예슈아 앞에 설 것입니다. 예슈아를 증언하고 하나님의 말씀 때문에 목 베임을 당한 자들과 짐승의 표를 받지 않은 자들은 살아서 예슈아와 함께 그분의 킹덤에서 영원히 왕 노릇 할 것입니다(계20:4).

지금 우리가 서 있는 지점은 바로 짐승의 표가 나타나기 직전의 전조들이 계속 증가하고 있는 시점이고 이 말은 곧 메시아닉 킹덤이 임한다는 뜻입니다. 그래서 우리는 예슈아와 함께 왕 노릇 할 사람들로서 준비되어야 합니다. 예슈아를 증언하고 진리의 말씀을 따르며 짐승의 표를 받지 않는 자로 준비되고 또 우리의 자녀들이 거룩한 세대가 되도록 해야 합니다. 그리고 이런 악한 시대에 모세와 같이 하나님의 마음을 따라 중보하는 중보자가 되어야겠습니다. 우리를 압제하고 핍박하는 파라오와 이집트에 집중하는 것이 아닌 하나님의 언약과 구원에 집중하며 우리에게 계시해 주신 그분의 이름, 여호와(아도나이)를 크게 외쳐야겠습니다. 우리의 하나님 여호와는 언약을 반드시 성취하시는 하나님입니다.

봐에라 주간의 말씀

1. 하나님은 자신의 이름을 단순히 이름으로만 계시하지 않으시고 그 이름을 통해 하나님의 속성과 성품을 계시하십니다.

2. '마음의 상함'이라고 번역된 히브리어 코쩨르 루아흐קֹצֶר רוּחַ는 마음의 여유가 없어 쉽게 짜증내고 불평하고 오래 참지 못하는 상태 즉, 참을성이 없어 성급하고 기다리지 못해 안달복달하는 상태를 의미합니다.

3. 이집트(미쯔라임מִצְרַיִם)안에 있을 때에는 여호와라는 하나님을 더 인식하느냐, 아니면 나 자신, 혹은 내가 압제 당하고 있는 세상을 더 인식하느냐 사이에서 우리는 늘 주저하기 쉽습니다.

4. 어떤 왕도 자신의 영광을 백성과 공유하지 않습니다. 세상의 왕은 스스로 홀로 높여지길 원합니다. 그들은 자신들의 통치권을 공유하지 않으며, 자신의 보좌를 내어주지 않습니다. 그러나 하나님은 자신의 영광을 그의 백성들에게 허락하시며, 자신의 통치권을 나눠 주시고, 자신의 보좌를 기꺼이 내어 주십니다. 자신의 백성이 하나님과 같이 되기를 원하시며 그들을 영화롭게 하기 위해 구원자인 예슈아를 보내셨습니다.

5. 하나님은 이스라엘 백성에게는 구원의 하나님으로, 이집트 사람들에게는 심판의 하나님으로 나타나심으로써 하나님의 백성에게는 구원의 하나님으로 하나님을 따르지 않는 세상 사람들에게는 심판의 하나님으로 나타나신다는 것을 알게 하셨습니다.

6. 지팡이는 통치를 상징하는 것이고 아론의 지팡이가 이집트의 지팡이를 삼킨 것은 하나님의 통치가 세상의 통치를 삼켜버릴 것임을 예표하는 것입니다.

7. 하나님의 권능은 교만한 자는 낮아지게 하시고 겸손한 자는 높이심으로 나타납니다. 교만한 자나 겸손한 자나 모두 하나님의 구원으로 들어오길 원하시는 것이 하나님의 마음입니다.

8. 종교의 영은 겉으로는 거룩하게 보이고 하나님으로부터 위임받은 권위를 가지고 있는 것처럼 보이나 실상은 자신의 의로 가득 차 있고 하나님의 자리에 스스로 서려는 교만이 그 뿌리입니다.

9. 역사 속에서 한 번 일어난 일은 증가하면서 반복적으로 나타나고 역사의 마지막에 최종 완성될 것입니다. 고센 땅의 구별됨은 마지막 때에 나타날 것이고 우리가 그 고센에서 보호받고 구원받는 자가 될 것입니다.

10. 이집트는 하나님의 뛰어나심과 전능하심을 나타내게 하는 도구일 뿐입니다. 반면 이스라엘은 하나님의 거룩함을 나타내는 도구입니다. 세상은 그 교만함을 완전히 멸하시는 하나님의 위대하심을 나타내는 도구이며 교회와 주님의 백성들은 하나님의 거룩함을 나타내는 도구입니다.

봐에라 주간의 선포

1. 하나님을 이름으로만 알지 않고 하나님의 성품을 경험하고 앎으로써 하나님과의 친밀한 관계를 누리는 자 되게 하소서.

2. 하나님과의 친밀함을 누릴수록 나의 마음을 쉽게 상하게 하고 조급하게 하는 코쩨르 루아흐의 상태를 벗어나 미쯔라임이라는 견고한 진에 눌리지 않고 흔들리지 않는 굳건한 믿음을 가진 자가 되게 하소서.

3. 파라오처럼 끝까지 돌이키지 않으려는 교만하고 완악한 자가 아닌 마지막 때에 예슈아와 함께 온 땅을 다스리는 왕 같은 제사장이 될 수 있도록 철저하게 하나님 앞에서 내신을 벗고 낮아지고 겸손한 자가 되게 하소서.

4. 하나님의 자녀들을 판단하고 묶는 죄를 저지르지 않도록 내 안에 남겨져 있는 종교의 영을 드러내 주시고 끊어 주소서.

5. 마지막 때에 인본주의의 교만함을 따라 세상의 편에 서서 이집트처럼 재앙의 심판을 받는 교회가 아닌, 하나님의 편에 서서 고센의 보호를 받는 은혜를 누리는 교회와 성도가 되게 하소서. 이것을 위해 남겨진 자가 되게 하소서. 끝까지 좁은 길을 선택할 수 있는 자가 되게 하소서.

15주간

בֹא

BO

보, 들어오라

DAY 1 출10:1-11

영광과 교만 사이

이집트 온 땅에 하나님의 심판이 시작되었습니다. 일곱 번의 재앙이 내리면서 사람과 가축이 상하고 밭의 소산물까지 상하게 되었지만 파라오의 마음은 여전히 완강하였습니다.

> "여호와께서 모세에게 이르시되 바로에게로 들어가라 내가 그의 마음과 그의
> 신하들의 마음을 완강하게 함은 나의 표징을 그들 중에 보이기 위함이며 네게 내가
> 애굽에서 행한 일들 곧 내가 그들 가운데에서 행한 표징을 네 아들과 네 자손의
> 귀에 전하기 위함이라 너희는 내가 여호와인 줄을 알리라"(출10:1-2)

출애굽기 10:1에서 '완강하게 하다'라는 히브리어 동사 히크비드הִכְבִּיד의 원형은 카바드כָּבֵד입니다. 카바드כָּבֵד는 '무겁다, 무게가 나가다, 혹은 풍성하다, 영광스럽다, 존경받다'는 뜻으로 하나님의 영광의 무게와 풍성함을 나타냅니다. 히크비드הִכְבִּיד는 카바드כָּבֵד의 히필동사(사역형)로 쓰여서 그 뜻이 '무겁게 하다, 혹은 우둔하게 하다'라는 뜻이 됩니다. 하나님은 스스로 자기의 영광에 취해 있고 높아져 있는 파라오의 교만함이 그를 우둔하게 하고 무겁게 만들도록 하셨습니다.[1] 영광이 하나님을 향해 있을 때는 하나님을 영광스럽게 함으

---

1 잠언 27:3 돌은 무겁고(카보드) 모래도 가볍지 아니하거니와 미련한 자의 분노는 이 둘보다 무거우니라
파라오의 마음의 완강함은 돌과 모래의 무거움처럼 딱딱하고 변하지 않는 것이었고 이는 잠언에서 말하고 있는 것처럼 미련한 자가 가지는 특징이다. 미련한 자는 그 마음이 돌처럼 딱딱하기 때문에 깨닫지 못한다.

로 그분의 빛나는 영광이 우리 가운데 함께 하시지만, 영광을 자기에게 향하여 교만하게 하였을 때는 그 영광이 오히려 스스로를 어리석게 하고, 무거운 짐과 같이 되게 하며, 깨닫지 못하게 하는 완악한 상태를 만듭니다.

재앙의 과정을 통해 하나님의 권능을 보았음에도 파라오의 마음이 끝까지 완강했던 것은 그가 자기 스스로에게 너무나 큰 영광을 돌려 마음의 상태가 높아져 있었고, 또 하나님은 그런 파라오의 교만함이 스스로에게 짐이 되도록 하셨기 때문입니다. 파라오는 자기 스스로를 신의 위치에 두었기 때문에 여호와 하나님이 보여주시는 권능이 이집트 땅과 백성을 상하게 하고 있음을 보면서도 여전히 깨닫지 못하여 여호와를 대적하고 자기의 힘을 의지했습니다. 이런 현상은 파라오뿐 아니라 그의 신하들에게도 나타났습니다. 파라오를 따르는 자들에게 그의 영향력이 흐르고 있었기 때문입니다. 교만한 자 옆에 있으면 교만한 영향을 받습니다. 겸손한 자 옆에 있으면 겸손함을 배웁니다. 교만한 자들은 똑똑하고 위치가 높고 많은 이들의 마음을 빼앗을 만한 뭔가를 가지고 있습니다. 하지만 겸손한 자들은 드러나지 않고 묵묵하며 사람들이 좋아할 만한 것을 내놓지 않습니다. 그래서 사람들은 교만한 자들에게 쉽게 마음을 빼앗깁니다. 그리고 그것을 사모합니다.

나의 영광을 취하고 싶고, 내가 칭찬받고 싶고, 내가 높아지고 싶고, 인정받고자 하는 교만의 뿌리가 우리 모두 안에 심겨져 있습니다. 이 교만이 얼만큼 자랐는가는 정도의 차이가 있을 뿐 교만이 자리 잡고 있으면 하나님 앞에서 마음을 완강하게 하고 진리의 말씀을 듣지 않습니다. 또한 마음이 완강하면 진리의 말씀인 줄 알면서도 선뜻 택하지 못하게 됩니다. 그 이유는 말씀을 들어도 종교의 굴레와 사람들의 시선이 신경 쓰이고, 또 자신의 생각과 고집대로 하려고 하는 마음이 있기 때문입니다. 그래서 말씀을 들어도 말씀에 순종하는 삶을 살지 못합니다. 이렇게 마음이 완강한 자들에게는 하나님도 완강함으로 대하십니다. 그러나 마음을 완강하게 하지 않고 말씀을 들었을 때 자신의 틀림을 인정하고 하나님께 긍휼을 구하는 자들에게 하나님은 긍휼을 나타내십니다. 만약 하나님이 심판의 하나님, 무서운 하나님, 자비가 없는 하나님으로 느껴진다면 내 안의 판단 기준과 정죄, 교만이 여전히 있을 수도 있다는 가능성을 돌아보아야 합니다. 세상과 사람이 기준인가, 하나님이 기준인가에 따라 우리는 하나님의 공평하심을 바로 이해할 수 있습니다. 그러므로 우리는 끊임없이 우리 삶에 진리를 향한 갈망이 있어야 하고 그것을 지켜내려는 싸움을 싸워야 합니다. 그렇지 않으면 우리도 파라오처럼 하나님 앞에서 마음을 완강하게 할 수 있음을 기억해야 합니다.

파라오는 자신의 영광을 포기할 수 없었고, 끝까지 마음을 완강하게 하였으며, 그의 완강함은 하나님의 백성들에게 큰 어려움과 잔혹함이 되었습니다. 그러나 하나님이 파라오의 마음을 완강하게 하면 할수록(히크비드דִבֵּרָכ) 하나님은 더 영광을 얻으시고(베이카브다נִכָבֵדָה) 하나님의 영광을(카보드כָּבוֹד) 더욱 드러내셨습니다.

> "내가 바로의 마음을 완악하게 한즉 바로가 그들의 뒤를 따르리니 내가 그와 그의
> 온 군대로 말미암아 영광을 얻어 애굽 사람들이 나를 여호와인 줄 알게 하리라"
>
> (출14:4)

지금 이 시대에도 완고하고 완악하고 교만한 자가 스스로 취하려는 영광조차 하나님은 하나님의 영광을 나타내는 도구로 사용하십니다. 하나님은 모든 것을 통해 영광 받으십니다. 그러므로 우리는 스스로 영광을 취하는 교만한 자가 되어 파라오와 같은 도구가 되지 말고, 하나님을 위해서 우리 자신을 더욱 겸손케 함으로 하나님께 영광을 돌려드리는 존재가 되어야겠습니다. 오직 하나님만이 영광 받으시기에 합당하신 분입니다. 하나님은 이 완악하고 완고한 세대에게 주의 영광을 나타내시고 열방이 주께서 참 하나님이심을, 또한 주의 백성도 주께서 여호와이신 줄을 알게 하실 것입니다.

파라오와 적그리스도

파라오는 하나님이 허락하시는 시간 동안 이 세상의 주관자가 된 사탄을 예표하는 인물입니다. 그가 통치했던 이집트는 이 세상을, 그리고 그가 억압하고 핍박한 이스라엘은 하나님의 백성을 예표합니다. 파라오는 이스라엘 백성을 단순히 억압하고 핍박한 수준이 아니라 이집트에서 절대 빠져나갈 수 없도록 법과 억압을 사용하여 그들을 가둬 두었습니다. 이스라엘 백성은 이집트의 노예와 포로였습니다. 파라오가 이스라엘 백성을 잡아 두고 억압하고 핍박할 뿐 아니라 그들을 협박하여 노예로 붙잡아 둔 것처럼, 사탄은 사람들을 어둠 속에 가두고 죽음으로 몰아갑니다. 그러나 하나님은 자신의 백성을 구하시기 위해 친히 권능의 손을 펼치십니다.

하나님은 파라오에게 하나님의 능력을 나타내 보이시면서 그에게 하나님의 백성을 내어 보내도록 명령하시고, 하나님의 명령을 따르지 않으면 어떻게 될 것인지에 대해 경고

하십니다. 모세는 하나님의 명령에 따라 파라오 앞에 가서 '내 백성을 가게 하라'고 대언하면서 그가 하나님의 말씀에 순종하고 그 마음의 완강함으로부터 돌아서고 항복하기를 촉구했습니다.모세는 파라오로부터 이스라엘 백성을 구하기 위해 외쳤습니다.

그러나 파라오는 모세의 말을 듣지 않았고 거듭된 경고에도 그의 완강하고 완악한 마음을 돌이키지 않았습니다. 예수님이 사람들을 향해 회개를 외칠 때 마음이 가난하고, 아픔과 슬픔이 있으며, 고통을 아는 자들은 회개하고 예수님을 메시아로 믿으며 그분을 따랐지만, 마음이 높아져 있고 교만하며 오만한 종교인들과 정치인들은 결코 회개하지 않았고 예수님과 그를 따르는 자들을 죽음으로 내몰았습니다. 마지막 때가 될수록 사람들은 파라오처럼 스스로 자신들의 보좌에 앉아 각자의 기준으로 판단하고 심판하면서 하나님을 대적할 것이고 결코 회개하지 않을 것입니다. 마지막 때에 하나님을 대적하고 그 아들인 예수님을 대적하는 적그리스도의 영은 더욱 사람들의 마음을 사로잡을 것이고, 적그리스도의 영이 땅에 편만해지면 진짜 적그리스도가 나타나 하나님의 백성들을 죽음으로 내몰기 시작할 것입니다.

재앙이 거듭될수록 파라오는 모세를 두려워했습니다. 그는 모세를 두려워했지만 마음을 돌이키지 않음으로 결국 최후 심판을 맞게 됩니다. 사탄은 예슈아를 따르며, 예슈아의 이름의 권세를 가진 자들을 두려워합니다. 사탄은 자신의 최후를 알고 있기 때문입니다. 그래서 더 발악을 하며 현재 자기에게 주어진 권세를 꽉 움켜쥐려 합니다. 그러나 하나님은 자신의 권능의 손을 영광 중에 펼치시고 친히 하나님의 백성들을 구원하실 것입니다.

구원의 표징, 심판의 표징 그리고 표징을 통한 세대 전수

하나님은 모세에게 "보אב, 들어오라"(출10:1)고 명령하십니다. 하나님이 들어오라 명령하신 곳은 파라오 앞입니다. 한글 성경에는 '들어가라'고 번역되어 있지만 히브리어 '보אב'는 '들어오라'는 의미로 이는 하나님이 이미 그곳에 계셔서 준비하고 있으니 담대하게 파라오 앞으로 들어오라고 명령하신 것입니다.

"나는 입이 둔한 자니이다"고 말하며 여호와 하나님에 대한 인식과 믿음이 온전하지 못했던 모세는 재앙을 통해 오히려 여호와 하나님을 확실하게 알게 됩니다. 여호와 하나님이 어떤 분인지 알게 되면서 하나님을 향한 믿음이 견고해진 모세는 어느새 당당하게 파라오 앞에 서게 됩니다. 이 재앙이 하나님을 영광스럽게 하고 하나님의 백성을 괴롭게 하는 이집트를 심판할 것을 확실히 알았기 때문입니다. 하나님이 이집트에 내리신 재앙은 그들에게 보여주시는 하나님의 표징이었습니다.

표징이라는 히브리어 오트אות는 '기억, 사인, 경고, 증거'라는 뜻을 가지고 있습니다. 오트אות는 출애굽기 10:1, 2; 12:13; 13:9; 13:16에 다섯 번 나옵니다. 출애굽기 10:1의 표징은 이집트 사람들을 위한 표징이었고, 10:2과 13:9, 13:16의 표징은 이스라엘 백성, 특별히 그들의 자녀들을 위한 표징이었습니다. 하나님의 표징은 이집트를 향한 표징과 이스라엘 백성을 향한 표징, 두 방향과 두 목적을 가지고 있었습니다. 하나의 재앙이었지만 이집트를 향해서는 하나님을 인정하지 않을 때 어떤 심판이 있을 것인지에 대한 경고의 표징으로, 그러나 구원받을 이스라엘 자손을 향해서는 하나님이 그들을 위하여 어떤 일을 행하셨는지 기억하게 하기 위한 구원의 표징으로 나타내 보이십니다.

하나님이 이렇게 확실하게 기억에 남을 표징을 보여주신 또 하나의 이유는 세상을 향한 심판이 하나님의 백성에게는 구원이 되게 하신 일이 이스라엘의 아들과 그들의 자손의 귀에 전해짐으로써 이스라엘의 하나님 여호와를 세대에서 세대로 알리시기 위함이었습니다(출10:2). 자녀들에게 들려지는 하나님과 하나님이 행하신 일들은 아버지의 세대에서 자녀의 세대로 흘러가는 믿음의 유업이 됩니다. 아담에서부터 노아까지, 노아부터 아브라함까지, 아브라함부터 모세까지, 모세부터 다윗까지, 다윗부터 예수 그리스도까지, 예수 그리스도로부터 오늘날까지 세대에서 세대로 이어지는 믿음의 이야기들이 흘러오지 않았다면 우리는 하나님을 알 수 없었을 것입니다. 유대인들이 철저히 지키고자 하는 세대 전수는 하나님의 명령이며 그들이 생명만큼 소중하게 여기는 믿음의 유업입니다. 이들이 수 천 년간 믿음의 유업을 붙들었기 때문에 정체성을 잃지 않고 살아올 수 있었습니다. 이것이 바로 하나님의 언약을 붙들었던 야곱 곧, 이스라엘의 힘입니다.

이스라엘은 수 천년 동안 나라 없이 떠돌아다닐 때도 하나님이 어떻게 이스라엘을 구원하셨고 어떻게 다시 회복하실 것인지에 대해 매주의 샤밭שבת(안식일)과 절기들의 시간에 가정에서 부모가 자녀들을 가르쳐 왔습니다. 지금도 가정뿐 아니라 학교와 나라 전체가 다음 세대에게 자신들 민족에게 주어진 믿음의 이야기들을 계속 가르치고 전하고 있습니다. 자녀에게 하나님이 누구시며 하나님께서 당신의 백성들을 어떻게 구원하셨는지를 가르치고, 과거에 하나님이 행하신 일과 앞으로 하나님이 하실 일, 그리고 메시아 왕국 시대가 올 것과 영원 세상이 있게 될 것을 알게 하는 것은 앞선 세대에게 주어진 책임이며 하나님의 명령입니다. 파라오는 메뚜기 재앙 이후에 모세에게 아이들은 데려가지 말고 너희 장정만 가서 여호와를 섬기라고 말하며 세대 간의 틈새를 벌려 놓으려는 교묘한 수를 썼습니다.

"바로가 그들에게 이르되 내가 너희와 너희의 어린 아이들을 보내면 여호와가
너희와 함께 함과 같으니라 보라 그것이 너희에게는 나쁜 것이니라
그렇게 하지 말고 너희 장정만 가서 여호와를 섬기라 이것이 너희가 구하는 바니라
이에 그들이 바로 앞에서 쫓겨나니라"(출10:10-11)

사탄은 이와 같이 아버지의 마음과 자녀의 마음을 단절시키고 갈라 놓으려고 합니다. 그렇게 세대가 단절되면 신앙의 전승도, 언약의 연속성도 단절되기 때문입니다. 그래서 하나님은 거듭 너희 자녀와 함께 하며 그들에게 계속 가르치라고 명령하십니다. 마지막 때 그 어느 것보다도 중요한 하나님의 일은 아버지의 마음이 자녀에게로 자녀의 마음이 아버지에게로 향하게 함으로써 세대 간의 연합으로 하나가 되는 일이 될 것입니다. 하나님이 우리 삶 가운데 역사하시는 모든 것은 그분의 표징이며 이것은 반드시 세대 전수가 되어야 합니다. 우리의 자녀들이 부모로부터 어떤 믿음의 이야기들을 들었는지에 따라 그들의 믿음이 자라감을 기억해야 하며 영원한 상속이 이어질 것을 잊지 말아야 합니다.

하나님의 표징은 세상을 향해서는 심판으로(그들이 나를 여호와인 줄 알리라), 하나님의 백성을 향해서는 구원으로(너희가 나를 여호와인 줄 알리라) 나타납니다. 그러므로 이 시대에 세상에서 나타나고 있는 모든 환난과 재앙을 볼 때, 우리는 하나님의 권능을 보면서 두 가지를 생각해야 합니다.

첫째, 온 땅을 통치하고 계시는 하나님이 그분의 공의에 따라 심판하시지만
하나님의 백성들은 구원하신다.
둘째, 이스라엘 자손이 거주하는 고센 땅에는 어둠도 죽음도 없고 빛과 생명이
있었듯이 하나님은 자기 백성들을 구별하여 보호하신다.

재앙은 이집트 땅 전역에 내렸지만 하나님의 백성이 거주하는 고센 땅에는 재앙이 덮치지 않았습니다. 왜냐하면 하나님이 구별하여 보호하셨기 때문입니다. 우리가 세상을 두려워함으로 그 영향력 아래서 벗어나기를 주저한다면 우리는 세상에 내려지는 재앙의 영향력 안에 함께 들어가게 될 것입니다. 그러나 하나님께 더 가까이 가기를 사모하며 날마다

그분의 임재를 갈망하고 하나님이 기뻐하시는 것을 선택한다면 우리는 하나님의 완전한 보호 아래로 들어가게 될 것입니다. 하나님의 보호 아래 있는 자들은 세상이 뒤집히고 흔들려도 요동함이 없습니다(시27:3-5). 사람들이 좋아하고 인정하는 것에 마음을 두지 말고 하나님이 옳다고 말씀하시는 것에 "나도 동의합니다"라고 하고, 하나님이 틀렸다고 말씀하시는 것에 "그것은 틀린 것입니다"라고 고백하며 세상으로 편향되려는 나의 의지를 죽이고 완전히 그분 앞에 복종하면 우리는 구원을 이루게 될 것입니다.

> "그러므로 나의 사랑하는 자들아 너희가 나 있을 때뿐 아니라 더욱 지금 나 없을
> 때에도 항상 복종하여 두렵고 떨림으로 너희 구원을 이루라"(빌2:12)

DAY 2 출10:12-20

메뚜기 재앙 – 마지막 때의 군대

하나님은 모세에게 이집트 땅 위에 그의 손을 내밀라고 명령하십니다(출10:12). 모세는 말씀하신 대로 자신의 손을, 그리고 지팡이를 이집트 땅 위에 들어올립니다. 모세를 하나님과 같이 되게 하겠다고 말씀하신대로 하나님은 모세의 손을 통해 하나님의 권능의 역사가 일어나게 합니다. 하나님의 권위가 모세에게 위임되어 그의 손과 지팡이는 하나님의 능력과 통치가 이집트 땅에 펼쳐지는 통로가 됩니다. 하나님은 자신의 일을 맡기실 때 그냥 보내지 않으십니다. 하나님 자신이 친히 함께 하시며 하나님의 능력을 더하십니다. 그래서 내가 하는 것 같지만 내가 하는 것이 아니고 하나님이 하시지만 또한 내가 하는 것입니다. 이것이 하나님이 우리를 통해 당신의 영광을 나타내는 방법입니다. 입이 둔하여 아무것도 할 수 없다고 말했던 모세는 파라오와 이집트에 나타나는 하나님의 능력을 통해 하나님의 성품을 확실하게 배우게 됩니다. 전능하신 하나님, 모든 것을 주관하시는 유일하신 참 신, 재앙 중에도 회개의 기회를 주시는 자비의 하나님, 그리고 언약을 지키시는 신실한 하나님을 경험하면서 그는 하나님의 명령에 이제는 주저없이 자신의 손을 들어 올립니다. 하나님

의 임재 가운데서 모세의 믿음과 담대함이 증가되었습니다.

　　모세가 손과 지팡이를 들어올리자 동풍이 온 낮과 밤을 불어 메뚜기를 불러들였습니다. 토라는 이런 메뚜기가 전에도 없었고 후에도 없을 것이라 증언합니다(출10:14). 메뚜기 떼의 습격과 함께 이집트 땅이 어둠으로 가득 찼습니다. 이 상황은 마지막 때에도 있게 될 것임을 요엘은 자신의 예언을 통해 증언하고 있습니다.

> "곧 어둡고 캄캄한 날이요 짙은 구름이 덮인 날이라 새벽 빛이 산 꼭대기에 덮인
> 것과 같으니 이는 많고 강한 백성이 이르렀음이라 이와 같은 것이
> 옛날에도 없었고 이후에도 대대에 없으리로다"(욜2:2)

　　요엘은 앞서 팥중이, 메뚜기, 느치, 황충에 대한 비유를 하며 이스라엘(하나님의 백성)을 공격하는 많고 강한 백성들 즉, 침략자들이 에덴과 같았던 땅을 황폐한 광야로 만들뿐 아니라 그들은 전쟁의 말처럼, 병거처럼, 불꽃처럼 여기저기 뛰어 올라서 거침없이 집어 삼키고 성중에 뛰어 들어가고, 성 위에 달리며, 집에 기어오르며, 도둑 같이 창으로 들어가서 마구 살육하게 될 것을 묘사합니다(욜2:3-10). 이 모습은 마치 온 땅을 덮은 메뚜기가 밭과 집의 농작물들을 닥치는 대로 집어 삼키면서 황폐하게 한 것을 떠오르게 합니다. 그러나 이와 같이 하나님의 땅과 백성을 집어 삼키는 전쟁의 상황에 여호와께서 자신의 군대 앞에서 소리를 지르시며 나아가시고 주님의 군대의 진영이 심히 크고 명령을 행하는 자들이 강하여 누구도 당할 수 없을 것이라고 요엘은 예언합니다(욜2:11). 이 날은 여호와의 크고 두려운 날이 될 것입니다.

　　요엘의 예언은 요한 계시록에서 다시 한번 확장 반복되어 예언됩니다. 마지막 날, 여호와의 크고 두려운 날 즉, 메시아닉 킹덤이 시작되기 직전에 메뚜기떼와 같은 군대들의 습격이 있을 것입니다. 이들은 무저갱에서 잠시 풀려나와 전갈과 황충과 같은 모습으로 영적인 힘을 가지고 사람들을 괴롭게 할 것입니다(계9:1-11). 그러나 결국 유다의 사자, 예슈아의 포효하는 소리와 그의 군대들 앞에서 악한 자들은 모두 소멸될 것입니다.

DAY 3 출10:21-11:3

흑암 재앙

모세가 하늘을 향해 손을 내밀자 캄캄한 흑암이 삼 일 동안 이집트 온 땅을 덮게 됩니다. 유대 지혜자들은 이집트에 내려 앉은 흑암에 대해 하나님이 게헨나의 어둠을 이집트에 풀어놓으셨다고 말합니다.[2] 욥은 자신의 고통스러운 상황을 어둡고 죽음의 그늘진 땅, 너무 어두워서 흑암과 죽음의 그늘이 져서 아무 구별이 없고 심지어 광명도 흑암 같다고 고백하였는데 바로 이런 상태가 게헨나의 상태입니다(욥10:21-22). 이집트에 내려앉은 어둠은 실제 욥이 묘사했던 것처럼 광명도 흑암일 정도로 조금의 빛도 없었기 때문에 사람들은 서로 볼 수 없었고 처소에서 일어날 수도 없었습니다. 이집트에 이런 흑암이 내린 이유는 무엇이었을까요? 시편 105:28에서는 그들이 말씀을 지키지 않았기 때문이라고 말합니다. 말씀은 우리가 무엇을 해야 할지, 어디로 가야 할지, 어떻게 살아야 할지를 알려주는 하나님의 빛입니다(시119:105). 파라오와 이집트는 지독할 정도록 하나님의 말씀을 무시했습니다. 하나님의 말씀을 무시하는 것은 그분의 존재 자체를 부정하는 것입니다. 이집트에 내려 앉은 어둠은 너무 깜깜해서 보지도 못하고 느끼지도 못하고 아무것도 할 수 없는 그들의 영적 상태를 그대로 보여주는 것이었습니다.

그런데 온 이스라엘 자손들이 거주하는 곳, 고센에는 빛이 있었습니다. 그들에게는 하나님의 말씀이 있었기 때문입니다. 말씀은 그들을 비춰주었고, 그들이 계속 살아갈 수 있는 힘이 되어주었습니다. 마지막 때 어둠이 땅을 덮고 캄캄함이 만민을 가리겠지만 하나님의 말씀을 가진 자들, 그 말씀 안에 행하는 자들에게는 하나님이 친히 빛이 되어 주시고 그들

---

2 【출애굽기 라바 14:2】
그리스어 게헨나는 히브리어 힌놈의 골짜기, 게힌놈에서 파생되었다. 힌놈의 아들 골짜기는 예루살렘 성전산을 중심으로 남서쪽에 위치한 골짜기로 자녀를 인신제사로 드렸던 극악무도한 우상숭배의 장소였으며, 가장 악하게 인신제사를 드렸던 므낫세 왕 때 하나님은 남유다를 멸망하기로 작정하셨다. 예수님은 자신의 비유에서 악한 자들이 밖으로 쫓겨나 어두운데서 슬피 울며 이를 갈게 될 것이라고 종종 말씀하셨는데 그들이 이를 가는 장소도 바로 게헨나이다. 유대 종말론에서 게힌놈(게헨나)은 지옥을 상징하는 장소로 여기기도 한다. 이집트에 풀어졌던 어둠은 바로 지옥의 어둠이 풀린 것과 같은 것으로 유대 현자들은 해석하고 있다.

에게 임하셔서 영광이 나타나게 하심으로 어둠과 캄캄함 가운데 있던 나라들과 왕들이 저 빛은 어디로부터 온 것인가라는 의문을 품으면서 그 빛을 향해 나아오게 될 것입니다(사60:2-3).

모세는 하나님의 말씀에 순종했고 말씀의 순종을 통해 하나님의 능력이 나타날 때마다 모세는 하나님의 현존을 경험하면서 하나님을 더 알게 되었습니다. 하나님을 알수록 그의 믿음도 증가했고 그의 믿음은 더욱 담대하게 하나님의 말씀과 명령을 순종하는 힘이 되었습니다. 말씀에 대한 순종은 하나님의 능력을 더욱 나타내었고 하나님의 능력이 나타날수록 모세는 파라오와 그의 신하들과 이집트 백성들의 눈에 아주 위대하게 되었습니다(출11:3). 말씀은 빛이고 능력이고 영광입니다. 마지막 때에는 말씀을 가진 자들, 말씀에 순종하는 자들이 어둠 가운데 있는 자들 앞에서 위대하게 될 것입니다. 그들을 통해 하나님의 빛과 영광이 나타나기 때문입니다. 메시아가 오실 때 악한 자들에게는 흑암이, 이스라엘과 말씀을 따랐던 자들에게는 영원한 빛을 가져오실 것입니다.[3]

DAY 4 출11:4-12:20

왕과 제사장

모세는 하나님의 마지막 재앙을 파라오에게 경고합니다. 하나님의 마지막 재앙은 이집트의 처음 난 것, 왕위에서부터 가축에 이르기까지 모든 처음 난 것이 죽게 되는 것이었습니다. 이 재앙을 통해 하나님은 이집트와 이스라엘을 완전히 구별하셨다는 것을 알게 될 것이라 하셨습니다. 모세는 매우 화를 내면서 마지막 재앙을 파라오와 그의 신하들에게 경고하였습니다. 모세는 영광을 나타내시고 돌이킬 수 있는 기회까지 주시는 하나님 앞에 굴복하지 않음으로 결국에는 죽음의 심판을 받게 되는 그들의 완악한 마음에 분노하였습니다. 이 재앙의 경고 이후에 하나님은 모세와 아론을 부르십니다.

---

3 【출애굽기 라바 14:3】

재앙이 진행되는 과정 중에 하나님은 지속적으로 모세와 아론을 같이 불러서 말씀하십니다. 모세는 이스라엘 민족의 정치적 지도자로서, 아론은 종교적 지도자로서 부름을 받습니다. 바벨론 포로 이후 스가랴 선지자를 통해 성전을 짓게 하고 나라를 다시 시작하도록 하실 때도 하나님은 스룹바벨과 여호수아 대제사장을 세우시고 그 둘을 향해 온 세상에서 주 앞에 서 있는 두 기름 부음 받은 자라고 하셨습니다(슥4:14). 이 두 기름 부음 받은 자는 마지막 때 하늘의 능력을 나타낼 두 증인을 예표하기도 합니다. 하나님이 모세와 아론 두 사람을 부르시고 그 둘을 통해 하나님의 능력을 나타내신 것은 왕이며 제사장이신 메시아를 예표하는 것입니다.

유대 랍비들은 이스라엘 자손들이 구원받을 만한 자격이 없었다고 가르칩니다. 이스라엘의 죄는 하나님 앞에서 마땅히 정죄를 받아야 하는 것이었지만 하나님은 그들을 구속하기 위해 사람을 택하여 세우셨습니다. 특별히 하나님 나라 안에서 정치와 종교적으로 하나님의 백성을 이끌어 갈 두 사람을 세우심으로 메시아의 구속 사역이 통치와 예배의 모든 영역에서 완전히 이루어지게 될 것임을 보여주셨습니다. 모세와 아론은 다윗 왕국의 통치와 멜기세덱의 반차를 따른 제사장의 사역을 보여준 것입니다. 주님 앞에서 두 기름 부음 받은 자들의 사역은 메시아이신 예슈아를 통해 완성될 것입니다. 예슈아는 다윗의 자손으로 그 통치를 무궁하게 할 것이며, 멜기세덱이 지극히 높으신 하나님께 예배했던 것처럼 하나님만을 높이는 영원한 예배가 이 땅에서 드려지게 할 것입니다.

시간의 거듭남

"이 달을 너희에게 달의 시작 곧 해의 첫 달이 되게 하고"(출12:2)

고대 근동에서 새 해의 첫 달은 일곱 번째 달 티슈레이 월이었습니다. 그런데 하나님은 이집트의 시간 속에 살고 있던 이스라엘 백성을 향해 이집트에서 하나님이 구속하신 바로 그 달 즉, 출이집트하여 하나님의 약속의 땅, 하나님의 나라를 향해 행진을 시작하게 된 그 달 아빕 월(니산 월)을 한 해의 첫 달로 삼으라고 명령하십니다. 그래서 이후 이스라엘은 고대 근동에서 지키던 티슈레이 월을 한 해를 시작하는 달로 지키면서 동시에 하나님이 명령하신 대로 아빕 월(니산 월)을 한 해의 첫 번째 달로 지키게 됩니다.

시간이 다시 재배열 되었습니다. 하나님은 이집트라는 세상의 시간 속에 살던 이스라엘 백성을 하나님 나라의 시간안으로 데리고 들어오셨습니다. 이것은 마치 시간이 거듭난 것과 같습니다. 거듭남은 다시 태어나는 것인데 하나님은 이스라엘 백성이 이제 이집트에 속한 자들이 아닌 하나님 나라에 속한 자들로서 구속의 시간을 지키게 하심으로 그들을 영적으로 다시 태어나게 하신 것입니다.

이것은 마치 우리가 자연적으로 태어나는 육신의 출생과 하나님을 인격적으로 만나고 구원받은 거듭남 즉, 영적인 출생을 의미하는 것과 같습니다. 하나님의 시간은 태초부터 이미 구속의 사이클로 예정되고 창조되었지만 세상속에 살면서 인간은 하나님의 시간을 잊어버렸습니다. 유월절과 출이집트를 통해 구속을 경험할 때 하나님은 이스라엘이 하나님의 시간 안에서 다시 태어났음을 알려주셨습니다. 그래서 어떤 랍비는 유월절이 이스라엘의 영적 생일이라고 표현하기도 합니다.

흠 없는 어린 양

하나님은 이스라엘 백성의 온전한 구속을 아빕 월이라는 시간속에 계획해 두시고 이 달 10일에 각 가정별로 일 년 된 수컷으로 흠 없는 어린 양 한 마리를 가져와서 14일까지 간직해 두라고 명령하십니다(출12:3,5) '간직하다'라고 번역된 히브리어 미쉬메레트מִשְׁמֶרֶת는 '살펴보다, 보호하다, 관찰하다'는 뜻을 가지고 있습니다. 10일부터 14일까지 양을 간직하면서 이스라엘 백성은 이 양이 정말 흠이 있는지 없는지를 유심히 살피고 또 그 양이 다치지 않도록 잘 돌보면서 하나님께 온전한 예물로 드리기 위해 준비했습니다. 만약 이 5일의 기간동안 양에게서 흠이 발견되면 그 양은 유월절의 어린 양으로 드려질 수 없었습니다

바리새인, 사두개인, 율법 학자들은 예수님에게서 흠을 찾고 넘어지게 하기 위해 끊임없이 시험했습니다. 신학적, 정치적, 율법적인 이슈를 가지고 예수님께 많은 질문을 했지만 그들은 예수님에게서 어떤 흠이나 틈, 잘못도 발견하지 못했습니다(마22, 막12). 흠 없는 어린 양만이 이스라엘을 죽음으로부터 구원받게 하는 표징이듯이 죄가 전혀 없으신 예수님만이 인류를 죄와 사망으로부터 완전히 구속할 수 있는 메시아가 되셨습니다. 흠 없는 어린 양의 피는 죽음이 지나가게(유월, 페싸흐פֶּסַח)하는 표징이 되었고(출12:13) 죄가 없으신 예수님의 십자가의 피는 우리 죄를 대속하고 구원하신 표징이 되었습니다. 그 피로 인해 우리는 부활과 영생을 약속 받았습니다. 그 피로 인해 우리는 하늘 성전의 열린 문으로 들어갈 수

있는 자격을 얻었습니다.[4]

"오직 흠 없고 점 없는 어린 양 같은 그리스도의 보배로운 피로 된 것이니라"
(벧전1:19)

해 질 때 – 유월절, 약속된 시간

"이 달 십 사일까지 간직하였다가 해 질 때에 이스라엘 회중이 그 양을 잡고"
(출12:6)

'해 질 때'라고 번역된 히브리어 베인 하아르바임 בֵּין הָעַרְבָּיִם 은 '두 저녁 사이에'라는 의미입니다. 다시 말해, 양을 희생제물로 잡는 것은 아빕 월 14일 저녁부터 아빕 월 15일 저녁 사이에 해야 한다는 뜻입니다. 예수님이 제자들과 마지막 만찬을 하던 14일 저녁과 십자가에서 달려 돌아가시던 15일 오후 3시, 그리고 해 지기 전 서둘러 빈 무덤에 장사되신 늦은 오후, 이 세 가지 사건은 모두 다 두 저녁 사이에 양을 희생시켜야 한다는 성경에서 정한 시간에 일어난 일이었습니다. 희년서 49:1-12은 출애굽기 12:6의 베인 하아르바임 בֵּין הָעַרְבָּיִם을 '두 저녁 사이'라고 해석하게 되는 또 다른 세부 근거를 제공하고 있습니다.

"유월절에 관하여 주님께서 명하신 계명을 기억하여라. 너희는 그 정한 시간을
따라 첫번째 달 14일에 유월절을 준수해야 한다. 저녁이 오기 전에 너희는
그것을 희생시켜야 한다. 너희는 해가 지는 시간부터 15일의 밤까지 그것을 먹어야
한다. 이스라엘 자손은 정한 시간 곧 첫째 달 14일 두 저녁 사이 곧 낮 삼시부터
밤 삼시까지 와서 두 날 동안 유월절을 지키도록 하여라. 그 날의 두 부분은 낮의
빛이 있을 때, 세 번째 부분은 저녁에 주어진다. 이것이 여호와께서 너희에게 두
저녁 사이에 지켜야 한다고 명하신 것이다. 빛이 밝은 대낮의 다른 기간 동안에는
그것을 잡지 못하지만 저녁에 가까워진 무렵에 잡을 것이며, 먹는 것은 저녁
시간부터 밤 삼시까지 먹을 것이고, 밤 삼시 이후로는 모든 양고기의
남은 무엇이든 그들은 불로 태워야 한다"(희년서 49:9-12, 진리의 집 번역본)

---

4 【출애굽기 라바 69:7】에서는 메시아의 피가 하늘 성전의 문설주에 발라져 있을 것이라고 기록하고 있다.

이 본문에 의하면 유월절 희생양을 잡고 먹는 것은 14일 해 질 무렵부터 밤 그리고 15일 해 질 무렵부터 밤 사이여야하고, 희생양을 잡는 것은 아침과 대낮이 아닌 저녁이 가까워진 늦은 오후부터 초저녁에 잡아야하며, 밤 삼시(밤9시) 이후에는 모든 것을 불태워야 한다는 것입니다.

유대인의 전통적인 해석에서는 양을 잡는 시간을 오후 중반(정오부터 저녁 6시 사이의 중간쯤인 오후 3시쯤)부터 해지기 전까지로 보고 있습니다. 매년 유월절 기간에 예루살렘에서 해가 떨어지는 시간은 약 저녁 6시 정도로 맞춰집니다.

예수님 시대에 예루살렘에 유월절을 지키러 온 유대인들은 어린 양을 제 구시 즉, 오후 3시쯤에 잡았고 예수님은 제 구시, 오후 3시에 십자가에서 돌아가셨습니다. 이것은 어린 양이 잡힌 시간과 주님이 마지막 숨을 거두신 시간이 같은 시간이었음을 의미합니다. 예루살렘 성전과 성전 주변에서는 유월절을 위해 어린 양이 잡혔고 예루살렘 주변 골고다 언덕에서는 예수님이 죽임을 당하셨습니다. 죽임당한 어린 양이 피를 쏟고 철 고리에 매달려 가죽이 벗겨질 때 주님의 옆구리는 창에 찔려 심장에 남은 피가 다 쏟아져 나왔습니다. 어린 양의 피를 제사장들이 들고 성전의 제단에 뿌릴 때 예수님의 피는 십자가에서부터 땅으로 흘러내렸습니다. 여인들이 십자가에서부터 흘러내리는 예수님의 피를 보며 그 발 아래에서 울고 있을 때 성전 뜰에서는 제사장들이 시편 113-118편까지 할렐 찬송을 부르며 구원을 노래했습니다.[5]

하나님은 아빕 월 14일에 흠 없는 어린 양을 잡고 이스라엘이 이 날 구원받았음을 영원히 기억하고 기념하기 위해 여호와의 절기(약속된 시간)로 삼으라고 명령하셨습니다(출 12:14). 첫 유월절 사건 이후 1400년이 지난 뒤 예수님도 말씀대로 하나님의 약속된 시간을 지키기 위해 예루살렘으로 올라가셨습니다. 유월절을 지키러 가시면서 예루살렘에 이르렀을 때 주님은 "내 때가 가까이 왔으니 내 제자들과 함께 유월절을 지키겠다(마26:18)"고 하셨습니다. 예수님은 이집트에서 이스라엘을 구속하시기 위해 정하셨던 아빕 월 14일이 곧 인류의 구원을 위해 자신이 흠 없는 어린 양이 되어 죽임을 당하셔야 할 것을 아셨기에 자신의 때가 가까이 왔다고 말씀하셨습니다. 유월절 저녁 무교병과 포도주를 제자들에게 나

5   The Holy temple in Jerusalem, Rabbi Israel Ariel, 2018, p.326-327, p.332-333

누신 예수님도 제자들에게 이것을 영원히 기념하라고 말씀하심으로 이집트에서의 구원이 온 인류의 구원으로 확장되어 기념되게 하셨습니다.

하나님은 인류의 구원을 위해 처음부터 모든 것을 하나님의 시간 안에 계획해 두셨고, 실행해 오셨으며, 앞으로도 하나님이 정하신 그 시간에 하나님의 뜻을 완전하게 이루실 것입니다. 하나님이 정하신 시간(여호와의 절기)에 하나님이 행하셨던 것을 기억하고 기념하는 것은 앞으로 완전히 성취될 것을 믿음으로 바라보며 하나님의 나라를 향해 나아갈 수 있게 하는 것입니다. 또한 하나님이 정하신 시간에 이뤄질 일들을 미리 예행 연습(리허설)함으로써 하나님의 나라를 맛보게 하는 것입니다. 하나님이 정하신 시간은 언약의 성취를 의미하므로 언약안에 있는 자들은 하나님의 시간을 따라야 합니다. 이것이 하나님의 명령입니다.

【주제 #4】유월절 세데르 סֵדֶר

"이 날은 너희가 기념해야 할 날이니 너희는 이 날을 주 앞에서 지키는
절기로 삼아서 영원한 규례로 대대로 지켜야 한다"(출12:14, 진리의 집 번역)

이집트를 나올 때 하나님은 이스라엘 백성에게 이집트를 나오던 날 밤, 죽음이 건너간 유월절을 기념하여 영원한 규례로 지키라 명령하셨고 이후부터 오늘날까지 이스라엘은 어느 땅에 있던지 유월절을 지켜왔다. 유월절 밤에 지키던 식사 순서를 세데르라고 부르며 이는 히브리어로 '순서, 질서'라는 뜻이다. 처음 지키던 유월절 식사는 간단한 순서였으나 이후 바벨론 포로 기간에 예루살렘 성전에 모일 수 없는 상황속에서 순서가 정리되었다. 성전이 파괴되어 더이상 예루살렘에 모여 성전에서 유월절을 지킬 수 없게 되자 유월절에 행하던 제사의 모든 순서를 상징적인 의미를 담아 세데르의 순서를 제정하여 유월절을 지켰다. 제2차 성전이 파괴된 후 성전 중심의 절기를 지킬 수 없는 상황이 길어지자 랍비 유대교는 세데르의 15 단계를 확립하였다. 예수님도 세데르의 순서에 따라 제자들과 함께 유월절 밤에 식사를 하셨지만 현재 기독교에서는 복잡하고 긴 순서를 분병과 분잔 두 순서로 간단하게 지켜오고 있다. 세데르의 모든 순서는 일관되게 메시아를 예표하고 있고, 또한 예수님의 죽음과 부활, 다시 오심을 기념하고 있지만 오늘까지 유대인들은 세데르를 지키면서도 예수님을 보지 못하는 가려진 마음 가운데 있다. 하나님이 정하신 기간이 차서 이들의 눈이 떠지고 예수님을 메시아로 알아보게 되는 그 날이 올 때, 그들은 수천년간 지켜왔던 유월절의 의미와 구원의 비밀을 밝히 알게 되면서 감격하게 될 것이다.

	히브리어이름	뜻	의미
1	카데쉬 קדש	거룩하게 하기	유월절 식사의 시작을 알리며, 포도주 잔을 들고 기도 후 유월절 절기 식사의 거룩함을 선포한다.
2	우르하쯔 ורחץ	손 씻기	거룩한 식사 전에 손을 씻고 먹는다. 손을 씻으면서 기도한다.
3	카르파스 כרפס	우슬초 담그기	녹색 채소는 봄절기 시즌을 기억하게 함. 고난의 눈물을 상징하는 소금물. 우슬초를 어린 양의 피에 담그고 문틀에 바르는 행위를 함.
4	야하쯔 יחץ	무교병을 반으로 나눔	세 개의 무교병을 준비한 후 중간의 것을 부러뜨려 작은 조각은 세데르 진행 중에, 큰 조각은 아피코멘으로 사용한다. 삼위 하나님의 성자 하나님의 희생.
5	마기드 מגיד	출애굽 이야기	어린 자녀들에게 질문하고 답하며 출애굽기의 이야기를 들려준다. 이야기 도중 심판과 재앙의 포도주 잔을 준비한 후 열가지 재앙 하나 하나에 찍어 뿌린다.
6	라흐짜 רחצה	손 씻기	축복 기도와 함께 손을 씻는다.
7	모찌 מוציא	무교병을 작은 조각으로 나눔	무교병을 들고 기도한 후 작은 조각으로 부수어 나누어 준다.
8	마짜 מצה	무교병 먹기	기도 후 무교병을 먹는다. 이집트를 탈출할 때 급하게 반죽하여 만들어서 먹었던 고난의 빵이다.
9	마로르 מרור	쓴 나물 먹기	쓴 나물. 이집트에서의 쓰라린 고난의 노예생활을 기억.
10	코레흐 כורך	샌드위치 만들어 먹기	무교병에 양고기와 쓴나물을 함께 얹어서 샌드위치나 햄버거처럼 만들어 먹는다.
11	슐한 오레흐 שולחן עורך	축제의 식사	먹고 마시는 즐거운 메인 식사.
12	짜푼 צפון	아피코멘 먹기	식사 도중 숨겨둔 무교병의 큰 조각(아피코멘)을 어린이들에게 찾게 한다.
13	바레흐 ברך	무교병과 포도주 잔을 들고 축복	찾은 아피코멘을 들고 축사한 후 나누어 먹는다. 포도주를 잔에 따르고 구속의 잔을 높이 들어 축사한 후 나누어 마신다. 식사 후 진행되는 이 부분이 교회에서 하는 성찬식이다.
14	할렐 הלל	찬양	마지막 기쁨의 잔, 할렐의 잔을 채워 놓고 찬양의 시간을 가진다.

언젠가 우리 모두 새 예루살렘에서 다함께 모이길 바라며
'다음 해에는 예루살렘에서'라고 서로 외치며 마무리한다.

לשנה הבא בירושלים
레샤나 하바 비루살라임

유월절 식사에는 포도주 4잔을 마시게 된다. 4잔은 여호와께서 이스라엘 백성을 이집트 노예 생활에서 해방시켜 주시는 출 6:6-7의 4가지 동사와 관련된다.

그러므로 이스라엘 자손에게 말하기를 나는 여호와라
1) 내가 애굽 사람의 무거운 짐 밑에서 너희를 빼내며
2) 그들의 노역에서 너희를 건지며
3) 편 팔과 여러 큰 심판들로써 너희를 속량하여
4) 너희를 내 백성으로 삼고 나는 너희의 하나님이 되리니
나는 애굽 사람의 무거운 짐 밑에서 너희를 빼낸 너희의 하나님 여호와인 줄 너희가 알지라.

"그 날에 너는 네 자녀에게 '이 예식은 내가 이집트에서 나올 때,
여호와께서 나를 위하여 행하신 일을 기억하고 지키는 것이다'
라고 설명해주어라" (출13:8, 쉬운성경)

약 3,500년 전, 여호와께서는 미래에 지금 우리가 하게 될 이 유월절 식사를 지키라고 명하셨다. 출애굽기 13:8에서는 어린 자녀와 식탁에 앉아서 "이 예식은 3,500년 전 '우리 조상'이 이집트에서 나올 때, 여호와께서 '우리 조상'을 위하여 행하신 일을 기억하고 지키는 것이다"라고 말하지 말고 "내가 이집트에서 나올 때, 여호와께서 나를 위하여 행하신 일을 기억하고 지키는 것이란다"라고 설명해 주면서 부모 자신이 구원받은 이야기를 자기 자녀에게 들려주면서 이 예식을 지키라고 명령하신다. 우리는 어린이나 어른이나 매년 아빕월 14일 저녁에 함께 모여 유월절의 구원받은 이야기를 함께 나누며 부모의 구원 경험과 간증이 자녀에게 이어지도록 해야 한다. 이렇게 윗 세대의 신앙이 다음 세대에게 이어질 수 있도록 해야한다. 이것이 하나님께서 당신에게 명하신 유월절이다.

다른 절기는 여러가지 이유로 지키지 못하면 지나가는 것이다. 그러나 유월절은 여러가지 이유로 그 정한 때에 지키지 못하고 넘어가게 된 경우, 그 개인은 반드시 그 다음 달 이야르 월 14일에 어린양과 무교병과 쓴 나물을 먹음으로 "두 번째 유월절(페싸흐 쉬니 פסח שני)"을 지키도록 허락하셨다(민9:1-14). 유월절은 이후에 따라오는 다른 모든 절기의 시작이 되는 첫 절기이기 때문에 유월절을 놓친 자에게는 한 번 더 기회를 주신 것이다. 그만큼 유월절은 우리의 구

원에 있어서 중요한 절기이다.

DAY 5 출12:21-28

너희의 자녀가 묻기를

유월, 페싸흐מַּסַח는 하나님이 이스라엘 자손들에게 보여주시는 구원의 표징의 클라이맥스입니다. 앞선 아홉 가지 재앙들을 통해 하나님은 여러 가지 표징을 이집트와 이스라엘 자손 모두에게 보여주심으로 하나님의 영광을 나타내셨지만 끝까지 깨닫지 못하는 고집스러운 파라오로 인해 결국은 이집트 전역에 장자의 죽음이라는 재앙이 있을 것이라고 최후 통첩을 날리십니다. 그러나 이스라엘을 향하여서는 죽음의 재앙이 유월절 어린 양의 피로 넘어가게 될 것(페싸흐מַּסַח)을 말씀하십니다. 하나님은 유월절 어린 양의 피의 사건이 그들의 자녀들이 기억하는 표징이 될 수 있도록 유월절 예식을 지킬 때 이후에 너희 자녀가 이 예식이 무슨 뜻이냐고 물으면 하나님께서 하신 일을 자녀에게 말해 주고 여호와의 절기인 유월절을 영원한 규례로 삼아 이스라엘 자손이 대대로 지키도록 명령하십니다(출12:14,24).

세대에서 세대로 전수되는 신앙의 유업은 하나님이 정하신 시간(절기)에 하나님이 행하신 일을 기억하고 기념할 때 흘러갑니다. 온 가족이 함께 모여 아버지가 자녀에게 하나님이 하신 일을 들려주고, 자녀들은 아버지에게 물으면서 같은 것을 매년 반복할 때 아버지의 믿음과 경험은 자녀의 것이 되어 갑니다. 그렇게 믿음이 확장 증가됨으로써 두 세대가 한 하나님을 믿는 믿음안에서 연합됩니다. 또한 하나님은 유월절이라는 시간만 정한 것이 아니라 그 시간에 이루져야 할 예식을 주셨습니다. 이 예식을 지키기 위해 가족들이 모일 때 자녀들이 질문하게 하심으로 가족 안에서 믿음이 이야기되고 들려지게 하셨습니다. 그러므로 신앙의 유업은 하나님이 가르쳐 주신 방법대로 즉, 말씀대로 순종할 때 아버지와 자녀가 함께 하나님의 마음을 알아가게 되고 그렇게 말씀이 마음과 영혼에 새겨지면서 굳건해집니다.

절기는 의무와 책임으로 반복하는 종교적 의례가 아닙니다. 하나님이 절기를 주신 이유는 하나님과 우리의 연합, 아버지와 자녀, 그리고 형제, 자매가 믿음안에서 연합하여 사랑과 생명을 충만하게 누리고, 더 나아가 그 사랑과 생명이 흘러가서 확장되게 하기 위해서입니다. 이것이 곧 에덴의 연합과 확장입니다. 그리고 하나님 나라의 연합과 확장은 가족으로부터 시작됩니다. 하나님이 정하신 시간에 가족의 모든 세대가 함께 모여 하나님의 말씀을 듣고 하나님이 행하신 일을 기억하고 기념하는 절기는 신앙의 유업이 흘러가게 하는 가장 중요한 방법입니다. 유대인들은 수천년간 절기를 통해 세대의 연합을 배우고 훈련해 왔으며, 이것이 그들의 정체성을 지켜주는 중요한 통로가 되었습니다. 부모와 자녀의 믿음이 따로 분리되지 않고 멀리 있던 자녀도 하나님이 정하신 시간(절기)에는 부모님과 함께 다같이 모여 가족됨을 누리고, 같은 믿음의 고백으로 하나됨을 더 견고히 하는 것을 배우고 훈련하는 것이 교회에도 회복될 때 교회가 믿음의 공동체로서 더 든든하게 세워지고 확장될 것입니다.

DAY 6 출12:29-51

출이집트

밤중에 여호와께서 파라오의 장자부터 그들의 신하들의 장자, 심지어 가축의 처음 난 것까지 모두 치셨습니다(출12:29). '치다'라는 히브리어 나카(נָכָה)는 '죽이다, 공격하다, 파괴하다, 벌을 주다'는 뜻을 포함하고 있습니다. 고대 근동에서 장자는 가문의 분명한 상속자이자 아버지의 힘의 근원을 상징했습니다. 하나님이 파라오의 장자부터 가축의 처음 난 것까지 모두 치셨다는 것은 자신들의 힘을 믿고 하나님을 향해 끝까지 교만했던 그들의 힘의 근원을 치신 것이고, 하나님이 아닌 신들을 향한 우상숭배의 상속, 대물림을 파괴하신 것이었습니다. 이집트의 신들을 향해, 그 신들의 힘을 빌어 공포 정치를 펼쳤던 파라오를 향해, 그리고 거짓 신들과 어리석은 지도자를 따르며 마음을 돌이키지 않았던 완악한 이집트 백성들을 향해 하나님은 이집트에 죽임을 당하지 않은 집이 하나도 없을 정도로 죽음의 쓰나미가 이집트를 휩쓸게 하셨습니다. 무엇보다 이 죽음이 하나님을 대적한 이집트를 향해서만 일어났고, 흠 없는 어린 양의 피를 문설주에 바른 이스라엘 백성들은 그냥 넘어가게 하심(유월, 페싸흐)으로 누가 모든 만물의 창조주이며 힘의 근원인지, 누가 생명의 주관자인지를 명명백백하게 나타내셨습니다.

유월절은 이집트의 모든 장자에게는 죽음의 밤이었으나 열방의 장자로 선택받은 이스라엘에게는 생명을 보존하고 구원받은 날이었습니다. 예슈아는 많은 형제들 중에서 맏아들, 장자이시고(롬8:29), 모든 피조물 가운데서 장자이시며(골1:15), 죽은 자들 가운데서도 장자로서(골1:18) 부활의 첫 열매가 되셨습니다(고전15:20). 그가 부활의 첫 열매가 되셨다는 말은 앞으로 예슈아를 따라 부활하게 될 많은 열매들이 있을 것이라는 뜻을 포함합니다. 결국 하나님은 죽음 가운데서 생명의 부활을 일으키심으로 영광을 나타내셨습니다. 하나님의 영광이 죽음을 통해서도 나타난 것입니다.

죽음 가운데서 하나님의 영광이 나타난 유월절 그 밤에 드디어 이스라엘은 출이집트 하였습니다. 여러가지 조건과 타협안으로 이스라엘을 내어주지 않으려 했던 파라오는 이스라엘 모두가 하나도 빠짐없이 이집트에서 나가게 했을 뿐 아니라, 하나님은 이집트인들로부터 은금 패물과 의복까지 얻게 하심으로 이집트에서 이스라엘 백성이 부당하게 노동의 착취를 당했던 것에 대한 보상까지 받고 나오게 하셨습니다(출3:21,22; 12:35-36). 이것은 하나님이 모세를 불러서 이스라엘을 이집트에서 데리고 나오라는 명령을 하실 때부터 이미 하나님의 계획안에 있었던 것입니다. 하나님은 지식의 하나님, 행동을 달아 보시는 하나님으로 가난과 부, 높음과 낮음, 생명과 죽음을 주관하시며 정확하게 보상하고 심판하시는 하나님입니다(삼상2:3,7).

하나님의 약속대로 여호와의 군대가(출12:17, 41) 이집트에서 나왔습니다. 그 날은 하나님이 아브라함에게 말씀하신 430년이 끝나는 날이었습니다(창15:13). 430년의 이집트 노예살이, 세상살이에서 하나님의 킹덤으로 넘어온(유월, 페싸흐פֶּסַח) 이스라엘 자손은 사람의 눈으로는 그저 노예에서 탈출하는 민족일 뿐이었지만 하나님의 눈에는 군대였습니다. 이스라엘이 이집트라는 세상에서 하나님의 나라로 넘어오는 순간 그들은 이미 하나님의 군대가 되어 있었습니다. 여전히 연약하고 깨어지기 쉬우며 의심 많은 자들이었지만 하나님의 믿음의 눈은 이미 그들을 군대로 보고 계셨습니다. 이것이 하나님이 사람을 바라보시는 시선입니다. 하나님은 자신이 계획하시고 디자인 하신대로 사람을 보십니다. 현재의 상태를 보시는 것이 아니라 앞으로 될 상태, 온전하게 되는 상태를 보시고 하나님 스스로도 믿음으로 선포하십니다.

이스라엘 자손들이 완전히 하나님의 킹덤으로 넘어오기까지 하나님을 의심하고 하나님이 세우신 사람 모세와 아론을 믿지 못하는 과정들이 있었습니다. 이 과정은 마치 세상에서 하나님의 킹덤으로 넘어오지 못하는 아합시대 엘리야 앞에 서있는 북이스라엘 자손의 상태와 겹쳐집니다. 엘리야는 온 이스라엘이 신으로 숭배하는 바알과 하나님 사이에서 우왕좌왕하는 이스라엘 자손을 향해 "너희가 어느 때까지 머뭇머뭇 하겠느냐"(왕상18:21)라고 외칩니다. 여기서 '머뭇머뭇하다'라는 히브리어 단어가 페싸흐חֵֹסַּפ입니다. 엘리야가 북이스라엘 자손들에게 외친 것은 페싸흐חֵֹסַּפ, 하나님의 킹덤으로 넘어오라는 것이었습니다. 여호와의 유월은 세상에서 노예로 묶여 살면서 괴로워하는 백성들을 향해 여호와 하나님이 어떤 하나님이신지를 보여주시는 구원과 영광의 표징입니다.

이 때, 하나님의 구원과 영광의 표징을 보면서 이스라엘과 함께 했던 민족들이 있었습니다. 그들은 이스라엘을 지키고 보호하실 뿐 아니라 거짓 신을 파괴하고 심판하시는 하나님의 영광을 보면서 머뭇머뭇하지 않고 하나님 편에, 이스라엘 편에 서기로 즉, 유월(페싸흐)하기로 결정합니다. 토라는 이들이 이스라엘 자손이 출이집트할 때 함께 떠났던 수많은 잡족(a mixed multitude)이라고 표현합니다(출12:38). 랍비의 구전 설화에 의하면 이들 중에는 이스라엘처럼 파라오에게 억압과 고통을 당하며 노예로 살았던 이집트인들과 다른 민족들이 있었고 그들 중에 여호와의 절기인 유월절을 지키고 이스라엘과 함께 나온 자들이 있었다고 합니다.[6] 잡족들이 열방의 장자인 이스라엘편에 함께 서고, 그들과 함께 이집트에서 유월함으로써 구원받았듯이 우리들은 장자인 예슈아와 이스라엘 편에 섬으로써 마지막 날 바벨론이라는 세상이 심판 받을 때 하나님의 나라로 유월함으로써 큰 구원을 얻게 될 것입니다.

---

6 【출애굽기 라바 18:10】에서는 잡족 즉, 이방인들의 구원에 대해 다음과 같은 비유를 사용하여 기록하였다. 송축받기 합당하신 거룩하신 그분은 그의 원수들을 죽이던 날에 그의 아들을 경외하는 축제를 만든 왕과 같았다. 그 왕은 이렇게 공포하였다. "나와 함께 축하하기 원하는 자는 누구든지 나의 아들의 축제에 와도 좋다. 그러나 나를 미워하는 자는 누구든지 나의 원수와 함께 죽임을 당할 것이다" 마찬가지로 송축받기 합당하신 거룩하신 그분은 그가 이스라엘을 구속하셨을 때 그들을 위해 기쁨의 날을 만드셨다. 그는 선포하셨다. "이집트의 양심 있는 자들이 이스라엘과 함께 유월절을 기념했다. 그리고 그들은 이스라엘과 함께 이집트에서 나왔다"

여호와의 밤

> "이 밤은 그들을 애굽 땅에서 인도하여 내심으로 말미암아 여호와 앞에 지킬
> 것이니 이는 여호와의 밤이라 이스라엘 자손이 다 대대로 지킬 것이니라"(출12:42)

개역 한글 성경은 이 밤(유월절 밤)이 여호와의 밤이니 여호와 앞에서 앞으로 계속 지켜져야 한다는 미래적 어감으로만 번역이 되었지만 사실 이 본문을 정확하게 번역하면 다음과 같습니다.

> "이 날 밤, 여호와께서 이스라엘을 이집트에서 데리고 나오시기 위해 밤을
> 지새우셨다. 그래서 이 밤은 이스라엘의 자손과 그들의 자손들 대대로
> 여호와를 위하여 밤을 지새우도록 된 여호와의 밤이다."

개역 한글은 "지킬 것이니"라고 번역한 히브리어 단어 쉬무르שִׁמֻּר는 '밤파수'라는 뜻을 가지고 있고, 쉬무르의 원형 샤마르שָׁמַר는 '지키다, 보호하다'라는 뜻입니다. 여호와 하나님이 이 밤에 밤파수를 하면서까지 이들을 지키신 이유는 첫째, 여호와 자신을 위해 둘째, 이스라엘을 이집트에서 데리고 나오기 위해 셋째, 이스라엘의 자손들을 위해 넷째, 이스라엘의 자손들 대대로 즉, 모든 세대를 위해서입니다. 아람어 성경 탈굼은 하나님이 이스라엘 백성을 이집트에서 데리고 나오기 위해 친히 밤을 지새우신 이 네 가지 이유가 구원을 위한 네 개의 밤을 예표한다고 설명합니다.

> "네 개의 밤은 우주의 주님 앞에서 '기념들의 책(Book of Memorials)'에
> 기록되어 있다. 첫 번째 밤은 세상의 창조를 위해 하나님이 나타나셨을 때였다.
> 두 번째 밤은 아브라함에게 나타나셨을 때였다. 세 번째 밤은 이집트의 모든
> 장자를 치시고 이스라엘의 모든 장자를 살리셨던 그 밤에 나타나셨을 때였다.
> 네 번째 밤은 열방으로부터 이스라엘 집의 사람들을 자유케 하시기 위해 친히
> 나타나실 것이다. 그리고 주님은 이 밤들을 지켜지기 위한 모든
> 밤들이라고 부르셨다"[7]

---

7 Targum Psedo-Yonatan, Exodus 12:42 ; Cf. Targum Yerushalmi in Yalkut Moshiach: Bo, 503-504)

창조의 날에 하나님은 어둠 가운데 빛이 있으라 선포하심으로 빛을 창조하셨습니다. 어둠 속에서(밤 가운데서) 빛과 함께 생명의 창조가 시작된 것입니다. 아람어 성경 탈굼은 이 밤을 구원을 위한 첫 번째 밤이라고 표현합니다. 두 번째 밤은 아브라함과 언약을 맺으시기 위해 아브라함에게 제단을 쌓으라 명령하시던 그 밤, 완전히 깜깜하고 스올처럼 내려앉은 어둠 가운데서 횃불 가운데 나타나셔서 제물 사이를 지나가시며 아브라함과 그 자손들을 위해 구원하시겠다고 언약을 맺으셨던 밤이었습니다. 이 밤에 하나님은 400년 동안 아브라함의 자손이 고통받다가 자유케 될 것을 예언하셨습니다(창15:13). 유대 전승은 아브라함과 하나님이 횃불 언약을 맺은 이 밤이 유월절 밤이었다고 말합니다. 왜냐하면 이스라엘이 하나님의 예언대로 이집트에서 나왔던 밤이 유월절 밤이었기 때문입니다. 세 번째 밤은 이집트의 장자를 치시고 이스라엘을 구원하신 유월절 밤입니다. 그리고 네 번째 밤은 아직 이뤄지지 않았지만 하나님이 정하신 그 날, 마지막 날에 메시아께서 시온으로 오시면서 주의 이름을 부르는 자들을 구원하시는 구속의 날입니다.

이 네 가지 밤을 위해 하나님은 밤을 지새셨습니다(쉬무르, 샤마르). 하나님 자신을 위해, 자신이 선택한 이스라엘을 이집트에서 데리고 나오기 위해, 그리고 이스라엘 자손들과 그들의 대대손손을 위해 하나님이 친히 밤을 지새우셨고 그리고 그 밤을 구원받은 모든 자들이 함께 지새우도록 하셨습니다. 그래서 유월절은 여호와의 밤입니다. 캄캄한 밤에 죽음에서 이스라엘을 구원하신 하나님은 짙은 어둠이 깔린 이 세상에서 우리를 광명한 빛의 나라, 하나님의 킹덤으로 이끄실 것입니다.

"보라 어둠이 땅을 덮을 것이며 캄캄함이 만민을 가리려니와 오직 여호와께서
네 위에 임하실 것이며 그의 영광이 네 위에 나타나리니"(사60:2)

DAY 7 출13:1-16

무교절

　　이스라엘은 이집트에서 나오던 밤에 발효되지 않은 무교병을 가지고 나왔습니다. 그들은 급하게 나와야 했기 때문에 빵을 구울 시간을 갖지 못했습니다. 하나님은 유월절을 지키는 그 밤으로부터 7일 동안 무교병을 먹고, 이 기간에는 유교병을 먹지 않을 뿐 아니라 누룩조차 보이지 않게 하라고 명령하셨습니다. 심지어 이 기간에 유교병을 먹는 자는 이스라엘로부터 끊어지게 될 것이라 하셨습니다. 누룩은 오염과 부패를 의미합니다. 이집트에 살면서 잘못된 생각, 감정, 사상들로 오염되고 부패된 상태를 벗어버리는 시간이 무교절입니다. 이 시간은 물들거나 섞이지 않은 원래 상태의 모습으로 하나님께 나아가는 시간입니다. 유월절과 무교절은 하나님이 이집트를 철저히 심판하시고 그 영향력을 완전히 끊어내면서 이스라엘 백성을 데리고 나오신 시간이기에 이집트의 것이 조금도 남아있지 않도록 이집트에서의 죄와 오염과 부패를 상징하는 누룩을 철저히 없애라고 명령하신 것입니다.

　　구원받은 유월절의 밤부터 7일 동안 이스라엘은 약속의 땅을 향한 여정을 시작하게 됩니다. 이 시간에 이들은 이집트에서 자신들을 썩고 부패하게 했던 것들을 벗어 던지고 세상을 뒤로한 채 구원하신 하나님만을 의지하는 삶을 향해 첫 발걸음을 띄게 되었습니다. 구원받은 백성은 새롭게 태어난 존재가 되었기 때문에 이전의 것을 버리는 것으로부터 새 삶을 시작해야 합니다. 영적인 거듭남, 다시 태어남을 위해 예수님은 죽으셨고 다시 사셨습니다. 우리가 유월절과 무교절을 지키는 것은 우리를 위해 죽으신 흠 없는 어린 양의 피의 구원으로 말미암아 다시 태어난 그 시간을 거룩함으로 지키고 살아내기 위한 것입니다. 하나님은 무교절에 누룩을 제거함으로써 오염되고 부패하게 했던 죄와 세상의 영향력이 우리로부터 제거되었음을 우리가 기억하기 원하셔서 무교절을 해마다 지키는 절기와 규례가 되게 하였습니다. 사도 바울은 우리가 누룩없는 새로운 자가 되었기에 순전함과 진실함으로 이 날을 지키도록 권면합니다.

"너희는 누룩 없는 자인데 새 덩어리가 되기 위하여 묵은 누룩을 내버리라 우리의
유월절 양 곧 그리스도께서 희생되셨느니라 이러므로 우리가 명절을 지키되 묵은
누룩으로도 말고 누룩이 없이 오직 순전함과 진실함의 떡으로 하자"

(고전5:7-8)

하프타라 렘46:13-28

이집트가 아름다운 암송아지일지라도

바벨론의 느부갓네살왕은 예루살렘을 파괴한 뒤 그달랴를 유다 지역의 총독으로 남
겨둡니다. 그러나 암살자들이 그달랴와 그의 군사들을 죽였고 유다 지역에 남아있던 이스
라엘 백성은 느부갓네살이 무서워서 이집트로 도망치기로 결정합니다. 그러나 예레미야는
이스라엘 땅에 남아 있으면 하나님이 헐지 않고 뽑지 않으며 재난에서 돌이키실 것이라고
하나님의 뜻을 전합니다(렘42:10). 하나님은 바벨론 왕의 손에서 이스라엘을 구하실 것을 약
속하시며 바벨론을 두려워하지 말고 오히려 바벨론 왕을 통해 그들을 다시 본향으로 돌려
보내실 것을 믿음으로 기다리라고 하십니다(렘42:11-12). 그러나 만일 이스라엘이 전쟁도
없고 나팔 소리도 들리지 않으며 양식의 궁핍도 없는 이집트를 의지하며 그곳을 가면 오히
려 그 땅의 기근과 칼, 전염병이 이스라엘에 미치게 되고 분명히 죽을 것이라 경고하십니다
(렘42:14-17). 이런 경고에도 불구하고 유다의 오만한 리더들은 백성들을 선동하고 예레미
야를 붙잡아 이집트 지역의 다바네스로 끌고 갑니다.

예레미야가 예언한 이집트의 믹돌과 놉(멤피스), 다바네스는 이스라엘에서 이집트로
이어지는 시나이 반도의 길목에 있는 도시들로 나일 강 상류의 비옥한 삼각지에 속해 있는
도시들이었습니다. 당시 유다인들의 눈에는 황폐한 예루살렘에서 바벨론의 치리를 받는 것
보다 이집트에 사는 것이 안전하다고 느꼈을 것입니다. 하나님이 반드시 살리시겠다고 하
신 말씀을 들었음에도 불구하고 남은 유다인들은 이집트를 의지합니다. 하나님은 권능의 손
으로 친히 이집트에서 이스라엘을 데리고 나오셨지만 광야에서 이스라엘은 이집트를 높이

세우고 그들을 의지하는 발언과 하나님을 대적하고 무시하는 불평으로 하나님을 격동케 하였습니다. 이스라엘은 이런 실수를 역사 속에서 계속 반복합니다. 걷잡을 수 없는 죄와 타락으로 바벨론을 몽둥이로 사용하셔서 이스라엘을 치셨지만 결국 회복하고자 하시는 하나님의 마음을 헤아릴 수 없었던 이스라엘은 하나님이 그렇게도 싫어하시는 이집트를 의지하며 그곳으로 이주합니다.

그러나 하나님의 말씀은 예레미야를 통해 한껏 교만한 이집트가 하나님의 몽둥이인 바벨론에 의해 심판 받고 황폐하게 될 것을 선포하십니다(렘46:14). 무엇보다 이집트 안에서도 믹돌과 놉과 다바네스 특별히 이 세 지역을 말씀하신 이유는 하나님의 백성인 이스라엘이 이집트를 의지하여 그 땅으로 이주했기 때문입니다. 하나님이 아닌 것을 의지하는 그들의 마음을 하나님은 철저히 부숴 버리셨고, 하나님의 큰 권능을 보고도 여전히 하나님을 믿지 않는 이집트를 심판하셨습니다. 이 심판은 이집트를 향한 심판이자 하나님을 의지하지 않고 이집트를 의지한 이스라엘을 향한 심판이었습니다. 하나님의 백성으로 부름 받고도 세상을 의지한 자들은 반드시 심판 받게 될 세상과 함께 멸망하게 될 것입니다. 하나님의 영광을 나타내도록 부름받은 이스라엘이 이집트를 의지하는 것을 하나님이 그렇게 미워하신 것처럼 하나님의 교회와 성도가 세상을 의지하고 보이는 힘을 따라가는 것을 하나님은 싫어하십니다.

예레미야는 이집트가 아름다운 암송아지일지라도(렘46:20) 그들은 수치를 당하고 북쪽 백성(바벨론)의 손에 의해 멸망될 것이라고 예언합니다(렘46:24). 하나님이 이집트를 암송아지에 비유하신 것은 그들이 섬기는 황소의 신 아피스와 암소 이시스 숭배를 빗대어서 표현한 것입니다. 우상숭배는 하나님의 권위를 인정하지 않는 교만의 최고봉입니다. 하나님이 이집트의 우상들을 철저하게 심판하셨듯이 마지막 때 온 땅과 교회를 꾀어내었던 적그리스도와 이세벨을 철저하게 심판하실 것입니다. 놀랍게도 하나님은 이스라엘과 이집트의 심판의 메시지 이후에 두려워하지 말라고 위로하시며 자유와 평안을 약속해 주십니다(렘46:27). 진노 중에도 긍휼을 잊지 아니하시는 하나님은 약속을 이행하시는 신실하신 하나님입니다.

브리트 하다샤 롬9:14-29 / 요19:31-37

하나님의 영광을 담기 위해 준비된 긍휼의 그릇

하나님은 출애굽의 과정 가운데 "내가 여호와임을 알지라"(출6:7)고 말씀하시며 이집트(세상)의 신과 완전히 다른 우주적 하나님이심을 명확하게 드러내십니다. 그러나 세상은 여호와 하나님이 나타나 그 백성을 구원하고자 하시는 과정 가운데 더 악하게 하나님의 백성을 억압하며 구원이 온전히 이뤄지지 못하도록, 하나님의 킹덤이 부분적으로만 이뤄지도록 저항합니다.

그리스도의 재림과 심판과 통치가 가까워지는 마지막 때에는 이렇게 이집트와 이스라엘처럼 세상 정부와 하나님의 킹덤으로 분리될 것입니다. 마지막 때는 땅과 하늘, 심판과 구원, 완강함과 겸손함, 세상 정부와 하나님의 킹덤의 대비가 극명해질 것입니다. 이 가운데서 우리는 더 이상 이도 저도 아닌 상태에 머뭇거리거나 우왕좌왕하거나 머무를 수 없을 것이며 우리의 입장을 선택해야 할 것입니다.

하나님이 모세를 향해 파라오에게 들어오라고 하셨을 때 모세는 파라오의 미묘한 회유와 타협에도 굴하지 않았고 어느 것 하나 빼앗기지 않고 전부 다 되찾아 가지고 나왔습니다. 사탄은 끝까지 교묘하게 섞여 들어와 보기 좋고 먹기 좋은 것을 우리에게 내밀며 선택하도록 미혹합니다. 철저하게 내 안에 섞여 있는 생각과 감정들이 제거되지 않으면 우리는 그 미혹에 넘어갈 것입니다. 그러므로 애매모호한 태도를 버리고 완전히 하나님의 영역으로 들어와 입장을 분명하게 할 것을 결단하고 하나님의 입장에 확고히 서야 합니다. 세상을 향한 우리의 담대한 믿음은 모세가 파라오 앞에 담대하게 들어온 것처럼 하나님이 여호와 이심을 나타내는 표징이 따르게 될 것입니다. 그리고 우리는 세상에 눌리지 않고 오히려 세상 앞에서 그들의 눈에 위대하게 보이게 될 것입니다(출11:3).

출이집트 이후 이집트는 이스라엘 자손들로 인해 한 번 망했음에도 불구하고 바벨론 시대에 이르기까지 여전히 그 교만함의 뿌리를 잘라내지 못해 결국 하나님은 바벨론을 통해 이집트를 또 다시 심판하였습니다(렘46:13-26). 그리고 이스라엘에게는 완전한 구원을 약속하셨습니다(렘46:27-28). 과거 이집트를 향한 하나님의 심판은 마지막 날 세상 정부를 향한 심판으로 확장된 모습으로 나타날 것입니다. 세상을 향한 심판의 과정에서 하나님은 이스라엘을 구원하신 것처럼 하나님의 백성을 구원하실 것입니다.

　　그러나 하나님은 마지막 순간까지 모두를 구원하시기 위해 이미 멸하기로 준비된 진노의 그릇이라 할지라도 오래 참으심으로 관용하십니다(롬9:22). 끝까지 구원의 기회를 허락하시며 정하신 때까지 기다리고 참으십니다. 하나님이 기다리시는 과정 가운데 하나님의 백성들은 세상의 악함을 견뎌내야 하는 고난이 있겠지만 '하나님의 영광을 받기로 예비하신 긍휼의 그릇'에 그분의 영광을 풍성하게 담아 주실 것입니다(롬9:23). '하나님의 영광을 받기로 예비하신 긍휼의 그릇'은 유대인과 이방인 가운데서 부름받은 자들인 바로 우리입니다(롬9:24).

> "또한 영광 받기로 예비하신 바 긍휼의 그릇에 대하여 그 영광의 부요함을 알게
> 하고자 하셨을지라도 무슨 말 하리요 이 그릇은 우리니 곧 유대인
> 중에서뿐 아니라 이방인 중에서도 부르신 자니라"(롬9:23-24)

　　파라오가 완강할수록 모세가 위대해진 것처럼, 세상이 완강하고 악할수록 하나님의 킹덤을 위해 준비되고 예비된 그릇들, 부르심을 받은 자들에게는 그 영광을 풍성하게 담으시며 하나님과 같이 영광스러운 자가 되게 하실 것입니다.[8] 이 영광을 받기로 예비하신 그릇인 우리는 하나님의 영광을 담아내기에 여전히 온전한 자격을 갖추지 못한 그릇이지만 토기장이이신 하나님은 우리를 불쌍히 여겨 주심(긍휼)으로 합당하지 못한 자에게 그 영광의 풍성함을 부어 주실 것입니다. 그래서 이 그릇의 이름은 하나님의 영광을 받기로 미리 작정된 '긍휼의 그릇'입니다.

　　하나님은 우리를 이런 긍휼의 그릇, 영광을 담는 그릇이 되게 하시려고 세상 가운데서 불러 내주시고 이집트 땅에 10가지 재앙을 부으셨습니다. 그리고 유월절(페싸흐פּסח)을 통하여 우리를 그 피로 사시고 사망에서 생명으로 옮겨 주셨고 영원전부터 작정하신 대로 넘치는 영광을 부으심으로 그분의 영광의 풍성함이 어떠한지 알리실 것입니다. 하나님의 계획에 동참하는 우리는 마침내 영광에서 더 큰 영광으로 영화롭게 변모될 것입니다.

8　【출 7:1】 "내가 너로 바로에게 신(엘로힘אֱלֹהִים)이 되게 하였은즉"

보 주간의 말씀

1. 영광이 하나님을 향해 있을 때는 하나님을 영광스럽게 함으로 그분의 빛나는 영광이 우리 가운데 함께 하시지만, 영광을 자기에게 향하여 교만하게 되었을 때는 그 영광이 오히려 스스로를 어리석게 하고, 무거운 짐과 같이 되게 하며, 깨닫지 못하는 완악한 상태를 만듭니다.

2. 세상과 사람이 기준이냐, 하나님이 기준이냐에 따라 우리는 하나님의 공평하심을 바로 이해할 수 있습니다.

3. 하나님의 표징은 이집트를 향한 표징과 이스라엘 백성을 향한 표징, 두 방향과 두 목적을 가지고 있었습니다. 하나의 재앙이었지만 이집트를 향해서는 하나님을 인정하지 않을 때 어떤 심판이 있을 것인지에 대한 경고의 표징으로, 그러나 구원받을 이스라엘 자손을 향해서는 하나님이 그들을 위하여 어떤 일을 행하셨는지 기억하게 하기 위한 표징으로 나타내 보이셨습니다. 여호와 하나님의 능력이 나타나는 표징은 세상에게는 심판이지만, 하나님의 백성에게는 구원이 됩니다.

4. 마지막 날, 여호와의 크고 두려운 날 즉, 메시아닉 킹덤이 시작되기 직전에 메뚜기떼와 같은 군대들의 습격이 있을 것입니다. 이들은 무저갱에서 잠시 풀려나와 전갈과 황충과 같은 모습으로 영적인 힘을 가지고 사람들을 괴롭게 할 것입니다(계9:1-11). 그러나 결국 유다의 사자, 예슈아의 포효하는 소리와 그의 군대들 앞에서 악한 자들은 모두 소멸될 것입니다.

5. 메시아가 오실 때 악한 자들에게는 흑암을, 이스라엘과 말씀을 따랐던 자들에게는 영원한 빛을 가져오실 것입니다.

6. 하나님이 모세와 아론 두 사람을 부르시고 그 둘을 통해 하나님의 능력을 나타내신 것은 왕이며 제사장이신 메시아를 예표하는 것입니다.

7. 이스라엘도 우리도 두 가지 탄생이 있습니다. 자연적인 육신의 탄생과 영적인 거듭남입니다. 유월절과 출이집트는 구원을 통해 우리가 하나님의 나라로 들어간 자들이 되었다는 영적 거듭남의 상징입니다.

8. 하나님이 절기를 주신 이유는 하나님과 우리의 연합, 아버지와 자녀, 그리고 형제, 자매가 믿음 안에서 연합하여 사랑과 생명을 충만하게 누리길 원하시고 더 나아가 그 사랑과 생명이 흘러가서 확장되게 하기 위해서입니다. 이것이 곧 에덴의 연합과 확장입니다. 하나님 나라의 연합과 확장은 가족으로부터 시작됩니다.

9. 하나님 자신을 위해, 자신이 선택한 이스라엘을 이집트에서 데리고 나오기 위해, 그리고 이스라엘 자손들과 그들의 대대손손을 위해 하나님이 친히 유월절 밤을 지새우셨습니다.

10. 하나님은 무교절에 누룩을 제거함으로써 오염되고 부패하게 했던 죄와 세상의 영향력이 우리로부터 제거되었음을 우리가 기억하기 원하셔서 무교절을 해마다 지키는 절기와 규례가 되게 하였습니다.

보 주간의 선포

1. 내 안에 있는 종교적인 영과 불순종과 거역을 통해 나도 모르게 하나님이 하시는 일, 성령의 일을 거스르는 영을 드러내시고 완전히 떠나가도록 명령합니다. 또한 나의 종교적인 프레임으로 교회와 성도들을 판단하는 것을 서슴지 않았던 것을 회개합니다. 나는 세상에 속한 자가 아니고 하나님의 킹덤에 속한 자임을 선포합니다. 내 안에 하나님의 거룩한 영으로 더욱 충만하게 하소서. 영으로 이끌림 받는 사람, 영에 속한 사람이 되어 영으로 말하는 하나님의 메신저가 되게 하소서.

2. 세상이 깊은 흑암으로 들어가며 죽음의 기운이 강하게 임하지만 그 흑암과 죽음도 주관하시는 분이 나의 하나님 여호와이심을 선포합니다. 그러므로 내 안에 빛과 생명을 더욱 충만하게 하셔서 이 재앙과 어둠의 시즌에도 하나님의 백성들이 회개하고 돌아올 수 있는 기회를 주시는 은혜와 구원의 놀라운 일들이 나를 통해, 교회를 통해, 남은 자들을 통해 일어나게 하소서.

3. 유월절은 유대인만의 절기가 아니라 여호와의 절기입니다. 하나님이 태초부터 정해두신 약속의 시간인 유월절이 어린 양의 피로 큰 구원을 이룬 날, 세상으로부터 당신의 백성들을 빼내신 날이라는 것을 자녀들에게 가르치며, 이 날이 예슈아의 십자가의 피로 우리를 죄에서 구원하신 날임을 가르치고, 마지막 날 세상으로부터 우리를 완전히 구원하게 하실 날이라는 것을 가르칠 것을 결단합니다. 하나님이 새롭게 일으키길 원하시는 새로운 거룩한 세대에게 하나님의 시간과 언약들을 종교적인 틀이 아닌 거룩한 말씀의 영으로 가르칠 수 있도록 계시를 더하여 주소서.

4. 하나님이 끝이라고 말씀하실 때까지 끝난 것이 아님을 믿고 끝까지 믿음을 견지하고 세상과 타협하지 않도록 붙들어 주소서. 우리의 눈에 '이만큼이면 됐다, 이 정도의 기적이면 충분하다'라고 정하지 않고 철저히 악을 드러내시어 하나님의 뜻을 이루고자 하시는 하나님의 시간을 기다리는 백성이 되게 하소서.

5. 하나님이 파라오 앞으로 "보, 들어오라"고 하실 때는 하나님이 확실하게 행하실 일이 있기 때문임을 믿고 파라오와 세상을 두려워하지 않고 하나님을 경외하는 마음으로 담대하게 나아가게 하소서. 하나님이 놀라운 일을 행하셨을 때 모세와 아론을 통해 행하신 것처럼 하나님을 믿는 믿음의 백성들을 통해 이 땅에 하나님의 영광을 나타내소서.

16주간

בְּשַׁלַּח

BESHALACH

베샬라흐, 그가 보냈을 때

파라샤 **출13:17-17:16**

하프타라 **삿4:4-5:31**

브리트 하다샤 **계19:1-20:6 / 마14:22-33**

DAY 1 출13:17-14:9

요셉의 유골함, 빈 무덤

요셉은 죽기 전에 하나님이 반드시 이스라엘 백성을 그들의 조상에게 약속하신 땅으로 데려가시기 위해 찾아오실 것이니 그 때 자신의 유골을 이집트에서 가지고 나가라는 유언을 남겼습니다(창50:24-25, 출13:19). 요셉은 자신의 유골을 가지고 나갈 것을 이스라엘 백성에게 맹세하도록 했는데 맹세라는 히브리어 샤바עבש는 '맹세하다, 서약하다, 간절히 요구하다'는 뜻을 가지고 있습니다. 이 단어는 '하나님이 약속하신 땅, 맹세하신 땅' 이라고 말할 때도 쓰였습니다. 하나님은 아브라함, 이삭, 야곱에게 반드시 이 땅을 그들의 자손에게 줄 것이라고 맹세, 약속하셨고 요셉은 신실하신 하나님의 약속을 믿었기에 이스라엘 백성이 반드시 이집트에서 떠날 것을 알고 있었습니다. 그래서 그는 하나님이 하신 그 맹세와 약속처럼 이스라엘 백성에게 자신의 유골을 가지고 나갈 것을 맹세할 것을 간절하게 요구합니다.

이집트에서 나가게 된 그 날, 이스라엘 백성들은 자신들이 필요한 것들을 챙기기 위해 이집트인들로부터 물건들을 취하느라 바쁠 때 모세는 약속대로 가장 먼저 요셉의 유골함을 챙겼습니다(출13:19). 하나님은 약속하시고 맹세하신 땅으로 아브라함, 이삭, 야곱의 자손들인 이스라엘 백성을 데리고 가기 위해 약속대로 오셨고, 모세는 그들을 찾아오신 신실하신 하나님의 약속을 기억하며 요셉의 유골함을 가지고 나가겠다는 약속을 지킴으로써 이스라엘의 믿음의 조상들이 그의 자손들과 함께 약속의 땅에서 메시아닉 킹덤을 맞이할 수 있게 하였습니다. 약속은 쌍방이 함께 지켜야 하는 것으로 한 쪽만 지킨다고 성립되는 것이 아닙니다. 하나님은 약속을 지키시는 하나님입니다. 그리고 우리에게도 약속을 지킬 것을 요청하십니다. 하나님과 우리 사이에 맺은 그 약속이 함께 지켜졌을 때 약속이 온전히 성취됩니다. 하나님을 'Promise Keeper, 약속을 지키시는 하나님'이라고 믿는다면 그의 백성인 우리도 하나님의 킹덤을 위해 그분이 말씀하시고 요청하신 것을 지켜야 합니다. 그럴 때 우리는 온전한 약속의 성취를 경험하며 그의 나라에 서게 될 것입니다.

모세는 요셉의 유골함을 챙김으로써 이집트 땅에 이스라엘에 속한 어떤 것도 남겨두지 않았습니다. 이스라엘 백성이 이집트에 단 한 사람, 심지어 요셉의 유골까지도 남겨두지 않았다는 것은 하나님이 자신의 백성을 구원하실 때 세상에 속한 것은 어떤 것도 남겨두지 않게 하심으로써 완전한 구원을 성취하실 것이라는 것을 의미합니다. 세상에는 하나님의 백성이 있을 수 없고, 하나님의 백성에게는 세상적인 것이 남겨질 수 없습니다. 요셉의 유골함이 이집트로부터 옮겨질 때 이집트에는 요셉의 빈 무덤만이 남게 되었습니다. 이집트에 남겨진 요셉의 빈 무덤은 이스라엘 백성이 완전히 이집트로부터 구원되었고 하나님의 킹덤을 향해 가게 되었음을 나타내 줍니다. 그리고 이것은 이 땅에 남겨진 예슈아의 빈 무덤을 상징합니다. 예슈아의 빈 무덤은 그분이 죽음을 완전히 이기셨고, 하나님의 백성들이 새로운 생명을 얻을 수 있게 되었으며, 그분을 통해 하나님의 킹덤으로 들어갈 수 있게 되었음을 보여줍니다.

요셉의 유골함은 이스라엘 백성이 광야생활을 하는 40년 동안 함께합니다. 탈무드에서는 이스라엘 백성이 들고 다닌 두 개의 상자를 비교하기도 하는데 그 하나가 요셉의 유골함이며, 다른 하나는 언약궤입니다. 요셉의 유골함은 죽음을 상징하지만 언약궤는 하나님의 임재, 영원한 생명을 상징합니다. 요셉은 죽었지만 부활을 믿음으로 약속의 땅으로 옮겨지길 소망했고, 이스라엘 백성의 40년 광야생활 동안 하나님의 영원한 생명과 함께 동행하였습니다. 이것은 우리에게 요셉의 죽음이 죽음으로써 끝난 것이 아닌 부활과 영원한 생명으로 나아가고 있음을 보여줍니다. 예슈아도 죽으셨으나 죽음 이후 영원한 생명으로 들어가셨습니다. 그러므로 하나님의 백성, 약속을 믿는 백성들에게는 죽음이 죽음으로써 끝나지 않습니다. 그 이후의 영원한 생명이 약속되어 있습니다.

지름길로 인도하지 않으시는 하나님

하나님은 이스라엘 백성을 약속의 땅으로 빨리 갈 수 있는 해변의 지름길 즉, 블레셋 사람의 땅의 길로 인도하지 않으시고 홍해의 광야 길로 돌려서 인도하십니다. 큰 기적과 표징을 보았어도 이스라엘은 여전히 연약함을 가지고 있었고 블레셋 사람들의 땅을 지나가다가 그들이 전쟁을 보면 마음을 돌이켜 이집트로 돌아갈까 하는 염려 때문이었습니다(출 13:17). 이집트의 노예살이가 고되었지만 한편으로는 이집트의 풍부한 문화와 물질적 풍요에 육신과 정서가 매여 있었던 이스라엘 자손들이었기에 전쟁은 그들로 하여금 이전의 삶으로 돌아가기를 원하게 할 수도 있었습니다. 그래서 하나님은 그들이 이집트가 아닌 철저히 하나님만을 바라볼 수 있도록 광야의 길로 인도하십니다.

하나님은 자신의 백성들을 하나님이 약속하신 안식의 땅으로 빨리 인도하시는 것이 목적이 아니었습니다. 유월절 어린양의 피로 첫 구원을 경험한 그들이었지만 아직 가야 할 구원의 여정이 있었기에, 또한 하나님의 최종적인 구원이 어떻게 이뤄지는지 그 과정을 그들이 보아야 했기에 그들을 사망의 물이 있는 홍해와 광야길로 인도하십니다.

그리고 그들을 광야의 길로 돌아가게 하신 또 다른 이유는 야곱의 장례식 행렬(창 50:10-14)의 방향과도 관련이 있습니다. 아담과 하와가 에덴-동산에서 쫓겨날 때 그들은 그 동산의 동편으로 쫓겨났고 케루빔과 두루 도는 화염검은 에덴-동산의 동편에 배치되어 생명나무의 길을 지켰습니다. 그 동산으로 다시 들어가는 문은 동서남북 중에 동편에 있고 다시 들어가야 할 방향은 동쪽에서 서쪽으로, 그 동산의 중앙으로 향하게 될 것이라는 이해가 그들에게 있었기 때문에 야곱의 장례도, 이스라엘 중앙 산지가 바라보이는 모압 평지에서 모세의 신명기 설교도, 여호수아가 인도한 이스라엘 백성의 약속의 땅 진입도 에덴-동산의 중앙인 예루살렘을 향하는 방향성을 가지고 있었습니다. 예수님께서 부활한 성도들을 데리고 예루살렘으로 들어가시는 여정도 요르단 산지에서 요단 강을 지나 유다 산지의 감람산과 에덴-동산의 중앙인 예루살렘을 향하게 될 것입니다.

우리의 인생은 한 번에, 그리고 빠르게 목적지에 닿지 않습니다. 우리 인생의 목적을 이루기 위해 우리는 많은 여정을 거쳐야 합니다. 하나님이 그렇게 계획해 놓으셨습니다. 그것은 목적지에 닿는 것, 그 자체만이 목적이 아니라 과정 가운데 우리가 경험하고 알아야 할 하나님의 사랑과 은혜, 기적과 승리, 구원도 우리 인생의 목적이 되기 때문입니다. 이 모든 과정을 거칠 때 하나님은 우리의 방향을 인도하십니다. 목적과 결과만을 중시하도록 요구받는 이 세상에서 우리는 빠른 시간에 더 많은 것을 이루기 위한 효율을 추구하며 살아갑니다. 그러다보니 조금이라도 더 빠른 길을 찾고자 합니다. 그러나 우리의 인생에 지름길은 없습니다. 홍해와 광야의 여정을 지나게 하시는 하나님의 분명한 의도가 있고 우리를 다시 회복된 에덴-동산으로 데리고 들어가시려는 하나님의 분명한 방향성이 있습니다.

구름 기둥과 불 기둥 – 하나님의 현현

신의 위치에 올라 교만했던 파라오는 장자의 죽음이라는 거대한 재앙으로 인해 결국 여호와 하나님의 전능함 앞에 굴복합니다. 그는 이스라엘 자손을 자신의 방법이 아닌 하나님이 원하시는 방법으로 가게 했습니다. 하나님이 원하시는 방법은 이스라엘 자손 중 한 사람도 남지 않고 이집트에서 풍성한 재물을 가지고 나와 모든 자손이 함께 하나님을 예배하는 것이었습니다. 이스라엘 자손들은 고된 노예살이에 대한 보상으로 이집트 사람들로부터 재물을 풍성하게 얻어 가지고 나오게 됩니다. 하나님은 보상하시는 하나님, 갚아주시는 하나님이십니다. 하나님은 우리의 상급을 책임지고 챙겨주시는 분이십니다.

하나님은 이스라엘 백성보다 앞서가시며 낮이나 밤이나 쉬지 않고 계속 나아갈 수 있게 하셨습니다(출13:21). 뜨거운 낮에는 구름 기둥으로 앞서가셨고 어두운 밤에는 불 기둥으로 앞서가셨습니다(출13:22). 여호와 하나님은 이스라엘 백성을 이끄시는 왕이 되어 친히 그 백성 가운데 현현하시며 그들의 시간을 주관하셨고 주권적으로 모든 구속의 과정을 이끌어내셨습니다. 파라오와 이집트를 대항할 능력이 전혀 없었을 뿐만 아니라 오히려 파라오와 이집트 밑에서 그들을 섬기며 그곳에 남아서 살기를 원했던(출14:12) 이스라엘 백성 앞에서 파라오와 이집트를 심판하시고 여호와 하나님이 온 우주의 유일한 하나님이심을 알리시고 당신의 백성들을 이끌어 내셨습니다.

하나님 자신이 구름 기둥과 불 기둥 가운데 나타나심으로 이스라엘 백성이 다른 민족들과 다르다는 것을 확실히 증거하셨습니다. '너희는 나의 백성이기 때문에 내가 친히 이끈다'라는 확실한 증거가 구름 기둥과 불 기둥 가운데 계신 여호와였습니다. 파라오의 군대가 다시 추격해 왔을 때도 하나님은 구름 기둥으로 이집트와 이스라엘 사이를 가르시고 자신의 백성을 구별하여 지키셨습니다. 이집트에서 나올 때부터 구름 기둥과 불 기둥으로 함께하신 여호와는 그들이 약속의 땅 '그 동산'으로 돌아가기까지 단 한 번도 그들 곁을 떠나지 않으셨습니다.

하나님의 백성에게는 세상에 속한 사람들과 다른 확실한 증거가 있습니다. 그것은 하나님의 현현, 임재입니다. 하나님의 임재는 불과 물을 통과하게 하는 능력이자 강력한 보호입니다. 그 임재 안에서 우리는 강한 자가 됩니다. 그 임재 안에서 우리는 죽음조차 이기는 사랑을 발견합니다. 임재 안에 거하는 자는 두려움이 없습니다. 놀라운 것은 하나님 스스로 우리 가운데 거하시겠다고 결정하시고 우리보다 먼저 앞서가신다는 것입니다. 하나님의 임재는 우리 가운데 이미 임한 하나님의 킹덤입니다(Your presence is Heaven to me).

DAY 2 출14:10-14

파라오의 병거, 베야드 라마בְּיָד רָמָה, 홍해

이집트(세상)는 심판의 재앙 가운데서 여호와 하나님의 전능함을 보았음에도 불구하고 다시 마음이 완악하게 되어 하나님의 백성을 잡으러 뒤쫓아옵니다(출14:6-8). '완악하게 하셨다'는 히브리어 봐예하제크וַיְחַזֵּק는 하자크חָזַק의 피엘(강조)동사로 '강하게 만들다'는 뜻도 있고 '딱딱하게 하다, 굳게 하다, 담대하게 하다'는 뜻도 있습니다. 마음이 딱딱하게 굳어 있으면 볼 수도 들을 수도 깨달을 수도 없습니다. 그래서 끝까지 자기 고집을 멈추지 않습니다. 마음이 완악한 파라오는 하나님께 또 다시 담대하게 도전합니다.

열 가지 재앙의 클라이맥스인 유월절은 구원의 여정의 끝이 아니라 여정의 시작이었습니다. 다시 한번 담대하게 미쳐 발악한 이집트는 이스라엘을 뒤쫓아왔고 뒤에는 이집트의 군대, 앞에는 홍해가 가로막은 상황에서 이스라엘은 아무런 대안을 가질 수 없는 극적인 상황을 맞닥뜨리게 됩니다. 그러나 아무것도 할 수 있는 것이 없고 하나님만 바라볼 수밖에 없는 상황 속에서 하나님은 권능의 높은 손(야드 라마בְּיָד רָמָה)을 드셔서 하나님의 백성과 그들의 대적들 사이를 붉은 바다(홍해)로 갈라 놓습니다. 하나님이 이와 같이 파라오의 마음이 완악하도록 허락하신 이유는 파라오와 그 군대를 통하여 영광을 얻으시고 이집트 사람들이 하나님이 여호와이신 줄을 확실히 알게 하시기 위함이었습니다(출14:4). 결국 하나님의 심판은 하나님의 백성에게도 세상 사람들에게도 하나님의 권능과 영광의 나타내심입니다.

> "여호와께서 애굽 왕 바로의 마음을 완악하게 하셨으므로 그가 이스라엘 자손의
> 뒤를 따르니 이스라엘 자손이 담대히(בְּיָד רָמָה) 나갔음이라"(출14:8)

그러나 끝까지 뒤쫓아온 파라오와 그 병거를 보고 이스라엘 자손들은 심히 두려워하게 됩니다(출14:10). 이스라엘 자손은 분명히 이집트에서 담대히 나왔습니다(출14:8). 여기서 '담대히'라고 의역된 단어의 히브리어는 베야드 라마בְּיָד רָמָה인데 이것은 '높은 손으로', '높이 들려진 손으로'라는 뜻입니다. 이집트 군대가 이스라엘 자손들의 뒤를 쫓아오고 있었

지만 여호와의 야드 라마יָד רָמָה(높이 들려진 손, 높은 손, 하나님의 초자연적인 도움의 손길)가 이스라엘 자손을 계속 나아가게 도우셨습니다. 그들이 담대히 나올 수 있었던 것은 여호와의 높이 들려진 손(야드 라마יָד רָמָה)이 그들을 친히 이끄셨기 때문입니다. 이스라엘 자손들은 여호와 하나님의 높고 전능하신 손의 인도하심을 직접 경험하였습니다. 그럼에도 그들은 여전히 이집트가 두려웠습니다. 그래서 하나님의 높은 손으로(베야드 라마בְּיָד רָמָה) 인도함을 받고 있었음에도 홍해와 파라오의 병거 앞에서 마음이 무너져 모세를 향해 공격하고 달려듭니다.

> "우리를 내버려 두라 우리가 애굽 사람을 섬길 것이라 하지 아니하더냐
> 애굽 사람을 섬기는 것이 광야에서 죽는 것보다 낫겠노라"(출14:12)

여호와의 높이 들린 손(야드 라마)을 경험하고 그 임재가 여전히 자기 앞에 있어도 세상 앞에서 금방 두려움을 느껴 원망의 소리를 쏟아 놓은 이스라엘 백성의 모습은 우리의 모습이기도 합니다. 수많은 하나님의 기적과 보호하심이 내 삶을 채우고 나의 구원을 이루셨음을 알지만 세상 앞에서 다시 두려움과 압박을 느끼는 모습이 우리에게 있습니다. 그러나 앞에는 홍해, 뒤에는 이집트의 병거가 쫓아옴을 보고 모세에게 탓을 돌리며 누군가에게 책임을 뒤집어 씌우는 연약함을 가진 이스라엘 백성을 향해 여전히 높은 손을 드셔서 구원하시는 하나님의 경이로운 사랑을 보게 됩니다. 하나님은 모세의 손을 내밀게 하심으로 하나님의 높은 손의 능력으로 주의 백성을 홍해 건너편으로 이끌어 옮겨주셨습니다. 파라오는 끝까지 자기의 병거들을 의지했지만 하나님의 높이 들린 손은 그들을 바다 가운데 맥없이 수장되게 하셨습니다.

파라오와 그가 의지한 병거는 하나님 앞에서 아무것도 아닙니다. 세상에서 나의 능력, 실력, 경험은 하나님 앞에서 아무것도 아닙니다. 이집트의 왕자라는 신분을 내려놓고 나그네가 되어 모든 것을 비운 모세처럼 꼭 쥐고 있는 나의 손을 펴서 하나님께 드릴 때 하나님이 하시는 일을 보게 될 것입니다. 이스라엘을 집요하게 쫓아오며 공격하고 그들을 자신들의 영향력 아래 묶어두려 했던 이집트처럼 세상은 끝까지 우리를 쫓아오며 공격할 것이고 하나님 나라와 세상은 끊임없이 대립을 반복할 것입니다. 그러나 모세가 이스라엘 백성에게 이야기했던 것처럼 우리는 다시는 이집트를 보지 않게 될 것이며(출14:13) 바벨론은 영원히 멸망하게 될 것입니다(계18:21). 하나님의 킹덤이 아브라함으로부터 본격적으로 시작

되었지만 이것을 끊임없이 방해하고 두려움을 주는 세상과의 대립 구조 속에서 하나님의 주권으로 구원하시는 하나님의 백성들은 결국 승리하게 될 것입니다.

　세상은 끝까지 하나님을 대적할 것입니다. 재앙과 죽음이 이집트를 덮쳐 큰 통곡이 있었어도 다시 고집을 피우고 하나님을 대적하기 위해 쫓아온 파라오와 이집트의 모습이 앞으로 이 세상에서 일어날 일입니다. 그 때 하나님은 자신의 백성들을 구름과 불 뒤에 숨기시고 보호하시며 그분의 높이 들린 손으로(베야드 라마) 세상 군대를 뒤엎으시고 자신의 백성들을 구원하여 올리실 것입니다. 하나님의 주권, 하나님의 강하고 높은 손이 하나님의 백성들을 이끄십니다. 홍해 앞에서 파라오와 병거들이 이스라엘 백성들을 위협했지만 마지막 순간에는 주의 백성들을 베야드 라마로 이끌어 올리시고 불이 섞인 유리 바다를 건너게 하실 것입니다. 예슈아와 그와 함께 흰말을 탄 백성들이 세상을 심판할 것입니다(계19:11,14). 이것은 이미 정해진 일입니다.

DAY 3 출14:15-25

파라오의 영광, 하나님의 영광

　파라오와 파라오의 신하들의 마음이 완강하였다고 할 때(출10:1) '완강하다'고 번역된 히브리어 카바드ךבד는 '무겁다, 무겁게 하다, 영광스럽게 하다'는 뜻을 가지고 있습니다. 영광은 무게가 있는 것이기에 그 무게를 견뎌낼 수 있는 힘이 필요합니다. 그래서 아무에게나 영광이 주어지지 않습니다. 하나님의 영광은 우리가 상상할 수 없는 무게감과 존재감이 있기에 아무에게나 보이거나 주어질 수 없습니다. 하나님의 영광은 너무 압도적이고 찬란해서 그 영광이 임하면 감히 누구도 그 앞에 서 있을 수가 없기에 쓰러지거나 엎드러지게 됩니다. 그 영광을 견딜 수 있는 자는 그만큼 거룩하고 하나님의 손과 권능에 붙들린 자여야 할 것입니다.

　파라오는 자신을 하나님의 자리에 앉히고는 하나님의 영광을 취하려고 했습니다. 하나님이 받으셔야 할 영광을 자신이 취하려고 했기에 그의 마음은 돌처럼 딱딱하게 굳어버렸습니다. 영광을 취하려는 그의 마음은 딱딱하게 굳은 교만이 되어 좀처럼 돌이킬 수 없게 되었습니다. 그래서 하나님은 파라오가 가지려고 했던 영광 때문에 도리어 완강하게 된 그의 마음을 사용하셔서 영광을 얻겠다고 말씀하십니다(출14:4). 하나님은 파라오뿐 아니라 그의 모든 군대로 말미암아 영광을 얻으시고 이집트 사람들이 하나님을 여호와인 줄 알게 하시겠다고 선포하십니다. 스스로 취하려고 했던 영광은 철저히 하나님의 영광을 나타내는 도구가 되었습니다.

이 세상이 스스로의 힘에 도취되어 하나님이 필요 없다고 말하거나 더 나아가 하나님은 존재하지 않는다고 말하며 바벨을 쌓고 하나님보다 높아져서 영광을 취하려고 할 때 하나님은 그들을 통해 하나님의 영광을 나타내실 것입니다. 파라오의 영광이 바다 한 가운데 던져졌듯이 이 세상의 교만과 권세는 영원히 불타는 음부로 떨어지게 될 것입니다. 모든 영광은 하나님의 것입니다. 우리는 그 영광 앞에 엎드려 경배할 뿐입니다.

무교절 7일, 홍해

유월절 첫째 날 이스라엘 백성은 유월절 식사인 세데르를 지키며 죽음의 권세로부터 하나님의 구원을 경험하였습니다. 그리고 유월절 세데르 식사가 있던 그 날 밤부터 시작된 무교절의 마지막 날인 7일째가 되는 시간 동안 이스라엘 백성은 구름 기둥과 불 기둥이신 하나님의 임재의 호위를 받으며 홍해 앞에 도착합니다. 유대 전승은 이스라엘 백성이 무교절 마지막 날인 7일째 되는 날 홍해 앞에 도착했다고 말합니다. 그리고 마침 그 때 뒤쫓아 오던 파라오의 군대와 병거들이 이스라엘 백성 뒤에 도착하게 됩니다. 이스라엘 백성의 진영은 순식간에 아비규환이 됩니다. 앞에는 홍해, 뒤에는 파라오의 군대가 뒤따라오는 사면 초과의 상황에서 이스라엘 백성은 우리를 이 광야에서 죽게 하려고 데리고 나왔냐며 모세를 원망합니다. 원망하는 백성들을 향해 모세는 그들을 위해 싸우시는 여호와의 구원을 보게 될 것을 선포합니다(출14:13). 그리고 하나님의 명령에 따라 지팡이를 들고 손을 바다 위로 내밀자 큰 동풍이 불어와 물이 갈라져 바다가 마른 땅이 됩니다. 무교절 7일째 밤, 이스라엘 백성은 바다 한 가운데 마른 땅을 건너게 됩니다.

이미 유월절 첫째 날 밤에 그들은 죽음으로부터 구원을 경험하지만 그것은 완성이 아니었습니다. 하나님은 그들을 광야 길로 인도하시고 홍해 앞에 서게 하심으로 역사의 마지막 날 세상의 권세와 힘이 하나님 앞에서 완전히 무력하게 사라지고 하나님의 백성이 완전한 구원을 받게 될 것을 보여주십니다. 홍해의 구원을 통해 이스라엘 백성이 최종적으로 이뤄야 할 구원이 있음을 보여주셨고, 오늘날 우리에게도 예슈아의 피로 구원을 받았지만 아직 완성되어야 할 최종 구원이 남아 있음을 말씀하고 계십니다. 그리고 그 구원의 완성 뒤에 우리는 기뻐 춤추며 하나님을 찬양하고 킹덤의 잔치에 참여하게 될 것을 보여주셨습니다.

유월절 첫째 날의 세데르가 예슈아의 죽음을 기념하고 또 그 죽음으로 우리가 구원되었음을 기억하는 식사가 된다면 유월절(무교절) 마지막 날, 7일째의 잔치는 우리가 메시아 킹덤에서 맞이하게 될 기쁨의 잔치의 식사가 될 것임을 보여줍니다. 그리고 이 날은 메시아의 잔치의 리허설로써 그 날이 올 때까지 계속될 것입니다. 처음 구원을 기념하고, 최종 완성될 구원을 리허설하는 유월절은 예슈아가 오실 때까지 계속되어야 합니다. 주님이 이것을 기념하라고 하셨고, 또 리허설하라고 말씀하셨기 때문입니다. 이는 유월절과 무교절 7일에는 예슈아의 초림에 대한 부분만 포함된 것이 아니라, 우리의 구원 여정과 추격하는 원수와 홍해를 건넘과 추격하던 세상 군대들의 수장과 모세의 노래, 어린 양의 노래를 부르는 구속의 절정인 몸의 부활과 휴거까지 예슈아의 재림의 모든 여정까지도 포함하고 있기 때문입니다.

DAY 4 출14:26-15:26

모세의 찬양과 미리암의 탬버린

홍해의 구원을 경험한 모세와 이스라엘 백성이 함께 노래를 합니다. 이 새 노래는 하나님의 높으심을 찬양하는 것이자 또한 역사의 마지막에 불려 질 것을 예언적으로 선포한 것입니다. 모세는 하나님의 권능의 오른손이 원수를 부수시고(출15:6) 또 그 오른손이 들릴 때 땅이 그들을 삼켰다고(출15:12) 증거하며 하나님의 손을 찬양합니다. 뿐만 아니라 하나님의 구원이 블레셋과 에돔 두령들, 모압의 영웅들까지 떨게 하였다고 증거함으로써 하나님의 구원의 역사가 어떻게 온 세상에 전파되고 그들을 떨게 할 것인지를 예언하였습니다. 그리고 이 구원의 역사의 최종 목적이 주의 기업의 산 즉, 하나님이 정하신 산 모리아, 시온, 예루살렘에 주의 성소를 세우시고 그곳으로 자신의 백성을 인도하기 위함이라는 것을 노래를 통해 예언합니다(출15:17). 우리들의 구원의 최종 목적지는 태초부터 정해진 하나님이 거하시는 그곳, 새 예루살렘이 될 것입니다. 우리는 그 성에 들어가며 황금 길을 거닐고 영생을 누리게 될 것이며 그곳에서 여호와께서 영원 무궁하도록 다스릴 것입니다(출15:18).

모세와 이스라엘 백성들이 예언적인 노래를 할 때 미리암과 여자들이 탬버린(소고)을 들고 나와 춤을 추며 찬양합니다. 토라는 미리암이 선지자였다고 말합니다(출15:20). 그런데 미리암과 여인들은 어디서 탬버린을 구했을까요? 그들은 이집트에서 나올 때 이미 탬버린을 준비했다고 유대 전승은 말하고 있습니다. 그들은 이집트에 있을 때부터 이미 하나님의 구원을 기대하며 바라보고 있었습니다. 하나님의 구원을 기대하며 준비된 여인들과 이것을 예언적으로 바라보고 있었던 미리암은 홍해의 구원 이후에 그들이 미리 준비해 놓았던 탬버린을 들고 하나님을 찬양하며 춤을 춤으로써 마지막 날 우리의 왕 앞에서 올려드릴 춤과 찬양을 미리 보여주었습니다. 우리는 오늘 이곳에서 마지막 날을 바라보면서 미리암과 준비된 여인들처럼 탬버린을 들고, 악기를 들고 춤을 추며 찬양합니다. 하나님의 구원을 찬양하고 또 마지막 구원의 완성을 바라보는 신부들은 그 날에 추게 될 춤과 찬양을 리허설하고 있습니다. 이 땅에서의 모든 경배와 찬양과 춤은 마지막 날을 예표하는 것이 되어야 할 것입니다.

DAY 5 출15:27-16:10

한 법도(호크חֹק)와 한 율례(미쉬파트מִשְׁפָּט)

유월절이 지나고 무교절을 지나는 사이 초실절이 시작되고 초실절부터 오순절까지 50일 동안 오멜 카운트라는 시간을 지나면서 오순절의 추수 때 하나님께 드릴 열매들을 기대함으로 자신을 다듬고 기다리는 시간을 보냅니다. 무교절 마지막 날 7일째, 이스라엘 백성은 홍해를 건넜고 유월절과 함께 시작된 광야의 여정은 계속되었습니다. 이들이 광야를 지나서 하나님의 산, 시나이 산에 이르기까지 50일이 걸렸고, 그들이 시나이 산에 이르러 하나님으로부터 십계명을 받은 날이 바로 오순절이었습니다. 이들은 50일의 광야 여정을 하면서 자신의 내면을 돌아보아야 했습니다. 그리고 그들이 마주한 내면은 바로 쓴 마음이었습니다.

외부의 적인 파라오와 군대는 완전히 심판 받았지만 그들은 또 다른 적을 마주하게 되었으니 그것은 이집트에서의 생활 동안 그들의 마음에 박힌 노예근성과 쓴 마음이었습니다. 그들의 쓴 마음은 광야를 지나는 중 마라의 쓴 물 앞에서 극대화됩니다. 이집트에서 모세가 이스라엘 백성 앞에서 처음 하나님의 능력을 나타낼 때 그들은 여호와 하나님을 믿었다고 했습니다(출4:31). 그러나 그들은 파라오의 심해진 횡포 앞에서 모세와 여호와를 원망합니다. 그리고 광야 7일 길을 걸어 홍해 앞에 당도했을 때 그들은 다시 한번 모세와 하나님을 원망합니다. 홍해의 구원을 경험하고 이집트와 파라오의 멸망을 지켜보면서 그들은 이집트 사람들에게 행하신 그 큰 능력(야드 יָד, 손)을 보았으므로 여호와를 경외하며 여호와와 그의 종 모세를 믿었다고 말합니다(출14:31). 그들은 여호와 하나님만 믿게 된 것이 아니라 모세도 믿게 되었습니다. 분명 그들은 하나님과 모세를 믿었지만 그들의 쓴 마음은 다시 모세와 하나님을 원망하게 합니다.

쓴 마음은 그들의 영을 코쩨르(קָצֵר) (짧다, 조급하다, 참을성이 없다)의 상태로 만들었기 때문에(출6:9) 그들은 쉽게 짜증을 내고 낙심하며 원망했습니다. 홍해를 지나 처음으로 도착한 곳인 마라의 쓴 물 앞에서 하나님은 그들의 사라지지 않는 노예근성을 고치시기 위해 이스라엘 백성에게 한 법도(호크חֹק)와 한 율례(미쉬파트מִשְׁפָּט)를 정해 주시고 그들을 시험하십니다(출15:25). 여기서 시험이란 히브리어 나싸(נָסָה)는 '훈련하고 시험하여 증명하다'는 뜻을 가집니다.

신명기 5장의 십계명 본문에는 출애굽기 20장의 십계명과 달리 제4계명과 제5계명에 "여호와께서 네게 명령한대로"(신5:12,16)라는 문장이 추가되어 있습니다. "네게 명령한 대로"라는 뜻은 다른 계명들에 앞서 미리 말씀해 놓으신 것이 있다는 뜻으로 그것이 바로 마라의 쓴 물 앞에서 이스라엘 백성을 훈련시키기 위해 먼저 주신 한 법도(호크חֹק)와 한 율례(미쉬파트מִשְׁפָּט)입니다.

하나님이 가장 먼저 가르치시고 훈련하신 한 법도(호크)는 십계명의 제4계명인 안식일(샤밭שָׁבַת 멈추다, 정지하다, 쉬다)에 대한 것이었습니다(출16:23,28, 신5:12). 하나님은 양식이 없어 원망하고 불평하는 백성들에게 하늘에서 내리는 빵을 6일 동안 아침마다 비처럼 내려 주시고 하나님의 율법을 준행하는지 시험(나싸נסה, 훈련) 하시기 위해 여섯째 날에는 두 배를 거두라고 명령하십니다(출16:4-5). 왜 하나님은 이스라엘 백성에게 십계명을 주시기도 전에 가장 먼저 안식일에 대해 알려주시고 훈련시키시며 그것을 명령하셨을까요? 이집트의 시간과 삶의 방식에 익숙해 있던 이스라엘 백성들에게 하나님의 시간과 삶의 방식을 가르쳐주어 하나님의 백성으로서의 정체성을 회복하기 위함이었습니다. 샤밭שׁבת의 율례를 가르치시면서 멈추지 않고 일해야 뭔가를 더 많이 얻을 수 있다고 생각하는 이집트의 노예적 사고방식(Mindset, 세상 시간 사용 방식)이 아닌 하나님이 공급해 주심을 기대하며 멈추고 정지하고 쉴 수 있는 샤밭의 믿음을 가르치셨고, 6일간의 나의 수고와 열심과 분주함으로부터 멈춤을 통해 하나님을 바라보며 하나님과 깊이 교제하는 친밀함을 가르치셨습니다. 이는 하나님의 샤밭 시간 시스템 안으로 들어오는 것이 곧 세상의 방식으로부터 벗어날 수 있는 첫걸음이라는 것을 하나님이 잘 아셨기 때문에 먼저 이 한 법도(호크חק)를 주시고 적응하고 훈련시키신 것이었습니다.

> "너희는 두려워하지 말고 가만히 서서 (여호와께서) 오늘 너희를 위하여
> 행하시는 여호와의 구원(예슈앝 아도나이יהוה יְשׁוּעַת)을 보라 너희가
> 오늘 본 애굽 사람을 영원히 다시 보지 아니하리라 여호와께서 너희를 위하여
> 싸우시리니 너희는 가만히 있을지니라"(출14:13-14)

홍해 앞에서 두려움을 느낀 이스라엘 백성을 향해 모세는 가만히 서서 잠잠하라고 했습니다. 이것은 마치 현실에서 부딪치는 두려움, 불가능, 한계, 원망, 불평, 다툼 등을 잠잠케 하라고 하는 것과 같습니다. 거대한 어려움을 통과하기 위해 뭔가를 해야 할 것 같은데 마땅히 할 수 있는 것이 아무것도 없을 때, 그 순간은 오히려 우리가 잠잠하고 멈추어야 하는 순간입니다. 왜냐하면 하나님이 친히 일하실 타이밍이기 때문입니다. 그러나 잠잠하게 멈추는 것이 훈련되어 있지 않으면 위기의 상황에서 우리는 세상의 두려움에 압도당하여 하나님을 원망하고 무기력해지거나 믿음을 떠나는 사람이 될 것입니다. 그러므로 가장 결정적인 순간에 우리의 멈춤과 잠잠함, 그리고 주님을 바라봄이 우리를 위하여 행하시는 여호와의 구원(예슈앝 아도나이יהוה יְשׁוּעַת)을 볼 수 있게 합니다. 이것을 가르치기 위해 하나님은 샤밭, 안식일의 규례를 가르치고 시험하시는 것으로부터 이스라엘 백성을 다루시기 시작합니다.

하나님의 시간을 떠나기 시작하면 정체성을 잃어버리게 됩니다. 유대인들이 수천 년 동안 자신의 정체성을 지킬 수 있었던 것이 바로 샤밭(안식일)이었습니다. 유대인들은 자기들이 샤밭(안식일)을 지킨 것이 아니고 샤밭(안식일)이 자신들을 지켰다고 고백합니다. 샤밭(안식일)은 태초부터 하나님이 정하신 거룩한 시간이며 왕이신 그분이 자신의 백성들과 사랑의 교제를 누리는 아름다운 시간입니다. 샤밭이 이집트의 삶에 매여 있는 이스라엘 백성에게 하나님의 아름다운 시간을 회복하게 하는 은혜였던 것처럼 오늘날 예슈아의 오심을 기다리며 준비하는 신부들에게도 허락하시는 아름다운 선물입니다. 그러므로 우리의 삶에 샤밭(안식일)의 시간이 온전히 회복되는 것이 하나님의 백성의 삶의 방식을 요동치 않고 갖게 되는 길임을 기억해야 합니다.

한 법도가 하나님의 시간 시스템 안으로 다시 들어오게 하는 샤밭에 대한 것이라면 한 율례(미쉬파트מִשְׁפָּט)는 신명기 5:16에서 말씀하는 '네 부모를 공경하라'는 법입니다. 네 부모를 공경하라는 율례를 다른 계명에 앞서 먼저 말씀하신 이유는 부모 공경이 곧 하나님을 경외하는 법을 훈련하는 것이기 때문입니다. 이집트에서 하나님의 높은 손, 베야드 라마בְּיָד רָמָה의 인도함을 받은 이스라엘 백성이었지만 습관적인 불평과 짜증, 노예 근성이 그들로 하여금 하나님을 원망하고 하나님의 권위를 가진 모세를 대적하게 했습니다. 그래서 하나님은 부모에 대한 순종을 명령하심으로 이들이 권위 아래에서 질서를 배우고 보호를 받기 원하셨습니다. 하나님은 너희가 이 법도와 율례를 듣고 순종하며 그분의 눈앞에서 올바르게 행하고 계명에 귀를 기울이며 잘 지키면 이집트에서의 모든 질병 중 하나도 내리지 않겠다는 축복을 약속하십니다(출15:26). 그리고 그들에게 여호와 라파יְהֹוָה רֹפְאֶ, 치료하시는 하나님이심을 알려주십니다.

"나는 너희를 치료하는 여호와임이라"(출15:26)

보통 우리 육신의 질병은 마음의 병으로부터 오는 경우가 많습니다. 심한 스트레스나 마음의 고통은 육신의 질병으로 나타납니다. 그래서 마음이 치유되면 몸도 함께 건강해집니다. 생각을 건강하게 하고 바른 감정의 상태를 유지하면 긍정적인 마음의 태도가 몸에도 영향을 미칩니다. 생각과 감정을 고치는 방법은 하나님의 율례와 법도입니다. 이스라엘 백성은 이집트에서 행해왔던 우상숭배, 노예살이를 통해 받은 억울함과 억압, 피해의식 때문에 마음이 많이 비뚤어져 있었습니다. 비뚤어진 그들의 마음 즉, 부정적인 생각과 감정을 고칠 수 있는 것은 하나님의 율례와 법도였기에 하나님은 그들이 율례와 법도를 잘 지키면 어떤 질병도 없을 것이라는 축복을 약속하십니다. 이것은 계명 중에서 약속 있는 계명입니다. 그러므로 하나님이 먼저 주신 이 한 율례와 한 법도는 십계명의 두 축을 이루며 우리에게 주신 모든 계명의 기둥이 되어 성도들의 생각과 마음이 말씀으로 변화되게 하며(롬12:2) 옳은 행실로 나아가게 합니다. 이 옳은 행실로 자신의 옷을 세마포로 준비하는 자들은 거룩한 신부가 될 것입니다(계19:8). 이 두 계명은 우리에게 치료하시는 여호와 하나님을 경험하게 합니다.

하나님은 마라의 쓴 물 앞에서 한 법도인 샤밭을 통해 이집트의 시간 체계와 우상을 섬기는 시스템에서 벗어나는 법을 가르치셨고, 한 율례인 부모 공경을 통해 권위에 순종하는 것과 모든 권위를 허락하시는 하나님을 경외하는 법을 가르쳐 주셨습니다. 우리의 쓴 마음, 비뚤어진 마음을 고칠 수 있는 것은 하나님의 시간안에서 하나님의 법을 따르며 살아갈 때, 육신의 권위자에 순종함으로써 하나님을 경외하는 마음을 가질 때라는 것을 보게 됩니다. 여호와 라파, 치료하시는 하나님은 우리들의 몸뿐 아니라 우리들의 마음과 생각을 고치시고 새롭게 하십니다. 파라오로부터는 벗어났지만 아직 쓴 마음으로부터는 벗어나지 못한 이스라엘 백성을 가르치고 고치셔서 오순절의 추수까지 이끄신 하나님이 오늘도 우리 영혼을 고치시고 새롭게 하고 계심을 봅니다. 우리의 쓴 마음을 고쳐줄 하나님의 시간 샤밭과 부모님을 경외하는 마음을 순종하고 배우고 훈련하기를 계속하며, 이 한 법도와 율례를 우리의 자녀들에게 가르치기를 멈추지 않는 부모가 되어야겠습니다.

한 나무, 엘림

쓴 물을 고치기 위해 하나님은 모세에게 한 나무를 쓴 물에 던져 넣으라고 말씀하십니다(출15:25). 나뭇가지가 아니라 한 나무를 던져 넣으라고 하셨습니다. 이 나무는 어떤 나무였을까요? 광야에서 흔히 볼 수 있는 덤불일 수도 있고, 버드 나무일수도 있으며, 그 외 다른 나무들일 수도 있겠습니다. 유대인 지혜자들은 그것이 어떤 나무였는지 알 수 없지만 쓴 맛이 나는 나무였을 것이라고 말합니다. 쓴 물 근처에 있는 쓴 맛 나는 나무를 던져 넣음으로써 하나님은 그 물을 달게 바꾸신 것입니다. 하나님은 우리의 쓴 마음을 고치시기 위해 쓴 나무를 사용하셨습니다. 쓴 물에 던져진 쓴 나무는 고통과 죽음을 상징하는 십자가입니다. 십자가의 고통은 죽음의 고통을 지나 생명으로 우리를 이끌어 줍니다. 우리는 십자가를 볼 때 쓰라린 고통과 비통함을 느끼지만 우리는 그 쓰라린 고통이 우리에게 생명을 준다는 것을 알고 있고, 그 생명을 얻기 위해 또한 쓰라린 고통을 지나야 한다는 것도 알고 있습니다. 결국 우리의 쓴 마음은 생명을 얻기 위해 지나는 과정인 것입니다. 쓴 것을(고통) 해결하기 위해 하나님은 쓴 것을(십자가) 사용하셨습니다. 우리의 쓴 마음은 십자가로 인해 생명이 되었습니다.

쓴 물에서의 가르침과 치유, 훈련을 지나 그들은 엘림에 도착합니다. 그곳에는 물 샘 열 둘(12)과 종려나무 일흔 그루(70)가 있었고 이스라엘 백성은 그곳에 장막을 칩니다(출15:27). 12 물 샘은 12 족속을, 70 그루 종려나무는 이스라엘의 70 장로를 상징한다고 합니다. 혹은 12 물 샘은 이스라엘을, 70 그루 종려나무는 열방을 상징한다고도 합니다. 또는 12 제자와 70 제자를 상징한다고도 말합니다. 12와 70이라는 숫자는 이스라엘과 열방을 상징하는 숫자이며 하나님은 12 지파를 통해 이스라엘을 이루셨고, 12 제자를 통해 열방의 제자가 일어나게 하셨습니다. 우리는 치유와 배움과 훈련의 과정을 지나 결국 이스라엘과 하나되어 하나님의 영원한 장막에 함께 거하게 될 것입니다.

【주제 #5】 왕의 보좌의 기초인 의와 공의 (쩨덱 우미쉬파트 צֶדֶק וּמִשְׁפָּט)

: 우리 삶의 기초인 한 법도(호크חֹק)와 한 율례(미쉬파트מִשְׁפָּט)

"거기서 여호와께서 그들을 위하여 법도와 율례를 정하시고 그들을 시험하실새"

(출15:25)

한글 성경에는 '법도와 율례'라고 번역이 되어 있어 이 단어가 단수인지 복수인지가 분명하지 않지만 히브리어 원문에는 이 단어가 단수로 쓰여 있고 문맥상으로 볼 때도 한 법도와 한 율례라고 이해하는 것이 합당하다.

이스라엘 백성에게 먼저 주신 한 법도(호크חֹק)는 다른 모든 법의 기초가 되는 법으로 6일과 제7일을 구별하여 사는 시간에 대한 법이다. 한 율례(미쉬파트מִשְׁפָּט)는 바른 판단을 통해 바른 결정을 내리는 권위 사용에 대한 법이다.

하나님 나라의 통치의 중심인 그분의 보좌의 기초는 의와 공의(쩨덱 우미쉬파트מִשְׁפָּט וּצֶדֶק)이다(시89:14, 97:2). 하나님과의 바른 관계의 상태를 나타내는 의(쩨덱צֶדֶק)는 하나님의 시간 싸이클 안으로 들어와서 사는 것과 연결되어 있어서 먼저 주신 계명인 한 법도(호크חֹק)와 관련되어 있다. 매일 매 순간 삶의 모든 순간에 바른 판단과 결정을 내리는 미쉬파트מִשְׁפָּט(공의)는 부모를 공경함으로 하나님이 정해주신 영역 안에서 건강하게 권위를 사용하는 법인 한 율례(미쉬파트 מִשְׁפָּט)와 관련되어 있다.

한 법도와 한 율례를 먼저 주시고 시작하신 이유는 하나님의 백성이 하나님의 킹덤의 통치 안에서 바르고 건강하게 권위를 사용하는 법을 배우는 것을 통해 하나님의 킹덤을 확장해 나갈 수 있는 기초를 세우시기 위함이다. 이 원리는 지금 우리에게도 동일하게 적용되어 하나님은 우리가 이 땅에서부터 하나님의 통치를 누리다가 그 연속선상 안에서 영원에 이르기까지 킹덤의 통치를 누리며 왕 노릇 하길 원하신다. 그래서 하나님은 우리가 그분의 보좌의 기초인 의와 공의(쩨덱 우미쉬파트 צֶדֶק וּמִשְׁפָּט) 그리고 한 법도(호크)와 한 율례(미쉬파트)를 우리 삶에 확고하게 할 수 있도록 우리를 시험(나싸, 테스트)하시면서 훈련시키신다.

하늘의 만나

"보라 내가 너희를 위하여 하늘에서 양식을 비 같이 내리리니
백성이 나가서 일용할 것을 날마다 거둘 것이라"(출16:4)

하나님이 하늘에서 비 같이 내려주신 양식 만나는 하늘에서 내려오신 예슈아, 그리고 하늘에서 땅으로 내려주신 토라(말씀)를 의미합니다. 광야의 이스라엘 백성들이 배고파할 때 하나님은 만나를 통해 그들의 육신을 채워 주시면서 동시에 그 만나가 하늘의 양식(말씀)이라는 것을 말씀하셨습니다. 그래서 모세는 약속의 땅을 마주하고 있는 모압 평야에서 마지막으로 이스라엘을 향해 설교할 때 사람이 떡으로만 사는 것이 아니라 하나님의 말씀으로 사는 것이라고 강하게 가르쳐 줍니다(신8:3). 이스라엘 백성이 광야에서 살아낼 수 있었던 것이 육신의 배가 채워졌기 때문이 아니라 하늘에서 내려준 하나님의 말씀 때문이었고, 광야에서 그들이 훈련한 것이 바로 이 말씀을 훈련한 것이기에 약속의 땅에 들어가서도 계속 말씀으로 살아내라고 한 것이었습니다. 하나님도 만나(말씀)를 하늘에서 내려 주시는 이유가 이스라엘 백성이 하나님의 율법(토라)을 준행하는지를 시험(나싸 נָסָה, 훈련)하기 위함이라고 하셨습니다(출16:4).

광야에서 배고파하는 이스라엘 백성을 향해 하늘의 기적과 공급인 만나를 모세를 통해 내려주셨던 것처럼, 정치적 주권을 빼앗기고 종교적 타락으로 선한 지도자들이 드물어서 육신적 허기에 고통스러워했던 유대인들은 예수님이 오병이어의 기적으로 그들의 배를 채워주자 예수님이 메시아라면 모세가 만나를 내려오게 한 것처럼 하늘의 만나와 같은 공급과 기적을 보여달라고 요청했습니다(요6:30-31). 예수님은 육신적 기대를 가진 유대인들을 향해 영적인 답을 주십니다.

> "예수께서 이르시되 나는 생명의 떡이니 내게 오는 자는 결코 주리지
> 아니할 터이요 나를 믿는 자는 영원히 목마르지 아니하리라"(요6:35)
> "내가 곧 생명의 떡이니라"(요6:48)

만나가 하늘에서 내려온 것처럼 예수님이 하늘에서 내려오셨습니다. 하나님이 말씀(토라)을 하늘에서 땅을 향해 비와 같이 내려주신 것처럼 예수님은 생명의 말씀을 우리에게 쏟아부어 주십니다. 우리의 영의 양식을 위해 하늘에서 직접 내려오신 살아있는 떡, 만나이신 예수님을 먹으면 우리에게 영생이 주어집니다.

> "나는 하늘에서 내려온 살아있는 떡이니 사람이 이 떡을 먹으면 영생하리라
> 내가 줄 떡은 곧 세상의 생명을 위한 내 살이니라"(요6:51)

【주제 #6】 유대 문헌에 나타난 처음 만나와 나중 만나

유대인들의 토라 주석서인 라바Rabbah 문헌들에는 메시아에 대한 많은 해석들이 있는데 이것은 놀랍도록 예슈아에 대한 것을 말해주고 있다. 이들은 여전히 예슈아를 메시아로서 인정하지 못하고 있지만 그들이 직접 해석한 글들은 예슈아를 볼 수 있을만한 영적 통찰력을 가지고 있음을 볼 수 있다. 유대인들에게 있어서 메시아에 대한 예표로 인식되는 인물은 모세이다. 모세의 출생, 고난, 사역, 그리고 그가 행했던 기적과 그가 경험한 하나님의 영광은 모두 메시아를 예표하는 것이다. 무엇보다 모세가 이스라엘 백성을 이집트에서 약속의 땅으로 인도한 것이 유대인들에게 있어서는 가장 중요한 메시아의 사역이다. 유대인에게 있어서 메시아의 사역은 이스라엘을 구원하는 것이고 약속의 땅에 살게 하는 것이다. 그리고 영원한 통치권을 가지고 온 세상을 무궁한 평강으로 다스리는 것이다.

유대인들은 하나님이 모세를 통해 하늘에서 내려주신 만나로 이스라엘 백성을 영육으로 채워주셨던 것처럼 마지막 날에 올 메시아가 하늘에서 내려와 이들을 풍성하게 할 것에 대한 기대를 한결같이 가지고 있어왔다. 만나와 메시아에 대한 그들의 관점은 다음과 같다.

"나중에 오실 구속자(메시아)는 처음 왔던 구속자(모세)와 같을 것이다.
처음 구속자에 대해서 우리는 무엇을 말할 수 있을까? ...(중략)... 처음 구속자(모세)는
출애굽기 16:4에 기록된 것과 같이 하늘에서 만나가 내려오게 했다. "보라, 나는
너를 위해 하늘에서 빵(bread)을 비처럼 내릴 것이다" 마찬가지로 나중에 오실
구속자(메시아)도 시편 72:16에 기록된 것과 같이 하늘에서 만나를 내릴 것이다.
"그는(메시아) 땅의 곡식을 풍성하게 하여 산봉우리 위에까지 넘치게 하실 것이다"
(전도서 라바 1:28)

일용한 양식을 주옵시고

백성들은 만나이신 예슈아를 알아보지 못했고, 토라를 통해서 예슈아를 깨닫지 못했습니다. 그들은 만나를 여전히 육신을 채워주는 기적으로만 이해하고 있었기 때문에 예수님이 하늘에서 내려온 살아 있는 떡(양식)으로서 자신의 살을 준다고 하셨을 때 오병이어의 기적으로 배가 불렀던 자들 중 많은 이들이 예수님 곁을 떠났습니다. 육신의 만나로만 이해하던 그들에게 하늘의 만나인 예수님의 말씀은 도저히 이해할 수 없는 것이었습니다.

이집트의 육신적 사고방식에 찌들어 있던 이스라엘 백성들의 시선이 하늘을 향하고, 하늘의 양식으로 영적으로 살아낼 수 있게 하기 위해 하나님은 그들을 광야로 이끄셨습니다. 광야에서는 자신의 힘으로 할 수 있는 것이 지극히 제한적이기 때문입니다. 그리고 그들에게 하늘의 양식을 내려 주시면서 그것을 매일 거두도록 훈련하셨습니다. 일주일에 한 번, 한달에 한 번, 일년에 한 번이 아닌 매일 필요한 분량만큼만 거두게 하심으로 그들이 매일 말씀에 의지하는 삶을 사는 것, 하나님을 의지해서 사는 삶을 사는 것을 배우고 훈련시키신 것입니다. 매일 하나님과 말씀에 의지하는 삶은 곧 믿음의 삶입니다.

예수님도 제자들에게 기도를 가르치실 때 "우리에게 일용할 양식을 주옵시고"(마6:11)

라고 기도하도록 가르치셨습니다. 만나는 저장용 음식이 아니었습니다. 그것은 유통 기간이 기껏해야 하루, 샤밧을 위해서만 이틀이 허용되는 음식이었습니다. 많이 저장해두고 필요할 때 꺼내 먹을 수 없었기 때문에 이스라엘 백성은 매일 아침 밖으로 나가서 하나님이 주실 것에 대한 믿음을 가지고 딱 필요한 만큼만 가지고 와야 했습니다. 매일 만나를 거둔 것은 매일 하나님이 공급해 주시고 채워주신다는 믿음을 반복적으로 훈련하는 것이었습니다. 탈무드는 매일 만나를 얻기 위해 나가는 것은 곧 매일 그 마음을 하나님을 향하는 것과 같다고 설명하며 재미있는 일화를 소개합니다.

랍비 시므온 바르 요하이의 제자들이 랍비에게 물었다.
"왜 하나님은 일년이 아니라 매일 만나를 보내주신 것입니까?"
랍비 시므온이 대답했다. "재밌는 우화를 하나 소개하겠다. 어느 왕에게 아들이
하나 있다. 왕이 그에게 일년에 한 번씩 그에게 주어야 할 몫을 주니 그 아들은
일년에 한 번, 그의 몫을 받기 위해 아버지를 찾아왔다. 그러자 왕은 아들에게
하루에 한 번씩 그의 몫을 주기 시작했고, 아들은 자기 몫을 받기 위해 매일
아버지를 찾아와 만나야만 했다. 송축 받기 합당하신 거룩하신 분도 이스라엘
백성에게 같은 일을 한 것이다. 이스라엘 중에 자식들이 많은 가족들 중에는 '내일
만나 내리지 않으면 우리가 다 굶어 죽을지도 모르는데'라는 염려를 하는 이들도
있었을 것이다. 그래서 그들은 날마다 그들의 마음을
하늘에 계신 아버지를 향해야만 했다.

매일의 양식을 거두어야 하는 훈련과 함께 이스라엘 백성이 또 받은 훈련은 샤밧을 위해서는 두 배를 거두는 것이었습니다. 샤밧은 나의 힘과 능력대로 마음껏 살아보았던 6일의 시간과 달리 온전히 멈춤과 쉼을 통해 우리가 거두는 수고를 하지 않아도 하나님이 공급하시고 모든 것을 책임지신다는 믿음이 없이는 지킬 수 없는 시간입니다. 하나님은 이것을 훈련하시기 위해 제 6일 아침에는 샤밧을 위해서 만나를 두 배로 거두도록 명령하십니다. 그래서 이 날만큼은 유통 기간이 하루였던 만나가 이틀로 연장되었습니다. 평일에는 하루만 지나도 만나에는 벌레가 생기고 냄새가 났습니다(출16:20). 그래서 다음 날의 새로운 만나를 또 얻어야 했습니다. 그래서 예수님은 썩을 양식을 위해 일하지 말고 영생하도록 있는 양식을 위해 일하라고 하셨고(요6:27), 보물을 땅에 쌓아 두지 말고 하늘에 쌓아 두라고 하셨습니다(마6:19-20). 육신을 위해 애쓰는 것이 아니라 영과 하늘, 하나님께 마음을 두라는 것입니다.

만나는 결국 하루만에 썩어 없어지는 것이지만 하나님은 그 만나를 이스라엘의 대대 후손을 위하여 법궤 안에 보관하라고 하셨습니다(출16:32). 매일 내리는 만나가 죽을 수밖에 없는 물질적 생명을 의미한다면, 법궤 안에 보관된 만나는 영원한 생명을 의미합니다. 하늘에서 내려오신 만나인 예슈아는 영원한 생명, 육체의 부활을 의미합니다. 인류 역사 6,000년 동안 부지런히 그리고 고단하게 달려왔던 하나님의 백성들은 일곱 번째 천년에 지구의 샤발인 메시아 왕국이 시작되면 모든 것을 완전하게 채워주시고, 풍성하게 하시며, 의와 평강으로 다스리시는 왕 예슈아와 함께 영원히 배고픔과 목마름 없이 살게 될 것입니다.

DAY 6 출16:11-36

육신과 영의 충돌

이집트에서 나온 지 한 달 후(둘째 달 15일, 출16:1)에 이스라엘 백성의 원망과 불평이 다시 시작됩니다. 엘림과 시나이 산 사이에 있는 신 광야에서 그들의 육적인 욕구가 다시 분출됩니다. 온 인류 역사를 통틀어 가장 놀라운 기적과 구원을 통해 영광을 경험한 이들이었지만 다뤄지지 않고 뿌리 뽑히지 않은 육적인 본성에 그들의 눈은 가려지게 됩니다. 배불리 먹고 싶은 그들은 먹을 것을 요구하고, 먹을 것이 채워지면 고기를 요구합니다. 또 물이 없으면 물을 달라고 모세와 다툽니다. 그들은 분명히 경외하는 마음으로 하나님을 믿었고 또 하나님이 세우신 모세를 믿었습니다(출14:31). 그들의 영은 하나님을 사랑하고 갈망했지만 그들의 육은 여전히 이집트의 습관 그대로 머물러 있었기에 그들의 육신과 영은 끊임없이 충돌을 일으켰고 이런 충돌은 하나님이 세우신 권위자를 향한 도전과 불만으로 이어졌습니다. 하나님이 세우신 권위자를 향한 도전은 곧 하나님을 향한 도전이었기에 부모(권위자)를 경외하라는 하나님의 율례는 육적인 본성이 영보다 앞서 있는 이들에게는 큰 도전이고 훈련일 수밖에 없었습니다.

그러나 하나님은 육신의 본성을 이기지 못하는 연약한 이스라엘 백성에게 하늘의 양식을 비처럼 내려주심으로써 그들이 육의 방식이 아닌 영을 따라야 함을 가르쳐 주십니다

(출16:4). 또 그들이 이런 충돌 가운데서 하나님의 말씀을 순종할 수 있도록 훈련(나싸, 시험)하십니다. 하나님이 하늘의 양식인 만나를 내려 주시면서 그들에게 명령한 것은 매일 한 사람 당 한 오멜씩 거두는 것, 샤밭을 위해서는 두 배를 거두는 것이었습니다. 하나님은 만나를 저장해서 먹을 수 있도록 하지 않으셨습니다. 매일 만나를 거두게 하심으로써 하늘의 양식을 매일 먹어야 할 것과, 또 그 날의 분량만큼만 거둠으로써 하나님이 내일도 양식을 보내주실 것을 믿음으로 살게 하셨습니다. 무엇보다 샤밭을 위해서는 두 배를 거둘 수 있게 하심으로 샤밭에 아무일도 하지 않아도 하나님이 먹이시고 채우신다는 것을 믿음으로 경험하게 하셨습니다.

그런데 이런 하나님의 말씀에 순종하지 않고, 하나님의 공급하심을 믿지 못한 자들은 만나를 더 많이 거두었다가 다음 날 썩게 만들던지, 제 6일에 두 배를 거두지 않고 샤밭에 나갔다가 샤밭에 먹을 만나를 거두지 못하게 되는 일을 경험하게 됩니다. 이런 불신의 마음과 불순종은 모세와 하나님의 마음을 격동하게 합니다. 예슈아는 '우리에게 날마다 일용한 양식을 주옵시고'라고 기도하도록 가르치셨습니다. 날마다 우리에게 일용한 양식을 주신다는 것은 내가 저장하지 않아도 하나님이 주실 것을 믿는 믿음을 의미합니다. 우리는 더 많이 모으고 저장해야 안심하는 경향이 있습니다. 하나님께 지혜롭고 충성된 종은 때를 따라 돕는 양식을 나누기 위해 잘 저장합니다. 그러나 광야에서 훈련받는 이스라엘 백성에게 하나님은 그것을 요구하지 않으셨습니다. 그들이 날마다 하나님을 믿는 믿음으로 살 것을 훈련하셨습니다. 이 믿음이 있어야 그들이 육신의 본성을 이기고 생명의 영을 따라가는 삶을 살 수 있기 때문이었습니다.

먹어야 하고, 마셔야 하고, 갖고 싶은 것을 더 많이 가져야 안정적이라고 믿는 우리의 육신의 생각은 하나님만을 전적으로 의지하고 믿는 삶을 살고자 하는 영의 생각을 대적하고 방해합니다. 그리고 이것은 결국 우리를 사망으로 이끌고 갑니다. 하나님은 일정 기간 우리가 영의 생각을 따르고 믿음의 삶을 따를 수 있도록 훈련하시는데 그 때 반드시 하늘의 양식으로 우리를 공급하십니다. 훈련의 시간은 결코 궁핍의 시간이 아닙니다. 꼭 필요한 만큼 채우시는 하나님의 기적을 경험하는 시간이며 전적으로 하나님을 믿게 되는 생명의 시간입니다. 훈련의 시간은 육적인 본성이 가장 극렬하게 드러나는 시간이지만 또한 가장 영적인 삶으로 변화되는 시간입니다. 하나님은 우리가 이 훈련이 지나면 풍성함이 가득한 약속의 땅에서 많은 소산물을 열매로 얻고 누리고 나누는 삶을 살 수 있도록 하십니다. 구원 이후 약속의 땅에 들어가기까지 이어지는 우리 삶의 육적인 본성을 다스리는 훈련의 시간은 계속될 것입니다. 그리고 이 시간 동안 하나님은 하늘의 양식을 매일 공급하여 주실 것이고 목마르지 않는 물로 우리의 영혼을 채워주실 것입니다.

DAY 7 출17:1-16

반석의 물

유월절 어린 양의 피와 홍해를 통해 전능하신 하나님의 구원을 경험하였고 구름 기둥과 불 기둥을 통해 하나님의 현현하심을 보면서도 모세와 아론을 향해 원망하는 이스라엘 백성의 모습 속에는 노예생활 중 자신들의 생각과 감정에 깊이 뿌리 박힌 부정적인 기대, 죽음에 대한 공포, 한편으로는 이집트 생활 중 누려온 육체적, 정서적 만족에 대한 갈망이 여전히 그들 가운데 가득한 것을 봅니다. 그들은 홍해 가운데 몰살당한 파라오의 병거를 보고 '하나님의 큰 능력을 보았으므로 여호와를 경외하며 여호와와 그 종 모세를 믿었더라'(출14:31)고 말씀은 증거합니다. 그러나 그 믿음은 자신들 앞에 닥쳐온 광야생활의 고단함과 먹을 것과 마실 것의 결핍 앞에서 금방 소멸되고 맙니다. 그들의 반응은 지극히 육적입니다.

아무리 영적인 경험을 해도 혼이 충분히 건강하게 다뤄지지 않으면 받은 은혜를 한 번에 다 쏟아 버리게 됩니다. 영적 전쟁은 혼이라는 전쟁터에서 맹렬하게 치러지기 때문입니다. 물이 없다는 이유로 이스라엘 백성은 하나님의 존재에 대한 것까지 시험하는 상황이 생깁니다(출17:7). 물로 인해 이스라엘 백성은 모세와 다투면서 '어디 한 번 하나님이 우리 가운데 계신지 보자'라고 말합니다. 사탄이 우리 혼에 뿌려 놓은 하나님에 대한 의심과 불신은 삶 속에서 받은 상처들과 합하여 쓴 뿌리가 됩니다. 이 쓴 뿌리는 온갖 부정적인 기대와 추측, 오해를 불러일으키고 하나님을 바라볼 수 없게 만듭니다. 아무리 죽음 앞에서 기적을 경험하고 눈앞에 구름 기둥과 불 기둥이 보이고 하늘에서 만나가 내려오고 바람에 메추라기가 날라와도 혼의 쓴 뿌리가 제거되지 않으면 하나님이 계신지 안 계신지를 시험하는 불신의 반응을 보이게 됩니다. 하나님에 대한 불신은 곧 자신이 옳다고 하는 자기 의와 교만이 됩니다. 교만과 자기 의는 정확하게 사탄의 타깃이 되어 우리를 휘두를 수 있는 빌미가 되게 합니다. 이 모든 것을 미리 아신 하나님은 그들의 쓴 뿌리를 다루시기 위해 가르치시고 시험하십니다. 자비의 하나님은 이들이 이렇게 밖에 반응할 수 없는 연약함도 이해하십니다. 그래서 그들의 모든 요구를 들으시고 먹을 것과 마실 물을 넉넉하게 채워 주십니다. 하나님의 은혜를 멈추지 않으십니다. 왜냐하면 하나님이 이들의 하나님이 되기로 결정하셨고 또 그들의 조상들과 약속한 언약을 지키시는 신실한 하나님이시기 때문입니다. 하나님의 성품이 이들을 향한 은혜를 멈추지 않게 했습니다. 하나님의 성품은 우리를 향한 자비와 긍휼을 멈추지 않게 합니다. 그래서 오늘도 다룸 받지 못한 혼의 영역 때문에 하나님을 불신하고 자기 의와 교만에 빠지는 우리를 인내로써 시험하시고 훈련하십니다. 완전히 하나님의 백성으로서의 정체성을 찾고 회복할 때까지 하나님은 우리를 포기하지 않으십니다.

　　하나님은 목이 말라 불평하는 백성들을 위해 모세에게 호렙 산에 있는 '그 반석'을 치라고 명하십니다.

> "내가 호렙 산에 있는 그 반석 위 거기서 네 앞에 서리니 너는 그 반석을 치라"
> (출17:6)

　　반석은 히브리어로 쭈르ᴢᴜᴿ라고 하는데 바위, 절벽을 의미합니다. 날카로운 큰 돌의 모습을 연상할 수 있습니다. 그런데 하나님은 호렙 산에 있는 '그 반석 위' 거기서 네 앞에 서겠다고 하십니다. 아무 바위나 치는 것이 아니라 하쭈르ᴴᴀᵀᴢᴜᴿ, '그 바위'를 치라고 하십니다. 모세는 하나님이 정하신 '그 바위' 위에 서서 하나님이 말씀하신 대로 '그 바위'를 칩니다. 그리고 '그 바위'에서 모든 백성의 갈급함을 해결할 생명의 물이 터져 나옵니다.

　　'그 바위'는 우리의 반석 되신 예슈아입니다. 예슈아는 초막절이 끝나는 다음 날 가장 큰 명절이라 불리는 날에 "누구든지 목마르거든 내게로 와서 마시라 나를 믿는 자는 성경에 이름과 같이 그 배에서 생수의 강이 흘러나오리라"(요7:37-38)고 외치십니다. 예슈아는 우리의 반석이시며 영원히 목마르지 않는 생명의 물의 근원 되십니다. 하나님은 모세에게 '그 바위'를 쳐서 물이 나오게 하라고 명령하심으로 '그 바위'가 우리의 반석이신 예슈아임을, 또한 반석에서 터져 나오는 생명의 물이 우리를 살리고 새롭게 하여 우리 안에서도 생명의 물이 터져 나오게 될 것임을 '그 바위'를 통해 예표하셨습니다. 하쭈르ᴴᴀᵀᴢᴜᴿ, 그 바위는 하나님의 백성들에게 생수를 공급하시는 예슈아입니다.

여호와 닛시, 기적

혼의 쓴 뿌리가 제거되지 않아 물로 인해 하나님의 존재에 대해 불신하고 있던 그 때에 아말렉(עֲמָלֵק)이 이스라엘을 공격합니다(출17:8). 하나님에 대한 불신은 공동체를 분열시키고 이것은 사탄이 틈을 헤집고 들어와 공격하는 빌미가 됩니다. 또한 신명기 25:17-19에서 모세는 과거를 회상하면서 이스라엘이 막 이집트를 나와서 홍해를 건넜을 때 광야 길이 평탄치 않고 피곤함으로 인해 뒤에 처져 있는 연약한 자들(노인, 어린아이들, 체력이 부족하거나 아픈 자들)을 아말렉이 공격했다고 이야기합니다.

아말렉은 정확하게 이스라엘 백성의 연약함을 포착하여 그들을 뒤흔듭니다. 아말렉(עֲמָלֵק)은 '골짜기에 숨어지내는 자들'이라는 의미입니다. 악한 영들은 숨어있다가 하나님의 백성 중에 연약하여 뒤처진 자들이 있을 때, 혹은 나 한 개인 안에 있던 연약함이 드러나게 될 때 야비하게 뒤에서 나타나서 연약함을 공격합니다. 사탄은 원래 틈을 노리고 연약한 자를 공격해서 공동체 전체를 뒤흔듭니다. 이것이 사탄의 전략입니다. 하나님은 아말렉이 이스라엘 백성을 건드린 것을 하나님의 보좌를 건드린 것이라 말씀하시며 이스라엘 백성과 하나님의 보좌를 동일시하십니다. 아무리 연약할지라도 하나님이 친히 함께 하고 계시는 하나님의 백성을 건드린 것은 곧 하나님을 건드린 것과 같은 것이라고 하나님은 인식하십니다.

사탄은 우리의 연약한 틈이나 우리 중의 연약한 자들을 치고 들어와 공격합니다. 하나님의 킹덤을 향해 고군분투하며 싸우는 중에 우리는 지칠 수도 있고 넘어질 수도 있습니다. 그럴 때 우리를 공격하여 들어오는 원수를 하나님은 영원히 없이 할 것이라고 말씀하십니다. 아무리 연약해도 우리는 하나님의 소유입니다. 하나님의 소유를 건드리는 것은 하나님을 건드리는 것입니다. 하나님은 이것을 정확하게 인식하고 계십니다. 문제는 우리 쪽에서 이것을 얼마만큼 인식하고 있느냐입니다. 내가 그리스도의 몸이고 그래서 나를 건드리는 것은 곧 그리스도를 건드리는 것이라는 인식이 있다면 우리 안에 두려움과 불신이 완전히 사라지게 될 것입니다. 그리고 어느 상황에서든 당당하고 담대할 것입니다.

므리바의 사건에서 이스라엘 백성은 감히 하나님의 현존을 의심했습니다. 그런데도 하나님은 이스라엘 백성의 하나님이심을 철회하지 않으십니다. 그래서 아말렉의 공격에 진노하신 것입니다. 내가 하나님 앞에 실수하고 혼의 연약함으로 넘어져도 나는 여전히 하나님께 속한 자라는 믿음을 가져야 합니다. 그 믿음으로 다시 용서를 구하고 회개함으로 은혜의 보좌 앞으로 나아가야 합니다. 죄책감과 정죄는 사탄에게 또 다른 공격의 빌미를 줄 뿐 아니라 나를 하나님의 영향력 아래가 아닌 사탄의 영향력 아래 묶게 하는 결과를 가져옵니다. 그러므로 우리는 하나님이 나의 하나님이며, 나는 하나님께 속하였고, 그리스도(메시아)의 몸이라는 인식을 나의 인식에 확실히 새겨야 합니다.

아말렉의 비겁한 공격, 사탄의 틈새 공격에서 우리를 승리하게 하는 것은 공동체의 중보기도입니다. 모세와 아론과 훌이 전방에서 싸우는 다음 세대를 기도로 지원했듯이 지칠 수 있는 영적 전쟁의 여정에서 서로를 일으키고 세워줄 수 있는 것은 거룩한 손을 들고 기도하는 중보입니다. 그리고 이 거룩하게 든 두 손의 중보는 아비의 세대가 자녀의 세대를 향해서 멈추지 않고 일어나야 합니다. 그럴 때 믿음의 유업이 끊어지지 않고 전해지게 됩니다. 그래서 하나님은 아말렉과의 전쟁에서 아비 세대와 자녀 세대가 기도와 더불어 함께 싸우게 하셨고 그 승리를 대대로 전하도록 하셨습니다. 이 시대에는 과거 어느 때보다 치열한 영적 전쟁이 전지구적으로 일어나고 있으며 앞으로 더 일어나게 될 역사의 순간에서 우리는 중보로 자녀 세대를 일으키고 또한 그들의 귀에 하나님의 말씀을 외워 들리게 함으로 하나님의 킹덤의 승리를 취할 수 있게 도와주어야 합니다.

이스라엘 백성을 야비하게 공격한 아말렉과의 전쟁을 위해 모세는 여호수아의 군대를 모집하게 해서 아말렉과 싸우라고 한 후 산 꼭대기에 올라가서 지팡이를 잡고 섭니다. 산의 정상에서 모세와 아론과 훌은 여호수아의 군대와 아말렉이 싸우는 장면을 지켜보면서 기도합니다. 모세가 손을 들면 이스라엘이 이기는 장면을 보고 손을 내리면 아말렉이 이기는 장면을 보았습니다. 모세는 필사적으로 손을 들고 있으려고 했지만, 마음에는 원이로되 육신의 한계로 손이 내려오고 계속 들고 있을 수가 없게됩니다. 아론과 훌은 모세를 돌 위에 앉게 하고 양쪽에서 모세의 손을 붙들어 올려서 해가 지도록 그 상태를 유지했습니다.

처음에는 모세가 손을 들었고 나중에는 모세의 두손이 들렸습니다. 모세의 두손은 높이 들렸고 여호수아는 아말렉과의 전쟁에서 승리했습니다. 모세는 그 자리에 제단을 쌓았고 여호와 닛시(여호와는 나의 깃발)라고 불렀습니다. 깃발이라고 번역된 히브리어 네쓰קּ는 '사인, 깃발, 표적이 되어주는 기적'이라는 뜻입니다. 자연적이거나 일반적인 인간의 능력을 뛰어넘는 하나님의 특별한 도우심과 기적을 체험한 경우 그것을 네쓰קּ라고 부르며 그것을 기리기 위해서 그곳에 제단을 쌓고 기를 만들어 꼽아서 기억하고 기념하게 하는 장면을 생각해 볼 수 있습니다. 어딘가에 깃발이 꽂혀지면 그곳은 특별한 곳이라는 사인이 됩니다. 모세는 산 꼭대기에 하나님의 사인이 되는 제단을 쌓았고, 그 제단의 이름을 '여호와 닛시'라고 부르며 하나님의 기적, 승리를 기념하고 기억하게 했습니다.

【주제 #7】 여호와의 보좌를 건드린 아말렉

"여호와께서 맹세하시기를 여호와가 아말렉으로 더불어 대대로 싸우리라"(출17:16).

이 구절의 히브리어 문장의 표현이 모호해서 다른 번역과 해석의 가능성을 남겨놓았지만 또한 풍부한 시적 의미를 담고 있다.

כִּי־יָד עַל־כֵּס יָהּ
מִלְחָמָה לַיהוָה בַּעֲמָלֵק מִדֹּר דֹּר

아래 문장은 '아말렉과 싸우는 이 전쟁은 세대에서 세대로 이르도록 여호와께 속한 전쟁이니, 여호와께서 친히 싸우시리라'는 뜻이다. 위의 문장은 전치사 עַל을 어떻게 번역하느냐에 따라 두 가지 가능성이 있는데, עַל을 '위에' 라고 하면 '여호와의 보좌 위에 한 손 때문에'라고 번역할 수 있고 עַל을 '대적하여, 맞서서, against'라 하면 '여호와의 보좌를 대적하고 대항한 한 손 때문에' 또는 '여호와의 보좌를 건드린 손 때문에'으로 번역할 수 있다.

"만군의 여호와께서 이같이 말씀하시기를 아말렉이 이스라엘에게 행한 일
곧 애굽에서 나올 때에 길에서 대적한 일로 내가 그들을 벌하노니
지금 가서 아말렉을 쳐라" (삼상 15:2)

누구의 손인지 16절 본문에서 명시하지 않았지만 앞뒤 문맥을 통해서 "(아말렉의) 손이 여호와의 보좌를 치려고 들렸으니"(새번역 참조)라고 번역될 수 있다. 골짜기에 숨어있다가 주의 백성들의 뒤처진 꼬리를 야비하게 치고 공격한 이 사건을 하나님은 자신의 보좌를 건드린 것과 같은 것으로 간주하셨다. 그래서 하나님은 "아말렉이 이스라엘 백성을 공격한 것은 곧 나의 보좌를 건드린 것이다. 내가 반드시 아말렉을 멸절시키겠다. 아말렉과의 이 전쟁은 나에게 속한 전쟁이다. 이것을 기록하고 다음 세대에게 계속 외워 전해지게 하여라"고 말씀하셨다.

"주께서 백성을 인도하사 그들을 주의 기업의 산에 심으시리이다.
여호와여 1)이는 주의 처소를 삼으시려고 예비하신 것(정한 장소)이라.
주여 2)이는 주의 손으로 세우신 성소로소이다"(출15:17)

출애굽기 15:1-18 본문에는 홍해를 건넌 후 모세와 이스라엘 백성이 여호와께 노래한 모세의 노래가 나온다. 하나님은 하나님이 거하실 거룩한 처소이자 영원히 온 땅을 다스리게 될 통치의 중심인 약속의 땅에 이스라엘 백성이 들어갈 것을 계획하셨다. 그 계획 때문에 이스라엘

백성을 이집트에서 인도하여 내셨고 홍해를 건너게 하심으로 역사의 마지막에 있을 큰 구원의 그림을 미리 보여주셨다. 이러한 배경에 대한 이해를 가지고 위의 본문을 다음과 같이 읽어낼 수 있다.

> "주께서 백성을 인도하여서 그 백성을 당신의 유업(상속,기업, 나할라ה(נחלה)인 약속의 땅에, 특별히 그 중앙인 예루살렘에 심으시는데 그 장소는 당신의 머무실 처소로 고정해 놓으신 장소이고 이는 당신의 손으로 세우신 성소입니다."

모세는 성령의 감동으로 "홍해구원 사건을 통해 주의 백성이 결국 예루살렘에 심겨지게 될 것이다"라며 모세의 노래를 부르고 있다. '심겨졌다'는 동사 나타(נטע)는 창세기 2:8에 처음 등장하는데 여호와께서 에덴에 동산을 심으셨다는 의미로 에덴과 동산을 '묶어서 고정시키고 하나되게 하셨다'는 의미로 사용되었다.

주님은 이스라엘 백성을 그 기업의 산에 심고 정착케 하여 그곳에서 하늘과 땅과 백성이 하나되도록 하려 하신다. 그리고 하나님이 머무실 처소로 예정하여 선택해 놓으신 그곳에 여호와의 성소를 세우시는데, 이 성소는 그곳에 세워질 건물로서의 성소도 의미하지만 그 장소에 심겨진 주의 백성이 곧 여호와의 거하실 처소로서의 성소라는 의미도 있다.

하나님의 백성이 '여호와의 머무실 처소'이며 '여호와의 성소'이고 '여호와의 보좌'라는 개념을 출애굽기 15:17과 출애굽기 17:16에서 살펴보았다. 우리에게 이러한 인식의 증가들이 필요하다.

【주제 #8】 그리스도의 몸인식, 메시아의 몸인식

교회는 그리스도의 몸이다. 사도행전 26:13-15에서 바울이 아그립바 왕에게 자신을 변호하는 중에 다메섹으로 가는 길에서의 회심 체험을 이야기하는 장면이 나온다. 그 때 바울은 부활하셔서 승천하신 예수님이 해보다 더 밝은 빛과 함께 나타나셨고 주변의 모든 사람들이 땅에 쓰러졌던 그 순간 부활하신 예수님이 히브리어로 하신 음성을 들었다고 증언한다.

"사울아 사울아 네가 어찌하여 나를 박해하느냐?"사울은 예수님을 믿는 자들을 박해한 것이었지만 예수님은 왜 나를 건드리느냐고 하시며 예수 믿는 자를 건드리는 것은 곧 나를 건드리는 것이라는 그리스도의 몸인식이 예수님께 늘 있음을 알려주셨다. 예수님께서 나를 그분의 몸으로 인식하고 계시다는 사실은 놀랍고 영광스럽고 감사한 일이다. 우리에게도 이러한 몸인식이 필요하다.

"하나님께로서 난 자마다 범죄치 아니하는 줄을 우리가 아노라 하나님께로서 나신 분이 자신(自身) 스스로를 지키시매 악한 자가 그를 만지지도 못하느니라"(요일5:18)

교회가 그리스도의 몸이라면 이스라엘은 메시아의 몸이다. 즉, 서로 다른 지체의 모습을 가졌지만 한 분이신 메시아(그리스도)를 머리로 둔 한 몸이라는 것이다. 이러한 몸인식도 우리에게 필요하다.

"만군의 여호와께서 이같이 말씀하시되 영광을 위하여 나를 너희를 노략한 여러 나라로 보내셨나니 너희를 범하는(건드리는) 자는 그의 눈동자를 범하는(건드리는) 것이라"(슥2:8)

하나님께서는 이스라엘이 여호와의 몸 중에서도 다른 어떤 지체가 아닌 눈동자와 같은 지체로서 메시아의 몸이라는 인식을 가지고 계신다. 머리이신 그리스도께서 그렇게 인식하고 계시다는데 우리가 무슨 말을 더하랴?

머리이신 그리스도께서 교회도 자신의 몸으로 인식하고 계신다. 머리이신 메시아께서 이스라엘도 자신의 몸으로 인식하고 계신다. 교회 역사 약 1994년 동안(2024년 기준) 교회와 유대인은 서로 다른 길을 걸어오면서 멀어졌지만 사도 바울은 유대인과 이방인이 그리스도의 피로 (더 멀어지는 것이 아니라) 가까워지고 그리스도 (메시아)안에서 한 몸이 되는 '한 새 사람'이 될 것을 바라보며 유대인과 이방인이 한 성령 안에서 아버지께 나아감을 얻게 하실 것이 인류구원 역사의 마지막 단계임을 이야기한다.

그러나 이스라엘에게서 난 자들이 다 이스라엘이 아니요(롬9:6), 유대인이라고 해서 다 유대인이 아니듯이(롬2:28-29) 교회라고 해서 다 "예수님의 교회"(마16:18)가 아니며 믿는 자라 해서 다 안식에 들어갈 자들이 아니다(히3:18). 사도가 다 사도가 아니며(계2:2) 선지자가 다 선지자가 아니다(마24:24). 멸망으로 인도하는 큰 문과 넓은 길이 아닌 좁은 길을 가는 참 이스라엘과 이기는 교회가 되자. 그리스도의 몸에 속한 자들이 끝까지 구원받을 남은 자들이다.

유대인과 이방인이 그리스도 안에서 서로 연결되어 함께 성전이 되어가고 성령 안에서 하나님이 거하실 처소가 되기 위하여 함께 지어져 가는 모습은 또한 신랑이신 그리스도를 맞이하기 위한 단장된 신부인 '한 새 사람'의 모습이다(엡2:13-22). 신랑과 한 몸이 된 어린 양의 신부의 최종 단계의 모습은 새 예루살렘이다(계21:2, 9-21). 유대인과 이방인이 메시아(그리스도) 안에서 한 새 사람을 이루어 아름다운 신부로서 다시 오실 신랑 그리스도를 맞이하게 될 것이다. 먼저 성령과 신부가 하나됨을 이루어 신랑 예수님을 향하여 '어서 오세요'라고 부른다. 그리고 신랑과 신부가 성령 안에서 영원한 연합으로 한 몸을 이루고, 그 후 그리스도 안에서 한 몸을 이룬 모두가 성령 안에서 성부와 하나됨을 이루어 새 하늘 새 땅에서 영원으로 들어가게 될 것이다.

하프타라 삿4:4-5:31

영원한 승리

약속의 땅에 들어온 이스라엘 백성은 정복 전쟁의 과정에서 다 처리하지 못했던 가나안 족속 중 하나인 강력한 왕이었던 가나안 왕 야빈에 의해 20년 동안 괴로움을 당합니다. 철 병거 구백 대를 가지고 그 힘과 능력을 자랑하며 이스라엘을 괴롭힌 가나안 왕 야빈을 하나님은 여선지자 드보라와 바락을 통해 심판하십니다(삿4:4-24).

야빈과의 전쟁은 마지막 날 이스라엘을 공격하기 위해 짐승나라 연합군들이 모여드는 아마겟돈 전쟁의 집결지가 될 므깃도 평야 지역(삿4:6 다볼산, 4:7 기손강, 5:19 므깃도, 계 16:12-16)에서 일어납니다. 사사기 5장에서 바락은 이스라엘의 승리는 여호와께서 싸우시려고 내려오셨기 때문이라고 노래합니다(삿5:13).

드보라와 바락이 여호와의 도우심으로 므깃도에서 승리한 전쟁을 노래하는 구절에는 종말 전쟁 때 최후 승리를 위해서 '하늘에서 내려와 싸우실 여호와의 전쟁 개입'의 장면과 겹치는 부분이 나옵니다(삿5:19). 역사 속에서 다른 많은 믿음의 선진들도 종말론적인 신앙을 통해서 삶 속에서 닥쳐오는 전쟁의 순간에 주님이 개입하시는 도우심을 구하며 미래에 경험하게 될 종말론적인 승리의 일부분을 맛보았습니다. 이러한 패턴은 우리의 삶 속에서 경험하게 될 여러 전쟁들의 순간에도 마찬가지로 적용됩니다.

"여호와여 주께서 세일에서부터 나오시고 에돔들에서부터 진행하실 때에 땅이
진동하고 하늘도 새어서 구름이 물을 내렸나이다 산들이 여호와 앞에서 진동하니
저 시내산도 이스라엘 하나님 여호와 앞에서 진동하였도다"(삿5:4-5)

"여호와께서 나를 위하여 용사를 치시려고 강림하셨도다"(삿5:13)

"사면의 열국아 너희는 속히 와서 모일찌어다 여호와여 주의 용사들로 그리로
내려오게 하옵소서 열국은 동하여 여호사밧 골짜기로 올라올찌어다"(욜3:11-12)

모세는 홍해 앞에서 이스라엘 백성을 향해 가만히 서서 여호와의 구원을 보라고 말하면서 그들이 오늘 본 이집트의 군대를 영원히, 다시는 보시 않게 될 것이라고 말합니다(출 14:13). 마지막 날 예슈아는 흰 말을 타고 하늘의 군대와 함께 내려와 하나님을 대적했던 짐승과 거짓 선지자를 잡아 유황 불못에 던지고 사탄을 잡아 무저갱에 넣으실 것입니다. 하나님의 백성을 미혹하고 괴롭게 했던 세상의 군대들과 권세들은 완전히 심판 받게 될 것입니다. 드보라는 가나안 왕 야빈과 군대장관 시스라를 이기게 하신 하나님을 찬양하며 마지막 때 예슈아가 하늘에서 내려와 세상 정부인 짐승을 심판하시는 것을 보았습니다.

"그 때에 남은 귀인과 백성이 내려왔고 여호께서 나를 위하여
용사를 치시려고 내려 오셨도다"(삿5:13)

드보라는 가나안 왕 야빈과의 전쟁을 통해 마지막 날 그 땅에 있을 아마겟돈 전쟁의 모습을 보았고(삿5:19) 그 전쟁에서 하나님이 어떻게 원수들을 망하게 하시고 하나님을 사랑하는 자들을 해가 힘 있게 돋음 같게 일어나게 하시는지를 보며 찬양합니다(삿5:31).

출이집트의 여정을 통해 하나님은 우리에게 완전한 승리를 보여주셨고 약속하십니다. 마지막 날을 예표하는 이 놀라운 여정이 우리에게 약속되어 있습니다. 그분은 약속을 지키시는 하나님이십니다. 그리고 우리에게 말씀으로 가르치고 훈련하시며 그 말씀을 지키라고 명령하십니다. 말씀을 지킬 때 하나님도 자신의 약속을 성취하겠다고 말씀하십니다. 약속의 성취를 바라보고 있습니까? 그렇다면 하늘에서 비처럼 내려 주시는 양식인 말씀(토라: 하늘에서 땅으로 내려주신 가르침)을 따르십시오. 이것이 영원한 생명이며 목마르지 않는 물입니다.

브리트 하다샤 계19:1-20:6 / 마14:22-33

모세의 노래와 어린 양의 혼인 잔치

하나님은 열 가지 재앙으로 이미 초토화된 이집트이지만 끝까지 집요하게 이스라엘을

쫓아가서 빼앗고 죽이려는 그들을 홍해에 몰아넣으심으로 완전한 승리를 이루십니다. 사탄은 호락호락 자기 패배를 인정하지 않습니다. 기회를 보고 또 기회를 봐서 끝까지 하나님의 백성을 쫓아가서 빼앗고 죽이려고 합니다. 이집트의 군대가 몰살됐어도 아말렉이 또 공격한 것이 그 예입니다. 그런데 그렇게 공격해 올 때마다 번번이 사탄은 패배하고 하나님의 전능함과 영광이 더 드러나는 것을 봅니다. 하나님은 이집트가 의지하고 자랑하던 병거들을 홍해로 몰아넣으실 때 이스라엘 백성에게 말씀하셨습니다.

"너희가 오늘 본 애굽 사람을 영원히 다시 보지 아니하리라"(출14:13)

그렇게 하나님은 이집트를 완전하게 심판하십니다. 홍해를 건넌 이스라엘 백성들처럼 마지막 날 세상 정부의 악하고 집요한 공격 앞에서 하나님의 백성들은 불이 섞인 유리 바다를 건너 완전한 구원과 몸의 구속을 얻게 될 것입니다(계15:2). 홍해를 건넌 모세와 이스라엘 백성들이 부른 모세의 노래는(출15) 마지막 날 불이 섞인 유리 바다를 건넌 하나님의 백성들에 의해 불릴 어린 양의 노래와 함께 불리게 될 것입니다(계15:3-4).

하나님은 하나님의 백성을 집요하게 공격하고 핍박하는 바벨론을 완전히 멸하실 것입니다. 세상 짐승 정부와 거짓 선지자는 충신과 진실이신 예수님과 그의 성도들에 의해 완전히 멸절되고 심판 받아 영원히 꺼지지 않은 유황 불 못에 던져질 것입니다. 그리고 주님과 함께한 성도들은 왕 같은 제사장이 되어 세상을 다스릴 것입니다(계19:11-20:6).

이집트(정치적이며 종교적인 힘), 아말렉(약한 자들을 야비하게 공격), 가나안(악한 거래와 무역, 불의한 경제), 바벨론(혼잡한 연합), 음녀(음란한 연합), 세상(하나님을 대적하는 정부)은 완전히 심판 받을 것입니다. 이것은 하나님이 정하신 것입니다. 이들은 모두 만왕의 왕 예슈아를 통해 심판 받게 될 것입니다. 친히 그 팔로 다스리시며 강한 자로 장차 강림하실 여호와(사40:10) 앞에서 열방은 통의 한 방울 물 같고 저울의 적은 티끌 같으며 섬들은 떠오르는 먼지 같습니다(사40:15). 그분 앞에는 모든 열방이 아무것도 아니며 그분은 그들을 없는 것 같이, 빈 것같이 여기십니다(사40:17). 우리의 눈에 높고 대단해 보이는 힘은 하나님 앞에서는 아무것도 아닙니다. 그들은 겨우 심기웠고 겨우 뿌려졌으며 그 줄기가 겨우 땅에 뿌리를 박자 곧 하나님이 입김을 부시니 말라 회오리바람에 불려가는 지푸라기 같습니다(사40:24).

물론 이런 심판 직전에 우리는 엄청난 영적 압력과 저항에 부딪히게 됩니다. 뒤쫓아 오는 이집트의 병거, 앞을 가로막은 거대한 바다, 아말렉의 급습, 가나안의 철 병거 앞에서 우리는 두려움이 들 수 있습니다. 그런데 이 영적 압력과 저항을 뛰어넘어 하나님의 음성에 순종하고 우리에게 주어진 자리를 지키며 하나님의 도우심을 바랄 때 하나님은 직접 싸우십니다. 하나님이 지도자에게 바라시는 순종은 모세처럼 홍해 앞에서 지팡이를 드는 것, 산의 정상에 올라 손을 높이 드는 것이었습니다. 단순한 것처럼 보이는 행동이지만 이 행동 가운데 담겨있는 하나님을 향한 믿음은 하나님의 권능을 드러냅니다. 마지막 때는 믿음과 두려움의 싸움이 될 것입니다.

하박국 2:14에서는 물이 바다를 덮음 같이 여호와의 영광이 온 땅을 덮는다고 말씀하십니다. 하나님은 바벨론의 심판을 말씀하시면서도 또한 하나님의 영광이 온 땅을 덮을 것이라 하십니다. 철저하게 높아져 있고 스스로가 신이라고 말하는 바벨론의 교만을 통해 이스라엘을 훈련시키시고 정신 차리게 하는 도구로 잠시 한 순간 사용하시지만 결국에 그 교만은 철저하게 심판 받고 멸망당하면서 하나님의 영광은 온 땅에 가득 덮게 할 것이라 말씀하십니다. 세상이 심판 받는 순간이 하나님의 나라에 있어서는 영광의 순간이 될 것입니다.

구원의 완성은 하나님의 주권에 있습니다. 구원의 시작과 과정 모두 하나님의 주권에 있습니다. 그러므로 그분의 시간을 기다리고 그분이 하시는 일을 보며 그분께 모든 영광을 올려드리는 찬송과 경배가 우리가 해야 하는 일입니다. 마지막 날 일곱 진노의 대접이 땅에 부어지며 짐승과 거짓선지자, 바벨론과 큰 음녀가 완전히 심판을 받는 과정 중에 하늘에서 불려지는 놀라운 찬양이 바로 우리가 불러야 할 찬양이며 우리가 드리는 예배의 절정이 될 것입니다. 그리고 오늘도 우리는 그 날을 바라보며 지금 우리가 서 있는 곳에서 미리 이 찬양과 예배를 믿음으로 올려드립니다.

"할렐루야 구원과 영광과 능력이 우리 하나님께 있도다 그의 심판은 참되고
의로운지라 음행으로 땅을 더럽게 한 큰 음녀를 심판하사 자기 종들의 피를
그 음녀의 손에 갚으셨도다"(계19:1-2)
"할렐루야 주 우리 하나님 곧 전능하신 이가 통치하시도다 우리가 즐거워하고 크게
기뻐하여 그에게 영광을 돌리세 어린 양의 혼인 기약이 이르렀고 그 아내가 자신을
준비하였으므로 그에게 빛나고 깨끗한 세마포 옷을 입도록 허락하셨으니
이 세마포는 성도들의 옳은 행실이로다"(계19:6-8)

베샬라흐 주간의 말씀

1. 요셉의 유골함이 이집트로부터 옮겨질 때 이집트에는 요셉의 빈 무덤만이 남게 되었습니다. 이집트에 남겨진 요셉의 빈 무덤은 이스라엘 백성이 완전히 이집트로부터 구원되었고 하나님의 킹덤을 향해 가게 되었음을 나타내 줍니다.

2. 탈무드에서는 이스라엘 백성이 들고 다닌 두 개의 상자를 비교하기도 하는데 그 하나가 요셉의 유골함이며, 다른 하나는 언약궤입니다. 요셉의 유골함은 죽음을 상징하지만 언약궤는 하나님의 임재, 영원한 생명을 상징합니다.

3. 우리의 인생은 한 번에, 그리고 빠르게 목적지에 닿지 않습니다. 목적지에 닿는 것, 그 자체만이 목적이 아니라 과정 가운데 우리가 경험하고 알아야 할 하나님의 사랑과 은혜, 기적과 승리, 구원도 우리 인생의 목적이 되기 때문입니다.

4. 하나님 자신이 구름 기둥과 불 기둥 가운데 나타나심으로 이스라엘 백성이 다른 민족들과 다르다는 것을 확실히 증거하셨습니다. 하나님의 백성에게는 세상에 속한 사람들과 다른 확실한 증거가 있습니다. 그것은 하나님의 현현, 임재입니다. 하나님의 임재는 불과 물을 통과하게 하는 능력이자 강력한 보호입니다.

5. 하나님의 심판은 하나님의 백성에게도 세상 사람들에게도 하나님의 영광이 됩니다.

6. 우리가 우리의 것을 의지하려고 손에 쥐고 있을 때는 하나님의 손이 역사할 수 없습니다. 그러나 손에 있는 것들을 놓고 아무것도 가지고 있지 않을 때 하나님의 능력의 손(베야드 라마)이 우리의 빈 손을 통해 역사하십니다.

7. 유월절 첫째 날의 세데르가 예슈아의 죽음을 기념하고 또 그 죽음으로 우리가 구원되었음을 기억하는 식사가 된다면 유월절(무교절) 마지막 날, 7일째의 잔치는 우리가 메시아 킹덤에서 맞이하게 될 기쁨의 잔치의 식사가 될 것임을 보여줍니다.

8. 가장 결정적인 순간에 우리의 멈춤과 잠잠함, 그리고 주님을 바라봄이 우리를 위하여 행하시는 여호와의 구원(예슈알 아도나이ישׁוּעַת יְהֹוָה)을 볼 수 있게 합니다. 이것을 가르치기 위해 하나님은 샤밭, 안식일의 규례를 가르치고 시험하시는 것으로부터 이스라엘 백성을 다루시기 시작합니다.

9. 하나님은 마라의 쓴 물 앞에서 한 법도인 샤밭을 통해 이집트의 시간 체계와 우상을 섬기는 시스템에서 벗어나는 법을 가르치셨고, 한 율례인 부모 공경을 통해 권위에 순종하는 것과 모든 권위를 허락하시는 하나님을 경외하는 법을 가르쳐 주셨습니다.

10. 결국 우리의 쓴 마음은 생명을 얻기 위해 지나는 과정인 것입니다. 쓴 것을(고통) 해결하기 위해 하나님은 쓴 것을(십자가) 사용하셨습니다. 우리의 쓴 마음은 십자가로 인해 생명이 되었습니다.

11. 훈련의 시간은 결코 궁핍의 시간이 아닙니다. 꼭 필요한 만큼 채우시는 하나님의 기적을 경험하는 시간이며 전적으로 하나님을 믿게 되는 생명의 시간입니다. 훈련의 시간은 육적인 본성이 가장 극렬하게 드러나는 시간이지만 또한 가장 영적인 삶으로 변화되는 시간입니다.

12. 아무리 영적인 경험을 해도 혼이 충분히 건강하게 다뤄지지 않으면 받은 은혜를 한번에 다 쏟아 버리게 됩니다. 영적 전쟁은 혼이라는 전쟁터에서 맹렬하게 치러지기 때문입니다.

13. 하나님은 아말렉이 이스라엘 백성을 건드린 것은 곧 하나님의 보좌를 건드린 것이라 말씀하시며 여호와의 군대인 이스라엘을 하나님의 보좌로 인식하십니다. 아무리 연약할지라도 하나님이 친히 함께 하고 계시는 하나님의 백성을 건드린 것은 곧 하나님을 건드린 것과 같은 것이라고 하나님은 인식하십니다.

14. 모세가 이스라엘 백성을 공격한 아말렉과의 전쟁을 위해 산 꼭대기에 올라가서 두 손을 높이 든 것은 마치 골고다 언덕위에 올라가셔서 양 손이 십자가 위에 박히시고 들리신 예슈아의 모습과 같습니다.

베샬라흐 주간의 선포

1. 약속을 지키시는 하나님의 말씀에 순종하는 삶을 사는 자 될 수 있도록 우리의 쓴 마음을 고치시는 여호와 라파의 하나님 되심을 찬양합니다. 우리를 세상에서 구원하시어 영원한 왕국으로 이끄시기 위해 지름길이 아닌 구원의 길, 광야로 인도하시는 하나님을 찬양합니다. 불평과 원망의 육적인 본성을 이기고 영의 생명을 따라갈 수 있도록 기다려 주시는 하나님을 찬양합니다. 쓴 물을 단물 되게 한 나무인 그 십자가를 내 마음에 새기고 영원한 생명을 얻게 하소서.

2. 내 주변에 쓴 마음, 쓴 물, 쓴 뿌리를 가진 형제, 자매들로 인해 가정이, 공동체가 어지럽게 되는 일이 있다면 그 형제, 자매를 향해 여호와 라파의 하나님이 가르쳐 주시고 고쳐주소서. 또한 그들로 인해 내 마음이 어지럽고 어렵다면 내 마음을 더 강건케 하여 주시길 기도합니다.

3. 어린 양의 피로 구원받음을 시작으로 홍해를 지나는 구원을 경험하고, 영원한 안식의 땅으로 들어가기까지 우리를 먹이시고 채우시는 하늘의 양식을 더욱 갈망하게 하소서. 날마다 채워 주시는 양식으로 나의 영을 먹이는 일을 게을리하지 않도록 붙들어 주소서.

4. 이집트에 살지라도 구원을 기대하며 탬버린을 준비했던 미리암과 여인들처럼 그 날에 추게 될 예언적인 예배와 춤을 추는 신부 되게 하소서. 그 날을 위해 탬버린을 들고 춤을 추며 리허설하는 예배를 이 땅에서 멈추지 않고 올려드리게 하소서.

5. 유월절 첫째 날의 세데르의 식사를 통해 예슈아의 피와 살을 기념함으로 죽음으로부터의 구원을 기억하고, 유월절(무교절) 마지막 날, 7일째 홍해를 건너고 올려드린 경배와 예배를 통해 마지막 날을 리허설하는 예배를 올려드리는 가정과 공동체 되게 하소서.

6. 하나님의 시간 샤밭과 부모님을 경외함을 훈련하고 배우는 일이 부모와 자녀 사이에서 끊임없이 되어질 수 있도록 온 가족이 한 영으로 인도함 받을 수 있게 하소서. 마지막 때에 대한 눈이 열려질 수 있도록, 그래서 이스라엘을 함께 축복하는 가족과 공동체 될 수 있게 하소서.

7. 여호와 라파와 닛시의 하나님, 육신의 질병뿐 아니라 마음의 질병과 싸우고 있는 지체들을 치유하시고 영원한 하나님의 승리의 사인을 그들의 삶에 꽂아 주시길 축복하며 기도합니다.

17주간

יִתְרוֹ

YITRO

이트로, 이드로

파라샤 **출18:1-20:26**

하프타라 **사6:1-7:6, 9:6-7**

브리트 하다샤 **마5:8-20 / 마19:16-26**

DAY 1 출18:1-12

이드로

창세기 25:1에서 아브라함은 사라가 죽은 후, 후처인 그두라를 통해 자녀들을 더 많이 얻게 됩니다. 그두라의 자녀들은 아브라함이 죽기 전에 유산을 받고 아브라함으로부터 독립합니다. 아브라함은 그들이 아들 이삭을 떠나 먼 동방의 땅으로 향하여 가서 살게 하였습니다(창25:6). 이삭과 리브가는 그 땅과 많은 자손, 여자의 씨에 대한 약속을 이어받은 자들이었고 그들이 이뤄야 할 사명이 있었기에 후처의 아들들과 다툼이나 충돌을 막기 위해 아브라함은 그들을 미리 동방의 땅으로 멀리 떠나보냅니다. 그두라의 아들들 중에는 미디안이 있었는데 그는 후에 미디안 족속의 조상이 됩니다(창25:4). 이드로는 바로 이 미디안 족속의 제사장이었습니다. 동쪽으로 흩어진 아브라함의 아들들 가운데는 아브라함으로부터 보고 배운 여호와 하나님을 향한 믿음을 이어간 자들도 있었습니다.

이드로는 그중에 한 사람이었습니다. 이드로יִתְרוֹ의 이름은 '풍성함, 탁월함'이라는 뜻인데 '넉넉히 남은 여유분'이라는 뜻도 가지고 있습니다. 그는 미디안 족속 가운데 여호와에 대한 신앙을 가진 남은 자로서 탁월한 리더쉽과 지혜를 가진 제사장이었습니다. 그의 넉넉한 마음과 영적인 통찰력은 비록 모세가 도망자 신세이긴 했지만 그의 준수함을 알아보게 하였고 그는 모세를 사위로 맞이합니다. 그리고 모세가 불타는 떨기나무에서 하나님의 부르심을 받고 고향으로 돌아가고자 했을 때도 이드로는 모세를 평안히 보내줍니다. 아마도 그는 모세가 어떤 일을 해야 할 사람인지 알았을지도 모르겠습니다. 여호와 하나님이 어떤 분이신지 알았던, 아브라함의 후손인 이드로는 이후에 모세와 그의 백성 이스라엘에게 하나님이 어떤 일을 행하셨는지를 듣게 되었고 모세와 이스라엘 백성이 진 친 하나님의 산, 시나이 산으로 방문하게 됩니다(출18:5). 이드로는 모세로부터 여호와께서 이스라엘을 위하여 행하신 모든 일을 듣고 이렇게 고백합니다.

> "여호와를 찬송하리로다 너희를 이집트 사람의 손에서와 파라오의 손에서 건져
> 내시고 백성을 이집트 사람의 손 아래에서 건지셨도다 이제 내가 알았도다
> 여호와는 모든 신보다 크시므로 이스라엘에게 교만하게 행하는
> 그들을 이기셨도다"(출18:10-11)

무엇보다 이드로는 여호와 하나님이 이스라엘 백성에게 행하신 구원의 이야기를 듣고 크게 기뻐합니다. 마치 자기가 겪은 일인 것처럼 기뻐하며 모든 신보다 크신 여호와 하나님을 찬양합니다. 이드로는 이스라엘이 하나님이 선택하신 민족이라는 것을 명확하게 알았습니다. 그래서 "이스라엘에게 교만하게 행하는 이들을 이기셨도다"고 고백합니다. 자기 조상 미디안의 아버지인 아브라함이 가진 믿음을 이어받은 남은 자로서 그는 진실로 영적인 탁월함이 있는 제사장이었습니다. 그는 여호와 하나님을 찬송하고 모세와 아론과 이스라엘의 장로들과 함께 자신이 친히 준비해 온 번제물과 희생제물의 제사를 드립니다. 그는 그저 모세의 장인만이 아니었고 이스라엘의 장로들도 인정한 하나님의 제사장이었습니다.

하나님은 광야로 도망친 모세에게 이드로를 만나게 하셨습니다. 태어날 때는 믿음의 어머니 요게벳을 통해 생명을 구했고 이집트에서는 공주를 만나 왕자가 되었으며 왕자가 되었어도 젖을 뗄 때까지는 어머니 요게벳을 통해 믿음의 교육을 받았습니다. 광야에서는 하나님의 탁월한 제사장 이드로를 만나 여호와에 대한 신앙을 가진 가족 안에서 하나님을 섬기는 삶을 배우며 살 수 있었습니다. 모세 한 사람을 위해 하나님이 예비하신 만남은 아름답고도 놀라운 하나님의 섭리입니다. 인생의 중요한 순간에 삶에 선한 영향력을 끼칠 만남은 하나님의 섭리 안에 있습니다. 하나님의 섭리 안에서 이뤄진 만남은 하나님의 뜻을 이루게 하십니다. 모세를 향한 하나님의 부르심은 하나님의 섭리 안에서 이뤄진 만남으로 인해 보호받았고 그 뜻이 이루어져 갈 수 있었습니다.

모세의 삶을 향한 하나님의 부르심을 알았고 지지해주었던 이드로였기에 모세의 아내와 두 아들을 맡아주었을 것입니다. 이드로는 하나님의 큰 뜻과 하나님의 킹덤의 계획이 이

뤄져가는 과정에서 모세가 해야 할 역할이 무엇인지 알고 그가 하나님의 부르심을 이뤄갈 수 있도록 도왔습니다. 이드로는 모세의 장인이면서 영적 멘토였고 여호와 하나님을 사랑한 제사장이었습니다.

　　아무리 뛰어난 지도자라 할지라도 그를 인도해주고 삶의 중요한 순간에 영향을 주는 사람이 있습니다. 이것은 신앙의 앞선 세대와 그 뒤를 따르는 세대와의 연합과 같은 것입니다. 신앙의 앞선 세대는 믿음을 후손에게 이어주면서 이끌어 주고 때가 되면 뒤에서 밀어줍니다. 앞선 사람은 따라오는 사람을 잘 이끌어 줄 때도 있어야 하지만 때가 되었을 때 따라왔던 후세대가 앞설 수 있도록 뒤에서 밀어주고 도와줘야 합니다. 이것은 마치 달리기 경주와 같아서 바톤을 들고 힘껏 뛰어야 할 때가 있는가 하면 차례가 되었을 때는 다음 주자에게 그 바톤을 잘 넘겨주기도 해야 합니다. 그래야 경주를 끝까지 이어갈 수 있습니다. 나에게 바톤이 주어졌으니까 혼자 끝까지 뛰려는 생각은 교만이며 이것은 오히려 경주의 흐름을 망가뜨립니다. 반대로 잘 밀어준다고 하면서 뛰어가고 있는 사람을 뒤에서 자기 뜻대로 조종하는 것 역시 경주의 흐름을 망가뜨리는 것입니다. 이드로는 이스라엘 백성이 뛰어가는 믿음의 경주에 있어서 모세가 그 조상들로부터 바톤을 받고 뛰어가고 있음을 알았습니다. 그래서 그의 옆에서, 또 보이지 않는 그의 뒤에서 영적, 지적, 물질적으로 모세를 도왔습니다.

　　하나님의 킹덤은 세대에서 세대로 이어지는 것입니다. 그래서 하나님은 자녀들에게 말씀을 듣게 하고 바른 역사관의 역사를 교육하는 것을 강조하고 또 강조하셨습니다. 하나님은 세대가 함께 뛰어가는 이 믿음의 경주가 하나님의 킹덤의 마지막 지점인 '그 에덴-동산'에서 마칠 것을 계획하시고 이 경주의 흐름이 멈춰지지 않도록 친히 다음 주자를 선정하시고 그에게 바톤이 전해질 수 있도록 모든 것을 주관하고 결정하십니다. 어떤 이는 경주를 위해 바톤을 들고 뛰어가고 어떤 이는 페이스메이커pacemaker(마라톤을 달리는 경주자가 잘 달릴 수 있도록 일정 시간 함께 뛰어 주는 사람)가 되어 보조를 맞춰주며 함께 호흡해주며, 어떤 이는 본격적으로 뛰기 위해 경주장에서 대기하며 기다리는 이도 있을 것이고, 또 어떤 이는 달리는 연습부터 하고 있는 이도 있을 것입니다. 중요한 것은 모두 이 경주를 위해 함께 서 있다는 것입니다. 그리고 이 경주를 마치기 위해 수만의 믿음의 선조들이 하늘에서 우리를 보며 응원하고 있습니다. 지금 내가 어느 지점에 있는지, 어떤 역할인지 깨닫고 하나님이 주신 시간과 역할에 충실한 자는 경주에 먼저 뛰어 들어가지도 않을 것이고, 또 반대로 뛰어야 하는 순간에 못 뛴다고 포기하지도 않을 것입니다. 하나님이 자기에게 주신 시간과 역할을 아는 지혜로운 자는 어느 순간에 들어가 뛰어야 하는지 알고 경주의 흐름을 망치지 않고 끝까지 완주하고 다음 주자에게 바톤 터치해 줄 수 있을 것입니다.

DAY 2 출18:13-23 / DAY 3 출18:24-27

이집트의 법에서 하나님의 킹덤의 법, 토라로

백성들이 모세에게 나아오는 이유는 그들이 하나님의 율례(후킴מֻקֹים)와 법도(토라הִתּוֹרָה)를 알고 싶어 했기 때문입니다(출18:15-16). 한 나라가 움직이는 데 있어서 얼마나 많은 다툼과 갈등, 다른 입장으로 인한 충돌이 있었을까를 생각해 보십시오. 그래서 모세가 하는 주 업무는 갈등을 해결하기 위해 '양쪽을 재판'하는 일이었습니다(출18:16).

이집트에서 나와 광야생활을 시작하게 된 이스라엘 백성들에게는 두 가지 기준이 있었습니다. 여전히 이집트에서 적용 받고 살아왔던 법을 기준으로 생각하고 생활하는 습관과 구원의 과정에서 경험하고 마라의 쓴 물 앞에서 가르쳐 주신 하나님의 법을 기준으로 생각하고 생활하는 것입니다. 이 두 가지가 섞여서 어느 때는 이집트의 법을 기준으로, 어느 때는 하나님의 킹덤의 법을 기준으로 생각하고 결정하였을 것입니다. 그러다 보니 마치 세상과 하나님의 킹덤이 부딪치듯이 한 사람의 생각 안에서도 충돌이 있고 또 관계 안에서도 충돌이 생겼을 것입니다.

> "그러므로 내가 한 법을 깨달았노니 곧 선을 행하기 원하는 나에게 악이 함께 있는
> 것이로다 내 속사람으로는 하나님의 법을 즐거워하되 내 지체 속에서 한 다른 법이
> 내 마음의 법과 싸워 내 지체 속에 있는 죄의 법으로 나를 사로잡는 것을 보는도다
> 오호라 나는 곤고한 사람이로다 이 사망의 몸에서 누가 나를 건져내랴 우리 주
> 예수 그리스도로 말미암아 하나님께 감사하리로다 그런즉 내 자신이 마음으로는
> 하나님의 법을 육신으로는 죄의 법을 섬기노라" (롬 7:21-25)

이것은 오늘날 우리도 마찬가지입니다. 여전히 세상의 영향력 아래 살고 있으며 세상

정부의 법 아래 살아가는 우리는 말씀을 기준으로 살려 애쓰지만 세상의 기준에 나도 모르게 동화가 되어 두 가지를 오묘하게 섞어서 생각하고 행동하고 결정하는 것이 우리의 모습입니다. 이럴 때 정확한 하나님의 킹덤의 기준이 되는 것이 바로 '생명의 성령의 토라'[1]입니다.

선과 악을 알게 하는 지식의 나무의 열매를 먹음으로 인해 온전치 못한 각자의 지식이 기준이 되었고 각자의 입장이 생기게 되어서 더 이상 하나님이 말씀하신 것만이 모든 것의 기준이 되지 않게 되었습니다. 각자의 입장으로 나에게 좋다, 혹은 나에게 나쁘다는 서로 다른 가치판단이 들어오면서 하나님과 인간 사이에도 간격이 생기게 되었고, 세상에는 사람마다 각각 기준이 달라서 비교, 열등, 우월, 다툼, 갈등, 충돌이 끊임없이 생기게 되었습니다. 이 부딪침들이 격렬해지면서 분열은 물론 전쟁으로 인한 살인까지 일어나게 되었습니다.

그래서 하나님은 하나님의 킹덤의 법法을 모세를 통해 이스라엘 백성에게 가르치셨습니다. 하나님의 킹덤의 법法이 바로 '토라'이고 토라는 우리 인생을 잘 살아가기 위한 '인생 사용 설명 지침서'와 같습니다. 토라תּוֹרָה는 야라יָרָה라는 히브리어 동사에서 파생되었는데 이것은 '하늘에서 내려오다'는 뜻입니다. 야라יָרָה에서 파생된 요레יוֹרֶה는 이른 비를 의미하는데 이스라엘에서 이른 비는 씨앗을 심고 자라게 하는 중요한 의미를 가지고 있습니다. 이와 같이 야라יָרָה는 물이 하늘에서 땅으로 내려오는 이미지로서 토라תּוֹרָה는 하늘에서 하나님의 말씀이 땅으로 흘러내려와 우리의 생명을 살리고 자라게 하는 법입니다. 비가 없으면 생명이 씨앗으로부터 나오지도 못하고 자랄 수 없듯이 토라가 없으면 우리의 생명은 자랄 수 없습니다. 한자로 법法은 물 수水 변에 갈 거去자가 합쳐진 글자로 이것은 물이 흘러가는 것을 의미합니다. 물처럼 흘러가는 것이 법이라는 뜻인데 이것은 놀랍게도 토라와 같은 어원의 의미를 가지고 있습니다. 하늘에서 생명의 물이 땅으로 흘러내려와 우리를 적셔 주듯이 토라(법)가 잘 세워져 사람들 사이에서 흐르면 생명이 흐르게 됩니다. 그러므로 토라는 우리의 생명과 같습니다. 하늘에서 내려주신 토라대로 살면 형통한 복을 받습니다.

그러나 이집트에서 오랜 시간을 살아오면서 이스라엘 백성은 조상으로부터 전승되어 내려오던 하나님의 법을 잃어버렸습니다. 이집트를 떠나서 이제 하나님이 통치하시는 나라

---

1 【롬 8:2】의 '생명의 성령의 법'을 히브리어 신약 성경 번역본에서는 '토랕 루아흐 하하임 תּוֹרַת רוּחַ הַחַיִּים'으로 번역했다.

로 들어선 이들에게 생각, 감정, 가치관, 세계관, 그리고 영적인 충돌이 있는 것은 어찌 보면 당연한 일입니다. 그래서 이런 혼적인 충돌들과 관계의 갈등, 영적인 충돌을 조정하고 바른 판단(샤파트שפט)으로 결정을 내려주는 것이 모세의 주 업무가 된 것입니다. 모세는 바른 판단을 내려주는 것뿐만 아니라 이스라엘 백성들의 생각의 기준이 이집트의 법에서 하나님의 킹덤의 법, 토라로 그 기준을 바꿀 수 있도록 세계관 교육도 함께 하였습니다. 그런데 몇 사람을 돕는 수준이 아니라 한 나라의 기준을 바꾸는 일이자 영적인 흐름을 바꾸는 일이었기에 이것은 모세가 혼자 하기에는 버겁고 힘든 일이었습니다. 그래서 이드로는 이렇게 혼자 하는 것이 옳지 못하다고 말합니다(출18:17). 왜냐하면 이렇게 하면 모세도 백성들도 기력이 쇠하게 될 것이며 또 모세가 혼자 감당하기에 이 일이 너무 부담이 크고 무거운 일이었기 때문입니다(출18:18). 그래서 이드로는 하나님의 킹덤의 법, 토라를 가르치고 법의 집행의 효율을 위해 지혜로운 방법을 제안합니다.

먼저 그는 모세를 축복합니다. "하나님이 너와 함께 계실지로다"(출18:19) 어떤 일을 할 때 가장 먼저 하나님께 기도하며 먼저 칭찬과 축복을 하는 그의 모습이 참 신실합니다. 그는 모세에게 율례와 법도를 백성에게 가르쳐서 백성들이 갈 길과 할 일을 알게 하라고 합니다(출18:20). 그리고 백성들 가운데 능력 있는 사람들(하일חיל, 힘이 있는, 유력한, 강한 사람들)을 뽑기 위해 백성들 가운데 하나님을 두려워하며 진실하며 불의한 이익을 미워하는 자를 살펴보게 합니다(출18:21). 하나님을 경외하는 자들은 하나님이 어떤 분인지를 알기에 하나님을 두려워하며, 진실한 자들은 마음이 깨끗하기에 두 마음을 품지 않고 하나님만 섬기고, 불의한 이익을 미워하는 자들은 하나님의 공의가 무엇인지를 알기에 잘못된 판단을 하지 않을 수 있습니다. 결국 하나님 나라의 율례와 법도를 잘 알 수 있으려면 마음을 깨끗이 하고 하나님의 의로운 성품을 알아야 합니다. 모든 기준이 하나님인 사람들, 그런 사람들에게 하나님의 말씀은 더 깊이 열려지고 보이게 됩니다. 그런 사람들에 의해 하나님의 백성들이 양육과 훈련을 받고 자라야 합니다.

이드로의 지혜는 사랑하는 사위 모세를 돕는 것을 넘어서 하나님의 백성으로서의 정체성을 찾아가는 이스라엘 백성들을 도움과 동시에 한 나라가 통치 조직을 만들어갈 수 있도록 하였습니다. 이드로가 모세에게 제안한 십부장, 오십부장, 백부장, 천부장 제도는 이후 이스라엘의 오랜 역사 동안 백성들을 다스리는 기본 조직이 되었습니다.

이드로는 자신의 할 일을 마치고 돌아갑니다. 이제 사위 모세가 모든 것을 이끌고 갈 것입니다. 자기가 있어야 할 때와 떠나야 할 때를 아는 마음이 풍성하고 탁월하며 여유로운 제사장 이드로는 한 민족을 이끌고 하나님의 킹덤의 시작을 여는 모세에게 있어 하나님이 만나게 하신 모사counselor이자 영적 아버지였습니다.

모세는 이드로의 지혜로 하나님의 킹덤의 법과 토라를 기반으로 나라를 세울 통치 조직을 만들게 됩니다. 이제 이스라엘 백성은 이집트의 법에서 하나님의 킹덤의 법으로 생각과 마음이 변화를 받아 하나님께 거룩한 영적 예배를 올려드리며 세계 중에 제사장 나라로 설 준비를 본격적으로 하게 됩니다. 거대한 세상 이집트를 완전히 뒤로하고 본격적인 하나님의 킹덤의 여정이 시작되는 찰나입니다.

DAY 4 출19:1-6

마탄 토라מתן תורה – 오순절

우리는 오순절을 생각할 때 사도행전의 급하고 강한 바람, 불의 혀, 여러 나라말의 방언을 가장 먼저 떠올리지만 하나님은 이미 오래 전에 이 모든 역사를 하나님의 시간 안에 계획해 두시고 역사 가운데서 먼저 실행하심으로 이것이 어떻게 확장될지를 보여주셨습니다.

노아 이후 첫 번째 오순절은 시나이 산에서 이루어졌습니다. 유월절에 이집트에서 나온 이스라엘 백성은 삼 개월 뒤에 하나님의 산에 진을 칩니다(출19:1-2). 그 곳에서 하나님은 우레와 번개, 구름 가운데 큰 나팔 소리와 함께 불 가운데서 이스라엘 백성에게 강림하십니다(출19:16-18). 초대교회에 오순절에 임했던 바람과 불은 시나이 산의 오순절에 처음으로 임했던 그 바람과 불이었습니다. 그것은 일곱 번째 하늘이 산 정상으로 내려온 것이었습니다. 시나이 산에 임하신 하나님은 이스라엘 백성들에게 하나님의 음성, 소리, 말씀을 들려주십니다. 그리고 이 말씀은 초대교회의 오순절에 사도들과 예슈아를 따르는 제자들의 입에 떨어지며 여러 나라의 방언으로 하나님의 말씀을 전하게 합니다.

하나님이 오순절에 시나이 산에서 주신 말씀은 하나님의 토라였고, 토라를 주신 날이라 하여 유대인들은 이 날을 '마탄 토라(מתן תורה, Giving of the Torah)'라고 부릅니다.

즉, 오순절은 토라를 주신 날이고 토라를 받은 날인 것입니다. 하나님은 이 날을 샤부옽이라고 부르고 하나님의 정해진 시간, 모아딤으로서 이스라엘 백성이 지키도록 명령하십니다. 그래서 이스라엘 백성은 토라를 받은 날로서 오순절을 수천 년간 하나님과 약속된 시간으로 지켜오고 있습니다. 이들은 이 날이 토라를 주신 날이기에 오순절이 시작되는 저녁부터 밤을 새워서 하나님의 말씀을 읽습니다.

사도행전 2장에서 예슈아의 사도들도 마탄 토라의 날, 오순절을 지키기 위해 예루살렘으로 올라갔습니다. 이 날은 토라를 받은 날이자 주님이 부활하신 지 50일째가 되는 날이었습니다. 그들은 해마다 오순절에 해오던 대로 밤새워 토라의 말씀을 읽었지만 다른 때와는 다르게 주님의 부활과 승천을 기억하며, 또 성령으로 침례 주시기로 한 아버지의 약속하신 침례를 기대하며 밤새 말씀과 기도에 전무하기를 힘썼습니다. 그리고 오순절 아침이 되었을 때, 시나이 산 정상에 내려왔던 일곱째 하늘이 그들에게 갑자기 내려왔습니다. 급하고 강한 바람 같은 소리가 들린 이유는 일곱째 하늘이 땅으로 갑자기 내려왔기 때문입니다. 어떤 큰 물체가 이곳에서 저곳으로 빠르게 공간 이동을 할 때 그 이동 때문에 흐름이 생기는 것과 같은 원리입니다. 일곱째 하늘의 하나님의 보좌와 그 주변의 모든 존재들의 대표적인 속성은 불입니다. 각 사람 위에 하늘의 불이 내려와 머물러 있는 모습을 서로가 바라봅니다. 성령 안에 잠겨 있는 상태에서 성령으로 충만해졌고 성령에 사로잡혔고 성령이 말하게 하심에 따라 여러 민족의 언어들로 하나님의 크고 위대한 일들을 말하게 됩니다. 그들은 밤새 선포하고 읽은 하나님의 말씀을 그 입술에 담고 성령의 힘으로 담대하게 천국 복음을 전하기 시작합니다.

하나님은 인간을 향한 우주적인 구원 계획이 성취되도록 역사 가운데 여러 단계를 통해 그 계획이 이뤄지게 하심으로써 우리가 하나님의 언약의 성취를 볼 수 있도록 하셨고 믿을 수 있도록 하셨습니다. 시나이 산에서 시작된 '마탄 토라'는 초대교회의 오순절 성령강림으로, 그리고 마지막 날 요엘을 통해 예언하신 전세계적인 성령의 부어짐으로 성취될 것입니다.

나의 소유, 쎄굴라 סְגֻלָּה

시나이 광야 하나님의 산에서 하나님이 모세를 부르셨습니다. 이스라엘 백성은 이집트의 군대가 한 번에 홍해 속으로 잠기는 것을 보았고 광야의 여정 가운데서 하나님이 친히 먹을 것과 마실 물을 공급해 주시는 것을 경험하면서 우여곡절 끝에 시나이 광야에 이르게 됩니다. 여호와 하나님께서는 시나이 광야에 있는 그 거룩한 산으로 많은 천사들과 함께 친히 내려오셔서 모세와 이야기하십니다.

> "내가 이집트 사람에게 어떻게 행하였음과 내가 어떻게
> 독수리 날개로 너희를 업어 내게로 인도하였음을 너희가 보았느니라"(출19:4)

이스라엘 백성을 향한 구속의 시작이 하나님이셨고 과정도 하나님이 주도하셨습니다. 하나님은 독수리 날개로 그들을 업어서 인도하셨습니다. '인도하다'는 '가까이 오게 하다'라는 뜻입니다. 하나님은 그들을 하나님께로 가까이 오게 하셨습니다. 그들을 하나님 가까이로 이끄셨습니다. 그리고 하나님은 친히 이스라엘 백성에게 자신의 이름을 '여호와'로 알려주셨고(출6:3), 그들 가운데 구름 기둥과 불 기둥의 모습으로 나타나 보이셨으며(출13:21-22), 당신의 높은 손(야드 라마עו דוה)을 펼치셔서(출14:8) 그들에게 여호와 하나님의 전능함을 확실하게 보여주셨습니다. 그래서 하나님은 너희들도 분명히 똑똑히 다 보았다고 말씀하십니다. 너희들이 내가 누구인지 확실히 보았으니 이제 너희들도 스스로가 어떤 존재인지 확실히 알아야 한다고 말씀하시며 그들을 바라보시는 하나님의 관점으로 그들의 정체성을 알려주시며 언약을 맺으십니다.

> "너희는 모든 민족 중에서 내 소유가 되겠고"(출19:5)

소유라는 히브리어 쎄굴라(סְגֻלָּה)는 '특별한 보석, 사랑받는 보석'이라는 뜻을 가지고 있습니다. 하나님은 이스라엘을 향해 "내 소유, 내 보석"이라고 부르시며 네가 나의 신부라고 말씀하십니다. 이것은 마치 자기가 누구의 신부인지 모르는 여인을 향해 내가 당신의 신랑이고 당신은 나의 신부라고 이야기해 주는 장면 같습니다. 악한 왕의 성에 갇혀 있던 공주를 구하기 위해 모든 험난한 과정을 뚫고 공주를 구출해 낸 왕자가 공주를 향해 청혼하는 동화 속의 장면도 비춰집니다. 하나님은 모든 민족 가운데서 이스라엘에게 '너희가 나의 소유, 나의 보석, 나의 신부'라고 말씀하시며 이런 너희들을 내가 업어서 나에게로 가까이 오게 했다고 사랑의 메시지를 전하십니다. 그리고 하나님이 그들을 가까이 오게 하셨듯이 많은 민족을 하나님께 가까이 오게 하기위해 이스라엘을 제사장 나라로, 그리고 세상과는 다른 구별된 거룩한 백성으로 부르셨다고 하십니다. 그런데 하나님의 사랑의 메시지 앞에는

이런 전제가 달려 있습니다.

"세계가 다 내게 속하였나니 너희가 내 말을 잘 듣고 내 언약을 지키면"(출19:5)

하나님은 세계가 다 하나님의 것이라고 말씀하십니다. 그러므로 모든 땅과 나라가 이스라엘처럼 하나님의 것이 되기 위해 먼저 이스라엘 너희가 하나님의 목소리를 듣고 언약을 지키라고 말씀하십니다. 너희가 그렇게 하면 너희의 부르심과 정체성대로 살 수 있을 것이라 말씀하십니다.

하나님은 온 하늘과 땅의 창조주이시며 주인이십니다. 그러므로 온 땅이 하나님의 소유인 것이 맞습니다. 그런데 하나님은 땅에 대한 소유권을 아담, 사람에게 주셨습니다. 그러나 사람은 그 소유권을 사탄에게 빼앗겼습니다. 하나님은 사람과 땅을 다시 되찾으시기 위해 먼저 이스라엘을 부르셨고 이스라엘을 통해 모든 땅이 하나님 안으로 돌아오도록 계획하셨습니다. 이스라엘을 향해 사랑스럽게 나의 보석(쎄굴라סְגֻלָּה)이라고 부르신 이 음성은 하나님 안으로 돌아오게 될 모든 민족들과 나라를 향한 음성이기도 합니다. 그래서 홍해를 지나 이집트로부터 구원받은 이스라엘이 하나님으로부터 먼저 나의 보석, 나의 신부라고 고백을 받았고 예슈아를 통해 구원받은 우리는 이 순간 하나님으로부터 나의 보석, 나의 신부라는 음성을 듣습니다.

또한 고대 중동에서 쎄굴라는 '왕의 트로피(prized trophy)'라는 뜻으로도 쓰이기도 했습니다. 전쟁에서 이긴 왕은 전리품 가운데서도 가장 가치 있고 특별한 것을 골라 자신의 보물로 삼았고 그것을 자신의 승리의 상징인 트로피처럼 소유했습니다. 이것을 쎄굴라라고 불렀습니다. 하나님은 아브라함, 이삭, 야곱과 맺은 언약을 이스라엘 백성에게 상기시켜 주면서 그들이 언약으로 말미암아 하나님의 특별한 소유, 보석이 되었음을 말씀하셨습니다. 이집트의 신들을 심판하시고 그들이 의지하고 영광으로 삼았던 모든 것을 바다 한 가운데 몰살시키시고 이스라엘 백성을 취하심으로 그들은 전쟁에서 승리하신 하나님이 뽑으신 가장 가치 있고 특별한 존재, 쎄굴라가 되었습니다. 전쟁에서 승리하여 가장 가치 있는 것을 뽑아서 자신의 소유로 삼은 왕은 그 소유물을 숨기지 않고 모든 이들이 볼 수 있도록 그것을 자신의 몸에 걸거나 가장 잘 보이는 곳에 둡니다. 왜냐하면 여러 전리품 가운데서도 쎄굴라로 뽑힌 것은 승리의 상징이자 왕의 자랑이기 때문입니다.

하나님은 이스라엘을 하나님의 자랑이며 특별한 소유로 삼으셨습니다. 그래서 모든 민족이 이스라엘을 보면서 하나님의 살아계심과 영광이 나타나도록 하셨습니다. 또한 이스라엘이 하나님의 특별한 소유가 될 수 있었던 것은 그들이 하나님의 말씀을 믿고 이집트에서 나오기로 결정했기 때문입니다. 하나님의 말씀을 믿고 유월절 어린 양의 피로 생명을 얻은 이스라엘 백성을 하나님이 친히 구원하심으로 그들을 통해 하나님을 나타내셨고 하나님의 말씀을 따른 그들과 언약을 맺으시며 쎄굴라로 삼으셨습니다.

　　세상을 따르지 않고 하나님을 따르기로 결단한 사람들에게 하나님은 자신의 구원을 나타내시며 그들을 쎄굴라로 삼으십니다. 그들을 하나님의 자랑이자 영광으로 삼으십니다. 세상에 속하여 있지 않고 하나님의 말씀을 따르는 우리는 하나님의 특별한 보석, 사랑받는 보석, 자랑스러운 트로피인 쎄굴라입니다.

제사장 나라

> "너희는 모든 민족 중에서 내 소유가 되겠고 너희가 내게 대하여
> 제사장 나라가 되며 거룩한 백성이 되리라"(출19:5-6)

　　제사장 나라라는 말에는 두 가지가 담겨 있습니다. 제사장이라는 말에는 제사장권이, 나라라는 말에는 왕권이 담겨 있습니다. 하나님은 이스라엘 백성을 쎄굴라로 삼으시면서 그들에게 제사장권과 왕권을 허락하셨습니다. 제사장은 하나님과 사람 사이에서 사람들이 하나님께로 나아갈 수 있도록 섬김으로써 하나님과 사람의 관계가 이어질 수 있도록 하는 사람입니다. 왕은 사랑과 공의로 백성을 다스리는 사람입니다. 하나님은 이스라엘이 하나님과 열방 사이에 서서 관계를 이어주고 열방이 하나님을 예배할 수 있도록 섬기는 제사장이 되게 하셨고, 또한 하나님의 법과 하나님의 사랑을 가지고 열방을 잘 다스려서 온 땅이 하나님의 킹덤의 통치 안에 있도록 왕권을 허락하셨습니다. 하나님은 이스라엘에게 다윗의 집의 언약과 아론의 집의 언약을 맺으심으로 열방 가운데 축복의 통로가 되게 하셨습니다.

　　시나이 산에서 이스라엘을 제사장 나라로 축복하실 때 이미 하나님은 이 축복을 열방 가운데서 확장하실 것을 계획하시고 이스라엘을 먼저 소유로 삼으셨습니다. 다윗의 집의 언약과 아론의 집의 언약 즉, 왕권과 제사장권은 예슈아를 믿음으로 아버지께로 나아감을 얻은 자들에게 확장되었습니다. 먼저 선택받고 부름받은 이스라엘이 하나님의 소유라는 정체

성을 가지고 있었음을 알고 있었던 베드로는 예슈아를 통해 구원받은 이방인 교회 성도들도 이 부르심 안으로 들어오게 될 것을 알았고, 그래서 소아시아 지역에 흩어져 있는 성도들을 향해 이렇게 축복합니다.

> "너희는 택하신 족속이요 왕 같은 제사장들이요 거룩한 나라요 그의 소유가 된
> 백성이니 이는 너희를 어두운 데서 불러내어 그의 기이한 빛에 들어가게 하신 이의
> 아름다운 덕을 선포하게 하려 하심이라 너희가 전에는 백성이 아니더니 이제는
> 하나님의 백성이요 전에는 긍휼을 얻지 못하였더니 이제는 긍휼을 얻은 자니라"
>
> (벧전2:9-10)

우리가 전에는 하나님의 백성이 아니었지만 하나님의 백성이 되었고 전에는 하나님의 긍휼함을 받지 못했지만 이제는 하나님의 긍휼함을 받은 자들이 되었습니다. 우리는 메시아닉 킹덤에서 이스라엘과 함께 왕 같은 제사장이 되어 예슈아와 함께 온 땅을 다스리게 될 것입니다.

DAY 5 출19:7-19

너를 영영히 믿게 하려 함이라

하나님은 이스라엘 백성이 영원히 세대에서 세대를 거쳐 모세를 믿기를 원하셨습니다. 그래서 모세를 통해 기적과 이적을 행하셨고 그를 통해 백성들에게 말씀하셨으며 그를 통해 하나님의 토라를 이스라엘 백성에게 주셨습니다. 모세는 하나님과 이스라엘 백성 사이의 중개자이자 하나님의 대리자였습니다. 그는 하나님의 말씀을 백성에게 전했으며, 백성들의 말을 하나님에게 전했습니다. 그는 철저히 자기 자신을 내려놓고 온전히 하나님과 이스라엘 백성 사이에 서서 하나님과 이스라엘이 하나될 수 있도록 섬겼습니다.

그래서 하나님은 신적 권위를 모세에게 허락하십니다. 이스라엘 백성이 모세를 통해 하나님을 만날 수 있도록 하셨고 모세를 통해 하나님의 토라를 배울 수 있도록 하셨습니다.

하나님은 예슈아를 통해 우리가 하나님께 나아갈 수 있는 길을 여셨고 예슈아를 통해 하나님을 볼 수 있게 하셨습니다. 그리고 메시아닉 킹덤이 시작되면 모든 열방은 시온 산으로 나아와 예슈아를 통해 토라를 배우고 토라의 말씀을 가지고 온 땅을 다스리게 될 것입니다 (사2:3). 하나님은 모세가 예슈아를 예표하도록 하셨습니다. 시나이 산에서 하나님 자신을 모세에게 계시하시고 그에게 토라를 주신 것은 그 날에 시온산에서 하나님의 모든 권세를 예슈아에게 주시고 그를 통해 하나님을 열방 가운데 계시하시며 하나님의 토라가 예슈아를 통해 온 땅에 선포되고 통치되도록 할 것을 보여준 것입니다.

그러므로 하나님이 모세를 영영히 믿게 하도록 하신 것은 곧 하나님의 백성들이 예슈아를 영영히 믿게 하기 위한 것과 같은 것입니다. 모세를 통해 하나님을 알고 토라를 배운 이스라엘이 이제 예슈아를 통해 완전한 구원으로 나아가야 할 때입니다. 그들이 믿는 모세가 예슈아를 예표한 사람이었다는 것을, 모세의 토라를 예슈아가 완성하셨다는 것을 이스라엘이 알게 되길 소망합니다.

"그리하여 온 이스라엘이 구원을 얻으리라"(롬11:26)

셋째 날의 영광

시나이 산에 있던 이스라엘 백성은 이틀 동안 자신을 성결하게(카다쉬ש구קָ) 하고 옷을 빨고(카바스סָבַּכ) 셋째 날을 기다렸습니다(출19:10-11). 하나님은 이스라엘 백성에게 자신을 친히 나타내시기 위해 그들을 준비시키셨습니다. 하나님의 강림은 곧 그분의 영광이 임하는 것입니다. 그러나 그들은 자신들에게 나타난 하나님의 영광이 너무 두려워 하나님이 자신들에게 직접 나타나시는 것을 거부했습니다(출20:19). 그들은 역설적이게도 하나님의 영광이 자신들을 죽일까 두려워했습니다. 그런 백성들을 향해 모세는 하나님이 임하심은 그들을 시험하고 하나님을 경외하여 범죄하지 않도록 하기 위함이라고 격려하였습니다(출20:20). 하나님을 가장 두려워함으로써 그들이 죄를 짓지 않고 하나님의 영광안에 서는 자들이 될 수 있도록 하기 위해 하나님은 그들을 시험하시고 훈련하셨습니다.

하나님은 토라의 말씀으로 준비된 백성들이 하나님의 영광으로 나아 오길 원하셨고 또 그분의 영광으로 그들을 채워 주길 원하셨습니다. 그분의 영광으로 나아오게 하기 위해 하나님은 먼저 모세를 통해 율례와 법도로 그들의 육과 혼과 영을 준비시키셨습니다. 그렇게 그들이 스스로를 정결하게 한 뒤 이제는 옷을 빨고 자신을 단장하게 하십니다. '옷을 빨다'의 히브리어 카바스כָּבַס는 '씻다'라는 뜻과 함께 '발로 밟다, 천을 다듬어서 마무리하는 일을 하다'라는 뜻을 가지고 있습니다. 옷을 빠는 것은 나의 더러운 것들을 발로 밟아 씻겨 나가게 하는 일입니다. 또 옷을 만들기 위해 마지막으로 천을 다듬어서 깨끗하게 마무리 한 후 그 옷을 입는 순간 우리는 단장됩니다.

신랑을 맞이해야 할 신부는 단장해야 합니다. 그래서 더러운 것은 발로 밟아 씻겨 나가게 하고 마무리가 가장 잘 된 옷으로 차려 입어야 합니다. 하나님은 하나님을 맞이하는 이스라엘 백성들이 단장이 잘 될 수 있도록 준비의 시간을 주십니다. 그 그릇에 하나님의 영광을 담아 주기 위해서입니다. 하나님은 언제나 당신의 백성들이 구별된 거룩한 존재로서 하나님의 영광으로 채워지고 그 영광을 나타내길 원하십니다. 왜냐하면 그것이 땅에서 하나님을 나타내는 방법이기 때문입니다. 하나님은 하나님의 백성들이 자기들에게 영광을 돌리고 교만해지는 것이 아니라 하나님의 영광을 나타내는 통로가 되길 원하셔서 당신의 영광으로 채워주길 원하십니다. 그러므로 우리는 영광을 담기 위해 준비된 그릇들입니다 (롬9:23).

신부가 단장되어 입어야 할 옷은 하나님의 말씀입니다. 성결하게 하여 옷을 빠는 것은 말씀으로 생각과 마음을 살펴보고 행위를 깨끗하게 하는 것입니다. 말씀으로 내 혼과 영에 섞여 들어와 있는 것을 잘라내고 더럽혀진 것을 발로 밟아 완전히 씻겨 나가게 하는 것이 신부가 예복을 준비하는 과정입니다. 그러나 사탄은 신부들이 세상에 정신 팔려서 혼인 준비를 잊게 합니다. 신부들은 자신들의 예복을 준비할 일을 게을리하거나 아예 하지 못하게 됩니다. 예복을 준비하지 못하면 혼인 잔치에 들어갈 수 없습니다. 하나님을 섬긴다고 하면서 사역과 다른 일들로 분주하여 정작 자신의 영과 혼을 돌보지 못한다면 이것은 자신의 예복을 준비하지 못한 어리석은 행동일 뿐입니다. 예복을 준비하는 과정(옷을 빨아야 하는 과정)이 필요한 이유는 우리가 모두 거룩한 성 새 예루살렘으로 들어가야 하기 때문입니다.

"어린 양의 혼인 기약이 이르렀고 그의 아내가 자신을 준비하였으므로
그에게 빛나고 깨끗한 세마포 옷을 입도록 허락하셨으니 이 세마포
옷은 성도들의 옳은 행실이로다"(계19:7-8)

"자기 두루마기를 빠는 자들[2]은 복이 있으니 이는 그들이 생명나무에 나아가며
문들을 통하여 성에 들어갈 권세를 받으려 함이로다"(계22:14)

거룩한 성 예루살렘으로 사랑하는 신랑 예수님과 함께 들어갈 날이 멀지 않았습니다. 우리의 생각과 마음을 말씀으로 성결하게 하고 잘 빨아야겠습니다. 그리고 주님이 우리 모두에게 보편적으로 주신 계명과 각자에게만 주신 개별적 계명(사명)을 잘 지켜야겠습니다. 이렇게 함으로 우리는 생명나무에 나아가는 권세를 받으며 그 성에 들어갈 권세를 얻기 때문입니다.

하나님은 이미 셋째 날의 영광을 준비해 놓으셨습니다. 셋째 날의 영광은 하나님을 마주하는 것입니다. 셋째 날에 하나님은 하늘의 영광을 땅에 내려오게 하심으로 죽을 육체안에 거하고 있던 자들을 영원한 생명으로 옮겨 주실 것입니다. 그래서 셋째 날의 영광은 부활의 영광입니다. 호세아 선지자는 하나님이 이틀 후에 우리를 살리시고 셋째 날에 우리를 들어 올리셔서 하나님 앞에서 살게 하실 것이라고 말했습니다(호6:2).

하나님은 예슈아를 셋째 날에 들어올리셔서 죽음의 권세를 파쇄하고 영원한 생명으로 옮겨 주셨습니다. 셋째 날의 영광은 마지막 날에 모든 성도들이 부활함으로 성취될 것입니다. 이 날의 영광을 위해 하나님은 자신의 백성들에게 성결하게 하고 옷을 빨고 기다리라고 말씀하십니다(출19:10-11). 메시아가 하늘에서 내려오셔서 그 영광을 나타내실 날이 멀지 않았습니다. 그 날은 셋째 날의 영광, 부활의 영광이 임하는 날이 될 것입니다. 그래서 우리는 우리 자신을 성결하게 하고 옷을 빨고 기다려야 합니다. 무엇으로 성결하게 하고 옷을 빨 수 있을까요? 말씀입니다. 말씀을 듣고 믿고 따르는 삶으로써 우리 자신을 씻고 단장하고 그 날의 영광을 기다려야 합니다. 셋째 날의 영광을 위해 지금은 우리를 성결하게 해야 하는 때입니다.

신랑의 친구

모세는 하나님을 맞이하기 위해 백성들을 진영 밖으로 데리고 나갔습니다(출19:17). 하

---

2 '자기 두루마기를 빠는 자들'로 한글 성경에 번역된 구절은 다른 사본들에서는 '그분의 계명을 지키는 자들'이라고 되어 있어서 두 가지 다른 행위가 긴밀하게 연결된 하나의 결과를 가져오게 되는 것으로 이해할 수 있게 돕는다.

나님은 시나이 산에서 공식적으로 이스라엘 백성에게 내 소유라고 말씀하시며 혼인의 언약을 맺으셨고 모세는 하나님의 신부가 된 이스라엘 백성을 신랑이신 하나님을 만날 수 있도록 하기 위해 그들을 하나님 앞으로 데리고 갑니다. 전능하신 하나님은 신랑이 되었고 이스라엘은 신부가 되었으며 토라는 그들의 결혼 서약서가 되었습니다.

유대인의 결혼식에서 신랑의 친구는 신랑과 신부 사이의 중개자가 됩니다. 신랑의 친구는 신랑과 신부 사이에서 신랑의 프로포즈를 신부에게 나르고, 신부를 신랑에게 데려가는 역할을 합니다. 그래서 이 결혼을 위해 중간에서 애썼던 신랑의 친구는 신랑과 신부가 만나 마침내 결혼을 하게 될 때 가장 큰 기쁨을 취하게 됩니다. 이것이 세례 요한이 가졌던 기쁨입니다. 세례 요한은 예슈아와 백성들 사이에 서서 예슈아를 맞이할 준비를 할 수 있도록 백성들을 준비시켰고 예슈아가 오셨을 때 그들이 예슈아께 나아갈 수 있도록 도왔습니다. 그래서 그는 자신이 신랑의 친구로서 신랑보다 먼저 와서 신부를 신랑에게 데려가 주는 큰 기쁨으로 충만해져 있다고 고백하였습니다(요3:27-30).

모세는 신랑의 친구로서 신랑이신 하나님의 프로포즈를 이스라엘 백성에게 전하였고 신부인 이스라엘 백성을 하나님께로 이끌고 갔습니다. 세례 요한은 신랑의 친구로서 백성들을 미리 정결하게 준비시켰고 준비된 정결한 신부들을 예슈아께로 이끌고 갔습니다. 마지막 날 세례 요한의 영으로 충만한 이들은 하나님의 신부들을 준비시켜서 하나님께로 이끌고 갈 것입니다. 그리고 이것은 대부흥이 될 것입니다.

첫 번째 나팔과 마지막 나팔

시나이 산에서 하늘의 나팔 소리가 불리고 하나님이 강림하셨습니다(출19:19-20). 그리고 이 나팔 소리는 점점 더 커졌습니다. 보통 나팔을 불 때 처음에는 소리가 크지만 뒤로 갈수록 그 소리가 작아집니다. 하지만 시나이 산에서 울린 나팔 소리는 그 소리가 점점 더 커졌습니다. 이 나팔 소리와 함께 하나님이 강림하신 것은 왕의 강림을 위한 팡파레와 같은 것이었습니다. 그 동안 자신을 숨기시고 감추셨던 하나님이 친히 창조하신 창조세계 안으로 직접 들어오셨습니다. 첫 번째 나팔 소리와 함께 하나님이 자신의 백성들 위에 강림하셨습니다. 하나님이 시나이 산에 강림하셨을 때 수많은 천사들의 병거가 함께 내려왔습니다.

"하나님의 병거는 천천이요 만만이라 주께서 그 중에 계심이
시내산 성소에 계심 같도다"(시68:17)

이 모습은 예슈아께서 다시 오실 때 그의 천사들과 함께 아버지의 영광 안에서 오시는 모습을 보여줍니다(마16:27). 탈무드에 의하면 시나이 산에서 여호와의 소리는 백성들을 죽였지만 또한 죽음 가운데서 그들을 살리셨다고 합니다. 메시아가 다시 오실 때 그의 입에서는 날카로운 검이 나와 원수들을 죽이실 것이지만 주님 안에서 죽었던 자들의 생명은 다시 살게 하실 것입니다. 첫 번째 나팔이 울렸을 때 이스라엘 백성들은 하나님의 발 아래에 청옥같이 펼쳐진 하늘을 보았지만(출24:10) 마지막 나팔이 울릴 때 예슈아의 발은 감람산에 서실 것입니다(슥14:4). 첫 번째 나팔이 울렸을 때 하나님은 시나이 산 꼭대기에서 말씀하셨지만, 마지막 나팔이 울릴 때 시온 산은 모든 산들 보다 높이 올라와 열방에서 그곳으로 나아올 것입니다(사2:2-3). 그 때 메시아이신 예슈아는 하늘에서 내려오는 토라로 친히 가르치시고 시온에서부터 열방을 향하여 말씀을 선포하실 것입니다.

마지막 나팔 소리와 함께 하늘과 땅의 모든 권세를 아버지로부터 받으신 만왕의 왕 예슈아께서 영광 중에 강림하실 것입니다. 첫 번째 나팔 소리와 함께 강림하셨던 하나님은 이스라엘 백성에게만 자신을 나타내셨지만 마지막 나팔 소리와 함께 강림하실 예슈아는 온 세계에 자신을 나타내 보이실 것입니다. 모든 족속이 구름을 타고 능력과 영광 가운데 내려오시는 예슈아를 보게 될 것입니다(마24:30). 시나이 산에서의 첫 번째 나팔은 시온 산에서의 마지막 나팔로 이어질 것입니다. 시나이 산에서 하나님의 강림을 보았던 이스라엘 백성은 두려움에 떨었지만 그 날에 영광을 감추지 않으시고 높은 하늘에서 내려오시는 예슈아를 우리는 공중에서 만나며 그곳에 다 모일 것이고 그분과 함께 하늘에서 내려와 예루살렘으로 입성할 것입니다. 우리에게 마지막 나팔 소리는 승리와 영광의 소리가 될 것입니다.

DAY 6 출19:20-20:11

결혼 서약서

신랑과 신부는 결혼을 할 때 서로를 향해 사랑과 책임을 다할 것을 서약합니다. 이유는 하나됨을 지키기 위해서입니다. 신랑이신 하나님도 신부인 이스라엘 백성에게 하나됨을 지키는 결혼 서약서를 주십니다. 그것이 십계명입니다. 십계명은 하나님과 하나된 이스라엘 백성이 하나님에 대한 사랑과 책임을 다할 것을 약속하는 서약서입니다. 이것은 하나님과의 관계에서만 아니라 하나됨과 평화를 유지하며 함께 살아가야 할 사람과의 관계에서 지켜야 할 약속이기도 합니다. 그래서 십계명은 하나님과의 관계에서의 약속, 사람과의 관계에서의 약속으로 나누어집니다. 그리고 이 모든 내용은 한 방향을 향해 있습니다. 그것은 사랑입니다.

1	나 외에 다른 신을 섬기지 말라	나만 사랑해다오
2	우상을 만들지 말라	나는 네가 나와 비교도 안 되는 존재를 사랑할 때 질투하는 하나님이다. 나 외에 다른 신에게 한 눈 팔지 말아라.
3	내 이름을 망령되어 부르지 말라	신랑이자 너의 남편인 나를 존경하고 사랑하는 마음으로 불러다오.
4	안식일을 기억하여 거룩히 지키라 (샤밭)	이 날은 너와 나만의 시간이다. 이 시간 만큼은 우리가 함께 사랑을 누리고 안식하자
5	부모를 공경하라	너의 생명의 근원이 된 부모를 공경하고 순종하는 것이 나에게 하는 것과 같다. 너에게 허락된 사람들을 사랑해다오.
6	살인하지 말라	너의 생명만 귀하게 여기지 말고 다른 사람의 생명을 귀히 여겨라
7	간음하지 말라	너에게 허락된 남편과 아내만 사랑해야 한다. 그것이 생명을 보호하는 것이다.
8	도둑질하지 말라	다른 사람의 물건을 귀하게 여기고 그들의 소유를 인정하라.
9	거짓 증거하지 말라	네 이웃을 격려하고 칭찬하라. 그들은 너의 형제이다.
10	네 이웃의 모든 것을 탐내지 말라	다른 이와 너를 비교하지 말아라. 너에게 주어진 것에 감사하고 만족하라.

우리는 결혼할 때 이런 서약을 합니다. "오직 이 한 사람만을 영원히 사랑하고 섬길 것을 맹세합니다." 그리고 우리는 결혼을 약속이라 부르지 않고 언약이라 부릅니다. 다른 약속들과 달리 함부로 쉽게 파기할 수 없는 약속이기 때문입니다. 그러나 사람의 인생은 모두가 각각이고 다 알 수가 없습니다. 그래서 아무리 그렇게 맹세하였다 할지라도 말로 설명

하기 어려운 어쩔 수 없는 상황에 의해 이 언약이 지켜지지 못하고 깨질 수도 있습니다. 하나님과 그분의 백성 사이의 시나이 산 언약도 마찬가지입니다. 하지만 다른 점이 있습니다. 이스라엘 백성 쪽에서 언약의 파기하는 행위들을 했다 하더라도 그래서 쌍방에게 다 엄청난 고통이 수반되었다 하더라도 하나님쪽에서는 절대 싸인 해주지 않으시고 오히려 계약을 파기한 쪽이 책임을 져야하는 것까지도 결국에는 하나님 쪽에서 대신 책임을 지시고 그 언약이 지켜지도록 하신다는 것입니다.

그래서 오늘까지도 그분은 이 언약을 파기하지 않으시고 수없이 하나님을 배신한 음탕한 고멜과 같은 이스라엘과 우리들을 붙들고 계십니다. 십계명은 하나님이라는 신이 자신이 창조한 피조물을 향해 일방적으로 강요하거나 혹은 '말 안 들으면 벌줄 것이다'고 하는 억압의 메시지가 아닙니다. 사탄 때문에 틀어진 온 우주의 질서와 처음 창조 때 땅의 모습과 하나님의 형상으로 만들어진 우리의 모습이 다시 회복할 수 있는 방법을 가르쳐 주신 것이고 서로를 끝까지 사랑함으로 하나됨을 지킬 수 있기 위해 함께 맺은 언약입니다. 그러므로 십계명은 하나님과 우리의 사랑, 또 사람들과 우리들 사이의 사랑의 언약을 기록한 결혼 서약서입니다.

십계명

일반적으로 기독교에서는 십계명의 첫 계명으로 나 외에는 다른 신을 두지 말라는 말씀을 가장 앞에 두고 우상을 섬기지 말라는 의미를 더 강조하는 경향이 있습니다. 그러나 첫 계명은 '나는 너의 하나님 여호와이다(I am the Lord your God)' 라고 시작합니다. 첫 계명에서 하나님이 강조하신 것은 하나님이 자신의 백성을 이집트에서 구원해 낸 여호와 하나님이라는 것입니다. 첫 계명은 하나님만이 우리를 구원하시는 유일한 하나님이라는 것을 믿으라는 뜻입니다. 하나님이 먼저 '내가 너희의 하나님이다'라고 선포하심으로 우리가 무엇을 믿고 따라야 하는지를 명확하게 알려주십니다. 그러므로 십계명의 첫 계명은 다른 모든 계명의 기초가 됩니다. 하나님을 우리의 하나님으로 믿을 때 우리는 십계명의 다른 계명들을 모두 따를 수 있습니다. 하나님은 명확하게 '나는 너의 하나님 여호와이다'라는 말씀으로 십계명의 말씀을 열어 가셨습니다. 그러므로 십계명은 하나님을 믿는 믿음에서 시작되는 것이며 하나님과 나와의 관계 위에 세워진 것입니다.

토라는 하나님이 창조하신 세상의 질서를 유지하는 법이고 힘입니다. 하나님은 말씀으로 세상을 창조하셨고 말씀으로 창조된 세상은 말씀의 힘에 의해 붙들려 있습니다. 그래서 말씀이 없으면 세상은 무질서와 혼돈의 상태가 될 수밖에 없습니다. 말씀이 없다는 것, 말씀을 잃어버렸다는 것은 하나님으로부터 떠났다는 것을 의미합니다. 이집트의 노예생활로 인해 하나님의 말씀을 잃어버린 이스라엘 백성에게 하나님은 말씀을 내려 주셨습니다. 하늘로부터 내려온 이 말씀은 태초에 있었던 말씀, 만물을 창조하신 말씀이며 그것이 바로 토라입니다. 그리고 토라는 사람이 되었고 그분이 바로 예슈아입니다(요1:1).

십계명은 토라의 기초가 되는 것으로 모든 토라의 가르침의 핵심이라고 할 수 있습니다. 토라의 기초인 십계명의 시작을 하나님은 '나는 너희의 하나님 여호와'라고 시작하심으로 존재하는 모든 것의 시작이신 그분이 우리의 하나님 되심을 믿으라고 말씀하십니다. 십계명은 단순히 도덕법이나 종교적인 규례가 아닌 창조주이신 하나님을 믿는 삶의 기초가 됩니다. 하나님은 십계명을 통해 하나님이 우리의 하나님이시며 우리가 하나님의 소유된 백성이라는 것을 분명하게 말씀하십니다. 그리고 십계명을 통해 하나님의 백성에게 하나님이 요청하시는 것은 하나님을 닮은 성품으로 하나님을 사랑하고 사람들을 사랑하는 것입니다.

DAY 7 출20:12-26

제단을 쌓을 때

하나님은 자신이 하늘로부터 친히 내려와 이스라엘 백성에게 직접 말하는 것을 이스라엘 백성이 보았다고 말씀하십니다(출20:22). 그래서 하나님이 말씀하시는 것을 듣기도 하고 보기도 한 이스라엘 백성은 하나님이 이 땅에 있는 그 어떤 형상으로도 표현할 수 있는 분이 아닌 것을 알았습니다. 그래서 하나님은 그들에게 하나님을 표현하려고 은으로나 금으로나 신상을 만들지 말라고 하셨습니다. 이집트에서 온갖 신들이 형상으로 만들어진 것을 이스라엘 백성들도 따라 하고 있었고, 또 형상들을 만들어 놓으면 그것을 하나님보다 더 사랑할 것이라는 것과 이런 신상은 사실 하나님을 위한 것이 아니라 사람 자신의 만족을 위한 것이라는 것을 하나님은 잘 알고 계셨습니다. 선악과의 유혹에 빠진 사람이 보암직한 것에 얼마나 잘 끌리는지, 또 그것 때문에 얼마나 쉽게 하나님을 배신하고 돌아서는지 아셨기에 하나님은 형상을 만드는 것에 대해 강력하게 경고하셨습니다. 그리고 하나님 자신을 본 사람이 아무도 없기에 하나님이 창조하심으로 세상에 존재하는 그 어떤 것으로도 감히 하나님을 형상화할 수 없을 뿐만 아니라 비교할 수도 없다는 것을 하나님은 명백히 하셨습니다.

하나님은 이스라엘에게 신상을 만들지 말고 제단을 쌓으라고 말씀하십니다(출20:24). 제단은 하나님을 향해 예배를 드리는 장소입니다. 제단에는 희생제물이 올려집니다. 희생제물은 피를 통해 죄를 사하시는 하나님의 구속을 기억하게 합니다. 에덴-동산에서 쫓겨난 아담과 하와에게 하나님은 동물의 피를 흘려 가죽옷을 지어 입히시고 그들을 덮어주셨습니다(창3:21). 그들의 수치를 가리고 덮어주기 위해 피를 흘리신 하나님은 후에 온 인류를 구하기 위해 이와 같이 피의 대가를 지불해야 할 것을 친히 보여주셨고, 아담과 하와는 에덴에서 쫓겨난 이후 제단을 쌓고 희생제물을 드림으로 하나님의 구속을 믿음으로 바라보고 기대했으며, 아벨은 믿음으로 하나님께 희생제물을 드려 더 나은 예배를 드렸습니다(히11:4).

하나님은 당신의 아내인 이스라엘이 제단을 쌓고 희생제물의 예배를 드림으로 하나님의 구속을 기억하길 원하셨습니다. 제단에서 드려지는 희생제물의 예배는 그들로 하여금 하나님을 잊지 않게 할 것이고 하나님은 또 그 예배로 인해 그들과 교제하시며 그들에게 복을 주길 원하셨습니다. 그리고 하나님의 이름을 기념하고 기억하고 기록해 둔 모든 장소에서 그들이 예배할 때 하나님은 직접 그들에게 오셔서 복을 주겠다고 약속하셨습니다(출20:24). 이 말은 하나님 자신을 나타내셔서 하나님의 이름이 기록되고 기억되는 장소들이 있다는 뜻입니다. 하나님은 그런 모든 곳에서 이스라엘이 하나님의 구속을 기억하는 예배를 드리기 원하셨고 그런 곳에 제단을 쌓으라 말씀하셨습니다. 마치 아브라함, 이삭, 야곱이 가는 곳마다 제단을 쌓고 예배하며 여호와 하나님의 이름을 기억하고 불러드렸던 곳을 하나님도 기억하고 계심을 말씀하시는 듯합니다. 그 예배의 향기가 얼마나 하나님의 마음을 위로하고 기쁘게 하였는지 하나님은 이스라엘 백성에게 이집트에서 잃어버렸던 예배를 회복하기 위해 제단을 쌓으라고 말씀하십니다.

하나님은 돌로 제단을 쌓을 때는 다듬은 돌로 하지 말고 있는 돌 그대로의 모습으로 쌓으라고 명령하십니다(출20:25). 쪼개는 순간 그것은 부정해진다고 하셨습니다. 돌을 쪼개고 다듬는 것은 사람의 모습에 보기 좋은 대로 만드는 것입니다. 이런 제단을 쌓는 방법은 우상을 섬기는 자들이 행하는 방법이었습니다. 하나님은 하나님께 나아올 때 다듬지 말고,

꾸미지 말며, 숨기지 말고, 울퉁불퉁한 모습 그대로 나오는 것이 좋다고 말씀하십니다. 오히려 다듬고 꾸미는 것을 부정하다고 하십니다. 그래서 네가 예배할 때, 제단을 쌓을 때 너의 있는 모습 그대로 나아오라고 하십니다. 우리를 있는 모습 그대로 받으시는 하나님께 그분의 이름을 기념하는 모든 곳에서 아름다운 향기의 예배를 올려드리는 예배자가 되길 원합니다.

하프타라 사6:1-7:6, 9:6-7

이사야 선지자가 보고 듣고 알게된 하나님의 인류 구원의 여정

선을 넘는 교만한 태도로 향로를 잡고 성전의 성소에 들어가서 분향하려다가 막아서는 제사장 아사랴에게 화를 낼 때, 분향단 주변에 함께 돕던 제사장들이 보는 앞에서 이마에 나병이 들어서 왕좌에서 물러난 웃시야, 그런 웃시야가 죽던 해에 이사야는 성전에서 높고 높이 들린 보좌에 앉으신 만군의 여호와를 보았습니다. 하나님은 이사야에게 메시지를 주시며 파송하시기 전에, 먼저 그분의 영광을 보여주십니다. 그 빛나는 영광 안에서 선지자는 고백합니다.

> "화로다 나여 망하게 되었도다 나는 입술이 부정한 사람이요 입술이 부정한
> 백성 중에 거주하면서 만군의 여호와이신 왕을 뵈었음이로다" (사6:5)

이사야는 영광의 빛 안에서 부정한 입술의 백성 중에 살아가는 자신의 입술도 부정하다고 인식하며 슬픔과 절망으로 탄식합니다. 그가 할말을 잃고 먹먹함을 경험하고 있을 때, 세라핌 중 하나가 제단의 숯불을 그의 입술에 대며 "네 악이 제거되었고 네 죄가 덮어졌다" 라고 그가 고백했던 부정함이 정결하게 되었음을 선포해줍니다. 그 때 이사야는 삼위 하나님의 음성을 듣습니다.

"내가 누구를 보낼까? 누가 우리를 대신하여 갈 것인가?"
"제가 여기에 있습니다. 저를 보내어 주십시오" (사6:8)

이사야가 이스라엘에게 전해야할 주님으로부터 받은 메시지는 이것입니다(사6:9-13).

"너가 가서 이 백성에게 "너희는 듣고 또 들어라 그러나 깨닫지도 이해하지도
말아라! 너희는 보고 또 보아라 그러나 알게 되지 말아라 너희에게 인식도 되지
아니하리라"라고 선포해라. 너가 그렇게 선포하면 그 때로부터 이스라엘 백성의
귀가 막히고 눈이 감기고 마음이 우둔하게 될 것이다. 그러한 상태로 그들은 내가
정한 오랜 세월동안 이스라엘 땅에서 멀리 옮겨져 살게 될 것이다. 그들이 이 땅을
떠나 있는 동안 그들이 살던 이스라엘 땅의 성읍들은 폐허가 될 것이고 그 땅의
토지는 버려진 채로 남아있는 곳이 많게 될 것이다. 그들은 이방 땅에 흩어져 오랜
기간 살아가게 될 것이다. 그들 중에서 십분의 일이 남겨지게 될 것이지만 그
십분의 일마저도 불에 타 죽고 말 것이다. 그렇게 이방 땅에서 그들의 인구가 많이
줄어들게 될 일이 있을 것이지만 나무가 잘려나가도 그 뿌리와 그루터기는 여전히
남아 있는 것처럼 거룩한 자손들이 이스라엘 땅으로 돌아올 것이며 그들이
이스라엘 땅의 그루터기가 되어 다시 그 땅에 뿌리 박히고 줄기가 자라며 싹이
트게 될 것이다"

이사야는 선지자 에녹 다음으로 가장 광범위한 예언을 한 선지자입니다. 이사야의 예언은 예루살렘과 성전과 이스라엘 민족의 미래에 관한 수많은 내용을 다루고 있습니다. 가까운 1차 성전의 멸망과 1차 디아스포라와 먼 2차 성전의 멸망과 2차 디아스포라, 메시아의 초림과 재림에 대한 예언들, 고난 받는 종의 고난과 이스라엘 백성의 고난, 이방인의 구원과 이스라엘의 구원, 재림하시는 메시아가 예루살렘을 중심으로 전지구적으로 통치하게 될 메시아 왕국, 유대인과 이방인이 한 하나님을 섬기는 시온산 시대, 천년왕국와 새 하늘 새 땅…

메시아의 초림과 재림

지금으로부터 약 2,700년 전 예루살렘 살고 있던 선지자 이사야에게 예언의 영이 열려서 그는 가까운 미래도 내다보고 먼 미래도 내다보았습니다. 선지자는 약 700년 후에 베들

레헴에서 한 아기가 처녀의 몸에서 태어나는 장면을 바라봅니다.

> "이는 한 아기가 우리에게 났고 한 아들을 우리에게 주신 바 되었는데 그의
> 어깨에는 정사를 메었고 그의 이름은 기묘자라, 모사라, 전능하신 하나님이라,
> 영존하시는 아버지라, 평강의 왕이라 할 것임이라 그 정사와 평강의 더함이
> 무궁하며 또 다윗의 왕좌와 그의 나라에 군림하여 그 나라를 굳게 세우고
> 지금 이후로 영원히 정의와 공의로 그것을 보존하실 것이라 만군의
> 여호와의 열심이 이를 이루시리라" (사9:6-7)

한글 성경에서는 앞에 두 문장의 동사를 '났고… 되었는데'라고 과거 시제로 읽히게 번역하였지만 이 히브리어 본문을 영어 성경에는 현재 시제로 번역하여서 더 생동감있게 선지자의 시선을 따라갈 수 있도록 반영해주었습니다.

> "For unto us a child is born, unto us a son is given"
> 우리를 위해 한 아기가 태어난다. 그런데 그분은 전능하신 하나님이시다. 한
> 아들이 우리에게 주어진다. 그런데 그분은 영존하시는 아버지이시다. 그 아들의
> 어깨에 왕권이 있을 것이다. 그분의 이름은 '놀라우신 조언자'이며 샬롬으로
> 통치하시는 '평강의 왕'이시다. 그분의 통치는 점점 더 증가하며 그 나라의 샬롬은
> 끝이 없이 이어질 것이다. 그분은 다윗의 보좌에 앉아서 그 왕국을 영원히 굳게
> 세울 것인데 미쉬파트와 쩨데카로 그분의 통치의 보좌는 영원히 무궁하리라.
> 만군의 여호와의 질투하심이 이 일을 이루리라

6절과 7절의 짧은 몇 문장 안에 약 2,000년의 시간 간격이 있습니다. 예수님의 초림으로부터 재림까지 인간을 구원하시려는 하나님의 열심은 바로 자기 백성을 뜨겁게 연애하시기 때문에 질투하시는 사랑입니다. 초림과 재림 사이에 하나님께서 먼저 택한 이스라엘의 눈과 귀를 가리고 구원이신 예슈아를 들어도 보아도 깨닫지도 이해하지도 알지도 인식되지도 않게 하셔서 마음이 우둔하게 해놓으신 이유는 이방인들을 예수님 안으로 충만한 수가 차기까지 받아들이시려고 작정하셨기 때문이었습니다.

> "(때가 이르기 전에) 이스라엘 백성이 눈으로 보거나 귀로 듣거나 마음으로
> 깨달았다가는 내게로 돌이켜서 고침을 받게 될까 걱정이다" (사6:10, 새번역)

걱정하시며 염려하시는 하나님의 본의는 무엇입니까? 바로 이방인인 우리를 구원하시려는 하나님의 질투하시는 열정적인 사랑입니다. 선지자는 애타게 묻습니다. "나의 주님! 언제까지입니까?" 주님의 대답에 모든 해답이 있습니다.

> "이방인 구원의 충만한 수가 차게 되면, 오랜 복역의 기간이 끝날 것이고 그 때
> 이스라엘 백성의 남은 자들이 고토에 다시 심겨지고 번성할 것이며 그들은 지극히
> 큰 군대가 되어 나를 맞이할 준비를 하게 될 것이다. 그 때 여호와의 영광이
> 나타나고 모든 육체가 그것을 함께 보리라"

> "너희는 위로하라 내 백성을 위로하라
> 너희는 예루살렘의 마음에 닿도록(예루살렘의 중심을 향하여)
> 말하며 그것에게 외치라 그 복역의 기간이 끝났고 그 죄악이 사함을 받았느니라
> 지은 모든 죄에 비하여 갑절의 벌을 여호와의 손에서 받았느니라" (사40:1-2)

브리트 하다샤 마5:8-20 / 마19:16-26

토라의 시작이며 완성이신 예슈아

하늘에서 땅으로 생명의 물이 되어 흘러내린 토라처럼 예수님도 하늘에서 땅으로 내려오셔서 육신이 되셨습니다(성육신). 예수님은 토라를 완전하게 하러 오셨다고 말씀하십니다(마5:17). '완전하다'는 의미를 가진 헬라어 플레로πληρόω는 '성취하다'는 의미로 '가득 채우고, 풍부하게 하고, 공급하고, 완성시키고, 수행하고 실행하게 한다'는 의미가 있습니다. 예수님은 자신을 토라(말씀, 요1:1)라고 하셨고 천지가 없어지기 전에는 율법의 일점 일획도 결코 없어지지 아니하고 다 이룰 것이라 말씀하셨습니다(마5:18). 율법을 다 이루겠다고 말씀하신 것은 하나님이 계획하신 구원의 역사를 토라를 통해서 다 이루겠다는 의미입니다.

구원의 시작은 십자가를 통한 영의 거듭남이고 그 후 말씀으로 혼의 구원을 이루어가는 성화의 과정을 거치며 죽음 이후에는 몸의 구속인 첫째 부활이 있고 마지막 완성은 새

예루살렘이 될 것입니다. 하나님은 인류 역사의 마지막 날에 죄로부터 완전히 구속받고 영생의 자격을 얻은 영혼들이 새 예루살렘으로 들어가게 하기 위해 구속의 계획의 청사진과 그 구속의 실행들을 토라를 통해 말씀하셨습니다. 그리고 예수님은 이 토라를 직접 실천하셨고 십자가 위에서 구속을 완성하셨습니다. 예슈아의 피로 대속받은 우리에게 하나님이 원하시는 것은 이스라엘 백성에게 원하셨던 것처럼 토라의 말씀을 듣고(샤마עמש) 지키는 것(샤마르רמש)입니다.

토라는 법입니다. 비처럼 하늘에서 땅으로 내리는(흐르는) 것입니다. 물은 생명을 자라게 합니다. 토라가 우리 삶에 잘 세워지면 생명이 흐르게 됩니다. 우리의 삶에서 관계에 갈등이나 다툼이 일어나면 우리는 그것으로 인해 서로 묶이고 막히게 됩니다. 순환이 잘 되지 않고 막힘이 생기면 고여 있게 되고 고이게 되면 썩게 됩니다. 그러나 토라가 우리 삶에 잘 세워지면 우리는 토라를 통해 갈등과 다툼의 원인을 해결할 수 있고 그것은 우리 안에 막힌 것을 뚫어 주게 됩니다. 하늘에서 흘러내려오는 토라의 말씀이 막히면 세상에는 불법이 생깁니다. 불법이 생기지 않도록, 혹은 생기더라도 바른 판단으로 불법을 심판하는 기준이 토라입니다.

토라는 하나님의 입에서 나오는 말씀입니다. 그 말씀은 우리의 어두운 것을 비춰주는 빛입니다. 그 말씀은 우리의 더러운 것을 씻어주는 생명의 물입니다. 예수님은 "마음이 청결한 자는 복이 있나니 저희가 하나님을 볼 것임이요"(마5:8)이라고 말씀하셨습니다. '청결하다'는 헬라어는 카타로스 καθαρός인데 이는 '깨끗하고 순수하며 오염이 되지 않고 죄책감이 없는', 더 나아가 '불로 연단한 상태', 혹은 '가지치기를 통해 깨끗한 열매를 맺을 수 있는 포도나무의 상태'를 의미합니다. 말씀은 우리의 생각과 마음에 무성하게 자란 가지를 치고 불로 연단해서 깨끗하게 합니다. 그렇게 깨끗하게 된 자들은 하나님을 보는 축복을 받게 됩니다.

하나님을 보는 것은 곧 그분의 영광을 보는 것입니다. 그러므로 하나님의 영광을 구하는 핵심은 말씀입니다. 하나님은 이스라엘 백성에게 영광을 보여주시기 위해 그들을 율례와 법도 즉, 토라의 말씀으로 준비시키시고 하나님께로 가까이 나아오도록 하셨습니다. 그러므로 마지막 때 신부들인 우리들은 말씀으로 우리의 몸과 혼과 영을 정결하게 하여 예복을 준비해야 합니다. 우리는 나의 소유, 나의 보석, 나의 신부라 부르시는 하나님과 하나되어 약속하신 새 예루살렘에서 영원한 생명을 누리게 될 것입니다.

이트로 주간의 말씀

1. 인생의 중요한 순간에 삶에 선한 영향력을 끼칠 만남은 하나님의 섭리 안에 있습니다. 하나님의 섭리 안에서 이뤄진 만남은 하나님의 뜻을 이루게 하십니다.

2. 하나님의 킹덤의 법法이 바로 '토라'이고 토라는 우리 인생을 잘 살아가기 위한 '인생 사용 설명 지침서' 와 같습니다.

3. 한자로 법法은 물 수水에 갈 거去자가 합쳐진 글자로 이것은 물이 흘러가는 것을 의미합니다. 물처럼 흘러가는 것이 법이라는 뜻인데 이것은 놀랍게도 토라와 같은 어원의 의미를 가지고 있습니다. 하늘에서 생명의 물이 땅으로 흘러내려와 우리를 적셔 주듯이 토라(법)가 잘 세워져 사람들 사이에서 흐르면 생명이 흐르게 됩니다.

4. 시나이 산에서 시작된 마탄 토라는 초대교회의 오순절 성령강림으로, 그리고 마지막 날 요엘을 통해 예언하신 전세계적인 성령의 부어짐으로 성취될 것입니다.

5. 세상을 따르지 않고 하나님을 따르기로 결단한 사람들에게 하나님은 자신의 구원을 나타내시며 그들을 쎄굴라로 삼으십니다. 그들을 하나님의 자랑이자 영광으로 삼으십니다. 세상에 속하여 있지 않고 하나님의 말씀을 따르는 우리는 하나님의 특별한 보석, 사랑받는 보석, 자랑스러운 트로피인 쎄굴라입니다.

6. 제사장 나라라는 말에는 두 가지가 담겨 있습니다. 제사장이라는 말에는 제사장권이, 나라라는 말에는 왕권이 담겨 있습니다. 하나님은 이스라엘 백성을 쎄굴라로 삼으시면서 그들에게 제사장권과 왕권을 허락하셨습니다.

7. 시나이 산에서 하나님 자신을 모세에게 계시하시고 그에게 토라를 주신 것은 그 날에 시온 산에서 하나님의 모든 권세를 예슈아에게 주시고 그를 통해 하나님을 열방 가운데 계시하시며 하나님의 토라가 예슈아를 통해 온 땅에 선포되고 통치되도록 할 것을 보여준 것입니다.

8. 셋째 날의 영광은 하나님을 마주하는 것입니다. 셋째 날에 하나님은 하늘의 영광을 땅에 내려오게 하심으로 죽을 육체안에 거하고 있던 자들을 영원한 생명으로 옮겨 주실 것입니다. 하나님은 예슈아를 셋째 날에 들어올리셔서 죽음의 권세를 파쇄하고 영원한 생명으로 옮겨 주셨습니다. 셋째 날의 영광은 마지막 날에 모든 성도들이 부활함으로 성취될 것입니다.

9. 첫 번째 나팔 소리와 함께 강림하셨던 하나님은 이스라엘 백성에게만 자신을 나타내셨지만 마지막 나팔 소리와 함께 강림하실 예슈아는 온 세계에 자신을 나타내 보이실 것입니다.

10. 십계명을 통해 하나님의 백성에게 하나님이 요청하시는 것은 하나님을 닮은 성품으로 하나님을 사랑하고 사람들을 사랑하는 것입니다.

11. 돌을 쪼개고 다듬는 것은 사람의 모습에 보기 좋은 대로 만드는 것입니다. 이런 제단을 쌓는 방법은 우상을 섬기는 자들이 행하는 방법이었습니다. 하나님은 하나님께 나아올 때 다듬지 말고, 꾸미지 말며, 숨기지 말고, 울퉁불퉁한 모습 그대로 나오는 것이 좋다고 말씀하십니다.

이트로 주간의 선포

1. 모든 만남을 주관하시는 하나님께 마지막 때에 거룩하게 남은 자들의 연대를 이루어주시길 기도합니다. 토라의 말씀을 따르고 하나님의 시간을 지키려는 자들의 거룩한 연대를 통해 말씀이 성취되어지는 통로로 사용하여 주시길 기도합니다.

2. 우리 삶의 기준이 하나님의 토라가 되지 못하게 막아왔던 종교의 영과 잘못된 신학의 영향력을 끊어주시고 무엇이 잘못된 것인지 밝히 깨달을 수 있도록 우리의 영의 눈과 귀를 열어주시길 기도합니다. 토라를 향해 우리 삶을 튜닝하여 바른 판단과 결정을 내릴 수 있도록 도와주시길 기도합니다.

3. 토라를 주신 오순절에 성령을 보내주셔서 이스라엘 땅에 첫 번째 부흥을 일으키시고 교회를 세워주셨듯이 이 땅에 토라와 성령의 하나됨을 통해 다시 한번 부흥이 일어나게 하소서.

4. 하나님의 소유, 쩨굴라로서 지금 우리 자신을 말씀으로 단련하여 메시아닉 킹덤에서 왕과 제사장을 역할을 잘 감당할 수 있는 자들이 되게 하소서.

5. 마지막 나팔이 울릴 때 셋째 날의 영광에 참여하는 자, 부활의 영광에 참여하는 자 되길 소망합니다. 이 소망이 이룰 때까지 견고하게 믿음을 지켜내는 자 되게 하소서.

18주간

מִשְׁפָּטִים

MISHPATIM

미쉬파팀, 판결들

파라샤 **출21:1-24:18**
하프타라 **렘34:8-22, 33:25-26**
브리트 하다샤 **마17:1-11 / 마 26:20-30**

DAY 1 출21:1-19

미쉬파트מִשְׁפָּט와 쩨다카צְדָקָה

히브리어에서 '의'라는 단어는 쩨다카צְדָקָה와 미쉬파트מִשְׁפָּט라는 단어를 사용합니다. 한글 성경에서는 보통 쩨다카는 '정의'로 번역하고 미쉬파트는 '공의, 공평'으로 번역을 하지만 상당 부분 혼용되어 번역이 되어서 '의'라는 단어가 나왔을 때 히브리어 원어를 확인해야 말씀이 더 잘 이해되는 부분이 있습니다.

쩨다카צְדָקָה는 일차적으로는 하나님과 인간의 관계가 올바른 상태(righteousness)로 되어 있음을 말하고 이차적으로는 하나님과의 바른 관계로부터 자연스럽게 나타나는 모든 의로운 상태와 행위를 말합니다.

미쉬파트מִשְׁפָּט는 '바르게 판단함, 판결, 공의'라는 뜻을 가지고 있습니다. 미쉬파트מִשְׁפָּט는 '심판하다'는 뜻의 샤파트שָׁפַט 동사에서 파생되었습니다. 그러므로 미쉬파트는 공의의 기준으로 바른 판단을 한 뒤 그것에 대한 결정(법정 용어로는 선고)까지 하는 모든 과정을 포함합니다. 그러므로 바른 미쉬파트를 위해서는 내가 결정하는 기준이 무엇인가를 살펴보아야 합니다. 왜냐하면 기준이 잘못되면 결정도 잘못되기 때문입니다. 기준이 바르지 않은 상태에서 어떤 판단을 행하고 결정을 내리면 결코 바른 결정이 나올 수 없습니다.

미쉬파트와 쩨다카는 하나의 짝입니다. 쩨다카는 미쉬파트의 기준이 됩니다. 하나님과의 올바른 관계성을 나타내주는 쩨다카가 바로 세워져 있을 때 다시 말해, 하나님과 우리의 관계가 바로 서 있을 때 우리는 하나님의 기준으로 바른 미쉬파트를 내릴 수 있습니다.

쩨다카가 바로 서 있지 않은 상태에서 우리는 바른 판단과 결정을 내릴 수 없습니다. 그러므로 나를 분별할 수 있는 기준이 쩨다카입니다. 하나님과 우리의 관계가 바로 설정되면 우리의 생각의 기준이 바르기 때문에 바른 미쉬파트(판단, 법)가 나올 수 있습니다. 그리고 바른 미쉬파트는 사람들과의 관계에서 벌어지는 모든 일들을 공의롭게 해결할 수 있게 해줍니다. 쩨다카가 수직적 관계라면, 미쉬파트는 수평적 관계입니다.

하나님은 우리에게 토라הרות라는 법을 주셨습니다. 이 법은 하나님 나라의 통치원리이자, 하나님과 우리 사이의 언약이며, 하나님과의 쩨다카는 물론 사람들과의 관계에서 미쉬파트가 어떻게 구체적으로 이뤄져야 하는지를 알려주는 것입니다. 그러므로 하나님의 백성은 토라가 가르쳐주는 미쉬파트를 통해 하나님의 통치원리를 이해하고 사람들과의 관계에서 바른 판단과 결정, 바른 분별과 재판을 할 수 있게 됩니다.

모든 선지서의 주제는 미쉬파트입니다. 미쉬파트가 잘못될 때 한 나라 전체가 기울어지게 됩니다. 그래서 하나님이 선지자들을 통해서 반복적으로 말씀을 통해 경고하신 것은 쩨다카를 다시 세우고 미쉬파트, 판단과 공의를 바로잡으라는 것이었습니다. 그러므로 선지자의 역할은 사회의 공의(미쉬파트)와 정의(쩨다카)를 바로잡도록 알리는 것입니다. 하나님이 선지자들을 통해서 나라의 비뚤어지고 기울어진 상태를 바로잡으라는 메시지를 계속 보내도 왕과 백성들이 듣지 않으면 자정 능력 즉, 스스로 최초의 균형 상태로 원상 복구하려는 속성에 의해 기울어진 것들이 결국 무너지고 황폐하게 된 뒤 다시 세워지게 됩니다. 자정 능력은 우주적인 법칙으로 하나님이 세상을 창조할 때 설정해 주신 것입니다. 하나님의 창조 질서에 따라 하나님이 세우신 법이 자정 능력을 가지기 때문에 작은 심판을 통해서 바로잡게 되는 경우도 있지만 안되면 완전히 뒤엎어지기도 합니다. 한 나라가 쩨다카와 미쉬파트를 잃어버려 계속 균형을 잃고 무질서와 혼돈의 상태가 될 만큼 기울어지면 자정 능력으로 인해 나라가 망할 수밖에 없게 되는 것입니다.

법은 나라를 다스리는 기초입니다. 우리는 우리가 속한 나라의 법에 적용 받습니다. 그러나 지금은 민족들이 나라와 나라의 경계를 넘어 부지런히 움직이면서 나라의 경계가 허물어지고 세계가 하나로 되어가고 있습니다. 이전에는 정치 시스템, 문화, 언어, 역사 등에 따라 나라와 민족별 간의 간극이 있었는데 지금은 한 나라가 흔들리면 주변 나라들이 함께 흔들리고 한 나라에서 벌어지는 이슈가 주변 나라에 큰 영향을 줄 정도로 더 깊이 유기적 연관성을 가지고 영향을 주고받고 있습니다. 세계가 점점 하나가 되어 가고 있습니다. 하나가 되는 세상은 누가 다스리게 될 것입니까? 만왕의 왕이신 예슈아입니다. 그러나 이 세상을 주관하고 있는 사탄은 예슈아가 왕이 되어 다스리는 메시아 왕국이 오지 못하게 하려고 합니다. 하나님의 킹덤이 온다는 것은 곧 그의 심판과 멸망이 임하는 날이기 때문입니다. 그래서 어떻게 해서든 이 세상을 자기 영향력 아래 두기 위해 그리스도를 대적하는 연합 정부를 만들려 하고 있고 이것이 우리가 흔히 말하는 적그리스도의 세계 정부입니다. 지금은 세계 정부의 움직임이 아주 두드러지게 나타나는 때입니다. 그래서 세상은 크게 두 나라, 하나님의 킹덤과 세상 나라(세계 정부)의 다스림의 시기로 들어가고 있습니다.

이것은 빛의 나라와 어둠의 나라의 대립입니다. 그러므로 우리는 크게 두 나라, 하나님의 킹덤의 법과 세상 나라(세계 정부)의 법에 적용을 받고 있습니다. 하나님의 킹덤의 법은 우리를 자유케 하고 존중하는 생명과 성령의 법이지만, 세상 나라의 법은 보기에는 자유하게 해 주고 존중해 주는 것 같지만 실제로는 질서를 무너뜨리고 혼돈과 폭력을 낳음으로 사람을 묶어버리는 사망과 멸망의 법입니다. 그러므로 하나님의 킹덤의 법을 잘 이해하고 그 법을 따르고 지키면 우리에게는 자유와 생명이 보장되지만, 세상을 쫓아가며 그 법을 따르면 결국 사망과 멸망이 따르게 됩니다. 나의 미쉬파트, 분별과 판단은 어느 법에 기초를 두고 있습니까? 내게 자유와 생명이 충만합니까, 여전히 어둠과 우울, 죽음의 그림자가 더 강하게 나를 지배하고 있습니까? 하나님의 킹덤의 법, 토라를 알고 말씀이 내 삶 속에서 이뤄지기를 힘쓰는 것이 성육신을 이루는 삶입니다. 말씀은 곧 예슈아입니다.

하나님의 법과 시간(절기)을 바꾸어 버린 여로보암의 죄가 강력했던 북이스라엘이 결국 멸망으로 치닫고 있을 때 호세아 선지자는 "힘써 여호와를 알자"(호6:3)라고 외쳤습니다. 이것은 곧 '말씀을 알자'는 외침입니다. 우리가 매일 묵상하고 입으로 되뇌이며 반복적으로 읽으면서 연구하고 있는 토라, 말씀을 통해 우리는 하나님의 킹덤의 통치원리인 미쉬파트와 쩨다카를 바로 세우게 됩니다. 그리고 이것은 나를 바로 세워서 나의 삶이 완전히 하나님의 통치를 받도록 합니다. 하나님의 통치를 받는 삶은 질서와 평안입니다.

쩨다카과 미쉬파트는 하나님의 킹덤의 통치의 두 기둥이자 또한 토라의 두 기둥입니다. 모든 토라의 말씀은 먼저 하나님과의 의의 관계(쩨다카)를 세우고 하나님이 내려 주시는 말씀을 기준으로 바른 판단과 결정(미쉬파트)을 내릴 것을 말하고 있습니다. 하나님과의 의의 관계는 그분을 경외하는 마음과 친밀함, 그리고 하나님만이 유일한 하나님이라는 믿음을 통해 세워집니다. 하나님과의 친밀함은 그를 경외하는 자들에게 있고 하나님은 자기를 경외하는 자들에게 그의 언약을 보여주십니다(시25:14). 그리고 언약은 토라를 통해 지켜지고 성취됩니다. 하나님과의 친밀함을 가진 자들은 하나님이 보여주신 언약, 토라의 말씀을 듣고, 알고, 깨닫고 이해하여 그 말씀을 기준으로 다른 사람을 헤아리고 판단하고 어떻게 해야 할지 결정을 내립니다.

　　하나님은 시나이 산에서 이스라엘 백성과 언약을 맺으신 뒤 그들에게 언약의 핵심이자 토라의 핵심인 십계명을 내려 주시고 구체적으로 그들이 어떤 기준으로 판단과 결정을 내려야 할지를 가르쳐 주셨습니다. 바른 판단과 결정들, 미쉬파팀은 공평하게 바른 보상과 바른 형벌을 집행하는 것을 포함합니다. 그런데 공평하고 공정한 판단과 결정을 위해 하나님이 가르쳐 주신 율례와 법도들에 대해 보통은 이것이 우리의 죄를 정죄하고 심판하기 위한 것이라는 이미지를 더 많이 갖고 있습니다. 그러나 미쉬파팀의 핵심은 하나님을 경외하고 그분과의 친밀한 관계로부터 세워지는 쩨다카를 통해 하나님의 킹덤의 다양한 영역 안에서 일어나는 일들을 하나님의 관점과 마음으로 바라보고 판단하여 질서를 잡고 의롭게 통치하게 하기 위함입니다. 그러므로 미쉬파팀은 우리의 죄를 정죄하기 위한 것이 아니라 우리를 질서 있고 아름답게 다스려서 하나님께 속한 자들에게 합당한 삶을 살아갈 수 있도록 돕는 판단과 결정들입니다.

　　하나님은 쩨다카와 미쉬파트를 사랑하십니다(시33:5). 하나님의 마음에 합한 자였던 다윗은 이스라엘을 쩨다카와 미쉬파트로 다스렸습니다(삼하8:15). 시편 기자는 능력 있는 왕은 미쉬파트를 사랑한다고 말합니다(시99:4). 쩨다카와 미쉬파트가 바르게 세워져 있는 지도자는 나라에 평안과 번영을 가져옵니다. 그리고 우리의 구원자이자 온 땅의 통치자 만왕의 왕이신 예슈아는 쩨다카와 미쉬파트가 무엇인지, 하나님이 가르쳐 주신 토라의 진정한 의미가 무엇인지를 그의 삶을 통해 우리에게 가르쳐 주셨습니다. 종교의 영과 위선으로 가득 차 있던 바리새인과 서기관들은 예슈아로부터 책망을 들었는데 예슈아는 그들이 토라의 핵심인 정의와 긍휼, 믿음을 저버렸다고 말씀하셨습니다(마23:23). 여기서 정의는 미쉬파트 즉, 바른 판단과 바른 분별과 바른 결정을 의미하며, 긍휼은 헤세드 즉, 아버지의 마음을 가지고 눈높이를 낮춰서 바라봐주는 것을 의미하고, 믿음은 에무나אֱמוּנָה 즉, 하나님과 맺어진 바른 관계의 상태를 충성스럽게 계속 유지하는 견고함과 신실함입니다. 그들은 예배의 예식을 위해 드려야 하는 향료들과 십일조는 챙겼지만 하나님의 마음인 미쉬파트(바른 판단)와 헤세드(하나님의 마음), 에무나(신실함)를 버렸습니다. 그런 그들을 향해 주님은 이것도 해야 하고 저것도 해야 한다고 말씀하셨습니다. 미쉬파트와 헤세드, 에무나를 버린 그들은 위선과 탐욕으로 가득 차 있어 백성들을 잘 다스리지 못했고, 바른 길로 인도하지 못했으며 자기들처럼 배나 지옥 자식이 되게 하였습니다. 솔로몬은 시편에서 이렇게 기도했습니다.

"하나님이여 주의 판단력(미쉬파트)을 왕에게 주시고 주의 공의(쩨다카)를 왕의
아들에게 주소서 그가 주의 백성을 공의(쩨다카)로 재판(딘)하며
주의 가난한 자를 정의(미쉬파트)로 재판하리니"(시72:1-2)

뒤틀어진 관계, 하나님으로부터 벗어난 관계를 다시 조율하고 바로잡아 쩨다카를 세우고, 하나님의 말씀에 담겨있는 그분의 깊은 사랑(헤세드)을 깨닫고 믿음(에무나)으로 말씀을 통해 하나님의 백성을 다스리는 바른 판단과 결정(미쉬파트)을 행하는 하나님의 지도자들이 일어서야 하며, 그런 세대가 일어서야 할 때입니다.

"정의(미쉬파트)를 지키는 자들과 항상 공의(쩨다카)를 행하는 자는 복이 있도다"
(시106:3)

주인을 사랑하는 것

미쉬파팀의 첫 번째 가르침은 노예에 관한 법입니다. 하나님은 이스라엘 백성이 이집트에서 얼마나 혹독하게 노예생활을 했는지 잘 아셨습니다. 그러나 인간의 삶에는 잘못된 관계나 실수, 범죄로 인해 발생되는 피해와 보상을 위해 어쩔 수 없이 종속관계가 형성될 수밖에 없다는 것도 아셨습니다. 그래서 이런 종속된 관계를 건강하고 질서 있게 유지함으로써 모든 관계 안에서 사람이 다치지 않고 보호받을 수 있는 미쉬파팀을 허락하셨습니다.

성경에서는 종, 혹은 노예라고 표현되어 있지만 이것은 오늘날로 보면 법적으로 권위관계에서 아래 있는 자라고 볼 수 있습니다. 어떤 누군가는 주인이 되고 누군가는 주인을 돕는 자로 일하게 됩니다. 그럴 때 주인은 자기를 도와서 일하는 자(종)를 존중하고, 또 주인을 돕는 자는 주인의 권위에 충성을 하도록 하나님은 명령하십니다. 특별히 고대 사회에서는 지금과 같은 경제 구조가 아니었기 때문에 자기에게 주어진 땅이 여러가지 이유로 사라지면 삶의 터전 자체를 잃어버렸고, 그렇게 되면 땅을 소유한 누군가의 밑에 들어가야만 살 수가 있었습니다. 그래서 스스로 종이 될 수밖에 없는 상황이 되었습니다. 그런데 하나님은 그 종이 같은 동족이면 7년째가 되는 해에는 반드시 자유인이 될 수 있도록 하심으로 일정 기간 그가 자신의 노동으로써 대가를 치르고 다시 자유를 보장받을 수 있도록 하셨습니다(출21:2). 그리고 종들이 함부로 대우받는 일이 없도록 남종이나 여종을 폭행하거나

죽이는 사람에 대해서는 형벌을 받게 하셨고(출21:20), 종들의 눈이나 이를 상하게 하면 그들에게 자유를 줌으로써 보상해 주라고 말씀하셨습니다(출21:26-27).

그런데 만일 그 종이 주인의 집에서 얻은 처자를 사랑해서 자유인이 되지 않겠다고 말하면(출21:5) 그의 귀를 문이나 문설주에 대고 송곳으로 그의 귀를 뚫어서 영원토록 주인을 섬길 수 있도록 하라고 말씀하셨습니다(출21:6). 이스라엘 집의 문과 문설주에는 메주자라는 것이 붙어 있는데 이 안에는 신명기 6:4-6의 말씀이 포함되어 있습니다. 이 말씀은 하나님의 말씀을 듣고 하나님을 사랑하라는 말씀인데 주인이 종의 귀를 메주자가 붙어있는 문설주에 대고 귀를 뚫는 것은 그가 하나님의 말씀을 듣고 순종함으로 평생토록 주인을 잘 따르고 충성할 것을 의미하는 것입니다.

하나님은 종의 신분을 가진 자들이 함부로 다뤄지지 않도록 하셨고, 그들에게 자유를 얻을 수 있는 기회를 주셨으며, 무엇보다 그들이 주인을 떠나지 않을 때는 하나님의 말씀 아래에서 자신의 삶을 주인에게 주도록 하셨습니다. 하나님은 이렇게 주인과 종 모두의 생명을 소중하게 다루시고 권위의 관계를 지켜주셨습니다. 하나님의 킹덤에서 불공평은 없습니다. 바른 쩨다카와 미쉬파트만 있다면, 또한 토라의 말씀을 통해 하나님의 마음을 잘 안다면 그것이야말로 진정으로 공정하고 자유와 평등이 보장되는 사회와 나라를 이루게 할 것입니다.

DAY 2 출21:20-22:4

하나님의 미쉬파트의 원리

하나님의 미쉬파트의 원리는 양팔 저울을 통해 이해할 수 있는데 양팔 저울은 한쪽에 무게가 기울지 않도록 양쪽이 균형을 잡을 수 있도록 하는 것입니다. 이와 마찬가지로 하나님은 어떤 실수나 죄에 대해, 혹은 잘한 것에 대해 양팔 저울의 균형이 맞춰져야 하는 것처럼 정당한 보상과 형벌이 이뤄지도록 하라고 말씀하십니다. 이것을 간단하게 표현한 것이 '눈에는 눈(eye to eye)'입니다. 이 미쉬파트의 원리는 모든 행동은 그에 상응하는 정당한 결과가 있어야 한다는 것입니다.

하나님은 양팔 저울의 한쪽에 우리의 선한 행동을, 맞은편에는 우리의 악한 행동의 무게를 올려놓으십니다. 그리고 또 다른 저울에는 선한 행동에 대한 보상(reward)을, 맞은편에는 악한 행동에 대한 형벌(punishment)을 올려놓으십니다. 하나님은 우리의 선하고 의로운 행동에 따라 보상을 측량하십니다. 또한 악한 행동에 대한 형벌도 측량하십니다. 그래서 우리가 선한 행동을 하면 그것에 상응하는 보상을 올려놓으시고, 우리가 악한 행동을 하면 그것에 상응하는 형벌을 올려놓으십니다.

마지막 심판의 때에 하나님은 우리의 저울이 어느 쪽으로 기울어져 있는지에 따라 보상과 형벌을 결정하십니다. 그런데 우리는 우리 자신의 의로움만으로는 죄와 악함으로부터 오는 형벌을 감당할 수 없습니다. 그래서 우리는 하나님의 특별한 은혜가 필요합니다. 이것을 위해 하나님은 예슈아를 보내셨고 우리는 예슈아의 의로우심을 힘입어 우리의 저울이 정죄와 형벌쪽으로 기울어지지 않도록 하는 은혜를 받을 수 있게 됩니다. 만약 예슈아의 의로우심과 은혜가 없다면 우리의 저울은 정죄로 기울게 될 것입니다.

예슈아는 우리의 저울이 형벌과 정죄쪽으로 기울지 않도록 하셨을 뿐만 아니라, 더 나아가 죄로 인한 형벌을 해결하기 위해 자신이 직접 죄를 짊어지시고 형벌을 담당하셨습니다. 그래서 우리가 죄의 형벌을 짊어지지 않도록 하셨습니다. 우리가 받은 은혜는 정죄와 형벌까지 완전히 해결해 주신 은혜입니다. 그래서 예슈아는 우리가 형제들을 정죄하거나 부정적으로 판단하지 않을 것을 말씀하셨습니다. 우리가 헤아리는 만큼 우리도 헤아림을 받을 것이고, 우리가 형제를 용서할 때 아버지도 우리를 용서하실 것입니다(마7:1-2, 6:14-15). 우리가 대접받고자 하는대로 다른 사람을 대접해야 합니다(마7:12). 이것은 미쉬파트의 원리인 '눈에는 눈'이면서 동시에 은혜가 적용되는 법입니다.

토라는 형벌을 위한 법이 아닙니다. 그 형벌을 해결하기 위한 하나님의 사랑과 은혜가 함께 흐르고 있습니다. 우리는 토라의 핵심은 정의(미쉬파트)와 긍휼(헤세드, 사랑)과 믿음(에무나)이라는 것을 기억해야 합니다.

DAY 3 출22:5-27

도둑질하지 말라, 간음하지 말라

하나님은 삶에서 일어날 수 있는 각각의 사례들에 적합한 판결들을 구체적으로 알려 주시는데 이것은 마치 십계명을 확장, 적용한 것과 같습니다. 출애굽기 22:1-15절까지는 도둑질하지 말라는 십계명에 대한 구체적인 사례들로 도둑질한 것에 대한, 혹은 여러 가지 상황에 의해 재산에 피해가 생긴 것에 대한 보상법이 나옵니다. 또한 어디까지가 도둑질에 포함되는지 그 범위에 대해서도 정의해 주십니다. 의도적인 도둑질뿐 아니라 가축을 남의 포도원이나 밭에 풀어 놓아 곡식을 마구 먹게 한 행위, 방화를 하여 남의 곡식을 태우는 행위, 맡긴 물건에 손을 대는 행위도 도둑질에 포함됩니다. 도둑이란 남의 것을 빼앗거나 상해를 입힌 것을 말하는데 하나님은 의도적이든 의도적이지 않든 상대방에게 피해를 입힌 것은 도둑과 같은 경우라 보시고 반드시 보상하되 갑절로 보상하도록 명령하십니다. 물질적인 피해는 반드시 마음의 상함으로까지 이어지기 때문에 그에 대해 충분한 보상이 이루어져 사람과 사람 사이의 관계에 묶임이 생기지 않도록 하신 것입니다.

출애굽기 22:16-20은 간음하지 말라는 십계명에 대한 사례들로 혼인을 빙자한 사건이나 혼전 처녀에 대한 성적 침탈은 간음과 같은 것이므로 간음이 되지 않기 위해 반드시 결혼하도록 말씀하십니다. 하나님은 무당은 살려두지 말라고 하셨는데 이는 무당이 더러운 신들과 결합하여 영적으로 혼탁하게 하기 때문입니다. 하나님은 자신의 백성이 다른 신에게 제사를 드리거나 더러운 신과 결합하는 것은 영적인 간음을 행한 것이자 하나님이 모욕을 받으신 것으로 여기십니다. 간음이란 결혼한 자가 언약을 깨뜨리고 다른 사람과 불결한 성적 결합을 한 것입니다. 영적 간음은 하나님과 연합한 하나님의 백성이 다른 신과 접촉함으로써 거룩을 깨뜨리는 것입니다. 하나님은 이것을 결코 용납하지 않으십니다.

도둑질이나 간음은 모두 관계를 깨뜨립니다. 물질, 육신, 마음을 모두 상하게 하고 더럽게 합니다. 이러한 행위는 마음의 악함으로부터 나옵니다. 예수님은 마음에서 나오는 것은 악한 생각과 살인과 간음과 음란과 도둑질과 거짓 증언과 비방이라고 하셨습니다(마 15:19). 그래서 우리가 몸뿐 아니라 마음을 정결하게 할 것을 말씀하셨습니다. 하나님이 주신 도둑질에 대한 보상법이나 간음에 대한 금지도 마찬가지입니다. 결국 우리 마음의 근원을 살펴보아야 하는 것입니다. 마음의 악함을 끊어낼 수 있는 것은 토라가 우리 삶의 기준이 될 때입니다. 하나님께서 토라를 통해 우리에게 구체적인 사례들에 대한 법들을 하나씩 알려주신 이유는 결국 우리 마음의 행위의 잘 돌아보고 그에 합당한 행동을 함으로써 우리를 교정해 나가라는 그분의 선한 뜻입니다.

DAY 4 출22:28-23:5

부모 공경과 원수 사랑

하나님은 이스라엘 백성들에게 재판장을 모독하지 말며 백성의 지도자를 저주하지 말라고 명령하셨습니다(출22:28). 이는 십계명의 5계명인 부모를 공경하라는 계명의 확장과도 같은 것으로 권위자를 존중하라는 뜻입니다. 권위자를 존중할 줄 아는 사람이 하나님을 경외하는 법도 배울 수 있기 때문입니다. 또한 추수한 것을 하나님께 드리기를 더디 하지 말고, 처음 난 아들과 처음 난 소와 양의 새끼들은 하나님께 속한 것이기 때문에 하나님께 드리라고 말씀하십니다(출22:29-30). 하나님께 드려야 할 것을 마땅히 드릴 수 있는 것은 하나님을 경외하는 마음으로부터 나옵니다. 하나님이 우리 삶의 창조주이시며 권위자라는 것을 인정하는 것이 하나님을 경외하는 마음의 한 표현입니다.

거짓말하지 말라는 십계명의 계명은 거짓 소문을 퍼뜨리지 말고, 악인과 연합하여 위증하지 말며, 다수를 따라 부당한 증언을 하거나 약자라고 해서 편벽되이 두둔하지 말 것으로 확장, 적용됩니다(출23:1-3). 이 법은 공평법이라고도 하는데 거짓말은 결국 누군가의 편이 되어 조작하는 것이므로 그것이 자신의 이익을 위한 것이든, 자신이 속해 있는 그룹을 위한 것이든 어느 한 쪽에 서서 기울게 하는 것이기 때문에 이것은 결국 사회를 무너뜨릴 것입니다. 또한 거짓말은 사탄의 속성으로 사탄은 하나님의 말씀을 거짓으로 바꾸어 하나님이 사람에게 주신 세상을 자신의 것으로 빼앗아 갔습니다. 그렇게 차지한 세상에서 왕노릇하며 하나님 나라가 결코 이 땅에 이뤄지지 못하게 하려고 지금도 거짓말로 온 세상을 미혹하고 있습니다. 거짓말을 이길 수 있는 것은 정직입니다. 정직은 바르고 곧은 것으로 이것은 하나님의 말씀이 기준이 될 때만 나올 수 있습니다.

하나님은 가장 높은 수준의 법도 명령하셨는데 그것은 원수를 배려하는 것입니다. 원수의 소나 나귀가 길을 잃은 것을 보면 반드시 돌려보내 주고, 미워하는 사람의 나귀가 짐을 싣고 넘어졌을 때는 그것을 도와 다시 일으켜 세워주라고 말씀하십니다(출23:4-5). 원수나 미워하는 사람의 동물조차 배려함으로써 그 사람을 향해 미운 감정을 사용하지 않도록 하신 이유는 미움이 결국 우리의 영을 더럽혀 바른 미쉬파트를 할 수 없게 만들기 때문입니다. 미움은 우리의 생각과 감정을 비뚤어지게 하고 기울어져서 판단하게 합니다. 이것은 공정하고 공평하게 볼 수 없게 만드는 감정입니다. 비뚤어지고 기울어지는 판단은 곧 죄가 됩니다. 원수라 할지라도 우리가 미운 감정 그대로 사용하면 결국 그것이 우리의 죄가 될 것을 아셨기 때문에 하나님은 원수뿐 아니라 그에게 속한 동물까지도 배려하라고 하신 것입니다.

하나님이 주신 법들은 우리를 죄로부터 보호하여 하나님과 멀어지지 않게 하기 위한 장치입니다. 하나님이 주신 법들은 우리를 구속하여 자유롭지 못하게 하는 것이 아니라 그 법들 안에서 우리가 바르게 삶을 유지해 갈 때 거룩한 하나님의 백성으로서의 정체성을 지키면서 샬롬을 누리게 합니다. 거룩한 백성으로서 샬롬을 누리는 것, 이것이 하나님의 미쉬파팀의 목적 중 하나입니다.

DAY 5 출23:6-19

미쉬파팀

하나님은 폭행과 배상(출21:12-27), 어떤 물건이나 재산을 소유한 자의 책임(출21:28-36), 도덕과 인권(출22:16-31), 재판의 원리(출23:1-9)에 대해서 하나님의 미쉬파팀을 적용하도록 말씀하십니다. 그리고 이런 것들의 판단 기준 중의 하나는 그것이 고의였는지 실수였는지 그 동기를 살펴보게 하는 것이었습니다. 하나님은 외면적인 상해와 손해 자체를 보시는 것 이상으로 그 안의 동기를 중요하게 여기셨습니다. 그에 따라 배상의 경중도 달라지게 하심으로 억울함이 발생하지 않게 하셨습니다. 그리고 배상을 할 때는 물질적인 손해뿐 아니라 그로 인해 입은 마음의 상처까지 포용할 수 있도록 갑절의 배상을 할 것을 명령하셨습니다(출22:1-15). 이 모든 미쉬파팀의 기준은 사람의 생명을 지키고 보호하는 것입니다.

특별히 가난한 자나 사회적 약자, 나그네와 같은 사람들을 하나님은 더욱 보호하길 원하셨습니다. 왜냐하면 그들은 스스로 보호할 수 없는 자들이기 때문입니다. 그래서 하나님은 그들을 보호하는 것이 공동체적이고 사회적인 책임이라는 것을 명시하셨습니다. 하나님은 자신의 백성들이 이기적이고 자기들만을 지키는 자들이 아니라 함께 살아가는 자들이 되길 원하십니다. 그래서 하나님은 남자와 여자를 기초 단위로 정하시고 그들을 통해 가정이, 가정을 통해 사회가, 사회를 통해 나라가 이뤄지도록 하셨습니다. 사탄은 이것을 알고 있기 때문에 가장 기초가 되는 남편과 아내의 부부 관계를 그토록 끊어 놓으려고 하는 것입니다.

미쉬파팀은 모두가 함께 아름답게 살아가기 위한 것입니다. 그런데 하나님은 사람들의 생명을 보장하고 지키는 미쉬파팀에 하나님의 시간을 지키는 것을 강조하셨습니다(출23:10-17). 안식년과 안식일에 관한 법, 그리고 세 가지 절기인 무교절과 오순절과 초막절에 하나님 앞에 나아올 것을 말씀하십니다.

7일의 주기인 안식일과 7년의 주기인 안식년은 인류 역사가 7천년으로 계획되었고 7천년째가 메시아닉 킹덤 즉, 메시아가 다스리는 천년왕국의 시기라고 보는 것에는 모든 랍비들과 유대인들이 공통적으로 동의하는 것입니다. 히브리적 관점에서 하루는 천년, 천년은 하루와 같은 개념으로 보기 때문에 7일을 창조하신 것이 인류 역사 7천년을 의미한다고 보는 것입니다. 그래서 하나님의 시간의 사이클은 7의 주기로 움직입니다. 하나님이 6일 창조를 마치시고 7번째 날에 안식하심으로 모든 것을 완벽하게 이루셨다고 말씀하셨습니다. 마찬가지로 7천년째 메시아닉 킹덤이 시작될 때 비로소 인류 역사가 완성될 것입니다. 하나님은 우리가 7일의 주기, 7년의 주기로 리허설하고 미리 맛볼 수 있는 시간 시스템을 만들어 놓으셨고 일년의 시간에도 7절기를 셋팅하심으로 하나님의 백성들이 이 세상의 시스템안에서도 하나님의 시간을 잊지 않도록 만들어 놓으셨습니다. 이 땅에서 역사의 시작과 끝을 알고 하나님의 다스림 안에서 살아가는 방법은 바로 그분의 시간 안에 있는 것입니다. 그래서 하나님은 당신의 시간을 지키는 것을 아주 중요하게 여러 번 강조하여 이스라엘 백성에게 가르치셨고 믿음으로 아브라함의 자손이 된 우리에게도 동일한 것을 말씀하고 계십니다. 하나님의 시간을 이해하는 백성들이 역사를 바로 이해하고 볼 수 있을 것이며 이것이 시대와 역사를 바르게 분별하는 미쉬파팀이 되게 할 것입니다.

결국 미쉬파팀은 하나님의 시간 안에 살아가는 하나님의 백성들을 위한 법과 율례입니다. 세상의 시간에 살아가는 사람들은 세상에서 정해준 것을 따라갈 수밖에 없을 것입니다. 그러나 하나님의 시간에 살아가는 사람들은 하나님이 정해주신 것을 따라갈 것입니다. 하나님의 소유된 백성으로서 하나님의 시간 안에 하나님의 백성들을 지키고 보호하는 미쉬파팀을 행하는 우리가 되길 소망합니다.

하나님의 킹덤의 시간 '샤밭과 모아딤'

샤밭은 멈춤의 시간입니다. 나에게 주어진 6일의 시간을 열심히 살다 보면 피곤하고 지치게 될 수도 있고, 또 나를 둘러싸고 있었던 여러 가지 복잡한 생각과 관계 안의 충돌로 인한 갈등을 경험할 수도 있습니다. 이런 모든 것을 멈추게 하는 시간이 샤밭입니다. 하나님은 이 날을 거룩하게 구별하시고 축복하셨습니다(창2:3). 하나님이 샤밭을 통해 원하신 것은 하나님과의 온전한 시간을 통한 회복과 기쁨, 새롭게 되는 것입니다.

하나님은 이런 시간을 땅에도 허락하셨습니다. 그래서 여섯 해 동안은 땅에 파종하여 소산을 거두지만 일곱째 해에는 땅을 내버려 두고 잠깐 쉬는 동안 땅이 맺는 열매를 가난한 자들이 먹을 수 있도록 하고 남은 것은 들짐승이 먹을 수 있도록 하라고 명령하셨습니다(출23:10-11). 사람에게 쉼이 필요하듯 땅도 쉼이 필요하다는 것을 아셨고 쉼은 회복과 더나은 다음을 위한 준비라는 것도 아신 하나님의 사랑의 배려입니다. 가난한 자들과 들짐승까지 먹이시는 하나님은 온 우주의 주인이십니다.

하나님은 또 하나의 축복된 시간을 허락하셨습니다. 그것은 절기라 불리는 '모아딤 מוֹעֲדִים'의 시간입니다. 모아딤מוֹעֲדִים은 모에드מוֹעֵד의 복수 형태로 모에드는 약속된 시간과 약속된 장소를 의미합니다. 하나님은 일 년의 사이클 중에서 7번의 절기 즉, 7번의 약속된 시간을 정하셨습니다. 모아딤의 시간을 정하신 이유는 하나님을 기억하고 하나님 앞에서 즐거워하며 하나님과 시간을 누리게 하기 위함입니다. 7번의 모아딤의 시간 중에서도 특별히 무교절, 칠칠절(오순절, 밀초실절)[1], 수장절 이 세 번의 절기에 남자들은 하나님 앞에 얼굴을 보이라 명하십니다(출23:17).

무교절은 유월절(해질녘)을 지나 이집트에서 나온 시간으로 우리 안의 누룩을 완전히 제거하는 시간입니다. 하나님은 이 특별한 구원의 시간을 이스라엘 백성이 기억하길 원하셨고 하나님 앞에 감사의 마음으로 나아오길 원하셨습니다. 그래서 빈 손으로 오지 말라 명하십니다(출23:15).

한글 성경의 맥추절은 밀 추수의 첫 열매를 드리는 칠칠절(오순절)을 의미합니다. 첫 열매를 하나님께 드리는 두 가지 종류의 초실절이 있는데, 보리의 첫 열매를 드리는 초실절과 밀의 첫 열매를 드리는 오순절이 있습니다. 그런데 하나님이 세 번 보이라 말씀하신 초실절은 밀의 첫 추수를 드리는 오순절을 의미합니다. 한글 성경이 보리 맥(麥)으로 번역을 해서 혼동할 수 있도록 번역해 놓았는데 출애굽기 34:22에서는 분명하게 이 날이 칠칠절이라 명명되어 있습니다. 칠칠절은 보리 초실절부터 시작해서 7주간의 시간이 지나고 밀초실절에 드리는 절기입니다. 하나님은 모든 생명의 처음 것은 하나님께 속한 것이라 말씀하셨습니다. 처음 것은 가장 특별하고 영원히 기억되는 것입니다. 하나님은 이스라엘 백성이 하나님이 허락하신 첫 열매의 기쁨을 하나님과 함께 누리길 원하셨습니다. 그래서 첫 열매의 절기, 밀초실절의 시간을 하나님 앞에 나와 지키라 명하십니다.

수장절은 초막절을 의미하는 것으로 하나님은 이 절기에 수고하여 얻은 열매들을 밭에서 거두어 저장해 두라고 말씀하십니다(출23:16). 가을에 풍성하게 얻은 수확물을 가지고 초막에 들어가서 온 가족이 먹고 누릴 뿐 아니라 겨울을 지날 수 있도록 저장해 두는 절기인 수장절은 추수의 기쁨과 풍성함을 누리는 시간입니다. 모든 열매가 맺힐 수 있도록 하신 분은 하나님이십니다. 그러므로 그분 앞에서 이 시간을 누리는 것은 합당한 일입니다. 수장절의 추수는 마지막 날 하나님 안으로 들어오게 될 영혼들의 추수를 의미하기도 합니다. 하나님은 마지막 날에 있을 큰 잔치의 기쁨을 수장절을 통해 매년 미리 맛보게 하신 것입니다.

---

1 한글 성경에서는 칠칠절(오순절)을 보리를 추수하는 의미인 맥추절로 번역을 해서 많은 사람들이 혼동한다. 【출23:16, 출34:22】 칠칠절(오순절)은 보리 추수가 아니라 밀 추수의 첫 열매를 거둠을 기념하는 날이다. 보리 추수의 첫 열매를 드리는 날은 무교절 기간 중에 있는 초실절이다. 【레23:10-11】 칠칠절(오순절)은 밀 추수의 첫 열매를 드리는 초실절이다. 보리 추수의 초실절이 있고, 그 후에 밀 추수의 초실절이 있는 것이다.

하나님이 정하신 샤밭과 모아딤의 시간들은 모두 마지막 날 완성될 하나님의 킹덤에서 우리가 누리게 될 기쁨과 회복의 시간을 상징합니다. 하나님은 그 날이 오기 전에 우리로 하여금 미리 맛보고 경험할 수 있도록 이 시간들을 예비해 주셨습니다. 이것이 하나님의 깊고도 놀라운 지혜와 사랑입니다. 이 시간들을 미리 맛보고 누릴 때 우리는 하나님의 킹덤을 더 구체적으로 그려볼 수 있고 더 깊이 사모할 수 있게 됩니다. 우리는 이 시간들을 지냄으로써 하나님의 지혜와 사랑을 더 깊이 경험하게 됩니다. 이런 놀라운 시간을 오랜 시간 동안 교회는 잃어버리거나 대체시켜왔습니다. 지금은 다시 회복하는 시간입니다. 하나님은 오늘도 당신의 백성들에게 샤밭과 모아딤의 시간으로 들어오라 초대하십니다.

DAY 6 출23:20-33

내가 사자를 네 앞서 보내어

사자라고 번역된 히브리어 '말아크אְלָמ'는 '천사, 메신저'라는 의미를 가지고 있습니다. 출애굽기 23:20에 "내가 사자를 네 앞서 보내서 길에서 너를 보호하여 너를 내가 예비한 곳에 이르게 하리니"라는 말씀은 말라기 3:1에 "보라 내가 내 사자를 보내리니 그가 내 앞에서 길을 예비할 것이요"라는 말씀과 상응합니다. 두 말씀 모두 사자, 말아크라는 단어가 사용되었는데 이것은 하나님이 메신저를 미리 보내어 길을 예비하도록 하시겠다는 의미입니다. 하나님이 앞서 보내시어 길을 예비하는 메신저(말아크)는 엘리야입니다. 말라기 선지자는 여호와의 크고 두려운 날이 이르기 전에 하나님께서 먼저 선지자 엘리야를 보내신다고 말하고 있고(말4:5), 예슈아보다 먼저 와서 예슈아의 길을 예비한 자였던 세례 요한은 선지자 말라기가 말한 바로 그 엘리야였습니다(마11:14). 또한 예슈아는 "내가 너희를 위하여 거처를 예비하러 가노니(요14:2)"라고 말씀하심으로 그분이 우리보다 먼저 가셔서 우리가 거할 처소를 준비하신다고 하셨습니다.

하나님은 언약의 성취를 위해 하나님의 메신저들과 천사들을 보내셔서 일하게 하셨고 예슈아는 그 언약의 메신저로서 이 땅에 오셔서 하나님의 뜻을 이루셨습니다. 하나님이 이스라엘 백성에게 그들이 거하여야 할 땅에 먼저 천사를 보내셔서 그들을 통해 보호하시고 예비한 곳에 이르게 하겠다고 약속하신 것은 우리보다 먼저 아버지께로 가셔서 우리가 들어가야 할 하나님의 킹덤을 예비하시고 우리를 이끌고 들어가시는 예슈아의 모습을 예표합니다. 또한 하나님은 먼저 앞서 보낸 사자를 통해 가나안 족속들을 끊어낼 것이라고 말씀하십니다(출23:23). 이것은 성도들의 앞에 서셔서 이 땅의 악한 지도자들을 심판하시고 사탄을 무저갱에 집어넣으심으로써 이 땅의 악을 완전히 제거하시는 예슈아의 모습을 예표합니다. 이스라엘 백성을 이끌고 약속의 땅으로 행진하시는 하나님은 마지막 날 우리를 그의 킹덤으로 이끌고 들어가시는 예슈아의 모습을 보여주십니다.

그리고 약속한 땅, 예비된 곳으로 이스라엘 백성이 들어가게 됐을 때 하나님은 그들에게 그곳의 모든 우상을 부수고 하나님만을 섬기라고 명령하셨습니다. 그리하면 양식, 물에 복을 내리고 어떤 질병도 없으며 장수할 것이라 말씀하셨습니다(출23:25-26). 이것이 우리가 메시아닉 킹덤에서 받게 될 축복입니다. 우리는 그의 왕국에서 하나님만을 섬기며 많은 것을 풍족하게 누리면서 영원히 살 것입니다.

DAY 7 출24:1-24:18

피의 언약

하나님의 시간을 회복시키시고 하나님의 법, 미쉬파트와 쩨다카도 세워주심으로써 하나님은 이스라엘 백성과 함께 하나님의 나라를 이루기 위한 일차적인 준비를 마치시고 모세와 아론, 나답, 아비후, 70명의 장로들이 하나님께 올라와 경배하도록 하십니다(출24:1). 모세가 백성들에게 하나님의 법규(미쉬파팀מִשְׁפָּטִים, 출21:1)를 전하자 백성들은 한 목소리로 "여호와께서 우리에게 말씀하신 모든 것을 우리가 준행하리이다(출24:3)"라고 응답합니다. 모세는 토라의 말씀에 순종하기로 한 이스라엘 백성의 응답을 듣고 모든 말씀을 기록한 뒤 산 아래에 제단을 쌓고 열 두 지파의 수대로 열 두 기둥을 쌓은 뒤 번제와 화목제를 올려드립니다(출24:4-5). 그리고 번제와 화목제로 올려드린 수소의 피를 가지고 반은 제단에 뿌립니다. 모세가 언약서(출19:5-6)를 가져다가 낭독하니 백성들은 또 한 번 "여호와의 모든 말씀을 우리가 준행하리이다(출24:7)"라고 응답하고 모세는 나머지 절반의 피를 백성들에게 뿌립니다. 그리고 모세는 이것이 '언약의 피'라고 선포합니다.

성경에서 언약, 브리트בְּרִית는 동물을 쪼개서 양자가 그 쪼갠 동물 사이를 지나감을 통해 맺어집니다. 쪼개진 동물 사이를 지나가는 것은 '양자 중에 이 언약을 지키지 아니하는 자는 이렇게 쪼개질 것이다'라는 것을 의미합니다. 백성은 모세의 언약서 낭독 앞에 하나님과 언약을 맺으며 우리가 그 말씀을 준행하겠다고 고백하고 준행하지 않을 때 이렇게 동물처럼 쪼개질 것에 동의합니다. 모세는 산 아래에서 백성에게 피를 뿌리며 언약서를 낭독하며 언약을 확인합니다(출24:8).

히브리서 기자는 피 없이는 죄사함이 없다고 말합니다(히9:22). 피에는 생명이 있기 때문입니다(레17:11,14). 모세가 이스라엘 백성들에게 토라의 언약서를 전하고 피를 뿌려서 첫 언약을 맺은 것은 그들의 생명이 토라를 통해 살 것이며, 또한 그 피가 그들의 생명을 살릴 것임을 말해줍니다. 첫 언약은 모세를 통해서 하나님과 이스라엘 백성이 피로 세운 언약입니다. 새 언약은 예수 그리스도를 통해서 하나님과 예수를 믿는 모든 자들 사이에 피로 세운 언약입니다.

하나님이 이스라엘 백성과 맺으신 첫 언약과 그들에게 주신 법들과 성소는 예슈아를 통해서 완성될 새 언약과 킹덤을 예표하는 것이며, 또 하늘에 있는 것들의 그림자와 모형입니다. 비록 그림자와 모형이지만 그것을 통해 하늘의 것을 볼 수 있게 하셨고, 또한 이 희미하던 것을 예슈아를 통해 밝히 드러나게 하셨습니다. 그리스도의 피로 맺은 언약은 바뀌어질 수 없고 버려질 수 없는 영원한 것입니다.

왕의 혼인 잔치

피의 언약 이후 모세와 아론, 나답과 아비후, 70인의 장로들은 하나님께로 올라가서 하나님과 만찬을 가집니다(출24:9-11). 하나님께로 올라갔다는 것은 어디로 올라갔다는 것일까요? 하나님이 계신 곳으로 올라갔다는 의미입니다. 그들이 올라간 곳은 발 아래는 청옥을 편 듯하고 하늘같이 청명한 곳이었습니다(출24:10). 그곳은 땅에 내려온 하늘이었습니다. 하나님은 특별히 그들을 하늘의 영역으로 초대하셨습니다. 하나님은 그들을 이스라엘 자손들의 존귀한 자들이라 여기시고 그들에게 손을 대지 않으셨습니다. 그곳에서 그들은 하나님을 뵙고 먹고 마셨습니다(출24:11). 하나님은 이스라엘 백성과 땅에서 영원한 언약의 피를 통해 그들과 언약을 세우시고 그들 가운데 존귀한 자들을 하나님의 산으로 초대하여 마치 하늘 잔치에서 먹는 것처럼 그들과 먹고 마심으로써 그분의 나라에서 이렇게 함께 누리게 될 것을 종말론적 예표로 보여주셨습니다.

결혼식이 끝나면 결혼식에 참석한 이들은 신랑과 신부와 함께 식사를 하며 잔치를 이어갑니다. 결혼예식뿐 아니라 그 이후의 식사는 그들이 하나됨으로써 새로운 관계가 되었다는 것을 의미합니다. 이들이 시나이 산에 올라 하나님과 함께한 식사는 마치 이스라엘 백성과 하나님의 혼인 언약, 신랑과 신부의 혼인 언약식이 끝나고 그 기쁨을 누리는 잔치와 같았습니다. 이것은 피로써 구원함을 얻은 하나님의 백성들이 마지막 날에 예수아를 만나고 그와 함께 먹고 마시는 어린 양의 혼인 잔치에 참여하는 것을 보여줍니다. 하나님은 이스라엘의 왕으로써 그들의 지도자들을 불러 모아 마지막 날 만왕의 왕이신 예수아와 그의 백성들이 어떻게 하나가 되고 기쁨의 잔치를 할 것인지를 미리 맛보게 하셨습니다. 이스라엘은 시나이 산에서 마지막 날 시온 산, 새 예루살렘에서 있게 될 온 열방의 신부와 예수아가 하나되어 누릴 기쁨의 잔치를 미리 리허설했습니다. 우리는 그 날에 하나님의 영광과 임재 앞에서 청옥을 편 듯 맑고 아름다운 하늘의 세계에서 거룩하신 왕을 바라보며 기쁨으로 먹고 마실 것입니다.

또한 이것은 예수님이 마지막 만찬에서 말씀하신 언약의 피를 상기시키기도 합니다. 우리는 예수 그리스도의 초림으로 십자가 보혈을 통해 하나님과의 언약 관계 안으로 들어갔고 성찬을 통해 하나님과 먹고 마시는 잔치에 참여할 수 있게 되었습니다. 그리고 예수 그리스도의 재림을 통해서는 어린 양의 혼인 잔치에서 구원받은 자들과 함께 이 언약과 성찬을 기념하게 될 것입니다. 하나님의 미쉬파트와 쩨다카를 바로 세운 백성들은 이 언약의 피를 지나 영원한 나라에서 하나님과 함께 먹고 마시게 될 것입니다.

하나님과의 잔치 시간 이후 모세는 여호수아와 함께 하나님의 산으로 올라갑니다. 돌판에 새겨 주시는 하나님의 서약서를 받기 위해서입니다(출24:12). 모세가 산에 오르자 구름이 산을 가렸습니다. 이것은 여호와의 영광이었습니다(출24:16). 그런데 산 위의 영광이 이스라엘 백성의 눈에는 맹렬한 불 같이 보였습니다(출24:17). 모세는 구름과도 같고 불과도 같은 하나님의 영광 안으로 들어가 40일간 하늘의 영역에서 지내게 됩니다(출24:18). 하나님의 법과 시간을 이스라엘 백성에게 다시 세워주신 하나님은 모세를 하나님의 산으로 부르시고 하늘을 방문하게 하십니다. 영광스러운 40일의 시간 속에서 하나님은 하나님 나라에서 가장 중요한 청사진을 모세에게 보여주십니다. 그것은 바로 하나님이 거하실 처소 '미쉬칸(מִשְׁכָּן, 성막'입니다.

하프타라 렘 33:25-26, 34:8-22

하나님 킹덤의 법(미쉬파트מִשְׁפָּט)의 기준 '인권 존중'

　미쉬파트의 기초는 십계명입니다. 십계명의 핵심은 하나님 사랑, 이웃 사랑입니다. 이웃을 사랑함에 있어 하나님은 한 사람의 인격과 생명을 철저히 존중하는 것을 기초로 가르쳐 주십니다. 아무리 노예라 할지라도 평생 노예로 삼지 말고 6년의 섬김이 끝나면 7년째는 자유를 얻을 수 있는 기회를 줄 것(출21:2), 여자가 노예였다가 상전의 아들과 결혼하면 딸로 대우해줘야 할 것(출21:9), 부모를 공경하지 않은 자는 철저히 엄벌로 다스릴 뿐 아니라 사형까지 하게 할 정도로 자신에게 생명을 내어준 부모의 권위를 세워주십니다(출21:15,17).

　하나님은 노예, 과부, 고아, 나그네와 같은 가장 작은 사람들의 권익을 챙겨주시며 그들이 돌봄 받기를 원하셨습니다. 하나님은 이들이 잘못된 대우를 당하게 될 때 격하게 말씀하시는 것을 볼 수 있습니다(출22:21-27, 23:9,11). 그래서 예레미야 34장에서 시드기야와 고관들은 노예를 놓아주었다가 다시 잡아 노예를 삼음으로써 하나님의 법을 바꿔 버렸고, 이에 하나님은 크게 노하셨습니다. 하나님은 그들의 누적되어온 멸망의 방아쇠를 당긴 행위가 바로 하나님의 법을 바꾸고 자신들의 잘못된 미쉬파트로 백성들을 다루었기 때문이었음을 말씀하셨습니다.

　법은 사회와 나라를 유지하기 위한 것입니다. 하나님의 법에는 하나님의 마음이 담겨 있습니다. 그러므로 법을 아는 것은 하나님의 마음을 아는 것과 같습니다. 하나님의 마음의 중심을 알지 못할 때 법은 우리를 속박시키는 도구처럼 보이지만 하나님의 뜻을 이해하고 알게 되면 그 법이 얼마나 우리를 존중하고 보호해 주는지를 알 수 있습니다.

　하나님은 언약이라는 법을 통해 하나님의 신실하심을 드러내셨고 이것을 통해 우리는 자비와 긍휼을 얻었습니다. 그러므로 하나님의 법은 자비를 나타내기 위함이지 벌을 주기만을 위함이 아닙니다. 하늘과 땅의 법칙은 고정된 것이고 기준이 분명히 있습니다. 하나님의 법은 자유와 생명, 세상의 법은 속박과 죽음입니다. 하나님의 말씀을 따르는 것이 하나님의 법을 따르는 것이고 하나님의 법에 다스림을 받는 것이 하나님 나라의 다스림을 받는 것입니다. 그러므로 하나님의 입장에 서는 것이 법입니다. 어느 입장에 서 있느냐가 중요합니다. 하나님의 입장인지 사람이 입장인지, 혹은 하나님의 관점인지 사람의 관점인지가 미쉬파트와 쩨다카의 결과를 좌우합니다.

나와 하나님과의 관계는 바로 되어 있습니까? 나의 모든 판단 기준은 철저히 하나님의 말씀, 그 왕국의 법에 있습니까? 나는 사람의 입장을 더 살핍니까, 하나님의 입장을 더 살핍니까? 결정을 해야 할 때, 내 결정의 가장 중요한 판단 기준을 어디에 두고 있습니까? 시편 89:14에서 미쉬파트טֶשְׁפָּ와 쩨다카קְדָצ는 하나님의 보좌의 기초라고 말합니다. 의와 공의가 보좌의 기초입니다. 보좌는 통치를 의미합니다. 왜 하나님의 통치가 영원합니까? 미쉬파트와 쩨다카가 균형을 이루고 흐트러지지 않은 채로 통치하시기 때문입니다. 그 영원한 나라의 법이 우리 삶의 기준이 되어 바른 쩨다카와 바른 미쉬파트가 이뤄지고, 혹 비뚤어진 부분이 체크될 때 얼른 회개하고 다시 바로잡는 은혜가 우리와 함께하길 바랍니다.

하나님의 킹덤이 완전히 이뤄지게 될 때 그 통치와 평강은 계속 증가하며 끝없이 증가할 것입니다(사9:7). 하나님의 킹덤의 통치가 끝없이 증가하고 보존되고 유지되는 비결은 미쉬파트와 쩨다카가 그 나라의 든든한 양대 기초가 되기 때문입니다. 우리의 삶 속에 하나님의 통치가 계속 증가하며 균형이 깨지지 않으면서 계속 보존, 유지, 확장, 증가되길 원한다면 우리의 삶의 기초를 미쉬파트와 쩨다카 위에 든든히 세우면 됩니다.

> "그 정권과 평강의 증가함이 무궁하며 또 다윗의 왕좌와 그의 왕국 위에 앉아서 그 왕국을 굳게 세우고 지금 이후로 영원히 공평(미쉬파트)과 정의(쩨다카)로 그것을 (왕국의 통치) 보존하실 것이라 만군의 여호와의 열심이 이를 이루시리라"(사9:7)

브리트 하다샤 마 17:1-11 / 마 26:20-30

미쉬파트와 쩨다카를 외칠 엘리야를 통해 회복될 하나님의 킹덤

온갖 우상숭배의 제물이 바쳐지고 이스라엘이 마시는 물 근원을 심각하게 오염시키고 있던 헤르몬 산 밑자락의 가이사랴 빌립보 판 신전 앞에서 예수님은 제자들에게 처음으로 자신이 메시아이심을 공개하셨습니다(마16:20).

예수님은 베드로의 "당신은 그 메시아 곧 영생하시는 하나님의 아들이십니다"라는 고백 위에 음부의 권세가 흔들지 못할 '나의 교회'를 세우시겠다는 계획을 처음으로 발표하십니다. 예수님이 말씀하신 '나의 교회'는 곧 그리스도의 몸입니다. 그리스도의 몸으로서 그리스도에게 속한 '나의 교회'에게 땅에서 하늘을 묶고 풀 수 있는 천국 열쇠를 맡기시며 기름부음 받은 자의 권세를 공유해 주셨습니다(마16:18-19).

확장되어 갈 메시아의 몸인 '나의 교회'를 세우시기 위해서, 믿는 자마다 그리스도 안으로 초대받게 되어 그리스도의 몸이 되게 하기 위해서 예수님은 십자가의 고난과 죽임당하심을 통과하셔야만 했습니다. 그리고 제3일에 다시 살아나심으로 부활의 첫 열매가 되어 주셔서 그 이후 많은 믿는 자들이 그리스도의 몸으로서 부활에 참여하여 우주적인 메시아의 몸을 이루도록 영생하는 길을 열어 주셨습니다. 그리고 먼 훗날 종말의 시대에 메시아께서 아버지의 영광으로 천사들과 함께 최종 결산을 하러 오실 것인데 그 때에는 하나님의 왕국이 권능으로 임하며 인자가 왕권을 가지고 오셔서 각 사람의 행한 대로 갚아 주실 것이라고 말씀하시다가 너희들 중에 몇은 살아있는 동안 그 권능으로 임하는 하나님의 왕국을 경험할 자가 있을 것이며 인자가 그 왕권을 가지고 오는 것을 보게 될 것이라고 귀뜸해 주십니다(마16:27-28, 막9:1, 눅9:27).

그로부터 6일 후에 세 명의 제자 베드로, 야고보, 요한을 데리고 헤르몬 산으로 올라가십니다(마17:1). 그 높은 산에 하늘이 땅으로 내려왔고, 하나님의 왕국이 권능으로 임하였으며, 예수님은 영화로운 모습으로 변화하셨습니다. 변화하신 예수님은 하늘에서 내려온 모세와 엘리야와 함께 대화를 나누셨습니다. 강력한 우상숭배의 진이었던 가이사랴 빌립보에서 그리스도의 몸인 '나의 교회'를 세우실 것이라 선포하시고 자신의 왕권을 이야기하신 예수님이 변형되신 모습으로 모세와 엘리야와 함께 무슨 대화를 나누셨을까요?

율법(토라)을 대표하는 모세는 하나님의 백성인 이스라엘 자손들에게 쩨다카와 미쉬파트를 세워준 사람입니다. 선지자(선지서)를 대표하는 엘리야는 쩨다카와 미쉬파트가 비뚤어져서 나라가 심각하게 기울어져 망하기 직전의 상태에 있던 이스라엘 자손들에게 쩨다카와 미쉬파트를 바로잡으라고 외친 사람입니다. 마지막 날 왕권을 가지고 영광 가운데 이 땅에 오셔서 하나님의 보좌의 통치를 세우실 예수님은 이 때, 두 사람 모세와 엘리야와 함께 하나님의 킹덤에 대해 이야기를 나누었을 것입니다. 그리고 사랑하는 세 명의 제자들은 변형되신 예수님의 모습 속에서 마지막 날 영광 가운데 온 우주를 다스리실 만왕의 왕의 모습을 미리 보았을 것입니다.

예수님은 이 땅에 오셔서 제자들에게 하나님의 법인 토라를 가르치셨고 토라에 담겨 있는 쩨다카와 미쉬파트의 삶을 보여주셨습니다. 기울어지고 비뚤어진 쩨다카와 미쉬파트를 바로잡으라고 외치는 엘리야와 같은 사람들이 먼저 와서 모든 일을 회복할 것이며, 그 후에 인자가 왕권을 가지고 아버지의 영광으로 그 천사들과 함께 오셔서 각 사람의 행한 대로 갚아주시겠다고 '미래에 올 엘리야'를 먼저 언급하신 예수님은 사람들의 기울어지고 비뚤어진 마음을 바로잡아준 사람 세례 요한이 하나님의 킹덤을 준비하며 쩨다카와 미쉬파트를 바로잡아 준 '이미 온 엘리야'였음을 말씀하셨습니다(마17:12,13).

예수님은 하나님의 킹덤을 확장하고 준비할 곳으로 음부의 권세가 흔들지 못할 교회를 세우셨고, 교회는 하나님의 보좌의 기초인 미쉬파트와 쩨다카로 세상을 섬기고 다스려야 하는 부르심을 가지고 있습니다. 만왕의 왕으로 다시 오실 예수님을 기다리고 준비하는 우리는 엘리야처럼 기울어진 쩨다카와 비뚤어진 미쉬파트를 바로잡을 수 있도록 세상을 향해 외치는 자들이 되어야 합니다. 하나님의 통치의 기초인 미쉬파트와 쩨다카가 바로 세워진 자들이 하나님의 킹덤에서 왕과 제사장이 되어 그리스도와 함께 다스릴 것이며 지금 하나님은 이런 사람들을 찾고 계십니다. 이 땅에서 토라의 법을 따르는 삶을 살며 바른 쩨다카와 미쉬파트를 세운 사람이 마지막 날 예수님처럼 영화롭게 변화되어 왕권을 가지고 주님과 함께 영원히 다스리며 왕 노릇 할 것입니다(딤후2:12, 계5:10).

미쉬파팀 주간의 말씀

1. 미쉬파트와 쩨다카는 하나의 짝입니다. 쩨다카는 미쉬파트의 기준이 됩니다. 하나님과의 올바른 관계성을 나타내주는 쩨다카가 바로 세워져 있을 때 다시 말해, 하나님과 우리의 관계가 바로 서 있을 때 우리는 하나님의 기준으로 바른 미쉬파트를 내릴 수 있습니다.

2. 하나님이 선지자들을 통해서 나라의 비뚤어지고 기울어진 상태를 바로잡으라는 메시지를 계속 보내도 왕과 백성들이 듣지 않으면 자정 능력 즉, 스스로 최초의 균형 상태로 원상 복구하려는 속성에 의해 기울어진 것들이 결국 무너지고 황폐하게 된 뒤 다시 세워지게 됩니다.

3. 하나님의 킹덤의 법은 우리를 자유케 하고 존중하는 생명과 성령의 법이지만, 세상 나라의 법은 보기에는 자유하게 해 주고 존중해 주는 것 같지만 실제로는 질서를 무너뜨리고 혼돈과 폭력을 낳음으로 사람을 묶어버리는 사망과 멸망의 법입니다.

4. 쩨다카과 미쉬파트는 하나님의 킹덤의 통치의 두 기둥이자 또한 토라의 두 기둥입니다. 모든 토라의 말씀은 먼저 하나님과의 의의 관계(쩨다카)를 세우고 하나님이 내려 주시는 말씀을 기준으로 바른 판단과 결정(미쉬파트)을 할 것을 말하고 있습니다.

5. 미쉬파팀의 핵심은 하나님을 경외하고 그분과의 친밀한 관계로부터 세워지는 쩨다카를 통해 하나님의 킹덤의 다양한 영역 안에서 일어나는 일들을 하나님의 관점과 마음으로 바라보고 판단하여 질서를 잡고 의롭게 통치하게 하기 위함입니다.

6. 바른 쩨다카와 미쉬파트만 있다면, 또한 토라의 말씀을 통해 하나님의 마음을 잘 안다면 그것이야말로 진정으로 공정하고 자유와 평등이 보장되는 사회와 나라를 이루게 할 것입니다.

7. 우리가 헤아리는 만큼 우리도 헤아림을 받을 것이고, 우리가 형제를 용서할 때 아버지도 우리를 용서하실 것입니다(마7:1-2, 6:14-15). 우리가 대접받고자 하는대로 다른 사람을 대접해야 합니다(마7:12). 이것은 미쉬파트의 원리인 '눈에는 눈'이면서 동시에 은혜가 적용되는 법입니다.

8. 미쉬파팀은 모두가 함께 아름답게 살아가기 위한 것입니다. 그런데 하나님은 사람들의 생명을 보장하고 지키는 미쉬파팀에 하나님의 시간을 지키는 것을 강조하셨습니다(출 23:10-17). 하나님의 시간을 이해하는 백성들이 역사를 바로 이해하고 볼 수 있을 것이며 이것이 시대와 역사를 바르게 분별하는 미쉬파팀이 되게 할 것입니다.

9. 하나님이 이스라엘 백성에게 그들이 거하여야 할 땅에 먼저 천사를 보내셔서 그들을 통해 보호하시고 예비한 곳에 이르게 하겠다고 약속하신 것은 우리보다 먼저 아버지께로 가셔서 우리가 들어가야 할 하나님의 킹덤을 예비하시고 우리를 이끌고 들어가시는 예슈아의 모습을 예표합니다.

10. 모세의 이스라엘 백성과 맺은 첫 피의 언약은 이후에 예슈아의 피를 통해 그 언약이 성취되고 하나님의 백성들이 영원히 살 것임을 예표합니다.

11. 이스라엘은 시나이 산에서 마지막 날 시온 산, 새 예루살렘에 있게 될 온 열방의 신부와 예슈아가 하나되어 누릴 기쁨의 잔치를 미리 리허설했습니다. 우리는 그 날에 하나님의 영광과 임재 앞에서 청옥을 편 듯 맑고 아름다운 하늘의 세계에서 거룩하신 왕을 바라보며 기쁨으로 먹고 마실 것입니다.

미쉬파팀 주간의 선포

1. 하나님과의 관계 안에서 우리의 의를 세우지 않고 우리의 어떤 행위로 자기 의를 쌓았던 교만을 회개합니다. 행위가 아닌 하나님과 의의 관계, 쩨다카의 관계를 바로 세우는 데 우리의 마음을 집중할 수 있게 도와주시길 기도합니다.

2. 기울어지고 비뚤어지게 판단해 왔던 잘못된 미쉬파트들의 기준을 끊어내고 토라를 통해 다시 기준을 세울 수 있도록 토라를 깨달을 수 있는 계시의 영을 더하여 주소서.

3. 다른 사람을 헤아리는 만큼 나도 헤아림 받을 수 있다는 미쉬파트의 원리를 내 삶에 적용하여 형제를 사랑하는 삶을 살 수 있도록 하나님의 마음을 더하여 주시길 기도합니다.

4. 우리보다 늘 먼저 가셔서 우리를 위한 가장 좋은 것을 예비해 주시는 하나님께 감사를 올려드립니다. 마지막 날 시온 산에서 거룩한 왕과 함께 누릴 잔치를 이 땅에서 미리 맛보고 리허설하는 시간을 보낼 수 있게 해주심에 감사를 드립니다. 토라로부터 멀어져 있어서 그 마음이 비뚤어지고 판단이 잘못되어 있었던 하나님의 백성들이 토라로 돌아와 하나님이 예비하신 모든 좋은 것들을 미리 맛보고 그 날을 기대할 수 있는 은혜를 더하여 주시길 기도합니다.

19주간

תְּרוּמָה
TERUMAH
테루마, 예물

파라샤 **출25:1-27:19**
하프타라 **왕상5:12-6:13**
브리트 하다샤 **고후 9:1-15 / 막12:35-44**

DAY 1 출25:1-16

테루마

> "이스라엘 자손에게 명령하여 내게 예물(테루마)을 가져오라 하고 기쁜 마음으로
> 내는 자가 내게 바치는 모든 것을 너희는 받을지니라"(출25:2)

하나님이 거하시는 성소를 짓기 위해 하나님은 백성들에게(신부) 즐거이 예물(테루마 תְּרוּמָה)을 가지고 나오라고 하십니다. 히브리어 룸רוּם은 '들어올리다, 높이다'는 뜻을 가지고 있습니다. 룸에서 파생된 테루마תְּרוּמָה는 '올려드리는 예물'이라는 뜻입니다. 하나님은 이스라엘 백성과 결혼 언약식을 마치시고 그들과 기쁨의 잔치를 가지신 뒤 그들과 함께 거하시기 위한 처소를 위해 테루마를 기쁜 마음으로 가지고 나아오라고 말씀하셨습니다. '기쁜 마음으로'라고 쓰인 히브리어 나다브נָדַב(기쁜)는 '자원하여 드리는 것(to offer free- will offering)'이라는 뜻입니다. 신랑과 신부의 사랑은 억지 사랑도 아니고 짝사랑도 아닙니다. 신랑과 신부는 거룩한 연합을 위해 자신들의 모든 것을 서로를 위해 기꺼이 내어줍니다. 하나님은 당신의 신부들과 연합하기 위해 그분의 모든 사랑을 내어 주셨고, 또 신부가 신랑에게 기쁘게 모든 것을 주기를 원하셨습니다. 테루마(예물)를 가져오라고 한 것은 주인이 종에게 바치라는 명령이 아니라 신랑과 신부의 온전한 하나됨을 위해 서로가 내어주는 깊은 사랑의 나눔입니다. 그리고 이런 사랑의 나눔은 서로에게 내어줄수록 더 풍성해지고 깊어집니다. 하나님은 신부들이 기쁘게 가져온 사랑의 예물을 보시고 그분의 끝없는 사랑을 신부에게 더 쏟아주고 싶어 하셨습니다. 그렇게 사랑이 깊어지고 풍성해짐으로 하나님은 영원한 성소(미크다쉬מִקְדָּשׁ)에서 신부와 연합(샤칸שָׁכַן)하길 소망하셨습니다.

테루마תְּרוּמָה는 예물, 거제라는 뜻도 가지고 있는데 성경에 76회가 나옵니다. 거제란 제물을 들어 올려서 드리는 예배를 뜻합니다. 그러므로 테루마는 우리의 예물을 하나님께 들어 올려드리는 예배, 또 나 자신이 그 예물이 되어 산 제물로 올려드리는 예배라는 의미가 됩니다. 나를 거룩한 산 제물로 올려드릴 때 우리는 하나님께 들려 올려져 하나님께 가

까이 가게 됩니다. 그래서 사도 바울은 우리 자신이 산 제물이 되어 올려 드리는 예배가 영적 예배(롬12:1)라고 하였습니다.

예물은 신부가 사랑하는 신랑을 위해 준비하는 선물이자 '나는 이제 완전히 당신의 것입니다'라는 사랑의 고백입니다. 고대 이스라엘에서는 결혼에 앞서 약혼이라는 절차를 가지고 1년 정도 약혼 기간을 가졌는데 이 시간 동안 신랑은 신부와 함께 거할 집을 마련하고 신부는 그 집에 필요한 물품들을 준비하였습니다. 신부가 신랑과 함께 살 집에 들어갈 물품을 준비할 때는 인생에서 가장 설레고 기쁘고 떨리는 시간입니다. 심혈을 기울여 물건을 살펴보고 평생 함께 사용해야 할 것이기에 가지고 있는 모든 것을 내어서 아름답고 좋은 것을 준비합니다. 이스라엘의 왕이신 하나님(신랑)은 백성(신부)과 함께 거할 집을 마련하시고 백성은 사랑하는 왕과 함께 거할 집을 위한 예물을 준비합니다. 백성은 금, 은, 놋, 실, 가죽, 기름, 향, 보석을 기쁘게 가지고 나아옵니다. 이 물품들은 모두 신부 단장에 필요한 항목들입니다. 하나님은 신부들이 예물을 준비할 수 있는 것도 마련해 주셨습니다. 그들이 이집트에서 나올 때 노예살이 하는 동안 받지 못했던 보상을 이집트 사람들을 통해 충분히 받고 나오도록 은혜를 베푸셨습니다. 하나님이 먼저 가장 아름다운 처소를 위한 준비를 하셨습니다. 하나님도 우리를 위해 준비하셨고 우리도 하나님께 기쁜 마음으로 내어 드림으로 가까이 나아가도록 하는 것, 그것이 테루마(예물)입니다.

하나님이 백성(신부)들에게 테루마로 들고 오도록 말씀하신 물품들에는 다음과 같은 의미들이 있습니다.

금과 은과 놋은 변하지 않음과 정결함을 상징합니다(출25:3). 하나님과 하나님의 백성 사이는 변하지 않는 사랑과 거룩함으로 채워져야 합니다. 온갖 실들과 가죽은 예복을 상징합니다(출25:5). 하나님은 자신의 신부에게 가장 아름다운 예복으로 단장해 주시며, 왕 앞으로 나오는 신부가 늘 아름답게 단장되어 있을 것을 말씀하십니다. 등불을 켜기 위한 기름은 (oil for lighting) 왕의 기름부음을 상징합니다(출25:6). 하나님은 왕에게 기름을 부으시고, 그에게 권위를 주시는데 기름부음 받은 자인 왕은 메시아를 상징하기도 합니다. 또한 향료 (spieces for the anointing oil)는 하나님 앞에 아름다운 향기의 예배를 올려드릴 제사장을 상징합니다. 하나님의 분향단에서 향기로운 향을 올려드리는 자는 대제사장이고 이것은 곧 예수아를 예표합니다. 향품(fragrance incense)은 구원받은 하나님의 백성을 의미합니다(출25:6). 하나님은 당신의 백성들을 여러 나라들 중에서 모을 때 그들이 아름다운 향기가 되게 하겠다고 말씀하십니다(겔20:41). 호마노라고 번역된 Onyx Stones는 제사장의 흉패와 에봇에 물릴 보석으로 이것은 새 예루살렘의 보석들 중 하나입니다(출25:7).

하나님은 자신의 백성 가운데 거하실 성소, 미크다쉬מִקְדָּשׁ(거룩한 곳)에 왕과 제사장, 그리고 그의 거룩한 백성들과 새 예루살렘을 상징하는 것들을 가져오게 하셨습니다. 성소는 하늘과 땅이 하나되는 킹덤의 완성된 모습이며 자신의 백성과 영원히 함께 하길 원하시는 하나님의 사랑이 담겨 있는 장소입니다. 무조건적 복종을 강요하는 신이 아닌 사랑을 나누길 원하시는 인격적인 하나님, 그분과 영원히 함께하게 될 날을 그려봅니다.

내가 그들 중에 거할 성소를 그들이 나를 위하여 짓되

구름과 불 속의 영광 가운데 거한 40일의 시간, 그 시간은 하나님 나라의 기초를 세우는 최종 단계를 위한 하나님과 모세와의 만남이었습니다. 구속의 여정 가운데 이집트의 생각과 습관을 벗어내기 위한 치열한 혼의 전쟁을 겪는 중에도 이드로의 지혜로 하나님 나라의 통치조직을 만들고, 하나님 나라의 법, 토라를 가르쳤습니다. 또한 하나님 나라의 시간인 샤밭과 모아딤을 회복하고, 하나님과 피로 언약을 맺으면서 하나님이 이스라엘의 왕이 되시어 친히 다스리시는 킹덤의 질서가 세워졌습니다. 이제 가장 중요한 한 가지를 위해 하나님은 모세에게 하늘 성소를 열어 보여주시며 말씀하십니다.

"내가 그들 중에 거할 성소(미크다쉬מִקְדָּשׁ)를 그들이 나를 위하여 짓되"(출25:8)

온 우주의 왕이신 하나님 자신이 그 백성과 함께 거하기 위한 처소 미크다쉬는 성소, 거룩한 장소라는 뜻입니다. 하늘에 거하시는 하나님이 친히 이 땅에 거하시는 곳을 짓고자 하시는 이유는 자기 백성 중에 거하시기(샤칸שָׁכַן) 위해서입니다. 하나님이 이집트의 거센 저항과 공격에 전능함을 나타내시며 그 백성을 구하신 이유가 주의 백성과 함께 이 땅에 거하기 위해서이며 이것이 하나님의 최종적인 목적입니다. 우리의 왕이신 그분이 우리를 신부로 맞이하시고 영원히 우리 곁에 함께 하시기 위해 지은 곳, 신랑과 신부가 거하는 곳 그곳이 성소, 미크다쉬입니다.

노아의 대홍수 이전 에녹이 하늘로 승천하던 때, 에덴-동산에 머무시던 하나님의 쉐키나는 이 땅에 머물러 있지 않고 하늘로 올라가셨습니다. 이 땅에는 하나님이 거할 수 있는 곳이 없었습니다. 하나님은 언약을 맺은 아브라함과 그의 자손들을 돌보시고 보살피시며 때로는 직접 방문하기도 하셨지만 그들 가운데 거하지는 않으셨습니다. 그런데 하나님이 에덴-동산 이후로 다시 이땅에 쉐키나로 거하시기로 작정하시고 하나님이 거하시는 미크다쉬מקדש를 지으라고 말씀하신 것입니다. 이는 하늘과 땅이 다시 만나고 하나님과 사람의 관계가 하나됨으로 회복되는 것을 의미합니다.

　　전능하신 하나님은 아담이 에덴-동산에서 하나님과 동행하며 교제했던 것처럼 그 아름다운 교제와 사랑을 다시 회복하기 위해 이 땅에 거할 처소를 준비하셨습니다. 이스라엘을 이집트에서 직접 구원하신 목적은 바로 하나님과 사람이 하나되는 것이었습니다. 인간을 구원하시는 하나님의 목적은 그들에게 자유를 주는 것일 뿐만 아니라 인간의 존재가 거룩한 하나님의 존재와 하나되게 하기 위함입니다. 그래서 예슈아는 십자가의 대속을 짊어지시기 전에 "아버지와 내가 하나된 것같이 저들도 하나되게 하소서"라고 기도하셨습니다.

　　이집트에서의 구원, 시나이 산에서의 언약, 그리고 성소를 짓는 것은 아담의 범죄로 인해 깨어진 모든 것을 다시 회복하는 과정이었습니다. 이것은 우리의 구원의 여정과 같습니다. 우리가 죄인됨을 깨닫고 예슈아의 십자가의 대속을 믿는 순간 죄로부터 구원받고, 믿음으로 아브라함의 복을 받게 되면 하나님의 거룩한 영은 우리 안에 내주하시며 우리와 하나됨을 이루십니다. 결국 구원을 위한 하나님의 최종 목적이 바로 '나'였음을 깨닫게 됩니다. 가장 높은 곳에 계신 하나님이 가장 낮은 나와 하나되기 위해 적극적이며 주도적으로 행하시는 놀라운 계획을 찬양합니다.

성소, 미크다쉬מקדש

　　모세의 성막이 움직이는 집이라면 솔로몬의 성전은 영구적인 집입니다. 광야에서 하나님은 이스라엘 백성 중에 거하시기 위해 움직이는 성소를, 그리고 그들이 약속의 땅으로 들어가서 하나님이 태초부터 거하기로 작정하신 바로 그 장소(시온)를 차지하게 되었을 때는 보다 더 영구적인 모습의 집을 짓게 하셨습니다. 하나님은 자신이 거하시는 곳을 성소, 미크다쉬라고 부르셨습니다(출25:8). 미크다쉬의 어근인 카다쉬קדש는 '거룩하다, 구별되다'는 뜻으로 카다쉬의 명사형인 미크다쉬는 '거룩한 장소', '성소', '성전'이라는 뜻을 가집니다.

　　하나님은 구별된 장소에 거하셔야 했습니다. 그분의 신성이 함부로 침범당해서도 안되고, 혹 침범되었을 때는 하나님의 거룩한 본성이 인간의 악함을 차단하고 부수기 위해 돌진하시기 때문에 인간은 생명을 잃을 수도 있었습니다(출19:21). 그래서 하나님은 인간들 사이에 거하시면서도 자신의 거룩함을 지키고 인간의 생명을 지키시기 위해 경계를 두셨습니다. 이 경계는 차별을 위한 경계가 아닌 보호를 위한 안전장치이자 하나님의 사랑입니다.

경계는 다른 말로 구별이라는 말로 표현할 수 있는데 하나님에게 있어서 구별은 곧 거룩함을 지키는 것입니다. 하나님이 스스로를 성소, 미크다쉬(거룩한 곳)에 계심으로써 자신의 거룩함을 지키신 것처럼 하나님은 우리를 향해 세상과 구별된 자들로서 거룩함을 지키며 살라고 말씀하십니다. 그리고 거룩함을 지키기 위해 세상이 함부로 우리를 침범하지 못하도록 하라고 말씀하십니다. 이 말은 세상이 우리의 거룩함의 영역을 넘어오지 못하도록 경계를 잘 지키라는 의미입니다. 섞이는 순간 거룩함은 상실됩니다. 그러나 우리는 아주 쉽게 세상에 우리의 영역을 내어줍니다. 보암직하고 먹음직한 것에 금방 우리 자신을 내어줍니다.

예슈아는 자신의 몸을 성전(미크다쉬)이라고 하셨습니다. 그리고 사도 바울은 우리 몸이 하나님의 거룩한 성전(미크다쉬)이라고 하였습니다. 말씀이신 예슈아는 몸이 되어 이 세상에 나타나셨고 그 자체로 거룩하신 예슈아는 하나님의 거룩한 영과 하나되어 살아있는 미크다쉬가 되셨습니다. 그리고 우리 안에 하나님의 거룩한 영이 거하실 수 있는 길을 열어 놓으셨습니다. 그래서 예슈아를 통해 우리도 살아있는 하나님의 미크다쉬가 되었습니다. 우리 자체가 거룩한 하나님의 집이기 때문에 악에게 침범당하지 않도록 우리의 경계를 잘 지켜야 합니다. 우리의 몸과 혼과 영이 잘 보존될 수 있도록 해야 합니다(살전5:23). 우리는 아무것과 섞일 수 없는 거룩한 존재입니다.

내가 네게 보이는 모양대로 - 거울

하나님은 자신의 미크다쉬를 위해서 모세에게 "내가 네게 보이는 모양대로…"(출25:9), "네게 보인 양식樣式대로…"(출25:40, 26:30, 27:8) 모든 것을 만들라고 하시고 그 모양(타브니트תַּבְנִית)을 보여주겠다고 하셨습니다. '양식'이라는 히브리어 타브니트תַּבְנִית는, '건물을 짓고 세운다'라는 동사 바나בָּנָה에서 파생된 명사로, 패턴pattern, 모델, 모형, 구조, 디자인이라는 뜻을 가지고 있습니다. 그 타브니트תַּבְנִית는 하늘 성전에서부터 온 것으로 하나님은 하늘 성전을 모세에게 보여주시고 그 원형에 따른 설계도를 모세에게 자세하게 가르쳐 주셨습니다. 그리하여 이스라엘 백성에게 만들도록 하신 하나님이 거하실, 땅에 있는 처소(미쉬칸)은 하늘 성전을 닮도록 '모델 하우스'처럼 만들어졌습니다.

'보이는'이라는 뜻의 히브리어 마르에נִרְאֶה는 라아(רָאָה, 보다)의 후팔 동사(사역 동사인 히필 동사의 수동형)로써, '보여지게 된, 비춰지게 된'이라는 뜻을 가지고 있습니다. 하나님은 하늘 성소의 원형을 모세에게 보여주셨고 모세는 그에게 보여진 타브니트תַּבְנִית대로 땅에 성소를 만들어 하늘 성소를 거울에 비추듯 땅에 반영하였습니다. 이것이 온 우주에 충만하신 영광의 하나님이 거하시는 하늘 성소가 이 작은 땅에 그대로 반영될 수 있었던 원리입니다.

하나님은 사람을 창조하실 때 하나님의 형상(쩰렘צֶלֶם)을 가지고 하나님의 모습(드무트 דְּמוּת)대로 우리를 흙으로 빚어서 만드셨습니다(창1:26). 형상이라는 히브리어 쩰렘은 어떤 이미지를 그대로 반영한 것으로 마치 빛을 쏘면 화면에 영상이 그대로 비춰지는 것과 같은 것을 의미합니다. 하나님은 사람을 창조하셨을 때 하나님의 빛 가운데서 그분의 형상이 우리에게 그대로 반영되어 나타나도록 창조하셨습니다. 이것은 하늘의 성소가 거울에 비춰져 이 땅의 성소에 반영된 것과 같은 것입니다. 사람의 형상은 하나님의 형상을, 땅의 성소는 하늘의 성소를 그대로 반영하고 있습니다. 우리는 하나님의 형상과 모습을 그대로 반영한 존재입니다. 그래서 하나님은 우리를 만드시고 보시기에 아주 좋았다고 하십니다. 우주만물 중에서 하나님의 형상과 모습 그대로를 반영하여 완전하게 만들어진 존재였기 때문입니다.

마찬가지로 하늘 세계에서 하나님이 거하시는 성전과 가장 닮은 모습으로 땅의 미쉬칸을 계획하셨으니 그것이 얼마나 아름다웠을까요? 하나라도 사람의 의도와 목적이 반영되지 않고 완전히 하나님께 속한 것, 하늘의 것만 반영되도록 하나님은 모세에게 보여주는 식양 그대로 미쉬칸과 그 안의 물건들을 만들라고 거듭 명령하십니다. 그것이 가장 완전하고 아름다울 것을 하나님이 아셨기 때문입니다. 하나님이 만드신 사람, 하나님이 거하시는 성전은 하나님이 설계자이시며 창조자이시므로 그분의 말씀대로 하는 것이 가장 좋고 선한 것, 바로 토브שֹׁוב한 것입니다. 토브는 하나님의 성품이고 본질입니다. 하나님이 토브하다고 말씀하셨다는 것은 하나님의 성품과 본질이 그대로 담겨있다는 뜻입니다.

그러나 우리는 하나님의 눈에 비춰진 우리의 모습 그대로, 하나님이 만드신 원형 (original design) 그대로가 토브하다고 말씀하시는 하나님께 우리의 기준, 우리가 만들고 싶은 것, 우리의 디자인, 우리의 계획이 더 토브하다고 말하며 반기를 듭니다. 나름대로 선과 악을 알게 하는 나무의 열매를 먹은 결과 우리 안에 생각과 각자의 기준이 하나님의 선하심에 의문을 가지게 합니다. 그래서 우리 자신뿐 아니라 많은 사람들을 우리의 기준에 좋게 만들려고 합니다. 우리의 기준이란 결국 사람의 기준입니다. 사람을 만족시켜 주고 사람을 기쁘게 해주는 기준에 따라 살아가면서 하나님보다 사람을 더 섬기게 됩니다. 그렇게 자유를 외치면서도 오히려 세상의 노예가 됩니다.

땅 미쉬칸은 예수님의 십자가의 대속과 함께 인간 미쉬칸으로 확장 적용되었습니다. 그래서 예수님으로 인해 사람 성소의 시대가 본격적으로 열렸습니다. 이 말은 예수님의 십자가 사건으로 사람이 하늘 성전의 모습을 그대로 닮은 존재로서 회복되었다는 것입니다. 하늘 성소 안에 담겨있는 그분의 영광과 성품과 본질이 모두 우리 안에 재건되었습니다. 그래서 신약성경에서는 우리 몸이 하나님이 창조하시고 디자인하시고 계획하신 하나님의 성전(집)이 되었다고 말합니다. 이 말은 하나님이 모세의 성막에 거하셨듯이 이제 우리 안에 거하신다는 의미입니다. 그러므로 우리는 우리 자신을 우리가 원하는 디자인과 계획대로 만들 수 없습니다. 성전은 하나님이 거하시는 곳이기에 온전히 그분을 반영해야 하기 때문입니다. 토라를 따라 살고 그분의 미쉬파팀מִשְׁפָּטִים을 지킴으로 말씀으로 날마다 우리를 정결하게 하는 삶이 하나님의 성전(집) 된 자의 삶입니다.

예슈아는 상한 갈대를 꺾지 않으시고 꺼져가는 등불을 끄지 않으시듯이 지극히 작은 자들, 연약한 자들, 아픈 자들을 긍휼하게 여기시고 사랑하셨습니다. 돈과 세속의 문화로 더럽혀진 성전이었지만 내 아버지의 집이라 부르면서 성전을 아끼셨습니다. 예슈아는 사람에게 반영되어 있는 하나님의 형상을, 성전에 반영되어 있는 하늘 성전의 모습을 보셨기 때문입니다. 또한 예슈아는 사람을 만드실 때 함께 계셨고 그분 스스로가 하늘 성전에 거하신 분이었기 때문이 이 땅에 반영된 사람과 성전이 얼마나 아름다운 존재인지를 알고 계셨습니다.

성전은 하나님이 거하시는 곳이며 또한 사람이 하나님을 예배하는 곳입니다. 이곳에서 우리는 하나님과 만나고 친밀한 관계를 만들어 갑니다. 우리는 하나님의 존재를 반영한 자들이기 때문에 하나님을 만나지 못하고 그분과 친밀한 관계를 잃어버리면 우리 자신의 원래 모습도 잊어버리게 됩니다. 우리는 하늘이 반영되어 있는 거룩한 성소로써 하나님을 예배하는 가운데 우리 안에서 그분의 형상을 찾고 회복할 수 있습니다. 우리가 땅에 속한 자로만 살 수 없는 이유는 우리가 하늘을 반영한 자들로 창조되었기 때문입니다. 예슈아는 하늘에 거하시는 하나님의 아들로서 땅에 내려와 하늘과 땅을 하나되게 하셨습니다. 그리고 우리를 향해 너희도 하늘과 땅을 하나되게 하라고 말씀하십니다. 우리는 하늘과 땅이 만나는 곳, 하나되게 하는 존재입니다.

하나님이 이 땅에 거하시겠다는 계획은 여전히 변함이 없습니다. 모세부터 예슈아가 오시기 전까지는 땅 성전을 보면서 그곳을 통해서만 하나님께 나아갈 수 있었지만 예슈아로 인해 땅 성전뿐 아니라 우리가 직접 성전이 됨으로써 우리가 있는 어느 곳에서나 하늘의 영역으로 나아갈 수 있고 하나님을 만날 수 있게 되었습니다. 이것은 땅 성전은 완전히 폐하고 사람 성전만 남겨두었다는 의미가 아닙니다. 땅 성전과 함께 사람 성전의 시대가 열렸다는 뜻으로 여전히 땅 성전은 하나님의 계획 안에 있습니다. 왜냐하면 온 우주의 왕 예슈아가 오시면 바로 땅 성전에서 우리와 함께 온 땅을 다스리실 것이기 때문입니다. 그렇다면 예슈아가 오셔서 이 땅에 거하시며 통치하실 땅 성전은 어디에 세워지겠습니까? 바로 예루살렘, 예루샬라임ירושלים입니다. 이것은 하나님이 태초부터 정해 놓으신 것입니다.

> "여호와께서 시온을 택하시고 자기 거처를 삼고자 하여 이르시기를 이는 내가
> 영원히 쉴 곳이라 내가 여기 거주할 것은 이를 위하였음이로다"(시132:13-14)

예루살렘은 하나님이 거처로 삼고 영원히 쉬겠다고 결정해 놓으신 땅의 중앙이자 성전이 서야할 곳입니다. 이곳이 에덴-동산의 중심이기 때문입니다. 예루살렘은 히브리어로 예루샬라임ירושלים이라고 발음합니다. '아임ם'으로 끝나는 단어는 쌍수를 의미합니다. 즉, '아임'은 어떤 것이 두개가 있을 때 사용되는 접미사입니다. 하늘 예루살렘이 있고 땅 예루살렘이 있습니다. 하늘 성소가 있고 땅 성소가 있습니다. 하늘 시온이 있고 땅 시온이 있습니다. 하늘 에덴이 있고 땅 동산이 있습니다. 하늘 에덴이 땅으로 내려와 있으면 하부 에덴이라고 하고 구분을 위해서 원래 하늘에 있는 에덴은 상부 에덴이라고 합니다. 하늘의 예루살렘은 땅의 예루살렘과 하나 되어 에덴-동산을 회복할 것입니다. 그리고 예슈아는 이곳을 온 우주의 중심으로 삼으시고 우리를 왕과 제사장으로 세우셔서 이곳에서 만물을 통치하실 것입니다.

> "또 내가 보매 거룩한 성 새 예루살렘이 하나님께로부터 하늘에서 내려오니
> 그 준비한 것이 신부가 남편을 위하여 단장한 것 같더라"(계21:2)

DAY 2 출25:17-30 / DAY 3 출25:31-26:14

지성소의 자비의 보좌, 속죄소(시은좌)

하나님은 하나님과 백성들이 거할 처소, 미쉬칸 중에서도 지성소 안에 있어야 할 '속죄소'를 모세에게 가장 먼저 보여주십니다. 속죄소의 히브리어 이름은 카포레트כַּפֹּרֶת라고 불립니다. 카포레트כַּפֹּרֶת는 카파르כָּפַר라는 동사 원형에서 파생된 것으로 카파르כָּפַר는 '덮다', 키페르כִּפֶּר는 '속죄하다, 화평하게 하다'는 뜻을 가지고 있습니다. 죄를 짓고 에덴-동산에서 쫓겨난 사람들은 하나님과의 관계가 단절되었습니다. 그러나 하나님은 단절된 관계를 회복하기 위해 우리의 죄를 당신의 자비로 덮어주기로(카파르כָּפַר) 결정하셨고 우리의 죄가 그분의 자비로 덮였음을 의미하는 속죄소를 만드셨습니다. 일 년 중 한 번 대속죄일(욤 키푸르, 덮여지는 날)에 하나님은 속죄의 피를 이 자리에 뿌리게 하심으로 모든 죄를 직접 덮고 사하셨음을 선포하셨습니다. 하나님은 앞으로 온 인류의 죄를 덮기 위해 직접 피의 대가를 지불하실 예슈아의 은혜를 보여주시는 장소로써 속죄소를 디자인하신 것입니다. 그래서 우리의 죄를 덮는 속죄소는 은혜의 자리요 자비의 자리입니다. 우리가 지불해야 할 대가를 하나님이 친히 지불하시고 우리 죄를 대속하신 것은 우리의 능력 때문도 아니고, 잘남 때문도 아니며, 오직 하나님의 은혜와 자비로 주어진 것입니다. 속죄소가 영어로 자비의 보좌Mercy Seat라 불리는 이유도 여기에 있습니다.

하나님께서 그분의 처소 미쉬칸 중에서도 가장 먼저 속죄소의 양식을 말씀하신 이유는 우리의 죄가 덮여져야 그분이 우리를 만나실 수 있기 때문입니다. 하나님의 모든 관심은 우리와 만나는 데 있습니다. 우리와 하나 되는 것이 그분의 열망입니다. 그래서 속죄소의 양식을 보여주시고 "거기서 내가 너와 만나고"(출25:22)라고 말씀하십니다.

'만나다'라는 히브리어 야아드יָעַד는 '고정하다, 회중을 불러모으기 위해 약속하다'라는 뜻을 가집니다. 그냥 만남이 아니고 당신의 백성을 불러모으는 약속된 만남입니다. 그리고 이것은 고정된 시간에 이뤄집니다. 하나님은 속죄소에서 아무 때나 그 백성을 만나시는 것이 아니라 하나님이 정한 고정된 시간에 그들을 불러모아 하나님의 말씀을 전달하고 백성들이 듣게 하기 위한 곳으로 속죄소를 고안하셨습니다. 속죄소는 아무나 들어가서 하나님을 뵐 수 있는 곳이 아니었습니다. 그래서 하나님은 속죄소 위를 거룩한 천사들(케루빔 כְּרֻבִים)이 지키도록 하셨습니다. 속죄소 위는 두 천사 케루빔이 그들의 얼굴을 마주하고 날개와 날개를 맞대어 속죄소를 덮도록 하셨습니다. 우리의 죄를 덮는 하나님의 은혜와 자비의 자리가 함부로 보이거나 다뤄지지 못하도록 천사들의 날개로 보호하게 하셨고 하나님이 친히 임재하셔서 말씀하시는 장소였기에 가장 거룩하게 지켜지도록 하셨습니다.

우리의 죄가 덮어진다는 것은 우리를 거룩하게 하신다는 의미입니다. 우리를 거룩하게 하시는 이유는 하나님이 거룩한 분이시기 때문입니다. 끊임없이 자기 백성 이스라엘에게 거룩하라고 말씀하시며 거룩을 지키도록 하신 것은 거룩한 하나님이 우리를 거룩하게 하고 직접 만나기 위해서입니다. 모든 것이 우리를 만나고 다시 하나님 안으로 들어오게 하심으로 우리와 하나 되기 위해 결정하고 계획하신 것들입니다.

그러나 예수님으로 인한 완전한 대속이 이뤄지기 전까지 이 모든 것은 하나님이 백성들에게 당신의 구속의 계획과 비밀을 알게 하시려는 모형이었습니다. 이것을 통해 하나님이 어떤 계획을 가지고 있는지 그들이 알게 하기 위해 가르쳐 주신 것이었습니다. 그래서 예수님의 십자가 대속이 이뤄지기 전까지 속죄소는 미쉬칸의 가장 깊은 곳에 숨겨져 휘장 안으로 감춰두도록 하셨고 아무나 들어갈 수 없도록 하셨습니다(출26:33). 땅의 속죄소는 예수 그리스도의 십자가 대속이 이뤄지기 전까지 하나님의 백성들의 죄를 덮는 은혜와 자비의 자리였습니다.

하나님은 속죄소 아래에 증거궤라 불리는 상자를 만들어 그 위에 속죄소를 올려 덮도록 하셨습니다. 증거궤는 법궤라고도 불려지는데 법궤는 하나님이 성소 가운데서도 영광 가운데 친히 머무시는 그분의 보좌입니다(사37:16). 하나님은 법궤를 아카시아 나무로 만들고 금으로 입히라고 명령하셨는데 금은 고결함과 신성을 상징하고 아카시아 나무는 부패하지 않는 나무로 불멸성 즉, 영원을 상징합니다. 하나님은 영원히 존재하시는 분으로 그분에게는 죽음, 사망이 존재할 수 없기에 죽음 가운데서도 생명을 일으키시는 부활의 하나님입니다.

하나님은 이 궤 안에 토라의 핵심인 십계명을 두게 하시고 자신의 마음을 담으셨습니다. 토라는 하나님의 마음이자 온 우주를 창조한 원리이며 하나님 자신이기도 합니다. 궤 안에 돌판이 있는 것은 하나님 자신이 그곳에 거하시며 말씀하신다는 것을 의미합니다. 그리고 토라이신 예슈아는 이 땅에 직접 오셔서 토라를 우리의 마음에 새기게 하셨습니다. 말씀과 하나되어 우리 마음에 토라, 말씀이 새겨질 때 궤 위의 속죄소(시은좌, Mercy Seat)에 거하신 하나님의 영광이 우리 안에 거하실 것입니다. 그리고 그 영광 가운데서 그분이 말씀하시는 것을 우리가 듣게 될 것입니다.

하나님은 증거궤에 들어있는 돌판인 십계명을 증거판이라고 부르셨는데 그것은 이 돌판이 하나님과 이스라엘 백성의 결혼을 증명하는 증서와 같기 때문입니다. 하나님은 가장 깊고 거룩한 장소에 하나님과 백성의 하나됨을 위한 언약이 새겨진 돌판을 두심으로 하나님 스스로 이 연합을 얼마나 거룩하고 존귀하게 여기시는지를 백성들에게 알려주셨습니다. 우리의 죄를 덮고 속죄하심으로 영원한 하나됨의 관계 안으로 들어가게 하신 하나님의 은혜와 자비의 자리인 속죄소, 그리고 그 아래 담겨있는 하나됨을 증거하는 돌판, 이 두 가지를 미쉬칸의 가장 깊은 곳 지성소에 두시고 휘장 안에 가려두심으로 이스라엘 백성에게 하나님의 거룩하심과 이 혼인의 거룩함과 이 사랑의 신성함을 보여주셨습니다. 그리고 그들이 이것을 지키고 보호하길 간절히 바라셨습니다.

그러나 안타깝게도 이스라엘 백성은 역사 속에서 하나님의 이 간절한 마음과 사랑을 수없이 배신했습니다. 하나님은 그 모든 것을 견디시고 끝까지 사랑을 지키시고 언약을 지키심으로 예수 그리스도를 보내셨고 아무나 나아갈 수 없었던 은혜의 자리를 십자가의 죽음과 함께 그 두껍고 무거운 휘장을 한 번에 찢어 버리심으로 모든 열방에게 열어 나타내 보이셨습니다. 예수님 자신은 하나님께 드려지는 제물(테루마)이 되어 죄를 대속하는 피의 대가를 지불하셨고 지성소로 나아가는 길을 우리에게 활짝 열어주셨습니다. 그래서 우리 중 누구든지 예수 그리스도를 통해 그 은혜와 자비의 자리에 나아갈 수 있게 하셨습니다.

하나님의 비밀은 반드시 드러나게 되어 있습니다(계10:7). 하나님은 영원히 숨겨두려 하지 않으십니다. 지금은 그 비밀들이 계속 드러나고 있는 시간입니다. 땅에서의 인류 역사는 지성소가 열리고 하늘이 열리는 과정입니다. 하나님은 마지막 때 성도들에게 이제는 하늘 지성소를 열어 보여주실 것입니다. 왜냐하면 예수님이 땅 보좌인 예루살렘으로 내려오시기 위해서 하늘의 군대들을 집결시키시고 하늘 보좌에서 출발할 준비를 하고 계시기 때문입니다. 이제 곧 때가 되어서 하늘에 있는 하나님의 성전이 열릴 것이고(계11:19) 또한 하늘에 있는 증거 장막의 지성소가 열릴 것이며(계15:5) 하늘이 열린 것을 보게 될 것입니다(계19:11). 이것이 하나님이 정해 놓으신 인류 역사의 과정이며 마지막에 다 완성될 일입니다.

"일곱째 천사가 소리 내는 날 그의 나팔을 불려고 할 때에 하나님이 그의 종
선지자들에게 전하신 복음과 같이 하나님의 그 비밀이 이루어지리라 하더라"
(계10:7)
"이에 하늘에 있는 하나님의 성전이 열리니 성전안에 하나님의 언약궤가 보이며
또 번개와 음성들과 뇌성과 지진과 큰 우박이 있더라"(계11:19)
"또 이 일 후에 내가 보니 하늘에 증거 장막의 성전이 열리며"(계15:5)
"또 내가 하늘이 열린 것을 보니 보라 백마와 그것을 타신
분이 있으니 그분의 이름은 충신과 진실이라"(계19:11)

성소 - 메노라, 진설병, 분향단

성소에는 성소를 밝혀주는 메노라(일곱 등대)와 12지파를 대표하는 12개의 빵이 놓여 있는 진설병상, 그리고 아름다운 향기가 성소를 채우게 하는 분향단이 있었습니다.

진설병은 히브리어로 레헴 하파님לֶחֶם הַפָּנִים이라고 불렸는데 레헴לֶחֶם은 '빵'이라는 뜻이고 파님הַפָּנִים은 '얼굴'이라는 뜻으로 '임재'를 상징합니다. 그러므로 진설병은 '임재의 빵'이라는 뜻이 됩니다. 하나님은 임재의 빵 12개를 항상 하나님 앞에 테이블에 차려 놓으라고 명령하심으로 하나님의 임재가 이스라엘 백성 12지파와 항상 함께 할 것임을 말씀하셨습니다(출25:30). 동시에 이것은 하나님의 임재가 그들과 함께 하는 것처럼 또한 이스라엘 백성은 항상 하나님의 임재 앞에 있어야 하는 것을 의미하기도 합니다. 그리고 이 빵은 사람의 생명을 유지하게 해 주는 양식으로 하나님의 영적인 양식이 그의 백성에게 있을 때 그들이 온전히 살아갈 수 있음을 말해주기도 합니다.

예슈아는 자신을 생명의 빵이라고 말씀하셨습니다(요6:48). 그분은 5개의 빵을 떼어서 5,000명을 먹이셨고 또 7개의 빵을 떼어서 4,000명을 먹이셨습니다. 이것은 예슈아가 우리의 몸과 영을 먹이시는 생명의 빵이 되심을 나타내주는 초자연적인 사건이었습니다. 임재의 빵은 하나님의 임재가 우리와 함께, 우리가 하나님의 임재 앞에 항상 거해야 함을 말해주며 그 빵이 우리의 몸과 영혼의 양식이 되어줌을 의미합니다.

임재의 빵(진설병)이 놓여있는 맞은편에는 메노라(일곱 등대)가 놓여 있습니다. 메노라의 빛은 성소를 유일하게 비춰주는 빛으로 이것은 세상을 비추는 빛을 의미합니다. 예슈아는 자신을 세상의 빛이라고 하셨습니다(요9:5, 12:46). 그래서 예슈아를 믿는 자는 그 빛으로 인해 어둠에 거하지 않게 되고 생명의 빛을 얻게 된다고 말씀하셨습니다(요8:12). 빛은 생명, 회복, 치유를 의미합니다. 우리는 하나님의 빛 가운데서 그분의 형상을 반영한 자들

로 창조되었고 빛을 통해 우리의 죄와 어둠이 드러나고 치유받고 회복됩니다. 메노라의 빛은 세상을 비추는 하나님의 생명의 빛이며 회복과 치유의 빛이 됩니다. 또 빛 가운데서 우리는 하나님의 뜻을 조명받고 계시받게 됩니다. 우리는 숨겨져 있던 것을 하나님의 계시를 통해 밝히 알게 됩니다. 메노라의 빛은 우리에게 하나님의 비밀을 계시해 주는 빛이 됩니다.

휘장 앞에 놓여 있는 분향단에는 각종 향이 태워져 성소 안을 향기와 구름과 같은 연기로 채워지게 합니다. 향기는 하나님이 흠향하시는 아름다운 기도와 예배를, 구름과 같은 연기는 그 예배의 순간과 장소를 가득 채우는 하나님의 영광의 임재를 상징합니다. 아름다운 향기는 우리의 심신을 안정되고 평안하게 합니다. 향기나는 오일을 태우거나 물에 섞어서 공기 중에 퍼지게 하는 아로마 요법이 치료의 목적으로 쓰이는 이유가 여기에 있습니다. 분향단의 향기는 하나님의 마음을 평안하게 하고 만족하게 합니다. 또한 이것은 보이지 않지만 공기 중에서 멀리 퍼져 나가 알지 못하는 사이에 생명의 영향력이 됩니다. 우리가 하나님께 드리는 예배는 하나님을 만족하게 하면서 동시에 보이지 않는 생명의 영향력이 되어 아름다운 향기로 사람들의 영혼을 만족하게 합니다. 그리고 그 가운데 하나님의 영광의 임재가 함께 거하십니다.

성소는 하나님의 빛(메노라), 임재(진설병), 영광(분향단)이 충만한 곳입니다. 그리고 우리가 바로 성소입니다. 우리의 자의식이 하나님이 거하시는 성소로써 인식되어 있다면 우리는 우리 자신을 돌보고 가꾸는 것을 아주 소중하고 거룩하게 여길 것이고, 아무것이나 받아들이지 않을 것입니다.

성막의 덮개

성막의 덮개는 미크다쉬의 지붕의 역할로 성소와 지성소를 보호하는 것입니다. 광야의 날씨와 기온에 영향을 받지 않고 성소와 지성소 안이 늘 같은 상태로 유지되기 위해, 또한 비와 바람, 햇빛으로부터 그 안의 거룩한 물건들이 보호되기 위해 덮개는 총 4개의 막으로 덮여졌습니다.

가장 안쪽에 덮는 막은 세마포로 알려져 있는데 하나님은 이 위에 가늘게 꼰 베실(흰색), 청색, 자색, 홍색실로 케루빔(천사)을 정교하게 수 놓게 하셨습니다. 미크다쉬를 이루는 기본 색깔들은 흰색, 청색, 자색, 홍색으로 흰색은 정결함을, 청색은 영광과 생명을, 자색(보라색)은 왕권을, 홍색은 희생제물의 피 즉, 예슈아의 보혈을 상징합니다. 하나님의 성막은 성전을 향해 가는 전 단계로 광야생활 중 이동할 수 있도록 만들어진 하나님의 집인데 이것은 그 자체로 예슈아의 몸을 상징합니다. 예슈아가 죽으시고 그 몸을 세마포 천으로 덮었듯이 성막의 지붕도 가장 먼저 세마포로 덮었습니다.

예슈아의 정결함, 영광과 생명, 왕권, 그리고 보혈을 상징하는 실로 수놓인 세마포 덮개 위에는 염소 털의 막과 붉은 물 들인 숫양의 가죽으로 만든 막이 차례로 덮였습니다. 염소털은 빛을 차단하는데 탁월했고 또 세마포 덮개가 상하지 않게 보호해주는 보온의 역할도 했습니다. 그리고 그 위에 숫양 가죽을 덮었는데 숫양 가죽은 특별히 붉게 염색하여 빛을 차단하는 역할을 했습니다. 염소와 숫양의 가죽은 일차적으로는 외부의 날씨와 기온을 염두에 두고 사용한 것도 있지만 이 둘은 모두 희생제물에 쓰이는 동물들로 우리의 희생제물 되신 예슈아를 상징합니다. 특별히 숫양의 가죽을 붉게 물들임으로써 예슈아의 보혈로 성막 전체를 덮도록 했습니다.

마지막으로 덮인 해달의 가죽(돌고래 가죽)은 가장 질기고 튼튼한 가죽으로 방수의 역할을 했습니다. 광야의 낮과 밤의 큰 일교차로 생기는 이슬과 우기 때 오는 비로부터 성막을 굳건하게 지킬 수 있는 가죽이자 그 무게를 더함으로써 다른 천들이 날아가지 않도록 지켜줍니다. 이렇게 4개의 덮개들로 성막을 덮은 것은 외부로부터의 침입과 공격으로부터 하나님이 우리를 보호하시고 지켜주신다는 의미이자, 죄를 사하고 당신의 은혜로 감싸주신다는 뜻이기도 합니다.

"내가 영원히 주의 장막에 머물며 내가 주의 날개 아래로 피하리이다"(시61:4)

DAY 4 출26:15-30

널판들

성막은 이동식 하나님의 집으로 임시적인 것이었습니다. 그래서 쉽게 분리되고 또 조립될 수 있어야 했습니다. 이것을 위해 하나님은 성막의 뼈대와 골조를 이루는 것으로 널판을 사용하도록 하셨습니다. 솔로몬 성전이 돌 하나하나로 쌓인 것처럼 성막은 널판 하나하나가 이어져서 성막의 기둥이 되었습니다. 성막의 널판 하나하나는 서로 연결될 때 함께 지어지고 세워지는 성전이 되게 하는 것과 같습니다(엡2:21).

널판들은 조각목[1]으로 만들어졌는데 모든 성물들은 조각목이 그 기본 재료가 되었습니다. 조각목은 광야에서 흔히 구할 수 있는 나무로 수분이 적은 광야에서도 잘 자랄만큼 생명력이 강한 나무입니다. 뿌리가 땅 속 깊이까지 박혀 있어서 심지어 나무 밑동까지 베어 버려도 시간이 수십 년이 지나면 다시 살아나기도 한다고 합니다. 또한 조각목은 특유의 광택이 있고 단단해서 잘 깨지지 않고 갈라지지 않는 견고함을 가지고 있습니다.

튼튼하고 견고한 조각목 널판들은 금으로 씌워져서 고귀함을 더했습니다. 그러나 널판만으로는 그것을 연결할 수 없었습니다. 그래서 널판들을 연결하는 띠들과 고리들이 만들어졌고 이 띠와 고리들도 금으로 씌워졌습니다. 또 널판만으로는 땅 위에 세울 수 없었기 때문에 널판의 무게를 지탱하면서도 땅에 견고하게 박혀 있게 하기 위해 널판마다 은 받침대를 끼워서 굳건하게 땅 위에 서 있을 수 있도록 했습니다. 널판과 띠의 고리들은 금으로, 받침대는 은으로 만들어서 하나님은 성막을 이루는 하나하나가 평범한 나무에서 보석이 되게 하심으로 당신의 집을 더욱 아름답게 하셨습니다. 하나님의 백성 한 사람, 한 사람은 성막의 널판, 띠, 고리, 그리고 받침대입니다. 이 모든 것이 결합되어야만 하나님의 성전이 이뤄집니다.

"그에게서 온 몸이 각 마디를 통하여 도움을 받음으로 연결되고 결합되어"(엡4:16)

DAY 5 출26:31-37

지성소

성소와 지성소는 휘장으로 구분되어 있고 휘장 안쪽은 지극히 거룩한 곳(코데쉬 하코다쉬 קֹדֶשׁ הַקֳּדָשִׁים), 지성소[2]라고 불렸습니다. 이곳은 에덴에 있던 생명나무를 의미하며 하나

---

1 조각목으로 번역된 쉿팀שִׁטִּים은 '가시 채찍'이라는 뜻을 가진 사막 같은 광야에서 자라는 가지 나무 종류로 아카시아 나무과에 속한다. 법궤를 만드는 목재로 쓰인 이 나무의 가시가 예수님의 가시 면류관으로 사용되어졌을 것이라고 본다.

2 【왕상 6:5, 7:49, 대하 3:16】에서 성전 내부 지성소를 '데비르דְּבִיר'라는 단어로 쓰인다. 이 단어는 말하다라는 뜻의 '디베르דִּבֶּר' 에서 파생된 것으로, 지성소가 하나님과 대화하는 장소이며 하나님의 음성을 듣는 곳으로서 신과 교통하는 신성한 장소라는 개념에서 파생된 단어이다. 【출25:22】"거기서 내가 너와 만나고 속죄소 위 곧 증거궤 위에 있는 두 그룹 사이에서 내가 이스라엘 자손을

님의 보좌라고도 불렸으며 이곳에 하나님의 영광이 머무셨습니다. 하나님은 이스라엘 백성 가운데 머무시겠다고 말씀하셨지만 여전히 구별되고 거룩하여 대속의 피가 아니고서는 닿을 수 없는 곳을 남겨놓으셨습니다.

고대 사회에서는 우상숭배의 신전에도 가장 깊숙한 곳에 아무나 들어설 수 없는 공간을 만들어 놓고 그곳에 우상을 세워 두었습니다. 그러나 하나님의 성막(성전)안에는 그 어떤 형상으로도 조각되거나 만들어진 우상이 없이 오직 하나님의 영광의 임재만이 그곳에 가득했습니다. 예슈아만이 보이지 아니하는 하나님의 형상이시며(골1:15), 하나님의 임재의 현현(나타나심)이시고, 아버지의 영광의 임재로 나아갈 수 있는 유일한 길입니다(요14:6).

아무나 닿을 수 없는 거룩한 장소로 구별된 지성소는 휘장으로 가리워져 있었지만 예슈아의 죽음과 함께 찢어졌고 성소와 지성소는 하나가 되었습니다. 찢어진 휘장은 예슈아의 몸을 의미하며 예슈아는 자신의 몸을 찢음으로 에덴으로 들어가는 문을 활짝 열어놓으셨습니다. 지성소는 이제 결코 닿을 수 없는 곳이 아닌 예슈아를 통해 누구든지 그 영광의 임재 안으로 들어갈 수 있는 곳이 되었습니다.

DAY 6 출27:1-8

제단

태워드리는 예배인 번제를 위해 하나님은 성소 바깥 뜰에 제단을 만들라고 명령하셨습니다. 이 바깥 뜰은 하나님과 이스라엘 백성이 함께 거할 수 있는 공간이었습니다. 심지어 일반 백성조차도 번제를 위해서는 이 뜰에 들어갈 수 있었습니다. 하나님과 백성이 함께 공존하는 제단은 하늘이 땅에 닿아 있음을 상징합니다. 하늘의 불이 제단에 떨어져 사람이 바친 예물을 불살랐고 예물은 태워져 하늘로 올라갔습니다. 그래서 제단은 우리 죄를 위해 바쳐지신 예슈아를 상징하기도 합니다. 예슈아는 제단이면서 동시에 하늘과 땅을 이어주는

위하여 네게 명령할 모든 일을 네게 이르리라"

제물이 되셨고, 또 자신을 단번에 태워드린 번제의 예물이 되셨습니다.

번제단에서 태워드린 예물은 때로는 제사장들과 백성들을 위한 음식이 되기도 하였습니다. 그래서 번제단은 은유적으로 하나님의 식탁이라고 불리기도 합니다. 예슈아는 자신의 몸을 찢어서 피를 흘리시며 이것을 먹고 마시라고 하셨습니다. 주님의 살과 피를 먹고 마시는 자들은 주님 안에 있고 주님은 또 그들 안에 계신다고 하셨습니다(요6:55-56). 우리는 예슈아로 인해 하나님의 식탁에 참여할 수 있게 되었고 또 그로 인해 하늘에 가까이 다가갈 수 있게 되었습니다.

휘장

"그 휘장이 너희를 위하여 성소와 지성소를 구분하리라"(출26:33)

하나님은 휘장을 통해 성소와 지성소를 구분하도록 명령하셨습니다. 이 휘장은 예슈아가 십자가에서 돌아가셨을 때 위에서 아래로 찢겨졌습니다(막15:38). 어떤 성경 학자는 휘장이 찢어진 이유가 하나님이 사람들과 성전을 기뻐하지 않으셨기 때문이라고 말하지만 히브리서 10:19-20에서는 명확하게 그 휘장이 예슈아의 몸이었다고 말합니다. 휘장이 찢어지면서 즉, 예슈아의 몸이 찢기심으로 우리가 하나님께로 직접 나아갈 수 있는 길이 열리게 되었습니다.

휘장 위에는 케루빔(그룹천사)의 수가 놓여 있었는데 이것은 생명나무를 보호하기 위해 에덴의 입구를 지켰던 천사들을 의미합니다(창3:24). 휘장에 수 놓인 두 천사가 지성소를 보호하고 있었는데 예슈아가 그 몸이 찢겨 돌아가시는 순간 케루빔이 수놓인 휘장이 찢기면서 에덴을 향한 문이 열렸습니다.

또한 휘장이 찢어진 것에 대해 어떤 학자는 그것이 하나님의 슬픔의 표현이었다고 말하기도 합니다. 보통 옷이나 천을 찢는 것은 극한의 고통과 슬픔을 표현하는 유대인들의 예식이었습니다. 유대인들은 아버지나 어머니, 선생님이 돌아가셨을 때나 토라 스크롤이 불태워졌을 때, 성전이 무너졌을 때와 같이 민족적으로 극한의 상황이 닥쳤을 때 옷을 찢었습니다. 마가복음 15:37-38은 예슈아가 마지막 숨을 거두시는 순간 휘장이 위에서 아래로 찢어졌다고 기록하는데 이것은 하나님이 자신의 아들을 위해서 깊은 슬픔을 표현하신 것이기도 합니다. 휘장은 지성소 안에 거하시는 쉐키나를 보호하는 옷과 같은 것이었기에 그 휘장이 찢어진 것은 아들의 죽음을 위한 슬픔이기도 했습니다.

2세기 후반 교부들 중에 한 사람이었던 사르디스의 멜리토는 예슈아의 죽음에 대한 해석을 다음과 같은 시를 통해 표현하기도 했습니다.

"그렇다. 예수님이 마지막 숨을 거두었을 때 사람들은 떨지 않았지만,
온 땅은 진동하였다. 사람들은 두려워하지 않았지만, 하늘은 두려워 캄캄해졌다.
사람들은 자신들의 옷을 찢지 않았지만, 천사들은 자신들의 옷(휘장에 수 놓인
케루빔)을 찢었다. 사람들은 애도하지 않았지만, 하나님은 하늘에서
천둥을 보내셨고 지극히 높으신 분께서는 그의 목소리를 발하셨다

(Melito, On the Passover 98)."[3]

DAY 7 출27:9-19

성막의 뜰

성소에는 오직 제사장만 들어갈 수 있었지만 성막의 뜰은 제사장뿐 아니라 일반 백성들도 제사를 위해 들어올 수 있는 곳이었습니다. 다시 말해, 성소가 오직 하나님과 제사장들만이 거할 수 있는 곳이었다면 성막의 뜰은 하나님과 백성들이 함께 거하는 곳이었다는 의미입니다. 하나님은 제사를 위해 예물을 들고 오는 백성들이 성막 뜰을 밟을 수 있도록 하심으로 그들이 하나님께 태워드리는 예배를 통해 하나님 앞에 나아갈 수 있도록 하셨습니다. 대부분의 성물들이 성소와 지성소에 있었지만 성막 뜰에도 두 개의 성물이 있었는데 하나는 번제단이고 또 다른 하나는 물두멍입니다. 물로써 정결하게 하고 불로써 태워드

---

3   사르디스의 멜리토(180년경) : 그는 아나톨리아의 서부 지역에 살았던 교부로 초대 기독교에 큰 영향을 끼쳤던 인물이다. 제롬이나 터툴리안도 그로부터 영향을 받아 성경을 해석했는데 특별히 그는 구약 성경에 대한 해석에 많은 영향을 주었다. 동방 정교회에서는 매년 4월1일에 멜리토를 기념하는 예식을 행한다.

림으로 하나님께 거룩함으로 나아갈 수 있게 하였습니다.

　성막 뜰은 사방으로 기둥을 박고 휘장으로 둘러서 성소를 보호할 수 있게 하였습니다. 이것은 세상과 구별된 울타리의 의미를 가지고 있습니다. 왕이 거하는 궁전이 궁전만 덩그러니 있는 것이 아니라 궁전을 보호하는 담과 넓은 뜰을 가지고 있는 것과 같은 것입니다. 하나님은 이스라엘 백성과 함께 거하셨지만 성막에 가까울수록, 또한 성막 뜰을 둘러싸고 있는 울타리 안으로 들어갈수록, 성막 뜰 안에서도 성소로 들어갈수록, 성소 안에서도 지성소로 다가갈수록 임재와 영광은 더 강렬했고 진했을 것입니다. 성막 뜰의 바깥은 죄와 질병과 많은 사건들이 수없이 일어나는 곳이었지만 성막 뜰 안에서는 회개와 죄사함과 자유와 하나님의 사랑을 맛볼 수 있었습니다.

　성막 뜰로 들어갈 수 있는 문은 오직 하나였습니다. 그 문은 동쪽에 있었는데 동쪽은 해가 뜨는 곳으로 여호와의 영광이 들어가는 곳이었습니다. 이스라엘 백성은 동쪽 문을 통해 들어갈 때는 서쪽을 바라보면서 들어갔다가 성막 뜰에서의 회개와 죄사함을 통해 소망을 안고 다시 동쪽을 바라보면서 나왔습니다. 성막의 문은 구원을 의미하는 것으로 구원으로 들어가는 문이 오직 하나인 이유는 우리의 구원이 오직 예슈아를 통해서만 이루어지기 때문입니다. 구원의 길은 오직 예슈아 뿐입니다.

> "다른 이로써는 구원을 받을 수 없나니 천하 사람중에 구원을 받을 만한 다른
> 이름을 우리에게 주신 일이 없음이라"(행4:12)

하프타라 왕상 5:12-6:13

솔로몬의 성전

　모세가 천막으로 성막(미쉬칸מִשְׁכָּן)을 지어 성소(미크다쉬מִקְדָּשׁ)를 삼은지 약 479년 만에 솔로몬은 건물 성전(베이트בַּיִת)을 지어 성소(미크다쉬מִקְדָּשׁ)를 삼습니다. 모세의 성막이 약속의 땅으로 들어오기 전 옮겨 다니는 장막이었다면 솔로몬의 성전은 다윗의 시대에 완성된

킹덤의 권위와 질서 아래서 지어진 집(베이트דrun)입니다. 하나님이 태초에 정해놓으신 에덴-동산의 중심, 아브라함이 독자 이삭을 바침으로 2천 년 후에 일어날 예슈아의 십자가 대속의 사건을 예표한 모리아 산, 그곳이 바로 예루살렘이었습니다. 이스라엘 백성은 가나안 땅에 들어와서도 가장 견고한 산성이었던 예루살렘을 여부스 족속이 차지하고 있었기 때문에 얻지 못하고 있었습니다.

가나안 땅에서도 가장 견고한 산성으로 마지막 보루였던 예루살렘은 다윗에 의해 탈환됩니다. 다윗이 왕이 되고 나서 가장 먼저 예루살렘을 탈환한 이유는 이곳이 하나님의 통치의 중심 수도로 하나님의 집이 있어야 할 곳이라는 것을 그가 알았기 때문이며 에덴-동산의 중앙 자리였으며 회복된 에덴-동산의 중앙이 될 자리임을 알았기 때문입니다. 그러나 그는 자신의 때에 그렇게도 사모하던 하나님의 집을 짓지 못했고 하늘 성전의 패턴을 그려놓은 성전의 설계도와 그 안에 들어가야 할 모든 것을 완벽하게 준비해 놓은 뒤 조상들의 품으로 돌아갑니다. 다윗이 만들어 놓은 킹덤의 기틀 위에 솔로몬은 하나님의 성전을 드디어 예루살렘 모리아산 기초석 위에 짓고 찬란하고 영광스러운 하나님의 성전을 봉헌해 드립니다. 하나님이 시온에 거처를 정하시겠다고 하신 계획이 비로소 이뤄지는 순간이었습니다. 모세의 성막이 세워졌을 때 임하셨던 그 영광이 예루살렘 위, 하나님의 성전에 임했습니다. 그 영광이 온 이스라엘을 덮었습니다.

솔로몬은 성전을 지을 때 시끄러운 소리가 들리지 않게 하기 위해 채석장에서 돌을 다듬은 채로 가져와서 하나님의 집(성전)을 지었습니다. 그래서 성전 주변에서는 시끄러운 도끼, 철 연장 소리가 들리지 않았습니다. 하나님 앞에 나아가기 위한 제단을 쌓는 것과는 달리 하나님의 집을 위해 돌을 뜰 때 이미 다듬은 채로 가져왔기 때문입니다. 다듬어진 돌 하나, 돌 하나가 연결되어 하나님의 집(성전)이 되었습니다. 땅 성전은 하늘 성전을 반영하였고 이 패턴은 사람 성전 안으로 그대로 들어왔습니다. 그래서 이제는 우리 한 사람 한 사람이 다듬어진 하나의 살아 있는 돌이 되어 서로 연결되어질 때 하나님의 집(성전)을 이루게 됩니다. 그러나 우리만으로는 서로 결합되어 지탱할 수 없기에 예수님이 친히 성전의 모퉁이 돌이 되어 주셔서 건물이 무너지지 않고 견고하게 하십니다(시118:22, 벧전2:7). 예수님으로부터 온 몸이 각 마디를 통하여 연결되고 결합되어 그리스도의 몸, 성전이 됩니다(엡4:16).

하나님은 우리를 성전 되게 하시려고 우리를 채석장에 두시고 다듬고, 부수고, 쪼개십니다. 그래서 잘 다듬어진 돌이 되면 성전의 한 마디가 되게 하십니다. 다듬어진 돌은 다시 부수고 쪼갤 필요가 없이 다른 돌들과 조화를 이루어 아름다운 성전으로 세워져 갑니다. 이것이 그리스도의 몸인 교회가 이루어져 가는 과정입니다. 모세의 성막도, 솔로몬의 성전도 결국은 우리 한 사람 안에 하나님이 거하시기 위해 하늘 성전을 반영하여 우리에게 주신 것입니다. 성전은 우리의 힘으로 만드는 것이 아닙니다. 하나님이 모든 것을 계획하시고 친히 주도하십니다. 그래서 우리는 우리 자신을 마땅히 하나님께 내어드려야 합니다. 그분이 원래 만드신 나의 모습, 그리고 그분이 원하시는 모습으로 나를 다듬어 성전 되게 하실 수 있도록 내어 드려야 합니다. 그것이 가장 아름다운 창조의 원래 그 상태, 토브טוב의 상태이기 때문입니다.

【주제 #9】 그리스도 안에서 구원받은 유대인과 이방인이 한 성전으로 건축되게 하는 모퉁이의 머릿돌 (로쉬 핀나פנה ראש)

"건축자들의 버린 돌이 (집) 모퉁이의 머릿돌이 되었나니"(시118:22)

여기서 모퉁이의 머릿돌은 로쉬 핀나פנה ראש라고 쓰여 있는데 핀나פנה는 일반적인 모서리나 모퉁이를 의미하기도 하지만 건물의 높은 꼭대기의 모서리를 의미하는 단어로써 높은 타워의 정상이나 백성 위에 세워진 지도자, 또는 우두머리를 의미하기도 한다. 그 핀나פנה의 로쉬ראש라는 말은 건물 꼭대기(head, top, summit)가 되는 한 돌을 의미하는 것이다.

돔양식으로 지어졌던 고대 건물들의 지붕은 마무리할 때 마지막에 꼭대기에 돌하나를 끼워 넣어 모든 다른 돌들이 서로 지탱하여 무너지지 않고 견고하게 그 모양을 유지하게 함으로써 건물이 완성되도록 하였다. 하나님은 하나님의 집을 위해 건축자들이 버린 돌을 로쉬 핀나פנה ראש가 되게 함으로 건물을 완성시키겠다고 하셨다. 건축자들이 버린 돌이란 사람들로부터 거절 받으신 예수님을 의미하는 것으로 예수님은 처음 오셨을 때 비록 사람들로부터 거절 받으셨으나 그분이 로쉬 핀나(모퉁이 돌)가 되심으로 마지막 새 예루살렘 성전을 완성하실 것이다.

"땅의 기초는 무엇위에 내려 앉혔으며 그 모퉁이 돌은 누가 (내려) 놓았느냐"(욥38:6)

이 문장에서 누가 모퉁이 돌을 놓았느냐의 동사는 야라ירה로써 위에서 아래로 내려꽂는 동작을 나타낸다. 신약에서는 한 때 사람들에게는 버림받았지만 하나님이 택하셔서 보배롭고 요긴한 모퉁이 돌이 된 '살아있는 돌이신' 그리스도에 대해서 7번 인용되는데 그 본문의 배경은 다음과 같은 공통점이 있다. 마태복음 21:42-43, 마가복음 12:10, 누가복음 20:17에서는 구원의 기회가 이방인에게 넘어가는 것에 대한 이야기 중에 이 모퉁이 돌이 인용되었고 사도행전 4:11에서는 예슈아의 이름을 통해서만 구원을 얻을 수 있으며 예슈아는 건축자들로부터 버림받았으나 모든 믿는 자들의 건축을 위해서 집 모퉁이의 머릿돌이 되어 주신다는 설명 중에 인용되었다. 또한 베드로전서 2:5-7에서는 이방인들이 구원 안으로 들어와 살아있는 돌들로서 함께 지어져 가는 성전이 된다는 본문 중에, 에베소서 2:20에서는 이방인이 유대인과 그리스도 안에서 한 새 사람을 이루어 함께 성전으로 지어져 가는 것에 대한 설명 중에 그리스도 예수께서 친히 모퉁이 돌이 되어 주신 것을 언급하고 있다.

"너희는 사도들과 선지자들의 기초 위에 세우심을 입은 하나님의 집이라
그리스도 예수께서 친히 모퉁이 돌이 되셨느니라 그분 안에서 건물 전체가 함께
연결되어 주 안에서 성전으로 자라가며 너희도(유대인들과 함께) 성령 안에서
하나님의 거하실 처소가 되기 위하여 예수 안에서 함께 지어져 가느니라"(엡2:20-22)

이방인 중에서 예수를 믿어 구원받은 자들이 살아있는 돌들로써 하나님의 집의 한 부분을 이루고 유대인 중에 예슈아를 믿어 구원받은 자들이 살아있는 돌들로써 하나님의 집의 한 부분을 이룰 때 그 둘을 붙들어주고 지탱하게 하고 견고하게 하여 하나의 큰 집을 이루게 하는 역할을 모퉁이 돌(로쉬 핀나)이 하게 되는데 그 돌은 건축자들에 의해 버림받지만 그 버림받은 돌이 결국은 그 둘을 하나되게 하고 그 집(성전)이 완성되게 하는 보배로운 역할을 한다. 그래서 시편 118:22에서 시편 기자는 이 모퉁이의 머릿돌(로쉬 핀나)의 역할을 예언적인 눈으로 바라보면서 다음과 같이 감탄한다.

"이는 여호와의 행하신 것이요 우리 눈에 기이하고 놀랍고 신기한 일이다"(시118:23)

쩰라 צֵלָע, 성전의 골방들과 아담의 갈빗대

"성막 다른 쪽 옆구리(צֵלָע)의 널빤지에도 다섯 개, 성막 서쪽인 뒷면 널빤지에도
다섯 개를 만들어라"(출26:27, 공동번역)

모세의 성막을 견고하게 세우기 위해서 이쪽과 저쪽, 이편과 저편에 지지대를 받혀 세우도록 했습니다. 솔로몬의 성전을 짓기 위해 성소와 지성소를 지탱해 줄 골방들이 사방으로 지어졌습니다(왕상6:8). 큰 하나의 성소를 견고하게 세우기 위해 사방에 작은 측면 지지대들을 둔 것입니다. 이것은 마치 큰 구조물을 견고하게 세우기 위해서 작은 구조물을 옆에 두어 튼튼하게 세우는 뼈대 구조와 같습니다. 사방으로 만들어진 이 작은 공간들을 한글 성경은 골방이라고 표현하였고, 이 골방은 히브리어로 쩰라עֵלָע입니다. 쩰라는 '옆구리, 한쪽, 한편, 사이드, 측면 골방, 갈빗대, 휘어진 모양의 지지대'를 의미하는데 이 단어가 성경에서 가장 처음 등장한 곳은 아담의 갈빗대(쩰라)입니다. 아담의 한쪽 옆구리에서 하와가 나왔습니다. 하와는 남자의 한쪽 쩰라에서 나온 것입니다. 아담은 자신을 지지해주던 한쪽의 쩰라가 빠졌기 때문에 그 한쪽의 쩰라가 없이는 온전히 서 있을 수가 없습니다. 하와도 다른 쪽 쩰라가 없이 온전히 서 있을 수가 없습니다. 양쪽 쩰라가 서로 받쳐주어야 함께 견고하게 설 수 있습니다. 이쪽과 저쪽이 짝을 이루어서 서로 도우며 에덴-동산의 상태(지성소의 상태)를 가꾸고 지키는 자가 되는 것이 에제르 케네그도(עֵזֶר כְּנֶגְדּוֹ 마주보며 돕는 자, 한글 성경에서 '돕는 배필')입니다.

무언가를 지지하고 지탱해주기 위해서는 살짝 기울어져야 합니다. 기울어지는 것은 똑바로 서 있는 것에 비해 균형을 잃은 것처럼 보이고 또 쓰러질 것처럼 보이지만 오히려 전체의 균형과 지지를 위해 기울어져야 합니다. 하나님은 우리에게 서로 기대라고 말씀하십니다. 사랑하는 자를 지탱해 주기 위해, 서로를 받쳐주기 위해 우리에게 꼿꼿이 서있지 말고 겸손하게 한 쪽이 되어주라고 기댈 수 있게 해주라고 말씀하십니다. 성전이 함께 견고하게 세워져 가기 위해서 나에게 기댈 수 있게 하려면 겸손한 사랑이 필요합니다. 그리스도의 몸을 위해서도 내가 한쪽의 쩰라를 담당하는 에무나הנוּאֱמ(견고함을 유지함, 신실함)가 필요합니다. 성전은 함께 세워져가는 것입니다. '함께'가 아니라 혼자 꼿꼿이 서 있으려고만 하면 결국 아무도 지지할 수 없고, 누구의 지지를 받을 수가 없게 됩니다. 그런데 내가 나를 구부리고 기울어 주어서 지탱해 주기 시작하면, 또 이렇게 서로를 위해 구부리고 기울어 주어서 지탱해주고자 하는 자들이 더 있으면 모두가 함께 세워질 수 있습니다. 서로가 서로에게 지지를 받게 되는 것입니다. 이것이 하나님 나라의 성전이 함께 지어져 가는 모습입니다.

진정한 비전 제시는 쩰라라는 단어의 뜻에서처럼 사이드가 되어 주는 것입니다. 많은 비전 제시가 우리에게 최고가 되라고, 탑이 되어야 한다고 말합니다. 그러나 사이드에서 전체를 지지해 주지 않으면 전체는 무너집니다. 진정한 비전 제시는 전체를 위해, 하나님 나라를 위해 함께 하나의 충실한 사이드가 되어주자고 말해야 하는 것입니다. 선교사는 연약하고 부족한 형제, 자매들을 세워주기 위해 하나의 충실한 사이드가 되어주어야 합니다. '그는 흥하여야 하겠고 나는 쇠하여야 하리라'고 고백한 세례 요한처럼(요3:30) 우리는 철저히 주님을 위해 하나의 충실한 사이드, 쩰라가 되어 그분의 뜻이 이뤄지도록 해야 합니다. 주님도 우리의 쩰라가 되어주셨습니다. 우리를 연결하시기 위해 모퉁이 돌, 사이드의 돌이 되셨습니다. 주님은 우리의 쩰라가 되셨고 우리는 주님의 쩰라가 되어 함께 하나가 되었습니다. 이것이 신비입니다.

골방은 또한 스탠바이의 장소입니다. 성전을 지지해 주는 작은 골방들에는 성전에서 예배하기 위한 기구들이 준비되어 있었고, 또 제사장들은 그곳에서 예배를 위해 자신을 거룩하게 준비했습니다. 골방은 신랑과 신부, 왕과 신부가 깊이 사랑을 나누는 방입니다. 골방에서 왕은 신부에게 자신의 계획과 마음을 나누어 줍니다. 그래서 골방은 열방을 향해 나아가는 곳이 됩니다.

아담의 갈빗대(쩰라)에서 하와, 신부가 나왔고, 모세 성막의 이편과 저편(쩰라), 솔로몬 성전의 이쪽 골방과 저쪽 골방(쩰라)을 통해서 하나님의 집이 세워졌으며, 피와 물을 다 쏟으신 예수님의 옆구리(쩰라)에서 그리스도의 신부인 교회가 시작되었습니다. 그리스도의 갈빗대(쩰라)에서 나온 우리는 그리스도의 몸을 이루는 성전의 골방(쩰라)이 되었습니다. 쩰라는 하나됨을 이루기 위해 자신을 내어주는 생명이며 사랑입니다.

유대인과 이방인이 하나되어 이룬 성전

모세는 하나님께서 보여주신 식양대로 성막을 짓고, 솔로몬은 하나님이 다윗에게 하나님이 보여주신 설계도와 자신에게 주신 지혜로 성전을 짓습니다. 그런데 솔로몬은 이방 나라 두로 왕 히람과 함께 약조를 맺고 하나님의 성전을 짓습니다(왕상5:12). 솔로몬은 자기에게 보여주신 지혜와 더불어 두로 왕 히람의 재주와 능력이 필요하다는 것을 알고 하나님의 성전을 함께 지어 나갑니다. 하나님의 집을 짓기 위해 유다 왕 솔로몬과 이방 왕 히람이, 그리고 그발 사람들이 마음을 하나로 모았습니다. 하나님 안에는 이미 이스라엘과 열방이 하나되어 한 하나님을 섬기는 것이 계획되어 있었습니다.

하나님은 성전을 하나님 홀로 짓지 않으셨고, 또 이스라엘에게만 지으라 말씀하지 않으셨습니다. 하나님이 거하시는 곳은 그분 홀로 거하시는 곳이 아니라 우리 가운데, 우리와 함께 거하시는 집이기에 우리와 함께 지으셨고, 또 이스라엘과 열방이 함께 짓도록 하셨습니다. 성전을 짓기 위한 돌들은 하나하나 연결되어 있고 성전의 기구들도 연결되어 있습니다. 다 떨어져 있던 재료들이 모여서 하나를 이루었습니다. 이것이 하나님의 집입니다. 하나의 돌인 우리는 연결되어야 하나님의 성전을 이룰 수 있습니다. 일정 기간 하나님의 섭리에 의해 흩어졌던 우리는 결국 한 곳으로 모일 것입니다. 그리고 하나님과 함께 영원히 새 예루살렘에서 거하게 될 것입니다.

브리트 하다샤 고후 9:1-15 / 막 12:35-44

형제를 향한 사랑의 예물

테루마תרומה, 예물은 올려드리는 제물과 올려드려지는 예배라 하였습니다. 테루마에는 또 하나의 다른 의미가 있는데 그것은 기여하다(contribute)라는 뜻입니다. 영어의 contribute는 con이라는 접두사와 tribute라는 단어의 합성어로 그 의미는 함께 모아서 각자가 할 수 있는 것을 드리는 것이라는 의미를 가집니다. 그러므로 예물은 나 한 사람이 드리는 것이기도 하지만 공동체가 함께 각자가 할 수 있는 것을 모아서 드리는 것이기도 합니다. 이스라엘 백성이 함께 각자가 할 수 있는 역할을 최선을 다해 드린 것과 같습니다.

고린도후서 9장에서 고린도 교회는 가난한 예루살렘 교회를 돕기 위해 1년 정도 그들을 위한 예물을 준비합니다. 그런데 예루살렘 교회를 섬기기 위해 이들이 준비한 예물은 성도들의 부족한 것을 보충할 뿐만 아니라 예물이 준비되는 과정에서 사람들이 하나님께 드리는 감사로 말미암아 더욱 넘쳤다고 사도 바울은 기록하고 있습니다(고후9:12). 가난한 예루살렘 교회를 위한 고린도 교회의 예물을 바울은 봉사의 직무였다고 표현합니다. 이 봉사는 두 가지 방향을 향한 섬김이었는데 하나는 사람들의 부족함을 보충하는 섬김이었고 다른 하나는 하나님께 감사를 드린 것이었습니다. 테루마(예물)는 하나님과 사람을 향한 섬김 이며 사랑의 나눔입니다. 또한 예물은 신부가 신랑을 위해 준비하는 사랑의 고백입니다. 이로써 그리스도의 몸이 든든히 서가고 그리스도의 몸이 건강히 세워지면 하나님이 영광 받으십니다(고후9:13).

　　우리는 하나님을 향해서는 감사의 예물을 드림으로 섬길 수 있고 사람들을 향해서는 우리의 예물을 나눔으로써 섬길 수 있습니다. 그리고 이 모든 예물은 기쁨 가운데 자원하는 마음으로 나눠지게 됩니다. 분명 예물은 내 안에 있는 것을 떼어서 나눠주는 것이기 때문에 어느 정도 나의 권리를 포기하는 일이기도 합니다. 그런데 하나님의 킹덤의 법칙은 떼어서 나눠주면 더 많아지고 풍성해지는 것입니다(고후9:10). 그래서 떼어서 내어주는 것이 아깝지 않습니다. 예수님은 자기 몸을 죽기까지 우리에게 내어 주셨습니다. 그분의 몸 자체가 예물이었고 산 제물이었습니다. 그러나 그분은 그것을 아까워하지 않으셨습니다. 왜냐하면 온 인류가 그분으로 인해 하나님께로 다시 돌아갈 수 있게 되었기 때문입니다.

　　나의 권리 포기, 내 것을 떼어 나눠 주는 것은 또 다른 생명이 살아나게 하는 일입니다. 그리고 이것은 하나님께 기쁨이 되어 우리가 하나님께 더 가까이 나아가게 하는 길이 됩니다. 그러므로 내 몸을 아까워하지 않고 우리의 본이 되어주신 예수님처럼 내 몸을 산 제물로 하나님께 드리는 거룩한 영적 예배의 삶을 살길 소망합니다. 그러면 우리는 하나님과 더 깊이 하나 될 것입니다. 신부가 신랑을 위해 예물을 준비할 때 기쁨으로 충만합니다. 우리가 우리 자신을 거룩한 산 제물로 하나님께 드리고 나아갈 때 같은 기쁨이 충만할 것입니다. "주님, 나를 받으시옵소서"

올려드릴 것(테루마)까지 공급하시는 하나님

　　하나님은 이집트에서 나와서 떠돌이 광야생활을 하고 있는 이스라엘 백성을 향해 최고의 예물을 자원하는 마음으로 가지고 나오라 명하십니다. 어찌보면 무리한 요청일 수 있습니다. 땅도 없고 집도 없이 광야를 떠돌고 있는 이스라엘 백성에게 아름답고 귀한 것들을 가지고 나오라고 하셨으니까요. 하지만 하나님은 이집트를 나올 때 그 땅 사람들로 하여금 호의와 은혜를 입게 하셔서 이스라엘 백성이 요청하는 무엇이든지 그 땅 사람들이 내어주도록 하셨습니다. 그래서 그들은 이집트를 떠날 때 이미 많은 것들을 가지고 나왔습니다.

　　하나님은 제물에 탐을 내는 신이 아닙니다. 그분은 아무것도 없는데 내놓으라고 요구하는 신이 아닙니다. 하나님은 심을 것, 드릴 것을 위해 심을 씨와 양식까지 먼저 주시고 거기에 더 풍성하게 하사 의의 열매까지 더하시는 하나님이십니다(고후9:10). 우리가 하나님께 하나를 드리면 하나님은 거기에 수천, 수만을 더 해주시는 하나님입니다. 그래서 우리가 가진 작은 것이라도 기쁘게 가져오라고 하십니다. 우리가 작은 손을 주님께 내어드리기만 하면 하나님은 그 자원하는 마음을 기뻐하시면서 넉넉하게 채우시고 풍성하게 넘치게 하시는 하나님입니다.

테루마(예물)는 하나님께 올려드리는 것입니다. 제단 위에, 보좌 앞에 올려드리고 내어드리는 것입니다. 이것은 책임과 의무가 아닙니다. 부족한 것을 채우기 위해 내놓는 것이 아니라 사랑해서 기꺼이 나누는 것입니다. 예수님은 가난한 과부가 드린 전부를 보았습니다. 아무도 그녀에게 눈길을 주지 않았습니다. 그녀가 내놓은 것은 너무 작아서 눈에 띄지도 않는 것이었습니다. 그러나 예수님은 그녀가 남편도 없고 가난하며 결핍투성이의 삶을 살고 있는 과부라는 것도 아셨고 그 결핍 중에도 자신의 모든 것을 하나님께 올려드린 것도 아셨습니다. 예수님은 그녀가 올려드린 것, 그녀가 심은 것이 그녀의 생명, 사랑, 헌신이라는 것을 아셨습니다. 또한 예수님은 종교인들이 얼마나 가식적으로 하나님께 드리고 있는지도 아셨습니다. 비록 그들이 하나님께 드린 것이 숫자나 양적으로 가난한 과부가 드린 것보다 훨씬 많을지 모르지만 그들은 자신들의 의를 드러내기 위해서, 뭔가 또 다른 정치, 종교적 위치를 기대하면서 하나님께 드리는 것처럼 보이게 행동한다는 것을 아셨습니다. 그래서 그들의 드림을 강력히 비판하셨습니다. 똑같이 올려드린 테루마(예물)였지만 예수님은 그들의 삶과 마음으로부터 무엇이 드려지고 있는지를 잘 아셨습니다.

하나님은 우리가 무엇을 심고, 무엇을 올려드리고 있는지 다 아십니다. 하나님이 알고 계신다는 것을 인식하는 것은 아주 중요합니다. 하나님이 아신다는 것을 인식하면 우리는 아무 대가도 요구하지 않고 사람으로부터 기대하지도 않고 오직 하나님을 경외함으로 매 순간을 살아가게 될 것입니다. 그런데 우리는 하나님께 뭔가를 드릴 때, 혹은 뭔가를 주변 사람들과 나눌 때 변명과 핑계가 많습니다. 꼭 내가 내것을 드리고 나누는 것처럼 생색을 냅니다. 누군가가 알아주기를 원할 때도 있습니다. 그러나 하나님이 왜 예물을 가지고 오라고 하셨는지를 기억해 보십시오. 그분은 우리와 함께 이 땅에 거하시기 위해 아름다운 처소를 함께 짓자고 초청하신 것입니다. 그리고 그 예물을 통해 형제, 자매들을 공급하고 세워주도록 하셨습니다. 하나님이 거하실 성전을 세우기 위한 예물은 곧 성전된 몸을 가진 성도들을 섬기는 것이 됩니다. 성전이 곧 성도이며, 성도는 곧 성전입니다.

테루마 주간의 말씀

1. 테루마(예물)를 가져오라고 한 것은 주인이 종에게 바치라는 명령이 아니라 신랑과 신부의 온전한 하나됨을 위해 서로를 내어주는 깊은 사랑의 나눔입니다.

2. 성소는 하늘과 땅이 하나되는 킹덤의 완성된 모습이며 자신의 백성과 영원히 함께 하길 원하시는 하나님의 사랑이 담겨 있는 장소입니다.

3. 인간을 구원하시는 하나님의 목적은 인간에게 자유를 주는 것일 뿐만 아니라 인간의 존재가 거룩한 하나님의 존재와 하나되게 하기 위함입니다. 구원을 위한 하나님의 최종 목적은 바로 '나'입니다.

4. 경계는 다른 말로 구별이라는 말로 표현할 수 있는데 하나님에게 있어서 구별은 곧 거룩함을 지키는 것입니다. 하나님이 스스로를 성소, 미크다쉬(거룩한 곳)에 계심으로써 자신의 거룩함을 지키신 것처럼 하나님은 우리를 향해 세상과 구별된 자들로써 거룩함을 지키며 살라고 말씀하십니다. 그리고 거룩함을 지키기 위해 세상이 함부로 우리를 침범하지 못하도록 하라고 말씀하십니다.

5. '보이는'이라는 뜻의 히브리어 마르에הָאָרְאֶה는 라아(רָאָה, 보다)의 후팔 동사(사역 동사인 히필 동사의 수동형)로써, '보여지게 된, 비춰지게 된'이라는 뜻을 가지고 있습니다. 하나님은 하늘 성소의 원형을 모세에게 보여주셨고 모세는 그에게 보여진 타브니트תַּבְנִית 대로 땅에 성소를 만들어 하늘 성소를 거울에 비추듯 땅에 반영하였습니다. 이것이 온 우주에 충만하신 영광의 하나님이 거하시는 하늘 성소가 이 작은 땅에 그대로 반영될 수 있었던 원리입니다.

6. 하나님이 만드신 사람, 하나님이 거하시는 성전은 하나님이 설계자이시며 창조자이시므로 그분의 말씀대로 하는 것이 가장 좋고 선한 것, 바로 토브טוֹב한 것입니다. 토브는 하나님의 성품이고 본질입니다.

7. 우리가 땅에 속한 자로만 살 수 없는 이유는 우리가 하늘을 반영한 자들로 창조되었기 때문입니다. 우리는 하늘과 땅이 만나는 곳, 하나되게 하는 존재입니다.

8. 하늘 성소가 있고 땅 성소가 있습니다. 하늘 시온이 있고 땅 시온이 있습니다. 하늘 에덴이 있고 땅 동산이 있습니다. 하늘의 예루살렘은 땅의 예루살렘과 하나 되어 에덴-동산을 회복할 것입니다.

9. 죄를 짓고 에덴-동산에서 쫓겨난 사람들은 하나님과의 관계가 단절되었습니다. 그러나 하나님은 단절된 관계를 회복하기 위해 우리의 죄를 당신의 자비로 덮어주기로(카파르 כָּפַר) 결정하셨고 우리의 죄가 그분의 자비로 덮였음을 의미하는 속죄소를 만드셨습니다.

10. 우리의 죄를 덮고 속죄하심으로 영원한 하나됨의 관계 안으로 들어가게 하신 하나님의 은혜와 자비의 자리인 속죄소, 그리고 그 아래 담겨있는 하나됨을 증거하는 돌판, 이 두 가지를 미쉬칸의 가장 깊은 곳 지성소에 두시고 휘장 안에 가려두심으로 이스라엘 백성에게 하나님의 거룩하심과 이 혼인의 거룩함과 사랑의 신성함을 보여주셨습니다.

11. 테루마(예물)는 하나님과 사람을 향한 섬김이며 사랑의 나눔입니다. 앞서 예물은 신부가 신랑을 위해 준비하는 사랑의 고백이라고 하였는데 예물은 사람들을 향한 섬김이 되기도 합니다. 이로써 그리스도의 몸이 든든히 서가고 그리스도의 몸이 건강히 세워지면 하나님이 영광 받으십니다(고후9:13).

12. 진정한 비전 제시는 전체를 위해, 하나님 나라를 위해 함께 하나의 충실한 사이드가 되어주자고 말해야 하는 것입니다. 그는 흥하여야겠고 나는 쇠하여야 하리라 고백한 세례요한처럼 우리는 철저히 주님을 위해 하나의 충실한 사이드, 쩰라가 되어 그분만을 영광스럽게 해야 합니다.

테루마 주간의 선포

1. 우리와 함께 거할 처소를 위해 하나님이 친히 모든 것을 마련해 주셨음을 모르고 나에게 주어진 모든 것이 나의 힘으로 이루어진 것으로 여기고 하나님께 드리고 형제들과 나누기를 인색하게 했던 마음을 회개합니다. 기쁜 마음으로 나의 것을 나누고 올려드리는 자 되길 기도합니다.

2. 하나님이 주신 물질로 주도권을 사용하려는 교만과 조종은 교회로부터 끊어질지어다. 아무 대가 없이 자신의 생명까지 내어주신 예수님을 본받아 아무 대가 없이 하나님의 나라를 위해 내어놓는 교회가 되게 하소서.

3. 성도들이 하나님께 드린 테루마(예물)를 사역의 아젠다로 이용하고 자신들의 배를 불리는 힘으로 사용하는 악함이 선교지에서 끊어질지어다. 하나님께 드린 예물이 꼭 흘러가야 할 곳으로 흘러가서 하나님의 백성들을 풍성하게 함으로 하나님께 기쁨이 되고 영광이 되게 하소서.

4. 나는 하늘 성전이 반영된 사람 성전입니다. 세상과 섞일 수 없는 존재로 거듭났음을 인식하고 거룩한 성전으로서 나를 지키고 보호하여 하나님과 연합된 자로서의 정체성을 지키고 살아가게 하소서.

5. 함께 지어져 가는 성전이 되기 위해 나의 사랑하는 자를 지탱해주고 받쳐주는 쩰라로서 나 자신을 기꺼이 구부리고 기울여주는 겸손함을 배울 수 있게 하소서.

6. 하나님 나라를 위해 아낌없이 드릴 수 있는 재정과 물질이 늘 우리 가운데 풍성하게 하소서. 축복을 흘려보내는 통로가 되게 하소서.

20주간

תְּצַוֶּה
TETZAVEH
트짜베, 너는 명령하라

파라샤 **출27:20-30:10**
하프타라 **겔43:10-27**
브리트 하다샤 **히13:10-16 / 마5:13-20**

DAY 1 출27:20-28:14

예배를 위한 하나님의 첫 번째 명령 – 순수한 기름과 꺼지지 않는 등불

하나님이 그의 백성 가운데 친히 거하시기 위해 만드신 성소, 미크다쉬מִקְדָּשׁ에 하나님은 세 가지 거룩한 물건이 놓이게 하셨습니다. 등잔대(메노라מְנוֹרָה)와 진설병(레헴 파님לֶחֶם פָּנִים)과 분향단(미즈바아흐 하케토렡מִזְבַּח הַקְּטֹרֶת)입니다. 성소 안에는 창문이 없고 두꺼운 가죽들과 천으로 덮여 있기 때문에 그 안에 자연광이 없어 오직 등잔대의 불빛으로만 성소를 밝힐 수 있었습니다. 성소를 밝히는 등잔대(메노라)의 등불은 순수한 감람유를 통해서 밝혔습니다. 하나님은 성소를 밝히는 이 빛이 꺼지지 않기를 원하셨습니다. 그래서 미쉬칸의 양식을 모세에게 보여주시고 어떻게 만들어야 할 지를 가르쳐 주신 뒤 제일 먼저 이스라엘 백성에게 성소의 등불이 꺼지지 않도록 순수한 감람유(올리브 기름)를 준비하도록 명령(트짜베תְּצַוֶּה)하십니다.

> "너는 또 이스라엘 백성에게 명령(트짜베תְּצַוֶּה)하여 감람으로 짠 순수한 기름을
> 등불을 위하여 네게로 가져오게 하고 끊이지 않게 등불을 켜되"(출27:20)

'끊이지 않고 불을 켜되'(출27:20)라는 문장의 히브리어 원어는 레하알로트 네르 타미드לְהַעֲלֹת נֵר תָּמִיד인데 레하알로트לְהַעֲלֹת는 '올라가게 하다'는 뜻을 가지고 있으며 네르נֵר는 '등(lamp)', 타미드תָּמִיד는 '항상' 이라는 뜻을 가지고 있습니다. 레하알로트는 '올라가다'라

는 뜻의 알라עלה라는 히브리어 동사의 히필형(사역) 동사로서 '올라가게 하다'라는 뜻이 됩니다. 그러므로 이 문장을 직역하면 '항상 등불이 올라가게 하라'는 뜻이 됩니다. 하나님은 빛이 항상 올라가야 한다고 말씀하셨습니다. 이 말은 성전의 빛이 단순히 그 공간을 비추는 것에 머무는 것이 아니라 방향성이 하늘을 향해야 한다는 뜻입니다. 빛은 하늘 보좌로 향해야 합니다. 등불의 방향성은 위로 올라가는 것입니다. 위로 올라가는 예배의 흐름을 만들어 내기 위해 제사장들은 기름으로 등불을 켜야 했습니다. 이 빛은 하늘을 향해 올라감으로써 마치 마중물처럼 하나님의 백성 중에 거하는 성소가 하늘과 항상 연결되어지도록 했습니다.

항상 등불이 올라갈 수 있도록 하기 위해서는 순수한 감람유(올리브 기름)가 필요했습니다. 올리브 열매를 통해서 감람유를 얻는 과정에서 보통은 세 가지 등급의 감람유를 얻게 되는데 그 중에서도 하나님이 말씀하시는 순수한 감람유는 많은 양의 올리브 열매를 으깬 후 쌓아 놓기만 해도 자체적인 압력으로만 흘러나오는 적은 양의 처음 기름을 의미합니다. 우리는 보통 이것을 엑스트라 버진 오일Extra virgin oil이라고 부릅니다. 압력을 통해 짓누름으로 얻어지는 순수한 기름입니다.

이스라엘 마을마다 감람나무(올리브 나무)들이 있는 가까운 곳에는 기름을 짜는 곳이 있었습니다. 그 장소를 겟세마네(가트 쉐메나גַּת שְׁמֶנָא)라고 합니다. 가트גַּת는 '밟고 짓누르고 압박을 주다'는 의미이며 쉐멘שֶׁמֶן은 기름이라는 뜻으로 겟세마네는 기름을 짜는 동작을 연상시키는 단어입니다. 감람산 아랫자락에 있는 겟세마네에서 예수님은 인류의 죄의 문제를 짊어지고 해결하기 위한 사명을 감당하는 기도 중에 그 압력의 무거움 때문에 땀방울이 핏방울처럼 떨어질 만큼 겟세마네(가트 쉐메나גַּת שְׁמֶנָא)를 경험하였습니다. 하나님은 이스라엘 백성에게 올리브 열매를 가져오라 하지 않으시고 올리브 기름을 가져오라고 하셨고, 이는 그들이 반드시 겪어야 할 고통과 압력을 이겨내는 희생의 과정이 필요하다는 것을 의미합니다.

자체적인 압력을 견딤으로 흘러 나오는 순수한 감람유는 압력을 견뎌낸 우리의 믿음의 삶을 통해서 성소의 불을 밝히는 것을 의미합니다. 압력을 견뎌내고 주님을 향해 드린 삶, 시간, 눈물, 땀이 기름이 되어 주님의 성소의 빛이 되고, 향기가 되어 보좌를 향해 올라갑니다. 하나님은 압력을 견뎌내고 짜여지는 순수한 감람유가 성소를 항상 밝게 비추는 것처럼 이스라엘 백성들이 주님을 향해 드린 헌신의 시간, 눈물, 땀으로 이뤄진 희생적 예배가 그들의 삶을 비춘다는 것을 알게 하기 위해 이 기름을 백성들이 정성껏 준비하여 가져와 모으게 하셨습니다.

그리고 성소 안의 등불의 빛이 꺼지지 않게 아침 저녁으로 보살피는 임무를 아론과 그의 아들들인 제사장들에게 맡기십니다.

> "아론과 그의 아들들로 회막 안 증거궤 앞 휘장 밖에서 저녁부터 아침까지
> 항상 여호와 앞에 그 등불을 보살피게 하라 이는 이스라엘 자손이
> 대대로 지킬 규례이니라"(출27:21)

성소 안의 가장 깊은 곳에는 지성소가 있고 그 안에는 증거궤와 속죄소가 있습니다. 지성소와 성소는 두꺼운 휘장으로 가려져 있습니다. 휘장 밖에 놓여있는 것이 등잔대이고 등잔대의 불이 저녁부터 아침까지 즉, 24시간 꺼지지 않게 보살피는 것은 이스라엘 자손 대대로 지킬 규례가 되었습니다. 엄청난 무게와 압력을 견뎌낸 순수한 기름의 빛은 성소를 24시간 동안 밝혔고 제사장들은 그 빛이 꺼지지 않게 보살폈습니다. 제사장들은 백성들이 가져온 순수한 기름으로 올라감의 예배, 번제(코르반 올라קָרְבַּן עֹלָה)를 보좌를 향해 계속 올려드렸고, 여호와께서는 이스라엘 백성 가운데 있는 성막의 지성소로 구름에 가려진 채 내려오셨습니다.

예배는 하나님 앞에 순결한 마음으로 나아오는 주의 백성들과 그들의 예배가 꺼지지 않게 하나님 앞에서 보살피는 제사장들의 연합으로 계속 올려지게 됩니다. 예수님은 겟세마네(가트 쉐메나גַּת שְׁמָנִים)에서 엄청난 영적인 부담을 어깨에 지시고 그 압력을 이겨 내심으로 순수한 기름이 되어 주셨고, 주님의 기름을 우리에게 부어주십니다. 그 기름으로 등불을 켬으로 주님의 오심을 준비하게 하십니다. 결국 주님과 우리가 함께 그분의 오실 길을 준비하는 것입니다.

예배는 하나님의 자녀들이 하나님과 함께 엄청난 영적인 무게를 견디고 순전함으로 나아올 때 주님이 부어 주시는 기름부으심 안에서 드리는 것입니다. 성소 안의 등잔대의 불이 꺼지지 않도록 자신의 삶의 무게를 이겨내고 헌신하여 드리는 예배는 우리의 영을 비추고 하나님을 바라보게 합니다. 하나님을 바라볼 때 우리의 정체성과 삶의 방향이 분명해지고 무엇을 해야 할지 아는 지혜가 생깁니다. 그러므로 예배는 하나님께 나의 초점을 정확하게 맞추는 튜닝의 시간이며 튜닝이 잘 된 악기가 아름다운 소리를 내듯 하나님께 튜닝이 된 나의 삶은 아름다운 소리를 내며 하나님께 영광을 올려드리고 사람들에게 빛이 되어줍니

다. 그래서 우리 삶의 가장 기초는 희생으로 대가 지불하는 예배입니다. 자신을 짜내어 순수한 기름이 되어 주신 예슈아의 기름부음이 우리 안에 채워지도록, 또 우리 스스로 삶의 무게를 견디고 눈물과 땀과 시간의 헌신을 주님께 올려드림으로 예배가 끊어지지 않게 할 때 하나님의 영광의 빛이 나의 삶을 가득 채우고 나를 영화롭게 하십니다.

순전한 기름은 또한 하나님의 제사장들을 거룩하게 위임하는데 사용됩니다. 위임이라고 번역된 히브리어 밀레 야드רָ אֶתֿ־יָ는 '손을 가득 채우다'는 뜻입니다. 하나님은 제사장들에게 하나님의 성전을 드나들면서 하나님과 하나님의 백성을 섬기라고 그들의 손에 주님의 일을 채워 주시고 그 맡은 일을 수행할 수 있도록 하셨습니다. 하나님의 일을 할 수 있도록 부르시고 택하신 사람들의 손을 가득 채워주시는 것, 이것이 하나님이 제사장에게 맡겨주신 위임입니다. 하나님은 제사장들에게 이 순수한 기름을 부으심으로 하나님을 위한, 그리고 하나님의 백성들을 위한 일을 맡기셨습니다. 이로써 그들에게 권위와 함께 책임을 주셨습니다. 제사장들은 하나님이 주신 권위로써 하나님의 일을 수행하였고 제사장에게 하나님의 권위가 있다는 증표가 바로 기름부음입니다.

기름은 영원한 통치가 이뤄질 하나님의 나라에 들어가 그곳을 비출 빛이 되게 하는 것이자 왕과 제사장으로 부름받은 우리가 하나님의 위임을 받아 예수님과 함께 그분의 나라를 다스리는 권위를 받은 거룩한 증표가 됩니다. 예루살렘, 하나님이 영원히 거하실 처소, 그 곳에서 영원히 하늘과 땅을 다스리실 만왕의 왕이신 신랑 예수님은 자신의 신부들에게 등불과 기름을 준비하라고 말씀하십니다(마25). 등불에 켤 기름이 없는 신부들은 그분의 나라에 들어갈 수 없습니다. 만왕의 왕이신 예수님의 다시 오심을 위해 모든 압력을 견뎌내고 흘러나온 거룩한 기름을 준비해야 할 때입니다. 주님은 그 기름을 우리에게 부으시고 그분의 나라에서 영원히 다스리게 하실 것입니다.

【주제 #10】 감람나무(올리브 나무)와 이스라엘, 감람유(올리브 기름)와 메시아

성경에서 감람나무(올리브 나무)와 그 열매는 이스라엘을 상징한다. 예레미야는 이스라엘을 좋은 열매 맺는 아름다운 푸른 감람나무라고 표현하였다(렘11:16). 또한 사도 바울도 이스라엘을 참감람나무라고 비유하였다(롬 11). 감람나무는 물이 많이 없는 척박한 곳에서도 잘 자라며, 수백 년에서 천년까지 오래 사는 나무이다. 열매가 풍성하고, 그 열매는 버릴 것이 하나도 없다고 한다. 열매를 거두기 위해서는 나뭇가지를 세차게 흔들어야 하고, 흔들어서 떨어진 감람나무 열매는 압력으로 누르고, 찧고, 밟고, 으깨어서 그것을 정제된 기름으로 만든다. 올리브 기름이 얻어지는 이런 과정을 미드라쉬 라바에서는 이스라엘이 겪은 고난의 과정으로 비유하며 말하였다.

"진실로 이스라엘의 역사는 올리브 나무에서 익은 올리브 열매와 같다. 올리브 열매가
익으면 그 열매는 작대기로 쳐서 땅으로 떨어뜨려야 한다. 그리고 나서 그것을
큰 용기에 넣고 밧줄로 묶어서 큰 돌 아래에 놓고 눌려지게 한다. 마침내 돌 아래에서
기름이 흘러나오기 시작한다. 이것은 이스라엘과 같다. 열방이 이스라엘을 치고
그들을 이 장소에서 저 장소로 옮긴 뒤 그들을 가두고, 사슬로 묶고, 엄청난
힘으로 이스라엘을 압제했다. 그러면 그제서야 이스라엘은 회개하였고
하나님은 그런 그들에게 응답하셨다"(출애굽기 라바 36:1)

감람나무와 감람유의 이와 같은 이미지는 예슈아의 고난을 통해서도 그대로 드러난다. 예슈아는 제자에 의해 배신을 당하시고 감람유를 짜는 틀이 있는 겟세마네에서 온 인류의 죄의 무게와 압력아래 신음하셨다. 군사들은 예슈아를 때리고, 치고, 밧줄로 묶어서 그를 감옥에 가두었다. 고통 가운데서 예슈아는 아버지 앞에 인류의 죄를 사하여 주시길 간구했고, 아버지는 인류의 죄를 다 짊어지시고 자기 생명을 쥐어 짜신 예슈아의 기도에 응답하셔서 인류를 구원하셨다.

이스라엘은 열방의 제사장으로서 축복의 통로가 되기 위해 혹독한 시련과 고난의 과정을 거쳐야 했고, 하나님이 그런 과정을 허락하신 이유는 그들이 하나님께 드려지는 순전한 감람유가 되어 하나님의 성전의 빛, 꺼지지 않는 빛, 거룩한 빛이 되게 하기 위해서였다. 예슈아의 재림을 통해 구속이 완성될 때, 이스라엘은 결국 제사장 나라와 거룩한 백성으로서의 자신의 부르심을 성취하게 될 것이다.

예배자의 영광스러운 모습을 위하여 – 제사장의 옷

하나님은 백성들이 끊임없이 하나님께 예배를 드릴 수 있도록, 또 하나님의 말씀을 백성들에게 전달할 수 있도록 자신을 거룩하게 구별하여 섬기는 이들을 세우십니다. 그들이

제사장들입니다. 하나님은 아론에게 대제사장의 직임을 맡기셨고 그의 아들들이 하나님을 섬기는 제사장이 되도록 하셨습니다.

> "너는 이스라엘 자손 중 아론과 그의 아들들 곧 아론과 아론의 아들들 나답과
> 아비후와 엘르아살과 이다말을 … 나를 위하여 섬기는 제사장 직분을 행하게 하되"
> (출28:1)

하나님이 정하신 제사장은 제사장이 하고 싶다거나, 혹은 제사장이 되기 위해 어떤 목표를 달성하면 되는 직분이 아니었습니다. 이것은 오직 하나님이 친히 임명하시고 임명 받은 자의 자손들이 그 직분을 계승하도록 되어 있었습니다. 하나님은 아론을 임명하셨고 아론의 아들들만이 그 직분과 직임을 이어받아 하나님의 제사장직을 수행할 수 있었습니다.

> "아론과 그의 아들들에게…. 제사장의 직분을 맡겨 영원한 규례가 되게 하라"
> (출29:9)

아론의 제사장 직임은 여러가지 역할과 책임이 있었습니다. 첫째, 성소에서 거룩한 봉사(메노라의 불 관리, 진설병 관리, 분향단의 숯불과 향 관리)를 해야 합니다. 둘째, 제단에서 희생제사를 섬겨야 합니다. 셋째, 백성을 대신해서 하나님 앞에 나아갑니다. 넷째, 토라를 통해 백성들에게 바른 재판과 결정을 내려주고, 토라를 가르쳐서 백성들이 하나님의 백성으로 살아갈 수 있도록 돕습니다. 다섯째, 제사장은 하나님과 백성 사이의 중재자로서 그 둘을 잇는 다리 역할을 합니다. 이와 같은 제사장의 직임은 곧 메시아의 사역을 예표합니다. 그래서 하나님은 제사장들을 바라보는 백성들이 그들을 하나님의 대리자, 중재자로서 거룩하게 대우하길 원하셨고, 또한 제사장들이 거룩하게 구별되길 원하셨습니다. 그래서 하나님은 자신의 성소를 아름답고 거룩하게 꾸미시듯이 하나님의 말씀을 대언하고 예배를 섬기는 제사장들을 아름답고 거룩하게 보이도록 마음에 지혜 있는 자들에게 명하여 지성소에 접근할 수 있는 대제사장의 옷과 성소를 섬기는 제사장의 거룩한 옷을 만들도록 하십니다 (출28:3).

> "거룩한 옷을 지어 영화롭게 아름답게 할지니"(출28:2)

성경에서 옷은 그 사람의 직분과 부르심에 따른 하나님의 권위를 상징합니다. 그래서 하나님께 부름받은 사람들이 그 직분이 바뀌고 새로운 권위가 부어질 때 하나님은 그들의 옷을 바꾸어 주십니다. 요셉에게 채색옷을 입히신 것은 그의 삶이 사랑받는 자로, 그리고 많은 이들을 영화롭게 하고 아름답게 할 자로 부름 받았음을 상징합니다. 채색옷을 입었던 요셉의 옷이 찢기고 그의 삶이 고통 가운데로 들어갔다가 다시 빛 가운데로 나올 때 하나님은 그에게 세마포 옷을 입히셨습니다(창41:42) '영화롭게 하다'는 단어 파아르פָּאַר는 '꾸며주다, 장식하다, 아름답고 영화롭게 해주다'는 뜻을 가집니다. 하나님의 거룩한 성소를 드나드는 제사장들이기에 하나님은 그들에게 특별한 영적 권위를 더하시고 제사장을 아름답게 하심으로 하나님의 영광을 백성에게 보여주길 원하셨습니다. 제사장이 하나님의 영광을 나타낼 때 그 영광은 다시 백성을 아름답게 하고, 하나님의 영광으로 아름답게 된 백성들은 다시 그 영광을 하나님께 돌릴 때 하나님이 영광 받으십니다.

하나님의 영광을 나타내는 사람들이 영화롭고 아름답게 빛나는 것은 당연한 일입니다. 그런데 때로는 이 영화로움과 아름다움을 나에게 돌려 스스로 교만하여 높아지기도 합니다. 찬양은 빛을 발하게 합니다(힐렐הָלַל). 하나님을 찬양할 때 나오는 빛의 영화로움과 아름다움은 수많은 백성들에게 비춰지고 예배 가운데 나오는 백성들을 아름답게 합니다. 그런데 이 영광의 빛이 자신으로부터 오는 것인 양 착각하면서 자신에게 영광을 돌려버리는 순간 사탄처럼 됩니다. 관점이 하나님의 보좌에 붙어있지 않고 나 중심의 관점이 될 때 예배와 제사가 하나님으로부터 온 것이 되지 않고, 나를 돋보이게 하기 위해 뭔가를 더 붙이게 되는 순간 이 예배는 타락하게 됩니다. 하나님은 제사장, 예배자를 영화롭고 아름답게 하심으로 백성들이 하나님의 영광을 보길 원하시고, 또 하나님의 영광을 알게 된 백성들이 하나님께 다시 그 영광을 올려드리길 원하십니다. 모든 영광은 하나님께 마땅히 올려드려야 합니다.

제사장은 하나님의 영광과 아름다움을 전달하는 자입니다. 그렇기에 더욱 거룩함과 겸손함이 필요합니다. 그래서 하나님은 그들의 위임식에서 그들의 정결함을 위해 7일 동안 속죄제의 예배를 드리도록 하셨고 이 기간 중에는 어떤 것도 섞여 들어오지 못하도록 하셨습니다. 이 과정에서 제단과 제사장을 거룩하게 하셨습니다. 이 7일의 속죄제의 예배의 시간이 충분히 드려진 뒤에 제8일째 하나님은 그들에게 감사제와 화목제의 예배를 드리도록 하셨습니다. 7일의 속죄제의 과정과 제8일의 감사제와 화목제 예배는 철저히 속죄의 회개를 통해 온전한 거룩함의 과정을 거친 후 화목제의 축제와 영광을 누림으로 들어가는 부흥의 과정입니다. 7일의 시간을 충분히 보내야 하듯이 하나님의 시간이 충분히 차는 것도 중요하고 우리 자신을 거룩하게 지키는 것도 중요합니다. 7일의 시간을 충분히 보냈을 때 우리는 제8일의 영광과 부흥을 누릴 수 있게 됩니다. 우리는 모두 제8일의 부흥을 위해 7일간의 시간을 보내고 있는 제사장들입니다.

제사장 위임식을 위해 하나님은 제사장의 정체성과 그의 직분을 나타내주는 의복을 입히시고 구별하셔서 제사장으로서의 책임과 무게를 짊어지게 하셨습니다. 하나님은 거룩한 하나님의 집을 섬기고 드나드는 제사장들이 하나님의 영화로움(카보드דָבוֹכ)과 아름다움(티페렏תִּפְאֶרֶת)을 나타낼 수 있도록 그들의 옷을 정성들여 만들게 하시고 그것을 통해 제사장들을 영화롭고 아름답게 하셨습니다. 제사장의 옷은 하나님의 아름다움과 영광을 보여주는 통로입니다. 하나님은 우리에게 의의 옷을 입혀 주십니다. 이 직분에 맞는 의복이 합당하게 관리가 안되고 더럽혀지면 우리는 사탄에게 참소를 당하고 하나님이 맡겨 주신 일을 감당할 수 없게 됩니다.

우리에게는 제사장의 직분을 위해 하나님이 친히 입혀 주신 의의 옷, 아름다운 옷이 있습니다. 사탄은 하나님이 친히 입혀 주신 의의 옷을 입고 있는 우리를, 주 예수 그리스도로 옷 입은 우리를 절대 참소할 수 없습니다. 거룩한 옷을 입은 우리는 말씀으로 단장하고 예수님의 피를 힘입어 영광의 임재로 들어가게 됩니다. 그리고 그 영광의 임재와 빛을 나르는 자들이 될 것입니다. 하나님의 영광의 임재를 자신의 것으로 돌려서 떨어진 '사탄'이 되지 말고 끝까지 그분 한 분만을 드러내는 '여호와의 종'이 되길 소망합니다.

> "오직 주 예수 그리스도로 옷 입고 정욕을 위하여 육신의 일을 도모하지 말라"
>
> (롬13:14)

【주제 #11】 그(the) 사탄이 받았던 직분(헬렐הֵילֵל)과 그의 역할(사탄שָׂטָן)

"너 아침의 아들 계명성이여 어찌 그리 하늘에서 떨어졌으며
너 열국을 엎은 자여 어찌 그리 땅에 찍혔는고"(사14:12)

이 본문에서 '아침의 아들 계명성'은 '헬렐 벤-샤하르הֵילֵל בֶּן־שָׁחַר'이다. 한글 성경에서는 '헬

렐'을 '계명성'이라 번역했지만 히브리어로 헬렐הילל은 그의 직분을 나타내는 단어로서 '찬양하는 자, 빛을 발하는 자'라는 의미이다. 제롬이 로마 제국의 언어인 라틴어로 성경을 번역할 때 (383AD-405AD) 헬렐הילל의 의미를 살려서 루시퍼Lucifer라는 신조어를 만들었는데 이는 lux(빛)와 fere(나르다, 전달하다)의 합성어이다. 그(the) 사탄은 원래 헬렐הילל의 직분을 맡은 자로서 하나님을 높이는 자였지만 그 직분을 행하기 위해 하나님이 주신 영화로운 빛에 스스로 도취되어 결국 바운더리boundary를 넘어서서 스스로 하나님의 자리까지 자신을 높이기 위해서 하나님의 대적자(사탄)가 되었던 자이다.

일반적으로 '사탄'이라는 단어는 한 존재를 나타내는 고유명사처럼 인식되고 있지만, 사실 히브리어 '사탄שטן'은 '막아서는 대적자로서의 역할'을 의미하는 단어이다. '사탄'이 고유명사로서 한 존재만을 의미하는 것이었다면 히브리어 성경에서 '하사탄השטן'이라고 정관사 the를 의미하는 'ה'를 그 앞에 붙이지 않았을 것이다. 이것은 마치 영어에서 아브라함이라는 고유명사에 the Abraham이라고 the를 붙이지 않는 것과 같은 이치이다.

'사탄'이라는 단어가 히브리어 구약성경에서 처음 등장하는 곳은 민수기22:22, 32이다. 이 본문에서 이스라엘을 저주해달라는 모압 왕 발락의 요청을 받고 길을 떠나는 발람 선지자에게 나타난 '하나님의 천사'의 역할이 발람을 막아서는 '사탄'으로서 표현된다.

> "그가 길을 나서는 것 때문에 하나님이 크게 노하셨다. 여호와의 천사가 그의 대적자가 되어서 (레사탄 로 לו שטן: 그에게 사탄이 되어) 길에 서서 가로막았다"(민22:22a)

> "여호와의 천사가 그에게 이르되 … 보라 내 앞에서 네 길이 사악하므로 내가 너의 대적자가 되려고 (레사탄 לשטן: 사탄의 역할을 하러) 나왔더니"(민22:32)

히브리어 성경에서 여기에 처음 등장하는 히브리어 '사탄'이라는 단어는 이스라엘을 저주하려고 길을 나선 거짓 선지자 발람의 길을 막아서기 위해서 하나님께서 보내신 '대적자, 반대자, 길을 막아서는 자'로서의 역할을 하는 여호와의 사자를 의미하는 것이었다.

에녹1서 40:7과 65:6에서 사탄의 복수인 사탄들(스타님שטנים)[1]이라는 단어가 사용되는데 69:4-12에서는 타락한 감찰자 천사들 중에서 5명의 지도자들의 이름을 언급하면서 그들을 사탄들이라고 표현하고 있다. 사탄이 고유명사로만 고정된 단어라면 '스타님שטנים'이라는 단어도 어색한 것이 된다. 이는 '아브라함'이라는 고유명사를 '아브라하밈'이라고 복수명사로 만들어

---

1   히브리어에서는 남성 복수를 나타낼 때 단어 뒤에 '임 ם'을 붙인다.

사용하지 않는 것과 같은 이치이다.

우리를 어둠에서 불러내어 그분의 놀라운 빛으로 들어가게 하신 분을 향한 찬양을 선포하게 하시려고 하나님은 우리를 택하셨고 왕 같은 제사장으로 거룩한 민족으로 그의 특별한 소유로 삼아주셔서 우리가 그 일을 합당하게 잘 하라고 우리를 아름답고 영화롭게 해주시는 것이다.

그러나 우리가 받은 이 놀라운 직분을 飮水思源(음수사원)[2]하지 않고, 스스로에게 영광을 돌리며 자기 중심적이거나 인본주의적으로 생각하기 시작할 때 우리도 어느새 하나님의 하실 일에 길을 막아서며 방해하는 대적자로서 '사탄שטן의 역할'을 하게 되는 것이다.

> "예수께서 돌이키시며 베드로에게 이르시되 사탄아 내 뒤로 물러가라
> 너는 나를 넘어지게 하는 자로다 네가 하나님의 일을 생각지 아니하고
> 도리어 사람의 일을 생각하는도다" (마16:23)

【주제 #12】 제사장의 옷에 쓰여진 실들

> "그들이 쓸 것은 금 실과 청색 자색 홍색 실과 가늘게 꼰 베 실이니라"(출28:5)

제사장을 영화롭고 아름답게 하고 그들의 직분이 구별되고 거룩함을 나타내기 위해 제사장의 의복을 지을 때, 하나님이 사용하라고 한 실의 색깔에는 각각 메시아를 예표하는 상징들이 담겨 있다.

금색: 금이 가지고 있는 안정적인 원자의 구조적인 특징 때문에 금은 지구상에서 가장 밀도와 순도가 높으며, 외부 환경의 영향으로 인해 다른 금속들처럼 녹슬지도 부식되지도 변색되지도 않는 불변성을 가지고 있고 따뜻한 아름다움을 느끼게 하도록 밝게 빛난다. 성경에서 금은 천국의 본성인 순수성과 불변성과 아름다움을 상징한다. 모세오경에서는 성소의 금이 모두 순수한 금이어야 한다고 말하고 있고, 계시록에서는 새 예루살렘은 투명한 유리와 같은 순수한 금의 도시(계21:18)이며 그 길도 맑은 유리 같은 정금이라고 묘사한다(계21:21). 성소의 모든 물건들은 금으로 싸도록 되어있었는데 이것은 땅에서 하늘로 나아가는 장소인 성소가 완전한 천국의 본성을 나타내도록 하신 것이다. 예수님은 영원 불변하는 아름다운 천국으로 우리를 인도하시는 분이시며, 천국의 문이시고, 천국 그 자체이시다.

---

2 음수사원: 물을 마실 때 그 물이 어디서 왔는지를 그 근원을 생각한다.

청색: 고대 사회에서 청색은 매우 값비싼 염료였다. 출애굽기에서 언급되는 청색은 히브리어로 테헬렡תְּכֵלֶת이라 하는데 이 색은 skyblue 또는 light blue 즉, 하늘을 생각나게 하는 색에 가까운 색이었다. 하나님은 이 청색으로 제사장의 옷을 짜게 하셨다. 또한 청색 끈으로 술을 만들어 이스라엘 자손의 옷의 네 귀퉁이에 달도록 하셔서(찌찌트צִיצִת, 민15:38) 그것을 볼 때마다 하늘에 계신 하나님과 하나님의 계명을 기억하게 하셨다. 기도할 때 머리를 덮는 기도 망토인 탈리트טַלִית도 하늘의 영역을 상징하는 테헬렡תְּכֵלֶת이 포함되도록 해서 기도가 하늘 보좌를 향하도록 도움을 얻도록 했다. 청색은 우리를 하늘로 인도해 주시는 메시아를 상징하는 색깔이다.

자색(보라색): 보라색은 통치권과 왕권을 상징한다. 고대 사회에서 보라색은 구하기 어려운 귀한 염료였는데 왕뿐 아니라 정치 지도자들과 관료들도 보라색 옷을 입었다. 군인들은 예수님을 희롱하기 위해 그에게 보라색 옷을 걸치게 하였다. 예수님은 지금 온 우주에서 가장 높으신 아버지 보좌 우편에 계시면서 만물을 붙들고 계시는 만유의 주님이시다. 그리고 이제 곧 그 처소에서 떠나 하늘에서 땅으로 내려오셔서 예루살렘의 보좌에 앉아 통치하실 만왕의 왕이시다.

홍색: 홍색은 피와 같은 색깔로 이것 역시 고대 사회에서 쉽게 구하기 어려운 염료였다. 선지자 이사야는 붉은 색이 죄로부터 정결케 됨을 의미하는 것으로 간주하고 이스라엘 백성을 향해 그들의 죄가 진홍같을지라도 눈과 같이 희어질 것을 선포하였다(사1:18). 그분의 흘리신 붉은 피로 믿는 자들은 멸망치 않고 영생을 얻게하시는 분이시지만, 끝까지 대적하는 자들을 심판하시며 원수 갚으러 오실 그 때 그분의 옷은 포도즙 틀을 밟는 자처럼 붉은 피로 얼룩지게 될 것이다.

가늘게 꼰 베실(흰색): 고대 사회에서는 린넨 천(세마포)을 염색할 수 있는 염료는 갖고 있지 않았으나 그것을 하얗게 만들 수는 있었다. 하얀 린넨 천(세마포)은 순결을 상징한다. 제사장이 입은 흰 옷은 죄로부터 우리가 깨끗케 되었음을 상징하는 것이다. 계시록에서는 하늘의 군대가 깨끗한 세마포 옷을 입고 백마를 타고 메시아를 따른다고 말하였다(계19:14). 변화산에서 예슈아의 옷은 세상에서 설명할 수 없는 밝고 빛나는 흰 옷으로 바뀌었고(막9:3), 죽은 예슈아의 몸은 흰색 린넨 천(세마포)으로 감싸졌다(막15:46). 마지막 때 구원받은 부활한 하나님의 성도들에게 하나님께서는 공중에서 빛나고 깨끗한 세마포를 입혀주실 것이며 희고 깨끗한 세마포를 입은 그들은 백마를 타고 백마를 탄 만왕의 왕 만주의 주를 따라 내려오며 예루살렘으로 입성하시는 메시아를 둘러서서 그 분을 찬양할 것이다(계7:9).

DAY 2 출28:15-30 / DAY 3 출28:31-43

거룩한 예배자, 신부의 어깨와 가슴에 새겨주신 하나님의 백성들

제사장의 옷은 흰색의 속옷과 그 위에 입는 파란색의 겉옷이 있습니다. 겉옷 위에는 에봇이라 불리는 긴 조끼같이 생긴 옷을 입습니다. 에봇의 두 어깨 받이에는 호마노라 불리는 붉은 줄무늬가 있는 보석에 이스라엘의 12지파의 이름을 도장같이 새기고 금테를 물리고 달아서 하나님 앞에 나아갈 때마다 기념이 되게하라고 하십니다(출28:12). 기념이 되게 하라고 하심은 하나님으로 하여금 기억하시게(레지카론 זִכָּרוֹן) 하라는 뜻입니다. 하나님으로 하여금 기억하게 하는 역할을 하는 것이 제사장의 임무입니다.

에봇의 가슴에는 각양각색의 보석 위에 어깨 받이와 똑같이 12지파의 이름을 도장같이 새겨서 흉패를 만들어 답니다. 이 흉패는 판결 흉패, 호쉔 미쉬파트 חֹשֶׁן מִשְׁפָּט 라고 불립니다. 호쉔 חֹשֶׁן은 흉패라는 뜻과 더불어 어떤 것을 담는 용기, 주머니라는 뜻을 가지고 있습니다. 미쉬파트 מִשְׁפָּט는 판단, 분별, 판결, 재판이라는 뜻입니다. 즉, 판결 흉패란 바른 판단과 바른 분별과 바른 재판을 할 수 있도록 하나님께 여쭙는다는 뜻입니다. 하나님은 제사장이 하나님의 백성들을 대표하는 12지파의 보석들을 가슴에 달고 그들을 향한 바른 판결과 재판을 감당하도록 하십니다. 또한 호마노에 새겨진 12지파를 6지파씩 양쪽 어깨 받이에 붙임으로써 두 어깨에는 백성을 향한 책임을 지도록 하십니다. 하나님이 백성들을 각양각색의 아름답고 독특한unique 보석같이 여기셨기에 그들의 이름을 각종 보석에 새겨 제사장의 어깨에 매고 가슴에 품어 하나님께로 나아가며 하나님의 눈에 백성들이 얼마나 보석같은 존재인지 기억하게 하시고 그들을 하나님께로 잘 인도할 사명을 제사장에게 주십니다.

그리고 바른 판단과 재판을 위해 판결 흉패 안에 우림(אוּרִים빛들)과 둠밈(תֻּמִּים온전함)을 넣도록 하십니다. 중요한 결정을 위해서 분별하고 바르게 판단하여 올바르게 결정 내리기 위해서 우리는 하나님의 뜻을 묻습니다. 이러한 과정 중에 우리는 먼저 우리의 상태가 빛들 가운데 있는지(우림אוּרִים), 어둠이나 그늘 가운데 있는지, 그리고 지금 내가 온전한 상태에 있는지(둠밈תֻּמִּים)를 스스로 체크하고 관리해야 합니다. 많은 경우 인생에서 중요한 결정을 내리려고 할 때 하나님의 뜻을 묻는다고 하지만 스스로의 상태가 빛들 가운데 있지 않고 온전한 상태에 있지 않은 상황에서 다시 말해, 우리의 생각과 감정이 확실히 하나님의 입장에 선 빛과 온전한 상태인지에 대한 점검이 없이 결정하는 순간이 많습니다. 그리고 잘못된 결과가 나올 때 하나님의 뜻을 묻고 했는데 왜 이런 결과가 나왔냐며 하나님을 원망하기도 합니다. 우리 안에 빛들과 온전함들이 없을 때는 판단과 결정이 바르게 이뤄지지 않습니다. 그래서 늘 자신의 혼의 상태, 특별히 생각과 감정의 상태를 잘 살펴보아 우림과 둠밈의 상태에 있는지 스스로 체크해야 합니다. 판결, 미쉬파트의 기준은 빛들과 온전함들입니다. 그리고 빛들과 온전함들은 곧 거룩함입니다. 하나님의 백성들을 위해서 중보의 제사를 드리며 보석같은 열두 지파를 가슴에 안고 하나님 앞에 나아가는 우리도 우림(빛들)과 둠밈(온전함들)의 상태를 항상 유지 관리하며 하나님께 왕 같은 제사장의 직분을 감당하기 위해 날마다 성소로 나아가며 스스로를 살피고 점검해야 합니다.

또한 대제사장의 이마에 쓰는 관의 전면에는 늘 '여호와께 성결'이라는 정금패를 붙여야 합니다(출28:36). 여호와께서 기쁘게 받으시도록 대제사장은 정금으로 새겨 만든 패를 빛나는 관(미쯔네펠מִצְנֶפֶת)에 붙여서 쓰고 '여호와께 성결'이 항상 그 이마에 있게 하였습니다(출28:38). 그 이마에 이 정금패가 붙어있음으로 하나님은 대제사장을 통해 백성들이 드리는 예배를 기뻐 받으시고 흠향하십니다. 하나님께 나아오는 제사장이 거룩하지 않으면 하나님은 받으실 수 없음을 강조하십니다. 특별히 이마에 붙이도록 하신 것은 얼마나 우리의 생각이 거룩함을 유지해야 하는지를 말씀하십니다. 생각의 거룩에서부터 거룩이 시작하기 때문입니다.

사람의 생각은 가장 쉽게 침범당하는 장소입니다. 잘못된 견고한 진이 생각에 들어와 자리 잡게 되면 하나님의 뜻을 분별하지 못하도록 하는 영역이 됩니다. 바이러스는 자체적으로 아무것도 할 수 없지만 어떤 것에 기생하여 붙어서 순식간에 복제하는 방법을 통해 퍼져갑니다. 생각의 영역을 잘 지키지 않으면 순식간에 악한 바이러스에 감염됩니다. 이것은 나만 감염시키는 것이 아니라 주변을 전염시켜 빠르게 퍼져갑니다. 리더일 경우 그 전염성과 파급 효과는 더 큽니다. 악하고 어두운 생각의 흐름은 그렇게 한 개인과, 공동체를 무너뜨려 사망으로 끌고 내려가려 합니다.

그러나 바이러스는 면역력을 증가시키는 건강한 식습관과 날마다 손을 깨끗이 하는 청결한 습관을 통해 막을 수 있습니다. 마찬가지로 악한 생각이 우리를 감염시키고 전염시키지 않게 하기 위해 우리는 날마다 우리의 생각을 체크하여 청결하게 하고 건강하고 거룩한 생각을 받아들이는 것을 훈련해야 합니다. 하나님은 우리의 생각의 영역이 너무 쉽게 우리 몸 전체와 주변 사람들을 더럽게 한다는 것을 아셨기에 왕 같은 제사장인 우리의 이마에도 여호와께 성결이라는 정금패를 붙이라고 하십니다. 우리의 이마, 생각은 거룩하게 하고(여호와께 성결) 우리의 가슴, 마음과 감정은 빛들과 온전함(우림과 둠밈)으로 나아갈 때 지성소에 계신 하나님께 나아가 얼굴과 얼굴을 맞대는(파님 엘 파님פָּנִים אֶל-פָּנִים) 예배의 삶을 살 수 있습니다.

제사장의 삶은 곧 예배의 삶입니다. 모세 시대에는 하나님이 거하시는 거룩한 성소 미크다쉬에 나아갈 수 있는 사람이 제사장으로 제한되어 있었지만 예슈아께서 지성소의 휘장을 가르심으로 오늘날 우리는 모두 담대히 지성소에 있는 은혜의 보좌(속죄소, 시은좌)에 나아갈 수 있게 되었습니다. 그러므로 제사장을 위해 하나님이 아름답고 빛나게 해주시고 구별된 거룩한 옷을 입혀 주시는 것이 오늘날 예배의 삶을 사는 예배자에게 입혀주시는 권위가 되었습니다. 제사장은 직분을 바로 행하기 위해서 옷을 제대로 입어야 했습니다. 이 옷은 거룩해야 하고 이 의복을 입고 직분을 행해야 죽지 않습니다. 의복을 제대로 갖추어 입지 않으면 제사장 직분을 행할 수도 없지만 죽게 된다고 말씀하셨습니다(출28:41~43). 이 말은 모든 예배자들은 자신의 생각과 감정과 마음을 정결하게 하여 자기 뜻대로 자기 영광을 위하여 예배하는 것이 아니라 하나님이 주신 기름부음과 권위를 가지고 예배하라는 뜻입니다. 하나님은 당신의 백성들을 보석으로 보십니다. 하나님이 사랑하고 바라보시는 보석과 같은 백성들을 그 어깨와 가슴에 품고 하나님 앞으로 나아가 올려드리는 것이 예배자의 부르심입니다.

DAY 4 출29:1-18 / DAY 5 출29:19-37

예배자의 영광스러운 직임을 위하여 – 제사장의 위임식

하나님은 하나님을 섬기는 제사장들에게 거룩한 직임을 맡기는 위임식을 7일간 행하도록 명령하십니다. 하나님과 모세가 만나는 그 회막 문 앞에서 아론과 그의 아들들을 깨끗이 씻기고 대제사장 아론을 위해 마련된 아름답고 영광스러운 거룩한 옷을 입히고 관을 씌우고 관유를 머리에 붓습니다. 그의 아들들에게도 띠를 띠우고 관을 씌워 그들이 제사장의 직분이 맡겨진 자들임을 위임합니다.

그리고 제사장들은 예배를 드리는데 무교병과 무교과자, 무교전병을 준비하고 수송아지와 숫양 두 마리를 가져옵니다. 수송아지는 속죄제의 예배로 숫양 한 마리는 다 태워드리는 번제와 화제의 향기로운 예배로 올려드리고 남은 한 마리의 숫양은 그 피를 가져다가 아론과 그의 아들들의 오른쪽 귓부리, 오른손 엄지와 오른발 엄지에 바릅니다. 이는 제사장으로서 옳은 말을 듣고 옳은 일을 섬기며 옳은 일을 행하라는 의미입니다. 하나님 편에 서서 하나님의 음성을 듣고, 하나님을 섬기며, 하나님을 위해 위임받은 일을 행하는 자가 제사장입니다.

그리고 피의 관유를 가져다가 아론과 그의 아들들의 옷에 뿌림으로써 그 피로 거룩하게 되어 하나님께 가까이 나아갈 수 있도록 하십니다. 피는 생명입니다. 피는 생명을 살리는 대가 지불을 의미합니다. 우리의 죄가 덮어지기 위해서는 피의 대가가 필요하기에 하나님은 예수님을 통한 완전한 죄의 대속이 있기 전에 제사장들과 이스라엘 백성들이 피가 흘러야 드릴 수 있는 예배를 통해 죄를 덮어주시고 사해주시는 하나님의 자비와 용서를 기억하도록 하셨습니다. 그래서 숫양의 피를 제사장들의 옷에 뿌림으로써 그들이 피의 대가를 경험하고, 또 백성들에게 그 거룩함을 나타내도록 하셨습니다.

그리고 누룩을 넣지 않고 준비한 무교병과 무교과자, 무교전병을 요제로 흔들어 태워드리는 예배를 드렸는데 이는 제사장들이 어떤 것과도 섞이지 않아야 하고 또 자기를 부풀리지도 말고 뭔가를 더하지도 않아야 함을 의미합니다. 하나님은 회막에서 7일간 위임식의 예배를 행하게 하시고 수송아지로 속죄제의 예배를 드릴 때 제단도 함께 속죄하고 제단에 기름을 부어 거룩하게 하도록 명령하십니다. 지극히 거룩한 제단이 될 때 그것에 닿는 모든 것이 거룩해지기 때문입니다. 제단은 모든 제물을 태워드리는 곳입니다. 제단에서 태워지는 제물로 인하여 죄의 대가가 치러지고 우리는 하나님께 가까이 나아감을 얻습니다. 그래서 하나님은 제사장에게 기름을 붓듯이 제단에도 기름을 부어 거룩하게 하라고 말씀하십니다. 제단과 제사장 모두 거룩하게 하시는 이유를 하나님은 다음과 같이 말씀하십니다.

"내가 이스라엘 자손 중에 거하여 그들의 하나님이 되리니 그들은 내가 그들의
하나님 여호와로서 그들 중에 거하려고 그들을 애굽 땅에서 인도하여 낸 줄을
알리라 나는 그들의 하나님 여호와니라"(출29:45-46)

하나님은 제사장과 이스라엘 백성들이 하나님께 속해 있고 또 하나님 자신이 그들 가운데 거하시기 위해, 그리고 그들 가운데 거하시는 하나님이 그들을 이집트에서 구속하신 여호와이심을 알게 하기 위해 제단과 제사장을 거룩하게 하십니다. 거룩함을 통해 이스라엘의 하나님이 어떤 하나님이신지, 그리고 이스라엘이 어디에 속해 있는지를 명확하게 알려주고 보여주신 것입니다. 하나님은 이스라엘 백성 가운데, 그리고 우리 안에 거하시기를 열망하십니다. 우리를 거룩하게 하시는 이유는 우리와 함께 하시기 위함입니다. 이 모든 제사의 과정과 제사장을 위임하는 과정의 최종 목적은 우리와의 하나됨입니다.

제사장은 피의 대가를 지불하고 죄사함을 얻는 구속 사역을 위해 하나님을 섬기고 백성들을 섬기는 거룩한 중보자입니다. 하나님은 7일간의 위임식을 통해 이들이 자신의 직분이 가지는 영광의 무게를 인식하길 바라셨고 완전하게 거룩한 자들로 세워지길 원하셨습니다. 제사장은 하나님과 백성들 사이를 매일의 예배를 통해 연결하는 화목의 사역자입니다. 그래서 하나님은 제사장에게 거룩한 기름을 부어 하나님이 택하시고 부르셨음을 증거하십니다. 우리는 예배를 통해 하나님께 나아가고 하나님은 제사장의 직임을 예배자들에게 허락하셨습니다. 그래서 매일의 예배를 통해 자신을 먼저 거룩하게 하고 하나님께 영광을 올려드리는 예배자는 하나님으로부터 영적 권위의 기름부음을 받습니다. 이 기름은 날마다 공급됩니다. 마치 12시간마다 성소의 등잔대의 불이 꺼지지 않도록 기름을 붓듯이 우리에게 부어 주시는 하나님의 기름부음은 우리로 하여금 날마다 빛 가운데서 예배하게 합니다. 예배자이면서 하나님의 신부로 부름받은 우리는 신랑이신 예수님의 오심을 준비하기 위해 등불과 기름과 기름 그릇을 준비해야 합니다. 이것은 매일 드리는 예배를 통해 신부인 예배자들을 채울 것입니다. 예배자의 삶은 신랑을 맞이할 준비를 하는 신부의 마땅한 삶의 모습입니다.

에스겔 43장에서 성령님은 에스겔을 성전의 동문으로 데리고 들어가서 여호와의 영광이 그 성전에 가득한 장면을 보게 하십니다. 에스겔이 본 성전은 재림하시는 예수님께서 예루살렘으로 들어가셔서 영광이 가득하게 하실 천년왕국 때의 성전입니다. 에스겔은 영광으로 가득 찬 미래 성전을 그 현장에서 보았으며 그 성전을 이스라엘 족속에게 보여주라는 명령을 받습니다. 에스겔이 이스라엘 족속에게 그 성전을 보여주게 될 때 그들은 자기들의 죄악을 부끄러워하게 될 것입니다(겔43:10). 자신이 행한 모든 죄악의 부끄러움을 깨닫는 순간, 회개가 이어지고 그 거룩한 성전의 체험을 더 사모하게 될 것입니다.

하나님은 에스겔에게 모세 때 제사장의 위임식을 하면서 번제단을 거룩하게 하라고 하심과 같이 천년왕국 때 회복된 성전의 제단을 7일 동안의 예배를 통해 정결하게 하시고 제8일부터 정결하게 된 제단에서 번제와 감사제를 드릴 것을 보여주십니다(겔43:26-27). 7일의 예배는 거룩을 위해 준비하며 갖춰지는 시간입니다. 8일째부터 하나님을 향한 예배가 본격적으로 시작됩니다. 정결케 되는 데 7일의 기간이 소요되어야만 하는 것은 정결케 되는 과정이 신속히 한 번만에 되지 않고 거쳐야 할 과정이 필요함을 보여줍니다. 충분한 7일 후에 제8일의 풍성함을 누릴 수 있습니다. 제사장의 7일간의 위임식은 제사장이 제사장 직분을 할 수 있도록 준비하고 갖추는 시간임과 동시에 그 제단을 거룩하게 함으로 본격적인 예배가 이뤄질 수 있도록 예비하는 시간입니다.

지금 우리의 예배는 제8일째 영원히 하나님 앞에서 드려질 예배를 위해 준비하고 거룩하게 하는 7일간의 예배와 같습니다. 제8일째의 영원한 예배를 위해 우리는 오늘도 제단 앞으로 나아가 나를 제물로 태워드리는 정결의 예배를 드립니다. 우리에게 제사장에게 허락하신 거룩의 옷을 입히시고 영광스러운 직임을 맡겨 주시며 영원한 하나님의 킹덤의 예배를 준비하게 하신 하나님을 찬양합니다.

DAY 6 출 29:38-46 / DAY 7 출30:1-10

예배를 위한 하나님의 두 번째 명령 – 태워드리는(번제) 향기의(분향단) 예배

하나님은 제사장에게 매일 아침과 저녁마다 완전히 다 태워 올려드리는 번제의 예배를 드리라고 명령하십니다.

> "네가 제단위에 드릴 것은 이러하니라 매일 일 년 된 어린 양 두 마리니 한 어린
> 양은 아침에 드리고 한 어린 양은 저녁 때에 드릴지며"(출29:38-39)

희생제물을 모두 태워드리는 번제의 예배를 매일 드리라 명하신 이유는 상번제를 통해서 회막과 제단이 거룩하게 되고, 아론과 그의 아들들도 거룩하게 될 것이며, 예배를 통

해 거룩하게 된 그들이 제사장 직분을 수행할 때 하나님이 이스라엘 자손 중에 거하실 수 있기 때문입니다(출29:44). 예배를 통해 하나님이 영광 받으시지만 또한 예배가 예배자들을 거룩하게 합니다. 예배자가 자신의 거룩함을 유지하는 중요한 방법은 매일 태워드리는 번제의 예배를 올려드리는 것입니다. 우리의 열정과 에너지를 다해 하나님께 쏟아드리는 예배를 드릴 때 예배 안에서 우리의 잘못된 생각, 어두운 감정, 쓴뿌리와 상처들도 성령의 불로 태워져 버립니다. 우리 하나님은 소멸하는 불이십니다.

매일 올려드리는 번제의 예배를 통해 불이 꺼지지 않게 하고, 또 성소의 메노라의 빛이 24시간 꺼지지 않게 하는 것처럼 하나님은 아름다운 분향단의 향기가 24시간 계속 올라가도록 명령하십니다. 아론은 아침마다, 그리고 저녁에도 향을 여호와 앞에 올려드립니다(출30:7,8). 하나님께 올려드리는 분향단의 향은 다른 것과 섞을 수 없었고, 번제단의 불도 하나님이 주신 불로만 태워드려야 했습니다(출30:9). 하나님께서는 우리가 우리의 생각과 판단에 거룩하다고 느끼는 것을 통해서 예배하는 것을 원하지 않으시고, 하나님이 정하신 거룩함으로 섞이지 않은 채로 순전하게 드려지는 향기의 예배를 원하십니다. 하나님은 하나님의 백성들을 품고 나아가는 제사장들이 매일 완전히 다 태워드리는 번제의 예배를 드리길 원하십니다. 왜냐하면 하나님이 성소 즉, 예배가 드려지는 그곳에서 만나기로 결정하셨기 때문입니다(출29:43). 또한 하나님이 모든 예배자의 하나님이 되시고 그들과 거하시기로 결정하셨기 때문입니다(출29:45-46). 우리가 아침과 저녁에 드리는 예배는 꺼지지 않는 등불이 되고 끊이지 않는 향기가 되어 온 성소를 밝히고 비추며 온 땅에 향기 되어 하나님의 영광을 나타냅니다. 이것을 통해 하나님이 일하십니다. 예배자는 온전히 하나님께만 시선을 고정하면 됩니다.

하나님은 매일 아침, 저녁으로 드리는 상번제의 예배를 통해 제단의 불이 꺼지지 않게 하시고, 순수한 감람유를 부어 등잔대(메노라)의 빛이 항상 밝혀지도록 하시며, 분향단의 향이 계속 올라가게(출30:7-8) 하십니다. 불, 빛, 향기는 언제나 꺼지지 않게 계속되어야 합니다. 그리고 이것은 백성들이 순수하게 짠 감람유를 가져오는 것으로 계속됩니다. 백성들의 기름은 성막의 불을 밝힐 뿐만 아니라 향을 피우고 불을 지속하게 만듭니다. 또한 성막에 쓰이는 모든 물건들에 기름을 발라 거룩하게 하고 또한 기름으로 제사장에게 부어 제사장을 구별하여 거룩하게 합니다. 이 기름 없이는 주님이 머무시는 성막의 모든 것이 불가능합니다. 이 순전한 기름은 백성들 한 사람, 한 사람이 드리는 테루마תְּרוּמָה(예물)를 통해 공급되고 이것은 주님의 보좌를 향해 항상 올라가는 불, 빛, 향기가 됩니다. 끝까지 견디어서 자신의 것을 다 태워드리는 제사장적 예배자들을 통해 불, 빛, 향기가 꺼지지 않는 예배가 보좌를 향해 계속 드려지게 될 것입니다.

"보좌에 앉으신 이와 어린 양에게 찬송과 존귀와 영광과
권능을 세세토록 돌릴지어다 아멘"(계5:13)

하프타라 겔 43:10-27

올라가는 흐름을 만드는 제사장

항상 등불이 켜져야 하는 것처럼 하나님 앞에 항상 올려드려야 하는 상번제(올라 타미드 תמיד עלה)와 분향단의 향은 모두 제단의 불을 통해 올려집니다. 아침, 저녁으로 올려드리는 번제단의 불, 등불의 빛, 분향단의 향, 이것이 예배입니다. 하나님이 세 가지가 항상 올라가도록 명령하신 것은 우리를 하늘의 영역으로 올라 갈 수 있게하기 위해서입니다. 예배의 방향성은 하늘입니다. 사람에게 감동을 주기 위함이 아닙니다. 하늘로 올라가는 예배가 결국 사람과 땅을 감동하고 변화시킬 것입니다. 그리고 이 흐름을 만들어 내는 것이 제사장의 역할입니다. 제사장의 직분은 위로 올라가는 흐름을 만드는 것입니다. 땅 성전에서 하늘 성전으로 올라감으로써 하늘 성전의 아름다움과 능력이 땅으로 내려오도록 길을 만드는 것이 제사장의 역할입니다. 하늘로 올라가는 흐름을 만드는 것, 이것이 또한 부흥입니다.

하나님은 에스겔을 통해 이스라엘 족속에게 성전을 보여주십니다. 그들이 거룩한 성전을 볼 때 자기의 죄악을 부끄러워하게 될 것이고, 이것을 통해 회개하고 하나님의 집을 더욱 사모하게 될 것이며, 하나님의 법도와 규례와 율례를 알고 행함으로써 거룩함에 이르게 될 것이고, 그 거룩함으로 말미암아 하늘로 올라갈 수 있게 될 것이라고 말씀하십니다(겔43:10-11). 그리고 번제단의 모양과 크기를 설명하시면서 그 번제단으로 올라가는 층계(마알로트 מעלה)는 동쪽을 향하도록 하라고 말씀하십니다(겔43:17). 동쪽은 하나님의 영광이 들어오는 방향이고 번제단으로 올라가는 층계, 성전으로 올라가는 층계는 하늘로 올라가는

층계를 보여주는 것과 같습니다. 하나님의 영광 안에 있는 성전을 보고 자신의 죄를 깨닫게 된 백성들이 회개를 통해 하늘로 올라가는 것, 이것이 예배이고 부흥입니다. 예배를 통해 하늘로 올라가는 길을 만드시고 그 길을 통해 하나님의 영광이 땅에 임할 때, 그곳은 하나님과 영원한 연합이 이뤄지는 에덴이 될 것입니다.

브리트 하다샤 히 13:10-16 / 마 5:13-20

하나님이 기뻐하시는 예배

> "죄를 위한 짐승의 피는 대제사장이 가지고 성소에 들어가고 그 육체는 영문 밖에서 불사름이라"(히13:11)

죄를 위한 피는 성소에 들어가고 육체는 영문 밖으로 불사른다는 것은 예배의 양면성을 보여줍니다. 하나는 하나님 앞에 나아가서 라알로트לַעֲלוֹת, 올려드리는 것이고, 다른 하나는 영문 밖으로 나아가서 불사름으로 없애 버리는 것입니다. 이것은 우리의 죄가 피로 말미암아 용서받고 하나님 앞에 은혜로 나아갈 수 있게 되었음을 의미하면서 동시에 죄는 분리되어 다뤄져야 하고 진 밖에서 태워버려야 한다는 것을 의미합니다. 이 양면성의 균형을 유지하지 못하고 죄를 정확하게 다루고 분리시키는 쪽으로 너무 강조하면 정죄가 강해질 수 있고, 하나님 앞으로 나아감을 얻는 은혜만 강조하면 자신의 죄에 대한 철저한 회개가 없이 죄를 인정하지 않고 교만한 상태가 되어 방종하게 될 수 있습니다. 그러므로 이 두 가지가 균형을 이룰 때 영화롭고 아름답게 됩니다. 예배는 나를 올려드리고 태우는 것, 희생하는 것입니다. 희생 없이 영화로움과 아름다움만 추구할 수 없습니다. 예수님도 자기 피로써 백성을 거룩하게 하려고 성문 밖에서 고난을 받으셨습니다. 그러므로 예배를 통한 영광은 희생의 대가를 지불하며 부어지는 것임을 기억해야 합니다. 그래서 히브리서는 예수님의 희생으로 인해 우리에게 구원의 길이 열렸고 그 길로 아버지께 나아갈 수 있게 되었음을 날마다 입술로 고백하는 예배를 드리라고 권면합니다.

"예수로 말미암아 항상 찬송의 제사를 하나님께 드리자 이는
그 이름을 증언하는 입술의 열매니라 오직 선을 행함과 서로 나누어
주기를 잊지 말라 하나님은 이 같은 제사를 기뻐하시느니라" (히13:15-16)

찬송과 경배를 통해 하나님께 올려드리는 예배와 함께 형제를 사랑하고 선을 행하며 나누어 주는 것은 우리의 삶을 통해 드리는 예배가 됩니다. 하나님을 향한 예배, 사람들을 섬기는 예배가 함께 이뤄질 때 하나님은 기뻐하신다고 하셨습니다. 예수가 그리스도이심을 증언하는 입술의 고백, 찬송의 제사, 그리고 형제를 사랑하고 선을 행하는 삶의 예배가 오늘도 예배자들에게 말씀하시는 하나님의 트짜베(תְּצַוֶּה)입니다. 그리고 이 예배는 모든 압력과 무게를 견디고 순수한 기름을 드리며 나아가는 예배자들을 통해 끊임없이 드려집니다.

트짜베 주간의 말씀

1. 자체적인 압력을 견딤으로 흘러 나오는 순수한 감람유는 압력을 견뎌낸 우리의 믿음의 삶을 통해서 성소의 불을 밝히는 것을 의미합니다. 압력을 견뎌내고 주님을 향해 드린 삶, 시간, 눈물, 땀이 기름이 되어 주님의 성소의 빛이 되고, 향기가 되어 보좌를 향해 올라갑니다.

2. 기름은 영원한 통치가 이뤄질 하나님의 나라에 들어가 그곳을 비출 빛이 되게 하는 것이자 왕과 제사장으로 부름받은 우리가 하나님의 위임을 받아 예수님과 함께 그분의 나라를 다스리는 권위를 받은 거룩한 증표가 됩니다.

3. 관점이 하나님의 보좌에 붙어있지 않고 나 중심의 관점이 될 때 예배와 제사가 하나님으로부터 온 것이 되지 않고, 나를 돋보이게 하기 위해 뭔가를 더 붙이게 되는 순간 이 예배와 제사는 타락하게 됩니다.

4. 7일의 시간을 충분히 보냈을 때 우리는 제8일의 영광과 부흥을 누릴 수 있게 됩니다. 우리는 모두 제8일의 부흥을 위해 7일간의 시간을 보내고 있는 제사장들입니다.

5. 우리의 이마, 생각은 거룩하게 하고(여호와께 성결) 우리의 가슴, 마음과 감정은 빛들과 온전함(우림과 둠밈)으로 나아갈 때 지성소에 계신 하나님께 나아가 얼굴과 얼굴을 맞대는(파님엘 파님 פָּנִים אֶל־פָּנִים) 예배의 삶을 살 수 있습니다.

6. 모든 제사의 과정과 제사장을 위임하는 과정의 최종 목적은 우리와의 하나됨입니다.

7. 예배자가 자신의 거룩함을 유지하는 중요한 방법은 매일 태워드리는 번제의 예배를 올려드리는 것입니다. 우리의 열정과 에너지를 다해 하나님께 쏟아드리는 예배를 드릴 때 예배 안에서 우리의 잘못된 생각, 어두운 감정, 쓴뿌리와 상처들도 성령의 불로 태워져 버립니다. 우리 하나님은 소멸하는 불이십니다.

8. 순전한 기름은 백성들 한 사람, 한 사람이 드리는 테루마תְּרוּמָה(예물)를 통해 공급되고 이것은 주님의 보좌를 향해 항상 올라가는 불, 빛, 향기가 됩니다. 끝까지 견뎌서 자신의 것을 다 태워드리는 예배자들을 통해 불, 빛, 향기가 꺼지지 않는 예배가 보좌를 향해 계속 드려지게 될 것입니다.

9. 예배를 통한 영광은 희생의 대가를 지불하며 부어지는 것임을 기억해야 합니다.

트짜베 주간의 선포

1. 다 태워 올려드리는 예배를 위해 기꺼이 고난과 압력을 견디고 나 자신을 온전히 드릴 수 있는 예배자가 되게 하소서. 영광을 위해 고난을 통과하는 결단을 가진 예배자가 되게 하소서.

2. 하나님의 아름다움과 영화로움을 나타내는 거룩한 제사장의 부르심을 감당할 수 있도록 날마다 새로운 기름을 부어 주소서.

3. 사람의 만족을 추구하는 종교적인 예배와 사람의 영광을 추구하는 화려한 예배에서 벗어나지 못하는 어리석음과 교만을 회개합니다. 사탄처럼 자신을 할렐하는 자가 아닌 하나님을 영화롭게 하는 예배를 드릴 수 있도록 토라를 통해 나를 더욱 정결하게 하소서.

4. 일주일에 한 번 교회에 가서 드리는 형식적 예배가 아닌 매일 내 삶에서 끊임없이 올려드리는 삶의 예배가 되게 하소서. 이것을 위해 내 안에 틀에 박혀 있는 생각들과 프레임들을 소멸하는 불로 태워주소서.

21주간

כִּי תִשָּׂא

KI TISA

키 티싸, 네가 들어올릴 때(계수할 때)

파라샤 **출30:11-34:35**

하프타라 **왕상18:1-39**

브리트 하다샤 **고후3:1-18 / 막9:1-10**

DAY 1 출30:11-31:17

생명의 속전

　　하나님은 모세에게 이스라엘 자손의 수효를 계수하라고 명령하십니다. '계수하다'로 번역된 히브리어 티싸תִשָּׂא의 동사 원형 나싸נָשָׂא는 '취하다, 가져가다(take)'는 뜻과 함께 '올리다(lift)'는 뜻이 있습니다. 이스라엘 자손의 수효를 계수하는 것은 한 사람, 한 사람을 하나님께 올려드리는 것과 같습니다. 이렇게 하나님께 올려드린 사람들을 하나님은 완전히 하나님의 것으로 취하십니다. 하나님이 이스라엘 백성을 계수하신 이유는 그들을 완전히 하나님의 것으로 취하기 위해서입니다. 그러나 여전히 죄인인 부정한 자가 하나님께 올려질 수 없기에 죄를 대속하고 목숨을 위한 몸값을 지불해야 했습니다. 그래서 그들에게 생명의 속전으로 반 세켈을 성소를 위해 내도록 하십니다(출30:12).

　　속전은 히브리어로 코페르כֹּפֶר라고 하는데 이 단어는 카파르כָּפַר, '덮다', 키파르כִּפֵּר, '죄를 속하다'는 단어에서 파생되었습니다. 즉, 속전이란 죄를 속하기 위해 지불하는 값을 의미합니다. 성경에서 반 세켈은 한 영혼을 대표해서 치르는 대가 지불입니다. 그래서 하나님은 생명의 속전을 낼 때 부자라고 더 하지 말고 가난하다고 덜 하지 말고 모두가 정확히 반 세켈을 내야한다고 말씀하십니다(출30:15). 생명을 위한 몸값은 부자의 생명이라고 해서 더 귀하고 가난한 자의 생명이라고 해서 덜한 것이 아니기에 하나님은 그 생명의 값을 똑같이 내도록 하십니다. 이 생명의 값은 회막 봉사를 위해 사용되게 하심으로 하나님의 성소가 생명의 대가 지불을 통해 유지될 수 있도록 하였습니다.

예수님은 우리의 생명의 속전으로 자기 생명을 대가로 지불하셨고 하나님께 들어 올려지셨습니다. 그래서 우리도 예수님으로 인해 하나님께 우리 자신을 올려드릴 수 있는 자격을 얻게 되었고 들려 올라가신 예수님처럼 하늘로 올라갈 수 있게 되었습니다. 그러나 사탄은 우리가 하나님께로 올라갈 수 없도록 있는 힘을 다해 끌어내리려고 합니다. 우리의 생각과 감정을 공격해서 하늘 보좌에 올라갈 수 없도록 계속 끌어내립니다. 그러나 우리는 그 끌어내림에 반응하지 말고 하늘을 바라보며 고양高揚(티싸נשׂא)되어야 합니다. 우린 이미 거듭났고 그로 인해 우리의 영은 하나님의 보좌로 올라갈 수 있는 자격을 얻었습니다. 나의 존재가 이미 하나님 앞에 올려진 자라는 것을 인식하고 깊은 예배로 들어갈 때 보좌에 올라가 하늘을 경험할 수 있습니다. 하나님이 이스라엘 백성의 수효를 티싸, 올려드리라고 할 때는 그들이 땅을 바라보는 자가 아닌 하늘을 바라보는 자이며 세상에 눌려서 거기에 매인 자가 아닌 하늘에 속해 참 자유를 누리는 자라는 것을 알려주신 것입니다. 사탄은 우리가 이런 존재가 되었음을 인식하지 못하도록 우리로 하여금 계속 땅에 집착하게 하고 땅의 것에 반응하게 하여 하나님의 보좌를 바라보지 못하게 합니다. 나를 끌어내리려는 사탄의 공격과 세상에 반응하지 말고 나를 하늘로 올려 주시는 하나님과 그분의 보좌에 함께 서도록 우리의 영이 고양되게 해야 합니다. 예배는 우리가 하나님께 고양되어 보좌로 나아가게 하는 길입니다.

생명의 물

성막과 제단 사이에는 놋으로 만들어진 물두멍이 있습니다. 아론과 그의 아들들은 회막에 들어가 제단의 예배를 드리기 전에 놋 물두멍에 담긴 물로 반드시 그 손과 발을 씻도록 명령받습니다. 만약 씻지 않고 제단에 가까이 가면 죽게 되리라 말씀하십니다(출30:20). 이 의식은 어떤 면에서보면 귀찮고 불필요한 의식같이 보여지기도 합니다. 제사장들은 하루의 제사를 시작하기 전에 이미 온 몸을 씻는 정결 예식을 거치기 때문입니다. 그럼에도 불구하고 그들의 손과 발이 물두멍에서 다시 한번 씻겨져야 했던 이유는 손과 발이 세상에 가장 쉽게 닿는 몸의 부위로 무의식적으로 닿았을 수도 있는 부정함으로부터 깨끗하게 하여 하나님의 성소를 섬기는데 있어 거룩함을 지킬 수 있도록 하기 위해서입니다.

예수님은 유월절 세데르의 밤에 제자들의 발을 씻겨 주셨습니다. 베드로는 자신의 발을 씻어 주시려는 주님을 거절했고, 그런 베드로를 향해 주님은 주님이 그의 발을 씻어 주지 않으면 그가 주님과 상관없는 사람이 된다고 말씀하셨습니다(요13:8). 그러자 베드로는 그러면 자기의 발뿐 아니라 손과 머리도 씻어 달라 요청하였고, 주님은 이미 목욕한 사람은 발만 씻으면 된다고 말씀하시며 이미 온 몸이 깨끗하다고 하셨습니다(요13:10). 온 몸이 깨끗하여도 다시 한번 발을 씻겨 주신 것은 주님이 우리를 깨끗하게 해주시는 영적 정결함의 근원이심을 잊지 말라는 의미입니다. 제사장이 온 몸을 씻는 정결 예식을 행하고도 매번 제사를 드릴 때마다 물두멍에 가서 다시 한번 그의 손과 발을 씻었듯이, 우리도 십자가의 번제단을 지나 성소로 들어갈 때 우리의 손과 발을 씻고 나아가야 합니다. 회개는 한 번으로 끝나는 것이 아니고 주님 앞에 나갈 때마다 다시 한번 우리 자신을 돌아보고 돌이키는 끊임없는 과정입니다. 이러한 과정을 통해 하나님 앞에서 나를 겸손하게 하고 전적으로 구원이 하나님의 은혜와 구속으로 이뤄진 것임을 고백할 수 있습니다. 한 번 구원받았다고 그것이 영원히 지속되는 것이 아니라 제단에 예물을 드리고도 또 다시 한번 손과 발을 씻고 성소로 들어가듯이, 매번 나 자신의 어떠함을 겸손하게 돌아보고 두렵고 떨림으로 구원을 이루어 가는 것입니다.

"…항상 복종하여 두렵고 떨림으로 너희 구원을 이루라"(빌2:12)

거룩한 향기름과 거룩한 향

성소에 속하는 모든 것은 하나님이 거하시는 하늘 성전을 반영하고, 그 성소를 섬기는 제사장은 하나님의 영광을 나타내는 자이기에 성소에 속한 모든 기구들과 성소를 섬기는 제사장은 거룩한 존재이며 또 거룩해야 합니다. 하나님은 이들을 거룩하게 구별하시기 위해 기름을 부으시는데 그 기름은 향이 가득한 향기름이었습니다.

하나님은 아름다움의 근원이십니다. 아름다움은 모든 감각 즉, 보는 것, 듣는 것, 만지는 것, 냄새 맡는 것, 맛보는 것을 포함합니다. 그래서 하나님은 당신의 아름다움을 나타내실 때 보여주시기도 하시고, 아름다운 소리를 듣게도 하시며, 그것을 우리의 피부로 느낄 수 있게도 하시고, 맛보아 알게도 하시며, 향기로운 냄새가 느껴지게도 하십니다. 하나님은 이 모든 감각을 통해 당신을 나타내시고 또 우리에게 허락하신 모든 감각을 통해 그 아름다움을 알 수 있도록 하십니다. 그래서 예배 가운데 하나님의 임재를 느낄 때 어떤 이는 그분을 보기도 하고, 하늘의 소리와 음성을 듣기도 하며, 뜨겁고 시원하고 따뜻함을 느끼기도

하며, 향기를 맡기도 합니다. 하나님은 당신을 나타내는 제사장들이 하나님의 모든 아름다움을 반영할 수 있도록 그들을 빛나게 하시고 향기나게 하십니다. 뿐만 아니라 하나님의 성소에 있는 모든 것들도 금빛과 향기로 가득하게 하십니다. 그리고 하나님이 가르쳐 주신 방법대로 향기름을 만들어 성소의 모든 기구와 제사장들에게 발라 거룩하게 하십니다. 향기름은 몰약과 육계와 창포와 계피, 그리고 감람유의 조합으로 이루어집니다. 거룩한 향기름을 바르는 곳은 모두 거룩하게 구별되며 그것에 닿는 자들도 거룩하게 됩니다(출30:29).

하나님을 섬기는 사람들에게는 기름부음이 있습니다. 기름부음은 그들이 하나님을 섬기도록 권위의 위임을 받았다는 증거가 됩니다. 기름부어진 것에 접촉하기만 해도 거룩하게 된다는 말씀을 통해 우리는 기름부음 받은 자와 함께 할 때 같은 기름부음의 영향을 받게 됨을 알 수 있습니다. 기름은 흘러가는 것이고, 향이 퍼지는 것이기 때문입니다. 우리의 기름부음은 하나님께 완전히 속한 자로서 구별, 거룩하게 되었다는 표징일 뿐 아니라 나를 접하는 내 주변까지도 거룩하게 하는 능력이 됩니다.

하나님은 보좌를 향해 올라가는 아름다운 향기가 성소의 분향단에서 멈추지 않고 올라갈 수 있도록 거룩한 향을 만드는 방법을 가르쳐 주십니다. 거룩한 향은 소합향과 나감향과 풍자향에 유향을 섞고 거기에 소금을 치는 방법으로 만들어집니다. 향기는 하늘로 올라가는 기도를 의미합니다. 요한계시록 5:8에서 거룩한 네 생물과 이십사 장로들이 거문고와 향이 가득한 금대접을 가졌는데 이는 곧 성도들의 기도라고 하였습니다. 또한 요한계시록 8:3-4에서는 천사가 금향로를 가지고 많은 향을 받았는데 이것도 성도의 기도라고 말씀합니다. 하나님이 분향단의 향기가 끊임없이 올라가도록 하신 것은 보좌 앞으로 올라간 기도가 땅에 부어지게 하심으로 결국 하나님의 뜻이 땅에 이뤄지게 하려 하심입니다. 기도는 향기가 되어 하나님 보좌로 올라가 금대접과 금향로에 담기는데 그 분량이 차면 땅으로 부어져 하나님의 뜻이 땅에 이뤄지고 땅 위에 실행이 됩니다. 하나님의 뜻은 우리 각 사람의 개인적인 삶 안에서도 이뤄지며, 각 민족과 나라를 향해서도 이뤄지며, 최종적으로는 하나님의 킹덤의 완성을 위해 이뤄집니다. 하나님의 뜻은 성도들의 기도와 함께 이뤄집니다.

그래서 하나님의 킹덤이 이뤄지기까지 우리들의 기도는 향기되어 보좌를 향해 멈추지 않고 올라가야 합니다. 단, 거룩한 향이 하나님이 만들어 주신 방법대로 제조되어야 하듯 우리의 기도는 우리의 뜻대로 드려지는 것이 아니라 하나님의 뜻대로 드려지도록 해야 합니다. 하나님의 마음을 알 때 그분의 뜻을 알 수 있는데 하나님의 마음은 말씀을 통해 세세하게 나타나 있습니다. 그러므로 우리는 늘 말씀 앞에 머물러 하나님의 마음과 뜻을 구해야 하고 말씀을 통해 깨닫게 된 하나님의 마음과 뜻에 따라 기도를 올려드려야 합니다. 말씀으로 기도가 올려지게 될 때 아름다운 향기가 되어 보좌에 있는 금대접과 금향로에 담길 것입니다. 그리고 말씀으로 올려진 그 기도가 다시 땅으로 쏟아 부어질 것입니다.

【주제 #13】기쁨의 기름

제사장과 성막의 모든 기구에 발라졌던 거룩한 기름(쉐멘 미쉬할 코데쉬 שֶׁמֶן מִשְׁחַת־קֹדֶשׁ)에 대한 유대 전승 중에 흥미로운 이야기가 있다. 탈무드에 의하면 모세가 만들었던 거룩한 기름은 주님이 명령하신 대로 모든 세대에 걸쳐(throughout your generations) 사용할 수 있을 만큼의 양이었다고 한다.

"거룩한 기름을 만드는 처음 순간부터 끝까지 많은 기적들이 있었다. 모세는 12 항아리의
기름을 만들었을 뿐이지만 성막의 모든 기구들에 기름을 발랐고, 아론과 그의 아들들의
7일 제사장 위임식에도 사용했으며, 대대로 대제사장과 왕의 기름부음에도 사용되었다.
그래도 여전히 앞으로 다가올 시대에 사용할 수 있을 만큼의 기름이 남겨져 있다"
(Targum Pseudo-Yonathan on Exodus 30:31)

그런데 이 기름은 바벨론의 침략에 앞서 법궤와 만나의 항아리, 아론의 싹난 지팡이와 함께 숨겨졌다. 메시아가 다시 오실 때 숨겨졌던 모든 것들이 나타나고, 메시아는 모세가 만들었던 이 거룩한 기름으로 기름부음을 받고 왕의 대관식을 하게 될 것이다. 메시아가 받게 되실 거룩한 기름을 두고 시편 45:7은 왕의 하나님이 즐거움의 기름(기쁨의 기름, 쉐멘 싸손 שֶׁמֶן שָׂשׂוֹן)을 왕에게 부으실 것이라고 말씀한다.

이 기름은 왕과 대제사장에게만 부어졌는데 그 붓는 방법이 조금 달랐다. 대제사장에게는 기름 붓는 자가 그의 머리위에 붓고 기름은 그의 눈썹 위에 히브리어 타브 모양으로 발랐다. 고대 히브리어 타브는 십자가 모양으로 이는 메시아이신 예슈아를 상징한다. 유대인들은 지금도 이것을 인정하지 않지만 하나님은 모세를 통해 거룩한 기름을 만드실 때 이것이 십자가에 달리신 예슈아에게 부어질 것을 이미 예정하셨음을 알 수 있다.

왕에게 기름을 부을 때는 3단계의 과정을 거쳤다. 첫 번째 단계로 선지자가 왕의 머리에 기름을 붓고 기름을 왕의 이마 위에 왕관의 모양으로 발랐다. 기름이 부어진 것은 거룩한 영, 성령이 부어진 것을 예표한다. 두 번째 단계로 쇼파르가 불렸다. 쇼파르는 왕이 되는 날을 기념하는

나팔이자, 왕권을 상징한다. 또한 쇼파르는 마지막 날 메시아가 오심을 예표한다. 왕의 대관식의 마지막 단계는 모두 함께 기쁨으로 크게 환호성을 지르며 왕이 영원히 함께 할 것이라고 외치는 것이다. 솔로몬이 대관식을 할 때 온 백성은 "솔로몬 왕은 만세수를 하옵소서"(왕상1:39)라고 외쳤다. 이 본문의 히브리어 원어는 예히 하멜렉 쉴로모 יְחִי הַמֶּלֶךְ שְׁלֹמֹה 인데 그 뜻은 "왕 솔로몬은 영원히 있을 것입니다"라는 뜻이다. 왕을 향해 이렇게 외치는 것은 왕에 대한 충성을 고백하는 것이다. 마지막 날 메시아이신 예슈아가 오실 때 하늘은 기뻐할 것이고, 땅은 크게 외칠 것이다. "예히 하멜렉 예슈아 יְחִי הַמֶּלֶךְ יֵשׁוּעַ, 왕 예슈아는 영원히 계실 것입니다"

【주제 #14】 향기름과 향을 만드는 식물들

*거룩한 향기름을 위한 몰약, 육계, 창포, 계피 그리고 감람유
향기름을 만들 때 몰약을 섞는데 몰약은 감람나무의 한 분과로 향기로운 향을 가지고 있지만 그 맛은 쓰다. 몰약 나무는 자르면 즙이 나오는데 이 즙은 죽음의 고통을 감소시킬 때 사용되고 또 죽은 자를 장사 지낼 때 사용되기도 한다. 예수님은 태어나실 때 동방박사들에 의해 몰약을 선물로 받으셨고, 십자가 위에서 고통을 견디실 때 군인들이 몰약을 탄 포도주를 예수님에게 마시게 하였다. 이는 죽음의 고통이 조금이라도 덜 느껴지게 하기 위해서였다. 또 예수님이 돌아가신 뒤 니고데모와 다른 이들은 몰약을 가지고 와서 예수님을 장사 지냈다. 그래서 몰약은 예수님의 고통과 죽음을 상징하면서 그분의 죽음으로 우리의 죄가 속해지고 생명을 얻었음을 의미한다. 육계는 병든 자에게 발라 치료제로 사용하는 식물로 하나님의 치유를 상징하고 창포는 늪지대에 서식하는 식물로 '높이 치솟다'는 뜻으로 부활을 의미한다. 계피는 살충제나 방충제로 사용되는 식물로서 사탄으로부터 들어오는 공격을 차단한다는 의미를 가진다.
하나님은 예수님의 고통과 죽음, 그로 인한 치유와 부활, 보호를 의미하는 식물들에 감람유를 더하심으로 성령의 기름부음이 우리를 치유하시고 보호하시며 부활하게 하실 것을 말씀하셨고 이후에 제사장의 역할을 감당하는 모든 예배자들과 그들이 예배하는 곳에 부으실 것을 보여주셨다. 그래서 우리는 예수님의 죽음을 지나 부활을 얻게 되었고 성령의 기름부음을 받게 되었다. 그리고 성령의 기름이 부어지는 곳에서 우리는 하나님의 치유와 능력을 경험하게 된다. 또한 성령의 기름부음을 받은 자는 사탄이 함부로 할 수 없다. 향기름을 통해 성령으로 기름 부으시고 우리를 거룩하게 하시며 하나님의 능력과 영광을 나타내시고자 하신 하나님의 계획은 완전하다.

*거룩한 향을 위한 소합향, 나감향, 풍자향, 유향, 그리고 소금

소합향은 히브리어로 나타프נָטָף로 높이가 약 10m 정도 되는 나무이다. 나타프נָטָף는 '떨어지다'는 동사 원형에서 파생됐는데 이 나무를 찌르면 방울방울 액체가 떨어지며 스며 나오기 때문에 붙여진 이름으로 '향유'라고도 불린다. 소합향은 상처가 나도 향기가 멈추지 않는 예수 그리스도의 삶과 그를 따르는 성도를 의미한다. 억울한 일이나 나를 찌르는 시련이 있어도 계속 향기를 내는 사람과 그가 드리는 기도가 소합향의 의미이다.

나감향은 히브리어로 쉐헬레트שְׁחֵלֶת라 하는데 바닷가의 어패류가 깨질 때 나는 향이다. 홍해 근처의 십조개 같은 것들이 그 껍질이 부서지면서 내는 향인데 보통 이런 어패류는 물 옆의 향기로운 식물을 먹게 되고 그것들이 쌓여서 향기를 낸다. 껍질이 부서지면서 향기를 내는 나감향은 우리의 육신이 깨어질 때 비로소 예수 그리스도의 향기를 냄을 의미한다. 자아가 부서져야 진정한 그리스도인이 될 수 있다.

풍자향은 히브리어로 헬베나חֶלְבְּנָה이며 그 뿌리에서 향이 나는데 보통 신맛이 난다. 풍자향은 해충을 제거하는 역할을 하기도 한다. 뿌리에서 향이 나는 풍자향은 간절한 기도를 의미한다. 영혼의 가장 깊은 곳에서부터 흘러나오는 기도, 골방에서 드려지는 기도, 드러나지 않는 곳에서 드려지는 기도를 의미한다. 예수님은 우리가 은밀한 중에 드리는 기도를 보시고 아버지께서 다 갚으신다고 말씀하셨다(마6:6).

유향은 히브리어로 레보나לְבוֹנָה인데 감람과에 속하는 상록수의 모양을 하고 있다. 주로 아라비아 사막에서 자생하는 유향나무에서 향을 채취하는데 이 나무에서 향을 채취하는 방법은 상처를 주어서 진액을 내며 그 진액의 색깔은 우유빛이다. 성전에서 가장 많이 사용하는 유향은 오직 하나님만 바라볼 수 밖에 없는 상황에서 구원을 위해 부르짖는 기도를 의미한다. 유향은 거룩한 향을 만들 때 뿐 아니라 모든 소제의 제사에 들어가는데 우리의 부르짖음이 모든 기도와 예배에 필요함을 뜻한다.

소금은 들어가면 맛을 내주고 변하지 않게 하는 속성을 가지고 있다. 때로는 소독을 위해 사용하기도 한다. 청결과 방부제의 역할을 하는 소금은 기도가 변하지 않고 꾸준히 드려져야 함을 의미한다.

지혜와 총명과 지식과 여러 가지 재주로

하나님이 보여주시고 가르쳐 주신 하늘 성전의 모습 그대로 이 땅에서 하나님이 거하실 성소와 성막, 그리고 그 안에 들어갈 모든 기구들을 만들 사람을 위해 하나님은 친히 브살렐과 오홀리압을 지명하십니다. 브살렐, 베짤렐בְּצַלְאֵל은 '하나님의 그늘'이라는 뜻이고, 오홀리압אָהֳלִיאָב은 '아버지의 장막'이라는 뜻입니다. 하나님은 그들에게 하나님의 영을 충만하게 하시고 지혜와 총명과 지식과 여러 가지 재주를 사용하여 하나님의 미쉬칸을 짓도록 하십니다(출31:1-6).

지혜인 호크마חָכְמָה는 어떤 상황에서도 무엇을 해야 할지를 직관적으로 아는 힘입니다. 총명인 타분תְּבוּנָה은 동사 빈בִּין에서 파생된 단어로 아주 미세한 차이도 볼 줄 아는 분별력이자 어떤 것을 깨달아 아는 이해력입니다. 지식인 다아트דַּעַת는 동사 야다יָדַע에서 파생된 단어로 야다יָדַע는 어떤 정보에 대해 아는 것이고 경험에 의해서 정보를 인지하는 능력입니다. 재주라는 단어인 믈라카מְלָאכָה는 천사라는 의미의 말라크מַלְאָך에서 파생된 단어로 '하나님이 보내실 때 맡기신 사명, 맡겨진 일'이란 뜻입니다.

하나님이 거하시는 미쉬칸을 만들 때 어떤 상황에서도 무엇을 해야 할지 아는 지혜, 모든 재료들의 특성과 사용법을 세밀하게 이해하고 아는 총명과 지식(타분과 다아트), 그리고 이 모든 것을 만들어 갈 수 있는 타고난 재능을 가지고 있는 사람에게 하나님이 이 일을 감당하도록 하셨습니다. 그리고 그들에게 지혜로운 마음이 있는 많은 사람을 붙여서 함께 할 수 있도록 하셨습니다(출31:6). 하나님은 자신의 뜻을 이룰 사람들을 적시 적소에 세우시는 하나님입니다. 그리고 하나님의 일을 맡기시면서 지혜를 부어 주십니다. 자기 뜻대로가 아닌 하나님의 뜻대로 하는 자들은 하나님이 원하시는 것이 무엇인지를 잘 이해하고 세상과 사람의 것이 섞이지 않도록 하는 사람입니다.

하나님 자신이 그 백성의 그늘이 되어 보호하시고 하나님 아버지가 친히 거할 장막을 지을 자들로 부름받은 브살렐과 오홀리압은 자신들의 설계가 아닌 하나님의 설계로 하나님이 거하실 장막을 만듭니다. 내게 주신 지혜와 총명와 지식과 재능을 하나님이 보여주신 설계도에 따라 내 뜻대로가 아닌 하나님의 뜻대로 사용하는 자에게 하나님의 일을 맡기십니다.

다시 한번 샤밭שַׁבָּת

하나님께서 미쉬칸에 대한 모든 것을 보여주시고 가르치시기를 마치신 뒤 시나이 산을 내려가 백성들에게 이 모든 명령을 전해야 할 모세에게 다시 한번 당부하시며 말씀하신 것이 있는데 그것은 안식일, 샤밭שַׁבָּת입니다. 하나님은 안식일, 샤밭을 지키는 것이 '너희

대대로 나와 너희 사이의 표징'이며(출31:13) 영원한 언약이라고 말씀하십니다(출31:16-17).

하나님은 자신에게 속한 것들을 구별하실 때 두 가지를 사용하십니다. 하나는 기름부음, 또 하나는 샤밧입니다. 기름부음은 하나님을 섬기는 사람들과 하나님을 섬길 때 사용하는 물건들에 부어진 것이고 안식일(샤밧)은 하나님의 백성으로 구분 지으시는 표징으로 삼으십니다. 마라의 쓴 물에서(출15:25) 그리고 신 광야에서 만나와 메추라기를 내리실 때(출16:23) 이집트 시간에 젖어 있는 이스라엘 백성들을 향해 샤밧을 먼저 가르치셨고 그 시간을 지키는 것을 훈련하셨습니다.

그들이 더 이상 이집트(세상)의 소속이 아니고 하나님의 킹덤에 소속된 백성임을 알리는 정체성이 샤밧이었기에 하나님은 시나이 산에 이르러 많은 율법의 말씀을 가르치시기 전에 샤밧을 먼저 가르쳐 주십니다. 시나이 광야에 이르러 하나님의 산 시나이 산에서 이스라엘 백성과 혼인의 언약식을 맺으시고 특별히 모세를 불러 40일간 하나님의 영광 가운데서 하늘 성전의 양식을 따른 땅의 미쉬칸을 말씀하신 뒤 또 한 번의 샤밧에 대한 당부를 하시면서 이번에는 샤밧을 지키지 않는 자는 죽을 것이라 말씀하십니다(출31:15). 혼인 언약식 이전에는 아직 자신의 존재와 정체성을 다 깨닫지 못한 백성이었기에 샤밧에 대해 하나님은 그것을 지키는 방법만 가르쳐 주시지만 이번에는 왜 샤밧을 지켜야 하는지 그 의미를 정확하게 말씀하십니다.

> "이같이 이스라엘 자손이 안식일을 지켜서 그것으로 대대로 영원한 언약을 삼을
> 것이니 이는 나와 이스라엘 자손 사이에 영원한 표징이며…"(출31:16-17)

샤밧의 의미는 하나님과 이스라엘 자손 사이의 영원한 언약이자 표징입니다. 샤밧을 지키는 자들이 하나님의 백성이라는 증거가 된다는 의미입니다. 거룩은 세상과 구별된 것으로 하나님께 속한 백성들의 속성입니다. 하나님의 백성들은 자신의 몸을 구별하고 또 시간을 구별한 자들입니다. 주어진 6일의 시간 동안 맡겨진 일들에 수고한 백성들이 7일째 하나님이 주인되신 시간에 하나님의 주권 아래서 안식을 누리는 것이 하나님이 자기 백성들을 위해 구별해 놓으신 천국의 누림입니다.

구약의 선지자들은 이스라엘 백성이 죄악으로 타락했을 때 하나님의 심판을 이야기했고 그 중에 빠지지 않고 등장한 심판의 이유 중 하나가 그들이 샤밧을 거룩히 여기지 않고 지키지 않았기 때문이라고 이야기합니다. 샤밧을 지키지 않은 것은 그들이 하나님과의 언

약을 파기한 것과 마찬가지였지만, 그럼에도 하나님은 그 언약을 지키시기 위해 그들이 돌이키기까지 참고 기다려 주셨습니다.

구약은 예수 그리스도의 상징과 모형인데 초림에 대한 것과 재림에 대한 것이 있습니다. 예수님은 초림을 통해 실체로 오셔서 이미 와 있는 하나님의 나라가 확장되게 하셨습니다. 그러나 재림으로 오셔야지만 오는 하나님의 나라가 완전히 이루어져서 구약의 모든 언약과 예언이 성취될 것입니다. 우리가 들어가야 할 안식이 아직 우리 앞에 남아있습니다. 우리는 그 안식에 들어가기를 힘써야 합니다. 6일과 제7일은 6천년과 제7천년의 모형입니다. 안식일의 주인은 예수님이시며 안식일은 사람을 위하여 있습니다. 천년왕국은 예수님이 온 지구를 친히 통치하시는 지구의 안식일입니다. 이 천년왕국의 주인은 예수님이시며 천년왕국은 인류를 위하여 있습니다. 에덴-동산에서 쫓겨났던 인류가 다시 회복된 에덴-동산으로 들어가서 살아가게 되는 회복과 구속의 축복을 누리는 기회를 주시는 것이 샤밭의 의미입니다. 하나님이 태초부터 구별하신 샤밭이라는 시간은 인류를 위해 주어진 시간입니다.

창조 때부터 구별해 놓은 시간으로서의 샤밭은 구약의 이스라엘 자손들에게만 주신 율법이 아니라 오늘날 예수 그리스도를 통해 하나님께로 나아감을 얻은 우리에게도 그 본질과 의미는 살아 있습니다. 샤밭의 본질은 하나님이 거룩하게 구별해 놓으신 정한 시간이며, 그 의미는 우리가 부활의 몸으로 그리스도와 함께 메시아 왕국으로 들어가 그분의 통치와 안식을 누리는 것입니다. 그래서 샤밭은 나의 모든 일을 멈추고 하나님께 집중하는 시간입니다. 이것을 연습하며 매주 리허설하라고 하나님께서 처음부터 명령하셨습니다.

지금은 인류에게 맡겨졌던 6,000년의 인류 역사가 마감을 하고 지구의 샤밭인 제7천년대의 메시아 왕국이 시작되려고 하는 시점입니다. 6일의 노동과 수고(멜라카מְלָאכָה)가 인류에게 맡겨진 6천년의 역사를 나타낸다면 제7일인 샤밭은 그리스도에게 맡겨진 메시아 왕국 시대를 나타냅니다. 우리는 그분의 통치 아래서 안식을 누릴 것입니다. 그리고 7천년의 인류 역사가 끝나고 제8일은 영원 무궁한 새 하늘과 새 땅의 시작을 나타냅니다. 대체 신학에 의해 제거되고 잊혀진 하나님의 거룩한 시간이자 천년왕국의 통치를 상징하는 샤밭의 본질과 그 의미를 회복하는 교회와 성도들이 더 많아져야 할 때입니다. 샤밭의 주인은 예수 그리스도이시고 샤밭은 태초부터 하나님이 구별하고 정하신(만들어 놓으신) 날입니다.

DAY 2 출31:18-33:11

방자한 백성들, 그리고 결혼을 파기하는 음란

우리는 하나님을 믿을 때 우리 안에 우상숭배가 없다고 착각합니다. 하나님이 이스라엘 백성을 이집트에서 데리고 나오셔서 바다를 가르고 건너게 하고, 그들이 두려워했던 이집트의 군대를(세상의 힘) 한순간에 바다에 빠뜨리셨습니다(출14장). 쓴 물이 단물로 바뀌었고(출15장) 만나와 메추라기가 매일 내렸으며(출16장) 반석에서 물이 나왔고 야비하게 공격하는 아말렉을 무찔렀습니다(출17장). 이스라엘 백성을 신부로 삼으시고(출19장) 그들에게 결혼 서약서를 주셨습니다(출20장). 그리고 그들 가운데 내려와 함께 거하시기 위해 하늘 성전의 모습을 그대로 닮은 땅 성소를 지을 수 있도록 가르쳐 주셨습니다(출25-30장).

이스라엘 백성은 모든 순간 하나님의 권능을 경험하였습니다. 심지어 그들은 시나이산에 친히 강림하신 엘로힘을 보았고 모세와 아론과 나답과 아비후와 이스라엘 70장로는 엘로힘을 뵙고 그 앞에서 먹고 마시기까지 하였습니다(출24:9-11). 그런데 모세가 하나님으로부터 성막의 설계도를 받고 하나님은 결혼 서약서인 십계명의 말씀을 친히 돌판에 새겨서 모세에게 주고 계시는 그 순간, 이스라엘 백성들 안에 이집트에서 오랫동안 행해왔던 우상숭배의 습성이 고개를 들었습니다(출32:1). 그들은 너무나도 당당하게 아론에게 눈에 보이는 신을 만들라고 요구합니다. 단지 40일을 비웠을 뿐인데 하나님과 깊은 시간을 보내고 있던 모세의 빈자리를 틈타 백성들은 금방 하나님을 잊어버리고 우상에게 자신을 예물로 바치는 방자한 행위를 하였습니다.

하나님의 큰 은혜를 경험했고 성령 충만함도 경험했으며 그 외의 많은 기적을 보았어도 우리 안에 제거되지 않은 우상이 있고 완전히 버리지 못한 세상적인 생각과 습관, 자기 의가 있다면 그것은 반드시 우리의 발목을 잡습니다. 중요한 순간에 하나님을 배신하고 이전에 주신 모든 은혜를 한 순간에 잊어버리면서 다 쏟아 버립니다. 그리고 우상과 세상의 달콤함으로 눈에 보기에 좋은 것을 선택하고 맙니다. 그러므로 우리는 가장 큰 은혜를 받는 순간 겸손하게 체크해야 합니다. 내가 은혜의 도구로 사용되었을 때 모든 영광을 하나님께 돌리면서 나를 더욱 낮추어야 합니다. 그렇지 않으면 내 안의 우상숭배가 나를 교만하게 하고 스스로 높이 세우게 하여 우상을 세워놓고 우상을 향하여 하나님이라 하며 하나님으로부터 돌아서게 합니다.

하나님이 친히 이스라엘 백성 중에 거하시겠다고 예물(테루마)을 가지고 오도록 말씀하시는 그 시간에 백성들은 모세의 빈 자리를 자신들의 방자하고 교만한 생각으로 채워 우상을 향해 예물을 바쳐 결국 자기들의 신을 만들어 내고야 맙니다(출32:3-4). 하나님과 모세가 하나님의 킹덤의 법을 세우고 있는 동안 백성들은 자기들의 신을 만들고, 자기들의 나라를 만듭니다. 그리고 아론은 그것을 도와줍니다. 모세는 백성들이 방자할 뿐 아니라 아론이 그들로 방자하게 하여 원수에게 조롱거리를 만들었다고 크게 책망합니다(출32:25).

방자라는 히브리어 파라פרע는 '벌거벗겨지다, 노출되다, 풀려버리다, 지도자가 된 것처럼 행동하다'는 뜻을 가지고 있습니다. 백성들은 자신들의 어리석음을 스스로 드러내었고 아론은 그런 그들을 더 방자하게 하여 원수에게 조롱거리가 되도록 하였습니다. 고삐가 풀려버린 그들은 스스로 지도자가 된 것처럼 교만해져서 통제가 되지 않는 방자함을 드러내어 결국 삼천 명가량이 레위 자손에 의해서 도륙 당하게 됩니다. 이스라엘 백성을 사랑했던 하나님은 큰 상처를 받고 모세에게 그들을 향한 진노의 심판과 멸망을 말씀하십니다.

"그런즉 내가 하는 대로 두라 내가 그들에게 진노하여
그들을 진멸하고 너를 큰 나라가 되게 하리라"(출32:10)

그러나 모세는 하나님께 급박하게 매달립니다.

"주의 맹렬한 노를 그치시고 뜻을 돌이키사 주의 백성에게
이 화를 내리지 마옵소서"(출32:12)

모세는 하나님께 아브라함과 이삭과 이스라엘을 기억하여 달라고 요청합니다. 모세는 하나님의 진노를 돌이키게 하기 위해 하나님이 하신 약속을 기억나게 해드립니다. 모세의 요청에 놀랍게도 하나님은 뜻을 돌이키십니다(출32:14). 그러나 막상 백성들이 금송아지 우상 앞에서 온갖 음란한 행동을 하며 춤을 추며 섬기는 것을 보자 모세는 하나님이 친히 써주신 계약서의 증거판, 십계명의 돌판을 산 아래로 던져 깨뜨려 버리고 맙니다(출32:19). 왜냐하면 하나님과 백성 사이의 언약, 사랑의 관계가 그들의 우상숭배로 깨져 버렸기 때문입니다.

우상숭배는 하나님과 결혼한 거룩한 신부에게 있어서 음란한 행동입니다. 이미 결혼한 신부가 신랑을 두고 다른 사람과 사랑을 나누는 것과 같은 추악한 행동입니다. 그래서 하나님은 북이스라엘이 금송아지 앞에 절하며 우상숭배로 가득 차 있는 것을 보고 호세아의 아내 고멜을 통해 그들의 행동이 얼마나 음란한지를 말씀하신 것입니다(호1:2). 그런데 이스라엘 백성은 이런 음란함을 서슴없이 행합니다. 왜냐하면 이집트에서의 오랜 시간 동안 우상을 섬겨왔던 그들의 습관과 본성이 제거되지 않았기 때문입니다. 그들은 하나님을 믿고 있었지만 여전히 우상을 섬기고 있었습니다. 이스라엘 백성의 사랑은 양다리였습니다.

　　그래서 모세의 마음은 하나님과 같이 상처를 받습니다. 이스라엘 백성을 자기 소유로 삼으시며 친히 써주신 거룩한 돌판을 깨뜨려 버린 모세의 행동은 수시로 하나님의 사랑을 거부하고 교만하게 자기들 뜻대로 나아가면서 방자하고 어리석게 행동할 뿐만 아니라 하나님과 비교도 할 수 없는 우상에게 자신들의 모든 것을 바치는 이 백성의 음란한 배신에 대한 분노이자, 하나님처럼 이 언약이 차라리 깨져 버리는 것이 나을지도 모르겠다는 고통스러운 절규였습니다. 모세는 금송아지를 가져다 부수어 가루로 만들고 물에 뿌려 이스라엘 자손에게 마시게 합니다(출32:20).

　　모세는 여호와 하나님의 말씀이 아닌 사람의 말과 입장을 먼저 생각하는 아론의 리더십을 크게 책망하고 아론은 비겁한 변명으로 그 순간을 모면하려 합니다.

> "내가 그들에게 이르기를 금이 있는 자는 빼내라 한즉 그들이 그것을 내게로
> 가져왔기로 내가 불에 던졌더니 이 송아지가 나왔나이다"(출32:24)

　　마치 금송아지가 기적과 같이 스스로 만들어져서 나왔고 그것이 하나님의 능력을 말하는 것처럼 합리화합니다. 아론의 이런 모습은 사람들의 눈치를 보면서, 혹은 자신의 권위가 실추되는 것이 두려워 하나님이 하신 일이 아닌데도 하나님이 하셨다고 말하고, 하나님이 말씀하신 것이 아닌데도 하나님이 말씀하신 것처럼 위선을 떠는 리더들에게서 동일하게 나타납니다. 모세는 백성들의 진영 앞에 서서 여호와의 편에 있는 자는 누구든지 모세에게로 나아오라고 외치고, 그 때 레위 자손들이 모두 모여 모세 앞에 섭니다. 모세는 여호와의 편에 선 레위 지파들이 칼을 들어 방자히 행한 백성들의 형제, 친구, 이웃을 죽이도록 합니다. 레위인들은 인본주의적 입장이 아닌 하나님의 입장에 서서 방자하게 행한 백성들을 죽임으로 하나님께 더 헌신하여 레위(레뷔לוי, 연합된)라는 그의 이름 뜻대로 하나님 편에 서서

하나님께 바짝 붙어 하나님께 협력하고 하나님께 헌신합니다(출32:29). 이 일 후에 하나님은 모든 지파의 장자들의 의무를 레위인에게 대신하도록 돌리시고 레위인을 하나님께 속한 특별한 자신의 소유로 따로 챙기셔서 성막 가까이에서 하나님을 섬기는 일을 하게 하십니다(민3:41,45).

레위 자손이 어떤 자손들입니까? 하나님께 드리는 제사를 위해 따로 구별된 섬기는 자들이었습니다. 예배하기 위해 부름받은 자들, 매일 예배를 지키기 위해 성막에 거하였던 자들, 메노라의 불을 켜기 위해 재를 청소하고 기름을 부은 자들, 분향단의 향기가 밤낮으로 쉬지 않고 올라가게 했던 자들, 매일 아침, 저녁으로 다 태워드리는 번제의 예배를 올린 자들, 그들이 레위 자손들입니다. 또한 레위인들은 매일 예배를 드리기 위해 제물을 칼로 자르고 태워드리는 직무를 담당했기에 칼을 가장 잘 다루는 사람들이었습니다. 정확한 곳을 찔러 쪼갤 줄 아는 사람들이었습니다. 희생제물을 드리기 위해 날마다 칼을 간 것이 꼭 하나님의 말씀의 칼을 날마다 갈아야 하는 것처럼 보입니다. 말씀의 칼을 갈아서 하나님의 뜻을 알지 못하고, 분별이 없는 사람들을 말씀으로 찌르고, 자르고, 쪼개는 것도 레위인들의 역할입니다.

백성들은 금방 잊어버립니다. 그들은 분별력이 없습니다. 그들의 뻣뻣함과 완악함은 하나님이 아닌 것을 신으로 삼고 자신의 세계를 만들고 싶어 합니다. 그런 어리석은 백성이 끝까지 하나님의 백성이 되게 하기 위해 모세는 자신을 내어 드리는 중보의 기도를 통해 중재를 하고 레위지파는 그들을 죽임으로 죄악을 잘라 버립니다.

아론처럼 백성을 더 방자하게, 어리석게, 망하는 길로 이끄는 지도자가 있는 반면, 모세처럼 끝까지 하나님 편에 서서 그들에게 정확하게 하나님의 뜻을 알게 하는 지도자도 있습니다. 아론을 도와 우상을 만들어 내는 사람들이 있는가 하면, 모세와 함께 하나님의 뜻을 행하는 레위 사람들이 있습니다. 우리에게도 늘 이런 두 가지 양면이 있습니다. 사람들 눈치를 보면 아론 같은 지도자가 될 것이고, 하나님 편에 서면 모세 같은 지도자가 될 것입니다. 사람들 눈치를 보면 아론처럼 방자한 백성을 돕는 자가 될 것이고 하나님 편에 서면 모세를 도와 하나님 마음을 시원케 해 드리는 자가 될 것입니다.

【주제 #15】 히브리어로 본 성경의 오른쪽(야민יָמִין) 과 왼쪽(스몰שְׂמֹאל)

"너는 그 수양을 잡고 그 피를 취하여 아론의 오른쪽 귀 끝과 그 아들들의 오른쪽 귀 끝에
바르고 그들의 오른손 엄지와 오른발 엄지에 바르고 그 피를 단 주위에 뿌리고"
(출29:20, 참고 레8:22-24)

히브리어에서 오른쪽은 야민(יָמִין)이다. 야민은 '오른쪽, 오른손, 옳은 편, 남쪽, 바른 것을 선택하다'는 의미이다. 왼쪽은 스몰(שְׂמֹאל)이며 '왼쪽, 왼손, 북쪽' 이라는 뜻이다. 스몰(שְׂמֹאל)의 어근이 되는 씨믈라(שִׂמְלָה)는 '감싸다 포장하다'는 기본 의미에서 드레스나 망토같은 의복을 의미하여 어떤 물체를 덮어서 가린다는 뜻을 가진다. 씨믈라(שִׂמְלָה)는 쎄멜(סֶמֶל)을 여성형으로 바꾸면서 치환된 형태인데 쎄멜(סֶמֶל)은 '이미지, 형상, 조각상, 우상'이라는 뜻으로 '비슷하게 닮았다'는 뜻이다.

완전히 똑같은 것은 아니지만 비슷하게 보이는 어떤 모조품을 만들어 놓고 사람들의 눈에 보여지고 눈앞에 제시할 수 있게 만들어 놓은 것이 우상이다. 사람들의 마음은 보이지 않은 하나님보다는 눈에 보이고 확실하게 제시할 수 있는 어떤 것이 있으면 쉽게 마음을 빼앗기게 된다. 이것이 사람들이 우상숭배를 하게 되는 이유이며 사람들의 이러한 성향 때문에 우상숭배가 영향력을 가지고 사람들의 마음을 사로잡게 된다.

오른쪽을 선택할 것인가 왼쪽을 선택할 것인가? 솔로몬은 그의 말년에 세상 돌아가는 모습을 통해서 옛날에도 있었고 현재에도 있는 반복되는 한가지 문제와 폐단에 대해서 이야기한다.

"해 아래서 내가 본 악(폐단)이 있는데 우매한 통치자가 저지르는 큰 오류와 실수이다.
그것은 곧 왼쪽에 마음이 있는 우매자가 아주 높은 자리에 앉혀져서 높은 지위를 얻고
부자와 존귀를 얻었던 사람은 낮은 자리에 앉혀져서 낮은 지위를 얻은 것이다"(전10:5-7)

솔로몬은 말을 타고 가야 할 지도자들이 종들처럼 땅에서 걸어가는 장면을 보았다. 솔로몬은 이와 같은 모습을 '해 아래서 내가 본 악(폐단)이다' 라고 하였다. 어느 시대나 한 국가가 생겨나기도 하고 멸망하기도 하는 기승전결을 경험하지만 이러한 우매한 통치자의 악(폐단)은 종말의 시대에 종합 세트처럼 나타나게 될 것이다.

"우매한 한 죄인이 역사가 쌓아 놓은 거대한 선을 무너지게 하고 망치게 한다" (전9:18)
"향수에 빠져 죽은 파리가 향수에서 악취가 나게 하듯이 적은 수의 우매자가 지혜와
존귀를 더럽히며 망가뜨린다"(전10:1)

왼쪽(스몰שְׂמֹאל) 은 사람들의 눈앞에 당장 보여줄 수 있는 확실한 어떤 것을 제시하면서 상대적으로 쉽게 사람들의 마음을 끌어당기고 그들의 마음을 얻는다. 눈에 보이는 것에 상대적으로 안정감을 느끼게 된 사람들은 이것을 지지하게 된다. 하지만 그것은 비슷하게 닮은 어떤 것이라는 것을 많은 지지자들은 분별해내지 못한다. 아니, 어느정도는 분별해서 보지만 그들의 마음이 왼쪽으로 치우쳐 있으면 그래도 그 길을 선택하고, 그 길을 지지하고 힘을 실어준다.

"여자가 그 나무를 본즉 먹음직도 하고 보암직도 하고
지혜롭게 할 만큼 탐스럽기도 한 나무인지라"(창3:6)

사탄은 먹음직스러운 것, 눈에 보기에도 좋고 아름답게 보이는 것, 지혜롭게 해줄 것만 같은 탐스러운 것을 제시하며 이쪽을 선택하라, 이쪽 편에 서라, 이쪽을 지지하라고 외친다.

"이것은 놀랄 일이 아니니 이는 사탄도 자신을 빛의 천사로 가장하기 때문이라"
(고후11:14)

사탄은 자신을 씨믈라השְׂמָלָה(감싸고 포장해서 가린다)한다. 즉, 빛의 천사로 보이도록 자신을 가리고 감싸고 포장한다. 그래서 많은 자들은 끝까지 속고 소수의 사람들은 한동안 속아 넘어간다. 그리고 사탄은 또한 쎄멜סֶמֶל(이미지, 형상, 비슷하게 닮다)한다. 즉, 눈에 보기에도 좋고 누구나 선택하고 싶고 나에게 당장 유익을 줄 것 같고 지혜롭고 현명하고 똑똑하게 보이게 해줄 것 같고 누구에게나 확신있게 이것이라고 말해줄 수 있을 것 같은 비슷하게 닮은 어떤 이미지를 확실하게 제시해준다. 그래서 많은 자들의 마음을 사로잡고 다수의 지지를 받아 큰 세력을 가지고 휘두른다.

어느 시대나 있었던 뱀의 유혹이지만 아담 하와 때 보다도 지금 우리가 살아가는 이 마지막 시대는 더 교묘하고 더 헷갈리게 미혹하며 동일한 패턴으로 인류를 미혹하고 있다. 어느 쪽을 선택할 것인가?

לֵב חָכָם לִימִינוֹ וְלֵב כְּסִיל לִשְׂמֹאלוֹ
레브 하캄 리미노 뭬레브 케씰 리쓰몰로(전10:2)
지혜자의 마음은 오른쪽에 있고 우매자의 마음은 왼쪽에 있느니라

DAY 3 출33:12-16 / DAY 4 출33:17-23

회막과 모세의 중보

모세는 진과 멀리 떨어진 곳에 회막(오헬 모에드אֹהֶל מוֹעֵד)을 세웁니다(출33:7). 이 때의 회막은 모세가 하나님과 특별히 만나기 위해 따로 친 장막으로 성막(미쉬칸מִשְׁכָּן)과는 다릅니다. 모세가 하나님과 만나기 위해 회막으로 나아갈 때 여호와를 앙망하는 자(바카쉬בָּקַשׁ, seek, require, desire)도 회막으로 나아갑니다. 모세가 회막으로 들어가면 구름 기둥이 내려와 회막문 앞에 서고 여호와께서 그 구름에 가린 채 회막에 내려오시면 모세는 친구와 대화하듯이 여호와와 대면하여 이야기를 나눕니다(출33:11). 백성들은 멀리서 모세가 회막에 들어가는 것을 바라보며, 또 구름 기둥이 내려오는 것을 바라보며 자신들의 장막 문에 서서 함께 경배합니다.

모세 한 사람의 예배는 모든 백성들이 함께 예배하게 했습니다. 모세가 구름 기둥 가운데 내려오신 여호와와 이야기할 때 모든 백성이 각자의 처소에 서서 그것을 바라보았습니다. 한 사람의 진정한 예배자는 그것을 바라보는 이들로 하여금 하나님을 구하게 하고 바라게 함으로 그들을 데리고 함께 보좌 앞으로 나아갑니다. 이런 예배자는 하나님과 깊은 친밀함을 가지고 누리는 자입니다. 이 친밀함은 모세가 하나님과 이야기할 때 친구와 이야기하는 것과 같은 것입니다(출33:11). 이런 친밀함은 또 어떤 이로 하여금 같은 친밀함을 사모하게 만듦으로 또 한 사람의 진정한 예배자가 일어서도록 합니다. 모세가 여호와와 대화를 마치고 회막을 떠난 후에도 그 회막을 떠나지 않고 머물러 있던 여호수아처럼 말입니다.

예배는 다른 사람을 인도하기 위해 하는 사역이 아니고, 책임을 다하기 위해 드리는 것도 아니며, 또 인정받고 칭찬받으려고 하는 일도 아닙니다. 하나님을 너무 사랑해서 그분만 바라보며 교제하고 사랑을 나누는 시간입니다. 나 한 사람이 하나님과 사랑을 누리는 진정한 예배를 드리면 또 누군가를 진정으로 예배하게 할 뿐 아니라 예배자로 서게 할 수 있음을 기억해야 합니다. 예배는 의무와 책임이 아닌 사랑입니다.

하나님은 모세에게 사자를 보내어 가나안 땅에 이스라엘 백성을 들어가게 하겠지만 하나님은 함께 가지 않겠다고 하십니다. 이유는 혹여라도 가는 길에 이 목이 곧은 교만한 백성들을 하나님이 진멸하실까 염려하시기 때문입니다(출33:3). 그런 하나님을 향해 모세는 다음과 같이 간청합니다.

> "주님이 나보고 이 백성을 데리고 올라가라고 하시면서 함께 갈 자를 지시하지
> 않으십니까? 내게 은총을 입었다고 하셨으니 주의 길을 보여주시고,
> 나에게 주님을 알려주시고, 이 족속을 주님의 백성으로 여겨 주십시오"
> (출33:12-13, 진리의 집 직역)

> "주님이 친히 가지 않으시려거든 우리도 올려보내지 마십시오.
> 주님께 은총을 입었다면 주님이 우리와 함께해야 하지 않습니까?"
> (출33:15-16, 진리의 집 직역)

이 기도에 주님은 마음을 바꾸셔서 "내가 친히 가겠다. 너를 쉬게 해 주겠다"(출33:14)고 응답하십니다. 방자한 백성들로 인해 진노하신 하나님, 또 교만하여 끊임없이 불평하고 거역하는 백성들로 인해 지친 모세는 하나님이 너를 쉬게 해 주겠다는 음성에 하나님께 요청합니다.

> "주의 영광을 보여주십시오"(출33:18)

하나님의 산에서 부름을 받아 원하지 않았지만 하나님께 떠밀려 이스라엘 백성을 구하기 위해 이집트의 파라오 왕 앞에 처음 섰을 때만 해도 모세는 여호와 하나님이 어떤 분인지 잘 몰랐습니다. 그가 아는 것은 그분이 거룩하셔서 그분 앞에 자신의 모든 권리를 내려놓고 신을 벗고 서야 한다는 것, 그리고 그분이 하라고 하는 대로 순종해야 한다는 것뿐이었습니다. 그러나 이집트를 벌하시고 그들의 악함을 완전히 멸하시는 하나님의 전능함을 경험할수록 그는 하나님을 경외하게 되고 이스라엘 백성을 향한 하나님의 열정적인 사랑과 그들의 믿음의 조상인 아브라함과 이삭과 야곱과 맺은 언약을 반드시 이루시려는 신실하신 성품을 경험하면서 그는 이집트 앞에, 그리고 백성들 앞에 담대하게 나아가게 됩니다. 그러나 하나님이 맡기신 백성들은 모세를 너무 지치게 합니다. 그럼에도 포기할 수 없는 것은 하나님이 어떻게 그들을 사랑하시는지 모세는 너무 깊이 경험했기 때문입니다. 그래서 진노하시는 하나님의 마음이 이스라엘을 정말 멸하고자 하시는 것이 아닌 사랑의 배신에 대

한 아픔이라는 것을 알았기에 하나님으로 하여금 그분의 성품과 언약을 스스로 기억하시도록 상기시켜 드렸습니다. 그리고 이 방자한 백성을 끝까지 이끌고 가려면 도저히 자신의 힘으로 할 수 없음을 알게 된 모세는 하나님께 영광을 보여달라고 간절히 요청합니다. 하나님만이 이 백성을 구원하고 이끄실 수 있다는 것을 잘 알고 있는 모세는 백성을 이끌 다른 힘이나 능력을 구한 것이 아니라 하나님을 구합니다. 그런 모세의 간청에 하나님은 모세를 덮으시며 자신의 영광을 감추지 않으신 채 지나가십니다.

우리에게는 사람을 변화시키고 이끌 능력이 없습니다. 약속의 땅으로 들어가려는 과정에 때로는 우리 자신 조차도 이 여정에 방해가 되는 존재이기도 합니다. 왜냐하면 하나님을 향한 믿음이 적기 때문입니다. 그래서 더욱 하나님을 구해야 합니다. 우리의 기도는 3가지 방향으로 나아가야 합니다. 하나님을 향해서는 그분이 어떠한 분이심을 선포하고, 나라와 민족을 향해서는 중재자가 되어 대신 겸비하고 자복하는 회개의 기도를 하며, 나 자신을 향해서는 그분의 영광을 구하며 기도할 때 그 기도가 킹덤을 향해 나아가게 하는 기도가 될 것입니다.

DAY 5 출34:1-9

하나님의 자기 계시

"여호와(야훼)께서 그의 앞으로 지나시며 선포하시되 여호와라(야훼)
여호와라(야훼) 자비롭고 은혜롭고 노하기를 더디하고
인자와 진실이 많은 하나님(엘로힘)이라" (출34:6)

호렙 산 떨기 나무에서 자신을 스스로 있는 자라고 계시하신 하나님이 영광을 구하는 모세에게 하나님의 성품을 통해 자신을 선포하십니다. 모세가 하나님께 영광을 보여달라고 요청한 것은 사실 하나님 그분 자신을 보여달라는 요청이기도 합니다. 하나님은 영광 그 자체이시기 때문입니다. 하나님을 보여달라는 모세에게 하나님은 자비라는 하나님의 성품을 넘치도록 드러내십니다.

출애굽기 3:14에서 "나는 스스로 있는 자"라고 번역한 히브리어 "에흐예 아쉐르 에흐예אֶהְיֶה אֲשֶׁר אֶהְיֶה"는 그 문장 자체가 하나님의 이름이며, 하나님은 미래에도 과거에도 항상 현존하시는 분이시라는 뜻으로 전에도 계셨고, 이제도 계시며, 앞으로 영원히 존재하시는 하나님의 영원성과 불변성과 영원의 현재성[1]을 표현한 것입니다(계1:8). 영원불변하신 하나님은 그 성품에 있어서도 변함이 없으신데 하나님의 성품 중 그분을 대표하는 것은 자비의 속성입니다. 하나님은 모세 앞으로 지나가시면서 '여호와라 여호와라'라고 두 번 선포하십니다. 성경에서 두 번씩 반복하는 것은 그만큼 크게 강조하는 것으로 하나님이 자신의 이름을 두 번이나 선포하신 것은 그분의 자비와 사랑이 그만큼 변함없다는 것을 나타냅니다. 유대 랍비들은 하나님이 자신을 두 번 선포하신 것에 대해 첫 번째 여호와라는 선포는 죄 앞에 서 있는 사람들이 결국은 죄를 지을 것을 아시지만 그럼에도 자비를 베푸시는 하나님이라는 뜻이고, 두 번째 여호와라는 선포는 이미 죄를 지은 사람에 대해서 여전히 자비를 베푸시는 하나님이라고 해석합니다.

하나님은 자신을 엘로힘이라고 선포하십니다. 엘로힘은 창조주 하나님으로서 그분의 전능성과 신성을 표현하는 이름입니다. 온 우주를 창조하신 엘로힘 하나님은 세상에 대한 통치권을 가지고 심판하시는 하나님입니다. 심판하시는 엘로힘 하나님은 세상을 구원하기 위해 그분의 자비를 넘치도록 부으십니다. '자비롭다'로 번역된 라훔רַחוּם은 레헴רֶחֶם이라는 단어에서 파생된 것으로 레헴은 '자궁'이라는 뜻을 가집니다. 생명을 출산하기 위해 희생을 마다하지 않고 자신의 품에 꼭 품는 어머니의 자궁과 같이 하나님의 자비는 세상을 꼭 품고 생명을 살리기 위해 끝까지 안고 가시는 사랑입니다. 예슈아는 이 세상에 오셔서 가난하고 목마르고 아프고 지친 영혼들을 보시며 창자가 끊어지는 듯한 애끊음을 느끼셨습니다. 또한 예루살렘을 보시며 어미 닭이 새끼를 품듯이 너를 모으려 했다고 말씀하시며 깊이 탄식하셨습니다(마23:37).

---

1 공간의 현존성은 '어디에나 존재함, 모든 곳에 동시에 존재함'이라는 뜻의 영어 단어 Omnipresence가 잘 설명해준다. 그러나 '어느 시간에나 존재함, 모든 시간에 동시에 존재함'이라는 영원의 현재성은 "에흐예 아쉐르 에흐예אֶהְיֶה אֲשֶׁר אֶהְיֶה"라는 하나님의 이름이 잘 설명해주고 있다. 여호와(야훼)라는 히브리어 יהוה도 미래와 현재와 과거에 현존하시는 하나님을 표현해주는 히브리어 동사로 구성된 이름이다. 영원에 계시면서 어느 장소든 어느 순간이든 방문하시는 하나님은 모든 시간에 현존하시는 영원한 하나님이시다.

하나님의 자비의 성품의 또 다른 모습은 은혜(하눈חֵן)입니다. 히브리어 하눈חֵן은 헨 חֵן에서 파생되었는데 이것은 '은혜, 호의(favor)'라는 뜻입니다. 예슈아는 하나님의 은혜의 현현으로 아무 대가 없이 그분 자신을 우리를 위해 내어 주심으로 하나님의 은혜의 무한함을 보여주셨습니다. 예슈아를 통해 나타난 하나님의 은혜는 생명을 내어주고 우리를 구원하신 은혜이며, 누구든지 값없이 와서 먹고 마시고 충만함을 누리게 하는 제한 없는 은혜입니다. 예수님을 통해 아버지께 나아가는 자는 누구든지 구원하기 원하시는 하나님은 노하기를 더디하시는 하나님입니다. 이것은 하나님의 자비의 성품이 한없이 인내하시고 오래 참으시는 사랑이라는 것을 나타냅니다. 구원을 위해서라면 하나님은 회개하기까지 인내하시고 기다려주시는 하나님입니다. 은혜의 해(year)가 계속되는 한 하나님은 끝까지 기다려 주시지만, 신원(보복)의 날(day)이 되면 하나님은 진노의 심판을 부으실 것입니다. 그러나 은혜는 수 천년(years)이나 지속될 만큼 길지만, 심판의 날(day)은 짧습니다. 하나님은 그만큼 간절히 온 인류가 하나님의 사랑과 자비 안에서 구원받길 원하십니다.

인자(헤세드חֶסֶד)와 진실(에메트אֱמֶת)이 많은 하나님은 사랑하는 사람과 맺은 언약 안에서 모든 것을 내어주는 헌신을 의미합니다. 예슈아는 인자와 진실(은혜와 진리)로써 우리에게 오셨습니다. 하나님의 자비, 은혜, 인자와 진실은 천대까지 베푸는 사랑입니다. 이것은 세대에서 세대로 이어지는 영원한 사랑을 표현합니다. 또한 하나님의 자비, 은혜, 인자와 진실은 악과 과실과 죄를 용서하시는 사랑입니다. 악이라고 번역된 히브리어 아본עָוֹן은 꼬여 있고 왜곡된 인간의 상태, 과실이라고 번역된 히브리어 페싸פֶּשַׁע는 반항하고 거역함으로 권위에 도전하는 죄를, 죄라고 번역된 히브리어 하타חַטָּאָה는 말씀이 없어서 과녁에서 빗나간 상태 즉, 부주의하게 저지르는 죄를 의미합니다. 하나님의 자비는 비뚤어지고, 끊임없이 불순종으로 거역하며, 말씀이 없어 자기 기준대로 사는 교만한 인간의 죄를 용서하시고 끌어안으시는 사랑입니다.

영광, 하나님 자신을 보여달라는 모세의 요청에 하나님은 처음부터 끝까지 자비의 하나님으로 자신을 정의하시고 선포하십니다. 하늘을 두루마기 삼고 바다를 먹물 삼아도 한없는 하나님의 사랑을 다 기록할 수 없다는 것이 하나님의 이름에서, 그분의 성품에서 드러납니다. 자비의 하나님을 경험한 모세는 바로 엎드려 중보합니다.

"주여 내가 주께 은총(헨חֵן)을 입었거든 원하건대 주는 우리와 동행하옵소서
이는 목이 뻣뻣한 백성이니이다 우리의 악과 죄를 사하시고
우리를 주의 기업으로 삼으소서"(출34:9)

한없는 하나님이 자비가 악하고 음란함으로 하나님의 사랑을 배신한 이스라엘을 덮으시고 사랑할 것이라는 확신을 얻은 모세는 자비로써 자신을 계시하신 하나님 앞에 민족의 죄를 대신해 용서를 구하며 이스라엘을 하나님의 기업으로 삼아주시길 요청합니다. 하나님은 자신의 자비와 사랑의 성품, 그리고 영원불변하시는 신실하신 성품으로 인해 하나님이 정하신 계획대로 끝까지 이끌고 가실 수밖에 없습니다. 그분의 성품이 그러하기 때문입니다. 하나님은 결코 인간을 포기하지 않으십니다. 구원을 이루기까지 쉬지 않으실 것입니다.

DAY 6 출34:10-26

다시 언약을 세우신(자르신) 이유

하나님이 모세를 통해서 이스라엘과 다시 언약을 세우신 이유는 이스라엘이 머무는 나라의 백성들이 여호와의 행하심을 보게 하기 위해서입니다(출34:10). 이스라엘이 앞으로 머물 곳에는 하나님을 알지 못하는 민족들이 살고 있었고, 하나님은 이스라엘을 통해 그 민족들에게 하나님을 나타내기 원하셨습니다. 그래서 하나님은 그 땅 민족들과는 언약을 맺지 말라고 강력하게 경고하십니다(출34:12). 하나님과 언약을 맺은 이스라엘은 그 땅에 머물러 있던 민족들이 세운 제단들과 주상들을 마땅히 찍어서 무너뜨리고 하나님을 나타내야 하기에 하나님은 거듭 그 땅 민족들과 언약을 맺지 말라고 당부하십니다(출34:15). 모세가 더디게 내려왔던 그 잠깐의 시간에도 허망하게 우상에게로 자신들의 마음을 돌렸던 이스라엘과 다시 언약을 맺으신 하나님의 당부는 결단코 우상숭배를 하지 말라는 것이었습니다.

그리고 하나님의 시간에 따라 살아야 할 것을 다시 한번 말씀하셨습니다. 세상의 시간에 따라 사는 것은 세상의 시스템 아래 종속되어 사는 것이 되지만, 하나님의 시간에 사는 것은 하나님의 통치와 권위 아래 사는 것입니다. 매년 세 차례 즉, 하나님이 한 해의 첫 달로 정하신 아빕 월의 무교절과 밀추수의 첫 열매들로 본격적인 추수의 시작을 의미하는 칠칠절(오순절)과 추수한 모든 것을 저장하는 수장절(초막절)에 주 여호와 이스라엘의 하나님의 얼굴 앞에 출석하는 연습을 매년 하라고 하십니다. 매년 세 차례 삼대 절기 때마다 하나님 앞에 나아와 하나님 얼굴 앞에 자신을 출석시키라고 하신 이유는 하나님의 백성이 반드시 하나님의 구원에 참여하게 될 것과 반드시 천년왕국의 시대에 참여하게 될 것을 확정 지으신 하나님의 언약에 감사하며 기억하며 기념하기 위해서입니다.

이스라엘 땅에 왕국을 다시 회복하여 예루살렘 성전으로 매년 세 차례 여호와께 얼굴을 보여드리며 알현하러 올라오게 될 때 어느 누구도 이스라엘에게 유업으로 주신 땅을 탐내어 엿보지 못하게 할 것이라 언약하십니다(출34:24). 하나님이 정해 놓으신 하나님의 시간에 맞추어서 하나님의 절기를 지키라고 언약이 맺어졌고 그 언약이 계속 유효하기 위해서 하나님의 정한 시간(절기 모에드מוֹעֵד)을 정한 장소에서 지켜야합니다.

【주제 #16】 언약을 반드시 이루시는 하나님

"여호와께서 모세에게 이르시되 너는 이 말들을 기록하라 내가 이 말들의 뜻대로
너와 이스라엘과 언약을 세웠음이니라"(출 34:27)

한글 성경에서 '내가 너와 언약을 세웠다(맺었다)'라고 할 때 '세웠다'는 히브리어로 '카라트 כָּרַת'로 '반으로 잘랐다'는 뜻이다. 창세기 15장에서는 언약을 자르는 의식이 잘 설명되어 있다.

"여호와께서 그에게 이르시되 나를 위하여 삼 년 된 암소와 삼 년 된 암염소와
삼 년 된 숫양과 산비둘기와 집비둘기 새끼를 가져올지라 아브람이 그 모든 것은 가져다가
그 중간을 쪼개고 그 쪼갠 것을 마주 대하여 놓고 그 새는 쪼개지 아니하였으며"(창15:9-10)

"해가 져서 어두울 때에 연기 나는 화로가 보이며 타는 횃불이 쪼갠 고기 사이로 지나더라
그 날에 여호와께서 아브람과 더불어 언약을 세워 이르시되 내가 이 땅을 애굽 강에서부터
그 큰 강 유브라데까지 네 자손에게 주노니"(창15:17-18)

언약을 맺는 쌍방은 희생제물을 앞에 놓고 반으로 자른 후 쪼개진 것을 마주 대하게 놓는다. 그리고 서로의 약속을 확정 짓기 위해 그 쪼갠 고기 사이로 지나간다. 이는 그들 중 한 쪽이 언약의 조건을 어기면 다른 쪽이 그 동물에게 했던 것처럼 그를 둘로 쪼갤 수 있음을 의미한다.

"송아지를 두 조각으로 갈라 놓고, 그 사이로 지나가 내 앞에서 언약을 맺어 놓고서도 그 언

약의 조문을 지키지 않고 나의 언약을 위반한 그 사람들을 내가 이제 그 송아지와 같이 만들어 놓겠다. 유다의 지도자들이나 예루살렘의 지도자들이나, 내시들이나 제사장들이나, 이 땅의 백성이나 할 것 없이 갈라진 송아지 사이로 지나간 자들은 모조리 내가 그들의 목숨을 노리는 원수들의 손에 넘겨주겠다. 그러면 그들의 시체가 공중의 새들과 들짐승들의 먹이가 될 것이다."

(렘 34:18-20, 새번역)

하나님과 맺었던 언약을 파기한 이스라엘 백성들은 결국 쪼개진 송아지처럼 되어 1차 성전 시대가 무너지면서 원수들의 손에 넘겨지고 그들의 먹이가 되었다. 남은 자들을 통해서 다시 2차 성전 시대가 시작되었지만 다시 깨어진 첫 언약으로 인해 그들은 쪼개진 송아지처럼 되어 또다시 원수들의 손에 넘겨지고 이스라엘 땅에서 쫓겨났다. 2차 성전 시대가 끝나기 약 40년 전, 사람이 되신 하나님은 친히 쪼개진 희생제물이 되셔서 해골의 언덕인 골고다의 십자가 위에서 희생제사를 치르신 뒤 새 언약을 맺으셨고 세우셨으며 자르셨다.

"여호와의 말씀이니라 보라 날이 이르리니
내가 이스라엘 집과 유다 집에 새 언약을 맺으리라" (렘 31:31)
"이 잔은 내 피로 세우는 새 언약이니 곧 너희를 위하여 붓는 것이라" (눅 22:20)

예수님께서 새 언약을 시작하셨다. 새 언약은 처음에 12제자에게 적용되었고 12제자를 통해서 예루살렘과 온 유대와 사마리아와 땅 끝까지 이르며 이방인들에게로 확장되어 적용되어 왔다. 그러나 하나님의 섭리에 의해서 예루살렘과 유대인들에게는 극소수를 제외하고 아직도 새 언약이 그들에게 적용되지 않고 있으며 그들 대다수는 아직도 첫 언약에 머물러 있다. 2천년 전에 새 언약이 시작되었고 확장되어 가고 있더라도 첫 언약이 그 순간 완전히 사라지지 않은 채 공존하며 중첩된 상태로 존재하고 있다.

"새 언약이라 말씀하셨으매 첫 것은 낡아지게 하신 것이니
낡아지고 쇠하는 것은 없어져 가는 것이니라" (히8:13)

히브리서 8:13의 말씀에서 첫 언약은 낡아지고 쇠하여지면서 점진적으로 없어져 가는 것이라고 설명하고 있다. 현세는 새 언약이 시작되어 이방인들에게 확장 적용되는 시대이지만 첫 언약도 아직은 잔존하기에 서로 공존하는 '첫 언약과 새 언약의 중첩 기간'이다. 예수 그리스도를 믿는 우리에게는 이미 새 언약이 적용되었다. 예슈아가 메시아이신 것을 거부하는 이스라엘에게는 아직 새 언약이 적용되지 않은 상태이다. 그러나 먼저 이방인들에게 충만하게 적용되었던 새 언약이 이스라엘 집과 유다 집에 완전하게 적용되어질 마지막 그 때가 올 것인데 그 때가 되면 점점 낡아지고 쇠하여지던 첫 언약은 완전히 사라지고 없어지게 될 것이다. 온 이스라엘이 새 언약 안으로 들어오게 되는 그 날은 곧 예수님의 재림의 날이며 지구에 천년왕국이 시작되는 때이다.

"이 언약은 내가 그들의 조상들의 손을 잡고 애굽 땅에서 인도하여 내던 날에 맺은 것과 같지 아니할 것은 내가 그들의 남편이 되었어도 그들이 내 언약을 깨뜨렸음이라 여호와의 말씀이니라 그러나 그 날 후에 내가 이스라엘 집과 맺을 언약은 이러하니 곧 내가 나의 법을 그들의 속에 두며 그들의 마음에 기록하여 나는 그들의 하나님이 되고 그들은 내 백성이 될 것이라 여호와의 말씀이니라 그들이 다시는 각기 이웃과 형제를 가리켜 이르기를 너는 여호와를 알라 하지 아니하리니 이는 작은 자로부터 큰 자까지 다 나를 알기 때문이라" (렘 31:32-34)

창세기 15장의 하나님과 아브라함 사이에 맺은 횃불 언약은 쌍방간에 맺은 언약임에도 불구하고 그 언약에 대한 책임은 전적으로 하나님 쪽에서 지시는 단독행위 언약이었다. 이것은 무조건부 언약으로 다윗 언약 (삼하 7:8-16, 대상 17:7-14)도 단독행위 언약에 속한다. 아브라함의 횃불 언약에서 하나님 쪽에서 단독으로 갈라 놓은 제물 위를 지나가신 것은 상대의 어떠함에도 불구하고 계약이 파기되지 않고 여전히 유효하며 반드시 이루어지도록 하나님 쪽에서 책임을 지신다는 의미이다.

하나님은 아브라함과는 하늘의 별과 같이 많은 자손들에 대한 약속과 그 자손들이 차지하게 될 땅에 대한 약속을, 다윗과는 그 땅의 중심인 시온에 세워질 성전에서 온 열방을 다스리게 될 통치자가 다윗의 씨(자손)에서 나오게 될 것에 대한 약속과 하나님과의 관계가 아버지와 자녀 관계로서 맺어지게 될 것에 대한 약속을 무조건부 언약으로 체결하셨다. 이로써 땅에 세워질 하나님 킹덤(말쿠트מלכות)의 기초가 아브라함과 다윗 두 사람을 통해서 셋팅되었다.

그리고 예슈아께서는 아브라함과 다윗의 자손으로 오셔서 새 언약을 체결하심으로 이 킹덤에 대한 약속 안으로 이방인들도 들어올 수 있도록 문을 열어 놓으시고 킹덤에 대한 언약이 확장 적용되도록 하셨다. '병'이 '을'이 되게 하는 계약으로 제3자였던 자들도 계약의 당사자가 되게 하시면서 2,000년 동안 이방인을 왕국 안으로 초대하는 '은혜 받을 만한 때와 구원의 날'인 '여호와께서 열납하여 주시는 해'를 긴 시간 동안 허락해 주셨다.

이러한 초대와 확장이 예슈아의 초림 사역이었다면 이제 예슈아의 재림은 이 언약 안으로 들어온 모든 자들의 충만한 수가 하나님과 그리스도의 제사장이 되어 그리스도와 함께 왕노릇하게 하시려함이다. 언약을 시작하신 예슈아는 이 모든 언약을 최종 완성하고 마무리하기 위해 다시 오시는 것이다.

> "그러므로 그리스도는 새 언약의 중재자이십니다. 그는 첫 번째 언약 아래에서 저지른 범죄에서 사람들을 구속하시기 위하여 죽으심으로써, 부르심을 받은 사람들로 하여금 약속된 영원한 유업을 차지하게 하셨습니다"(히9:15, 새번역)

예수님이 십자가에서의 희생제물 되심은 새 언약을 세우기 위함이면서 동시에 첫 언약을 깨뜨린 이스라엘 백성이 받아야 할 형벌을 대신 짊어지신 것이다. 모세를 통해서 하나님과 이스라엘 백성 사이에서 맺은 첫 언약을 파기한 당사자는 이스라엘 백성 쪽이었기 때문에 하나님 쪽이 아닌 이스라엘 백성 쪽에서 형벌을 받아야할 법적인 책임이 있었다. 그러나 하나님은 친히 인간이 되셔서 이스라엘 백성에 속한 한 사람으로서 첫 번째 언약 아래에서 범죄를 저지른 사람들을 구속하기 위하여 죽으시고, 하나님께 부르심을 받은 사람들인 그들이 약속된 영원한 유업을 잃지 않고 이어받게 하셨다. 히브리서 9:15은 이러한 측면으로 예수님의 희생의 의의를 더하며 그리스도께서 새 언약의 중재자가 되어주셨음을 설명해주고 있다.

DAY 7 출34:27-35

얼굴의 광채

사십 일 사십 야를 시나이 산에 머물면서 떡도 먹지 않고, 물도 마시지 않은 모세는 하나님이 다시 적어 주신 증거의 두 판을 손에 들고 산에서 내려옵니다. 유대 전승에 의하면 모세가 세 번째 사십 일 금식을 하고 내려온 날은 유대력 일곱 번째 달인 티슈레이 월 10일 즉, 욤키푸르(대속죄일)였다고 말합니다. 욤키푸르(대속죄일)는 메시아가 지상 강림하시는 날입니다. 이 날은 메시아가 자신의 백성은 구원하시지만 세상은 심판하시기 위해 오는 날입니다. 모세는 이스라엘 백성을 사하시고 그들을 구속하시겠다는 하나님의 언약을 가지고 욤키푸르에 내려왔습니다. 모세가 이 날 내려왔을 때 그는 자신의 얼굴에서 광채가 나는 것을 깨닫지 못했습니다(출34:29).

모세가 처음 시나이 산에 올라갔다가 내려왔을 때는 그의 얼굴에 그런 영광의 빛이 있지 않았습니다. 그러나 세 번째 40일 금식 기도 후 시나이 산에서 내려왔을 때 그의 얼굴은 광채로 빛이 났습니다.

> "모세는 자기가 여호와와 말하였음으로 말미암아 얼굴 피부게
> 광채가 나나 깨닫지 못하였더라"(출34:29)

모세는 이미 40일 금식 기도를 오순절부터 대속죄일까지 120일 동안 세 차례를 하면서 하늘의 영광이 머무르던 호렙 산 정상에서 하나님과 말씀을 나누다 내려왔던 때였습니다. 모세는 하늘에서 땅에 내려온 천사들로부터 하늘들을 안내받았으며 하늘의 비밀과 전 인류 구원 역사에 대한 계시를 보고 들었고 이 과정에서 여호와 하나님과 말하였음으로 인해 그의 얼굴 피부에 광채가 나게 된 것이었습니다. 이 말은 하나님께서 모세와 말씀하신 그 말씀으로 인하여 모세의 얼굴에서 빛이 났다는 의미입니다.

> "사람이 떡으로만 사는 것이 아니요 여호와의 입에서 나오는 모든 말씀으로
> 사는 줄을 네가 알게 하려 하심이니라" (신8:3)

모세의 이러한 모습은 신명기 8:3 말씀인 '하나님의 입에서 나오는 말씀으로 사는 삶'의 극대화된 체험의 모습을 보여주고 있는 것입니다. 120일 동안 하나님의 산의 정상으로 올라가서 떡도 먹지 아니하고 물도 마시지 아니하였지만 오히려 그 얼굴에서는 빛이 나고 모세의 생명이 하나님의 생명으로 충만하게 차고 넘쳤던 이유는 모세가 여호와의 입에서 나오는 말씀으로 사는 시간을 보내었기 때문입니다. 하나님의 생명으로 충만했던 모세는 죽을 때에도 그의 나이가 120세였으나 눈이 흐리지 아니하였고 기력이 쇠하지 아니하였습니다(신34:7).

> "성경은 폐하지 못하나니 하나님의 말씀을 받은(ἐγένετο)
> 사람들을 신이라 하셨거든" (요10:35)

한글 성경에서는 '하나님의 말씀을 받은 사람들' 또는 '하나님의 말씀이 임한 사람들'

로 번역되지만 '받은' 또는 '임한'이라고 번역된 헬라어 에게네토ἐγένετο는 '~이 되다'는 뜻입니다. 이 의미를 그대로 살려서 이해하면 이것은 '하나님의 말씀이 된 자들'이라는 의미입니다. 말씀을 받은 수준에 머무는 것이 아니고, 말씀이 임한 수준도 아니라 하나님의 말씀이 그 사람 안에 체화되어서 말씀이 삶 속에서 성육신incarnation된 사람, 말씀으로 충만하여서 말씀 자체가 자신의 정체성이 된 사람, 그 사람 안에 채워진 진리의 퍼센티지가 100%가 된 사람 즉, 하나님이 그 안에 가득한 사람이라는 뜻입니다. 이것이 모세의 얼굴 피부에서 빛이 났던 이유입니다.

사람 안에 하나님께 속한 것으로 가득한 상태, 그래서 사람과 하나님이 합일된 경지, 이것이 하나님의 갈망입니다. 하나님의 갈망은 그분 자신을 우리 안으로 가득 채우시는 것입니다. 우리 안에 진리로 채워진 퍼센티지가 높아질수록 하나님의 신성이 가득 채워질 것이고, 그 과정에서 우리도 모르는 사이에 우리의 얼굴은 빛이 날 것이며, 하나님으로 충만하여져서 하나님과 같은 형상과 모양으로 그리스도와 같아질 것입니다.

하프타라 왕상 18:1-39

확실한 회개

북이스라엘이 양다리를 걸치고 있으면서 하나님도 포기하지 않고 바알과 아세라도 포기하지 않고 있는 모습을 보고 엘리야도 외칩니다.

> "여호와가 만일 하나님이면 여호와를, 바알이 하나님이면 바알을 선택하라.
> 너희가 어느 때까지 머뭇머뭇 하겠느냐"(왕상18:21)

어리석은 백성은 분별이 되지 않고 눈과 귀가 멀어서 무엇을 선택해야 할지 몰라 늘 머뭇머뭇합니다. 모세와 엘리야 모두 양다리를 걸치고 있는 이스라엘 백성을 향해, 그 마음의 우상숭배의 본성이 사라지지 않고 세상을 향해 있는 그들의 마음을 향해 외칩니다. "여호와의 편에 서라! 하나님을 선택하라!" 우리에게 이런 선택의 순간이 반드시 옵니다. 확실히 하나님의 편에 서야 할 순간, 진리의 편에 서야 할 순간이 옵니다. 확실하게 하나님 편에 서 있는 사람은 모세처럼, 엘리야처럼 강력하게 여호와가 하나님임을 선포하고 따라오라고 할 것입니다.

이미 그런 순간이 우리에게 와 있습니다. 하나님은 다수multitude를 통해 일하지 않으십니다. 하나님은 남은 자remnant를 찾고 끝까지 하나님을 향한 사랑, 정절을 지킨 자들을 통해 역사를 이루어 가실 것입니다. 그러나 우리는 너무 많은 순간 다수multitude에 압도당합니다. 그러나 그 모든 수를 능가하시는 하나님께 시선을 고정하고 하나님 한 분만을 바라면서 그분의 영광 앞에 서게 되면 우리는 세상의 숫자에 압도당하지 않을 것입니다. 두려운 순간이 있겠지만 모세가 하나님을 절대적으로 신뢰하고 홍해 앞에서 지팡이를 든 손을 믿음으로 내밀었듯이 우리도 믿음의 행동을 하게 될 것입니다.

지금은 하나님 나라와 세상 나라가 아주 극명하게 갈리고 있는 시기입니다. 그냥 보아도 분별할 수 있는 악함인데 말씀을 읽고 듣고 있다고 하는 교회와 성도들조차 악함을 분별하지 못하고 세상을 쫓아갑니다. 그들 안에 우상숭배의 근원이 잘라지지 않았고 여전히 세상이 주는 보암직하고 먹음직한 것에 자기 마음을 두고 있기 때문입니다. 또 아론처럼 하나님의 편이 아닌 사람의 편에 서서 사람의 입장을 살펴주는 지도자들이 하나님의 백성들로 하여금 더욱 방자하게 행하게 하고 있습니다.

하나님은 지금 확실하게 하나님 편에 서 있는 사람을 찾으십니다. 그래서 하나님과 백성 사이에서 회개의 중보를 하고 하나님께 방자히 행하는 것들은 단번에 잘라버리는 사람을 찾으십니다. 하나님 편에 서는 것은 사람을 따르지 않는 것입니다. 우리는 그 어느 때보다도 확실하게 사람을 따르지 않고 하나님을 따르는 것을 훈련하고 분별함을 배워야 하는 시대에 살고 있습니다.

여전히 머뭇머뭇하는 것이 우리 안에 있습니다. 날마다 그것이 무엇인지 조명하여 주시도록 매 순간 구해야 합니다. 더 깊이 구하는 자에게 하나님은 영광을, 그리고 불을 내려주실 것입니다(왕상18:38). 우리에게 하나님을, 진리를 선택하는 순간이 올 때 이렇게 예배하는 자들은 서슴없이 하나님의 편에 서게 될 것입니다. 그러므로 예배하십시오. 매일 새로운 신선한 기름 부으심을 구하며 나의 겟세마네에서 짠 감람유로 메노라에 불을 켜고, 아름다운 향기 되어 주님의 보좌 앞으로 올려드리는 기도를 드리는 예배자들은 결정적이고 중요한 순간에 세상이 미친 듯이 하나님을 대적하라고 말하고 거짓을 예찬하면서 거짓을 선택하라고 할 때에 진리를 알아보고 권능 가운데 임하시는 하나님의 영광을 마주하게 될 것입니다.

브리트 하다샤 고후 3:1-18 / 막9:1-10

파님 엘 파님פָּנִים אֶל־פָּנִים – 영광에서 영광으로

하나님이 모세의 얼굴에 비춰주신 하나님의 영광을 우리에게도 허락하셨습니다. 더 이상 돌판에 새겨진 것이 아닌 성령으로 우리 마음 판에 그분의 토라를 새기셨으며(고후3:3) 우리에게 영의 직분과 의의 직분을 맡기시고 영광으로 더욱 넘치게 하셨습니다(고후3:9). 수건이 모세의 얼굴을 가렸던 것처럼 그들의 마음을 아직도 덮고 있는 그 수건(베일)이 그들이 구약을 읽을 때 그리스도의 영광을 보지 못하게 하고 있습니다(고후3:14-16). 그러나 언제든지 그들도 다시 하나님의 때에 메시아께로 돌아오게 되면 그 마음을 덮었던 베일이 벗겨질 것입니다. 그리고 우리는 모두 예수 그리스도로 말미암아 하나님의 영광에 이르게 될 것입니다. 그 베일은 그리스도를 인정하고 받아드릴 때 완전히 거두어지고 벗겨지게 됩니다.

우상 신전이 가득한 가이사랴 빌립보에서 악한 영들을 향해 예수님이 메시아이고 영원히 살아 계시는 하나님이라는 강력한 선포가 있은 뒤 예수님은 베드로와 야고보, 요한을 데리고 높은 산으로 올라 가십니다. 그곳에서 예수님은 변형되는데 옷이 광채가 나고 세상에서 빨래하는 자가 그렇게 희게 할 수 없을 정도로 희게 변모하십니다(막9:3). 시나이 산에서의 모세가 하나님의 영광으로 변화된 것처럼 예수님도 높은 산에서 하나님의 영광으로 변화됩니다. 그리고 모세와 엘리야와 이야기를 나누시는 예수님을 바라보고 있는 제자들을 향해 "이는 내 사랑하는 아들이니 너희는 그의 말을 들으라"는 하나님의 음성이 들려옵니다(막9:7). 모세가 산 위에서 이스라엘을 택하시고 사랑하시는 하나님의 마음을 확인했듯이, 예수님도 산 위에서 아들이신 예수님을 사랑하시는 아버지의 마음이 제자들을 향해 선포되는 것을 듣습니다. 모세의 얼굴의 광채와 예수님의 변형된 모습은 마지막 날에 우리가 그와 같을 것을 미리 보여주신 것입니다.

예수님은 변형된 모습 이후에 제자들에게 자신의 십자가의 죽음을 계시하십니다. 영광에서 영광으로 나아가는 길에는 십자가의 길이 있습니다. 그것을 통과해서 우리는 영광으로 나아가게 될 것입니다. 이 길을 먼저 걸어가시고 우리에게 열어 주신 예수님을 따라 우리도 영화롭게 변화될 그 날을 기다립니다.

키 티싸 주간의 말씀

1. 예수님은 우리의 생명의 속전으로 자기 생명을 대가로 지불하셨고 하나님께 들어 올려지셨습니다. 그래서 우리도 예수님으로 인해 하나님께 우리 자신을 올려드릴 수 있는 자격을 얻게 되었고 들려 올라가신 예수님처럼 하늘로 올라갈 수 있게 되었습니다.

2. 제사장이 온 몸을 씻는 정결 예식을 행하고도 매번 제사를 드릴 때마다 물두멍에 가서 다시 한번 그의 손과 발을 씻었듯이, 우리도 십자가의 번제단을 지나 성소로 들어갈 때 우리의 손과 발을 씻고 나아가야 합니다.

3. 우리의 기름부음은 하나님께 완전히 속한 자로서 구별, 거룩하게 되었다는 표징일 뿐 아니라 나를 접하는 내 주변까지도 거룩하게 하는 능력이 됩니다.

4. 거룩한 향이 하나님이 만들어 주신 방법대로 제조되어야 하듯 우리의 기도는 우리의 뜻대로 드려지는 것이 아니라 하나님의 뜻대로 드려지도록 해야 합니다.

5. 하나님의 백성들은 자신의 몸을 구별하고 또 시간을 구별한 자들입니다. 주어진 6일의 시간 동안 맡겨진 일들에 수고한 백성들이 7일째 하나님이 주인되신 시간에 하나님의 주권 아래서 안식을 누리는 것이 하나님이 자기 백성들을 위해 구별해 놓으신 천국의 누림입니다.

6. 내가 은혜의 도구로 사용되었을 때 모든 영광을 하나님께 돌리면서 나를 더욱 낮추어야 합니다. 그렇지 않으면 내 안의 우상숭배가 나를 교만하게 하고 스스로 높이 세우게 하여 우상을 세워놓고 우상을 향하여 하나님이라 하며 하나님으로부터 돌아서게 합니다.

7. 아론을 도와 우상을 만들어 내는 사람들이 있는가 하면, 모세와 함께 하나님의 뜻을 행하는 레위 사람들이 있습니다. 사람들 눈치를 보면 아론처럼 방자한 백성을 돕는 자가 될 것이고 하나님 편에 서면 모세를 도와 하나님 마음을 시원케 해 드리는 자가 될 것입니다.

8. 한 사람의 진정한 예배자는 그것을 바라보는 이들로 하여금 하나님을 구하게 하고 바라게 함으로 그들을 데리고 함께 보좌 앞으로 나아갑니다. 이런 예배자는 하나님과 깊은 친밀함을 가지고 누리는 자입니다.

9. 우리의 기도는 3가지 방향으로 나아가야 합니다. 하나님을 향해서는 그분이 어떠한 분이심을 선포하고, 나라와 민족을 향해서는 중재자가 되어 대신 겸비하고 자복하는 회개의 기도를

하며, 나 자신을 향해서는 그분의 영광을 구하는 기도를 할 때에 그 기도가 킹덤을 향해 나아가게 하는 기도가 될 것입니다.

10. 세상의 시간에 따라 사는 것은 세상의 시스템 아래 종속되어 사는 것이 되지만, 하나님의 시간에 사는 것은 하나님의 통치와 권위 아래 사는 것입니다.

11. 우리 안에 진리로 채워진 퍼센티지가 높아질수록 하나님의 신성이 가득 채워질 것이고, 그 과정에서 우리도 모르는 사이에 우리의 얼굴은 빛이 날 것이며, 하나님으로 충만하여져서 하나님과 같은 형상과 모양으로 그리스도와 같아질 것입니다.

키 티쨔 주간의 선포

1. 우리가 받아야 할 형벌을 대신 지심으로 우리의 속전이 되어주셔서 우리를 예수님처럼 하늘로 올라가는 자들이 되게 하신 은혜를 찬양합니다. 하늘을 더욱 사모하며 맛보는 자들이 되게 하소서.

2. 예수님을 메시아로 영접하고 구원받은 한 번의 감격으로 끝나는 것이 아니라 매순간 자신을 돌아보고 체크하는 회개의 삶을 통해 늘 겸손하게 보좌 앞으로 나아가는 예배자 되게 하소서. 이렇게 하여 주님이 오시는 그 날까지 두렵고 떨림으로 구원을 이루어가는 자들이 되게 하소서.

3. 나의 소원과 뜻대로 올려 드리는 기도가 아닌 하나님의 소망과 뜻을 구하는 중보자가 되게 하소서. 하나님의 어떤 분이신지를 잘 알아 하나님의 성품을 찬양하고, 나라와 민족을 위해 겸비하여 회개하며, 우리를 향하신 하나님의 영광을 구하는 중보자가 되게 하소서.

4. 하나님이 주신 영광을 나의 영광으로 돌리는 교만하고 어리석은 행동을 하지 않도록, 아론처럼 사람들의 눈치를 보는 것이 아니라 모세처럼 하나님 편에 서는 자가 되게 하시길 간절히 기도합니다. 하나님의 편에 서기 위해 그럴 듯하게 보이는 것을 선택하는 것이 아니라 정확한 말씀의 기준을 가지고 선택하는 자 되게 하소서. 이것을 위해 말씀과 하나되는 삶을 살기로 결정합니다.

5. 세상의 시스템을 버리고 하나님의 통치와 권위 아래서 살아가는 자 될 수 있도록 하나님의 시간을 교회와 성도들에게 회복시켜 주소서.

22주간

וַיַּקְהֵל

VAYAK'HEL

봐야크헬, 그리고 그가 불러 모았다

파라샤 **출35:1-38:20**

하프타라 **왕상7:13-26, 40-50**

브리트 하다샤 **히9:1-11 / 마17:22-27**

DAY 1 출35:1-19

카할

　　모세는 이집트에서부터 배여있던 습성들 중 생각과 감정 안에 사라지지 않고 남아 있던 우상숭배의 본성으로 인해 심판의 멸망 직전까지 갔다가 하나님의 자비와 은혜 가운데 용서를 받고 다시 언약을 맺은 이스라엘 백성을 불러모았습니다. 여기서 백성은 회중이란 단어로 쓰이고 있습니다. 회중이라는 히브리어 단어 에다עֵדָה는 에드עֵד에서 파생된 말로 '증거, 증인(testimony, witness)'이라는 뜻을 가지고 있습니다. 어떤 회중인가 하니 하나님과 그분이 하신 일을 목도하고 바라본 사람들, 그것을 증거할 수 있는 증인들이 모인 회중이었습니다. 일반적인 사람들의 모임에 에다עֵדָה라는 단어를 쓰지 않습니다. 하나님의 자비로 죄를 사함 받고 구원받은 자들, 구원이 얼마나 놀라운 하나님의 사랑이며 기적인지 경험한 자들, 구원의 과정을 통해 알게 된 하나님을 증거하는 자들, 이런 자들의 모임이 회중(에다עֵדָה)입니다.

　　또한 22주간 토라포션의 주제 '모았다'라는 단어 야크헬יַקְהֵל은 카할קָהַל이라는 말에서 온 것으로 그 뜻은 종교적, 혹은 정치적인 목적으로 불러 모은 모임을 의미합니다. 특별한 목적을 위해 주님이 불러낸 자들의 모임이 카할קָהַל입니다. 카할קָהַל이라는 단어 안에는 목소리 또는 음성을 의미하는 콜קוֹל이 포함되어 있습니다. 예수님은 "내가 내 반석 위에 나의 교회를 세우리라"(마16:18)고 말씀하셨는데 교회라는 말은 헬라어 에클레시아εκκλησια로 '밖으로 불러낸 자들'이란 뜻이며 구약의 카할은 바로 신약의 에클레시아(교회)와 같은 의미입니다. 스데반은 사도행전 7:38에서 모세가 시나이 산에서 자기에게 말씀을 전해주던 그 천사와 이스라엘 백성들과 함께 광야 교회에 있었다고 하며 광야에서 이스라엘이 모여있던 카할קהל을 에클레시아εκκλησια와 같은 것으로 이해하며 말했습니다. 히브리어 카할은 이 집트에서 구출해 내어 광야로 불러 모은 구약의 광야 교회이며 메시아의 몸입니다. 헬라 어 에클레시아는 어둠에서 빛으로 구원하고 사탄의 권세에서 그리스도께로 불러낸 신약 의 이스라엘이며 그리스도의 몸입니다.

교회는 어떤 사람들의 모임입니까? 하나님과 그 아들 예수 그리스도를 경험하고 아 는 사람들 즉, 증인들의 모임입니다. 하나님이 이스라엘 백성의 회중을 하나님의 구원하 시는 능력으로 이집트에서부터 불러내어 그분의 이끌어 주시는 사랑으로 시나이 산 아래 로 모이게 하셨듯이, 오늘날 교회도 그리스도께서 어둠과 사단의 권세 아래서 불러내어 십자가의 자비와 사랑으로 죄사함과 속량을 통해 빛과 하나님의 권세 안으로 불러 모으 셨습니다. 또한 열방을 축복하시기 위해, 열방에 하나님의 구원을 이루게 하기 위해 이스 라엘 백성을 선택하시고 불러 모으신 것처럼, 하나님은 오늘날 교회를 통하여 하나님의 구원과 축복을 열방에 전하게 하고 계십니다. 그래서 특별한 목적을 위해 부름받은 회중 들의 모임이 카할קהל 곧, 교회입니다. 교회는 일반 사회적 모임이 아닙니다. 교제를 위한 장소나 건물도 아닙니다. 하나님이 이스라엘 회중을 불러 모았다고 하셨지 그들을 어떤 건물에 두었다고 하지 않으셨습니다. 하나님이 친히 자신을 계시하여 주시고 하나님의 거 룩한 목적을 위해 부름받은 사람들의 모임이 카할, 에클레시아, 교회의 정체성입니다.

기독교가 로마 국교로서 정치적 국가 종교가 되면서 교회는 정치적으로 이용당했 고, 혼합되었으며 정체성이 혼탁하게 되었습니다. 하나님은 세상으로부터 구별되라 하셨 지만 교회는 이방 종교와 세상 학문과 섞여서 하나님이 하늘에서부터 내려 주신 토라의 말씀과 법, 하나님의 시간인 샤밭과 모아딤을 혼합, 변개시키고, 잃어버렸으며, 세상의 권 력을 뒷받침해 주는 도구가 되어 진리를 훼손시켜 버렸습니다. 하나님이 하나님의 백성 들에게 가장 바라고 원하셨던 것들은 가차 없이 던져졌고 사람들이 세워놓은 체계와 세 상의 시간과 법으로 많은 것이 대체되어 버렸습니다. 본질이 사라지고 껍데기만 남겨두 고 하나님의 것이 아닌 다른 것들을 섞어서 갖다 채워버린 것입니다. 이것은 또한 오랜 시간 동안 교회 안에 대체신학과 반유대주의의 씨앗으로 심겨져 뿌리내리고 자라왔습니 다. 그래서 교회와 이스라엘은 서로를 향한 미움에 사로잡혀 오해와 분리 속에 멀어져 갔 습니다.

16세기에 종교 개혁이 일어나 말씀이 각 성도들의 손에 들려지기 전까지 성도들은 진리의 말씀에 철저히 가려져 있었습니다. 그러나 신실하신 하나님은 소수의 남은 자들 을 통해 진리가 계속 전수되게 하셨으며 불씨가 꺼지지 않게 하셨고 음녀로부터 박해받는 작은 카할들이 살아남아 보이지 않는 곳에서 생명이 흘러갈 수 있게 하셨습니다. 말씀이 손에 들려지면서 회복된 교회는 전 세계에 예수 그리스도의 복음을 전하였고 이는 말씀과 성령으로 일어난 부흥으로 이어졌습니다. 오순절에 시나이 산에서 모세가 토라의 말씀을 받은 것처럼, 오순절에 예루살렘에서 제자들이 거룩한 영을 받은 것처럼, 말씀을 받은 성도들에게 거룩한 영이 충만하게 내려오는 오순절의 사건이 계속해서 일어나기 시작하였습니다. 성령이 임하는 곳에 말씀의 계시가 부어졌고 말씀의 계시가 풀어지는 곳에 성령이 임했습니다. 그리고 그런 곳에 교회(카할קָהָל, 에클레시아εκκλησια)가 세워졌습니다. 그러나 천년이 넘도록 혼합되어서 내려온 성경관에 뿌리내린 대체신학적 사고와 반유대주의적 감정이 교회가 이스라엘을 바르고 건강하고 온전하게 이해하게 하는데 잘못된 편견을 가지게 했으며 성경을 많이 읽고 연구하여도 종말에 대한 말씀이 이해되지 않게 하는 선입견이 되어 왔습니다.

그러나 이스라엘의 재건국과 함께 예수님의 재림을 향해 달려가는 이 시점에 하나님은 교회 안에 모든 것을 회복하고 계십니다. 진리를 사모하는 자들, 하나님만을 바라보는 자들에게 본질이 회복되고 눈이 열리고 있습니다. 이 안에는 토라, 하나님의 시간들, 그리고 유대인과 이방인이 하나됨으로써 완성될 하나님의 킹덤, 그리고 킹덤으로 들어가도록 준비하고 있는 신부들에 대한 계시들이 열리기 시작했고 깨어 있으려 애쓰는 교회와 하나님의 성도들은 본질을 향해 더 깊이 들어가고 있습니다. 만물이 하나님으로부터 왔으니 하나님께로 다시 돌아갈 것입니다(롬11:36). 회복과 부흥을 통한 하나님의 킹덤의 완성 앞에서 우리는 역사의 장엄한 마지막 페이지를 써 내려가고 있습니다. 이 마지막 페이지를 써 내려가는 자들은 교회의 본질을 회복한 자들 즉, 하나님의 킹덤의 완성이라는 사명을 위해 부름받고 생명의 위협을 감수하더라도 진리를 증거하는 자들이 될 것입니다.

DAY 2 출35:20-29

마음이 슬기로운 여인

마음이 슬기로운 여인(이샤 하크마트 레브חַכְמַת־לֵב אִשָּׁה)은 직접 손으로 실을 빼서 가져왔습니다(출35:25). 감동이 있고 자원하는 마음을 가진 많은 백성들이 금, 은으로 이루어진 보석들과 기름과 향품을 예물로 가져왔는데 특별히 손으로 직접 실을 빼서 가져온 여인들을 향해서는 마음이 슬기로운(하캄ㅁ이ㄲㅠ, 지혜) 여인들이었다는 표현이 더하여져 있습니다. 이것은 이 여인들이 특별한 지혜를 가지고 있었음을 의미합니다. 하늘의 지혜와 영감으로 여인들이 뽑은 실은 성전의 휘장을 만들기 위한 실들이었습니다. 성전의 휘장은 성소와 지성소를 나누는 것이었으며 이것은 에덴을 향한 문을 상징하면서 예슈아의 몸을 예표한 것이기도 합니다.

하늘의 지혜와 영감이 더해진 성령으로 충만한 여인들에 의해 에덴의 문이며, 예슈아의 몸인 휘장을 위한 실이 한 땀, 한 땀 준비되었습니다. 휘장을 위해 실을 하나씩 빼내며 한 땀, 한 땀 수를 놓는데는 시간과 정성이 필요합니다. 슬기로운 여인들은 하나님의 처소의 가장 거룩한 곳의 휘장을 위해 자신들의 시간과 정성을 아낌없이 드렸습니다. 이 여인들이 이렇게 할 수 있었던 것은 그들에게 하늘의 지혜와 성령이 충만했기 때문입니다.

예슈아의 주변에는 늘 그분을 먹이고, 돌보고, 섬기는 여인들이 있었습니다. 이들은 이름도 없이 묵묵히 예슈아와 그의 제자들을 섬겼습니다. 이들의 손과 발은 주님을 섬기기 위해 바삐 움직였습니다. 예슈아께서 누구를 데리고 오시던지 주님을 섬기는 마음으로 섬겼습니다. 주님을 너무 사랑했기에 그분의 죽음을 미리 준비하면서 그 발에 향유 옥합을 깨뜨리기도 했습니다. 이 여인들은 예슈아가 무덤에 묻히셨을 때 예슈아의 몸을 향품으로 깨끗하게 하기 위해 안식일 이튿날 이른 새벽에 가장 먼저 찾아가기도 하였습니다. 그렇게 가장 먼저 예슈아의 부활을 목격하고 증언하였습니다. 이 여인들이 이렇게 중요한 순간에 예슈아의 옆에 있을 수 있었던 것은 그들의 마음이 하늘의 지혜와 성령으로 충만했으며, 주님을 사모하고 사랑했기 때문입니다.

마지막 때 하나님은 여종들에게 성령을 부으신다고 하셨습니다(욜2:29). 성령으로 충만한 여인들, 하늘의 지혜로 충만한 여인들, 마음이 슬기로운 여인들은 비둘기 같은 눈을 가지고 신랑이신 주님만을 바라보며 자신들의 손(헌신)으로 하나님의 집을 준비하고, 예슈아를 왕으로 모실 준비를 하며, 많은 신부들을 일으켜서 예슈아께로 인도할 것입니다.

DAY 3 출35:30-36:7

하나님의 예술가

하나님의 집을 지은 브살렐과 오홀리압처럼 예수님도 숙련된 공예가(석공과 목공의 기술자)였습니다. 목수라고 번역된 헬라어 테크톤τέκτων은 공예가라는 뜻입니다(막6:3). 그리고 이것은 솔로몬의 성전을 짓기 위해 두로 왕 히람이 보낸 석공들을 뜻하기도 합니다. 이들은 하나님의 집을 예술로써 완성시키기 위해 기술과 지식을 가지고 있던 사람들입니다.

예슈아는 아버지와 함께 하늘과 땅을 만드신 예술가입니다(잠8:30). 브살렐과 오홀리압은 하나님이 주신 지혜와 영감으로 하나님의 집을 만든 예술가입니다. 브살렐과 오홀리압을 충만하게 한 하나님의 지혜와 지식과 총명은 이사야 11:2의 성령의 일곱 영과 관련 있습니다. 이들이 하나님의 지혜로 하나님의 집을 만들었듯이 하나님도 이 세상을 지혜로 만드셨습니다. 잠언 9:1-2에서는 지혜가 집을 짓고, 일곱 기둥을 다듬고, 짐승을 잡으며, 포도주를 혼합하여 상(테이블)을 갖추었다고 말합니다. 지혜에 의해 만들어진 집은 모든 창조물을 의미하며, 일곱 기둥은 창조의 7일, 곧 7천 년을 의미하는 것입니다. 또 다른 측면으로 볼 때 지혜에 의해 만들어진 집은 성막을 의미하며, 일곱 기둥은 7일의 거룩한 위임식을 의미하기도 합니다. 지혜의 음식과 와인은 희생제사를 위한 예물이며, 지혜의 상(테이블)은 곧 번제단을 의미합니다.

하나님의 집을 짓기 위해 손수 실을 뽑은 여인들을 채우고 있었던 것도 지혜(하캄)였고, 숙련된 기술로 성막의 설계와 기구들을 하나하나 조각하고 만든 브살렐과 오홀리압을 채우고 있었던 것도 지혜(하캄)였습니다. 하나님의 지혜는 하나님의 아름다움을 표현하는 창조의 능력입니다. 하늘의 영역에 속하는 아름다운 색깔과 모양을 이 땅에 풀어 놓는 하나님의 영에 감동된 예술가들을 통해 하나님의 성전이 하나님이 거하실 처소가 되기 위하여 함께 지어져 갑니다.

DAY 4 출36:8-19 / DAY 5 출36:20-37:16
DAY 6 출37:17-29 / DAY 7 출38:1-20

하나님의 미쉬칸을 짓기 위해 부름받은 카할

하나님의 일을 목도하고 증거할 수 있는 사람들인 회중(카할קהל)에게 모세는 시나이 산에서 하나님이 하신 명령 중 안식일, 샤밭에 대한 것을 가장 먼저 전합니다. 하나님이 세우신 언약 안에 들어와 있는 자들이 모인 회중의 정체성이 샤밭이기 때문입니다. 샤밭으로 하나님과의 영원한 언약과 표징을 삼은 회중들(카할קהל)은 이제 본격적으로 하나님의 미쉬칸을 짓기 위한 작업에 들어갑니다. 마음이 감동된 자들과 자원하는 자들이 테루마(예물)를 가지고 모였습니다(출35:5,10,21,25,26). 마음이 슬기로운 여인들이 하나님께 예물을 가지고 왔습니다. 그 중심에는 하나님의 지혜와 총명과 지식과 재주가 충만한 브살렐과 오홀리압이 있었습니다(출35:30-36:1). 하나님께 부름받아 모인 회중들(카할)은 하나님이 그들 가운데 거하실 미쉬칸을 짓기 위해 자기가 가지고 있는 가장 좋은 것을 기쁜 마음으로 들고 나아왔습니다. 자기 의로 가득차 있는 자, 욕심 있는 자, 자기 것을 이루려는 자들은 하나님의 미쉬칸, 거룩한 장막인 성막을 세울 수 없습니다. 왜냐하면 이런 사람들은 하나님이 거하시게 하고 하나님을 높여드리는 집이 아닌 자신의 집을 세우려고 하기 때문입니다. 하나님은 자신의 집을 성령의 감동이 있고, 기쁨으로 자원하며, 지혜로운 자들을 통해 세우십니다. 그리고 이런 자들을 통해 세우실 때는 그 예물이 차고 넘칩니다(출36:7).

하나님의 일을 기쁨으로 할 때는 모자라지 않습니다. 의무와 억지로, 자기들이 세워놓은 목표를 이루기 위해 할 때는 모자라고 부족한 것만 같고, 기쁨과 만족이 없습니다. 하나님은 당신의 처소를 하나님께 감동된 자들과 함께 세우십니다. 출애굽기 25:1-31:11까지 성막이 만들어지는 모든 과정을 자세하게 말씀하신 하나님의 뜻과 계획대로 하나님의 성막 מִשְׁכָּן(미쉬칸)이 세워지기 시작합니다. 하나님의 지혜로 충만하며 기쁜 마음으로 자원한 자들을 통해 모세에게 말씀하신 그 모습 그대로 모든 것이 만들어집니다. 모세는 그들이 만드는 모든 과정이 하나님이 말씀하신 대로 만들어졌음을 알리기 위해 출애굽기 36:8-38:20

에[1] 걸쳐 같은 장면을 반복해서 설명합니다. 성막은 온 우주를 창조하신 하나님께서 친히 이 땅에 거하실 장소, 그분의 집(처소)입니다. 쉐키나(שכינה)(성령)이신 하나님이 쇼켄(שוכן)(거하실)할 장소인 미쉬칸(משכן)(성막)을 짓는 일이기에 온 우주에서 가장 중요한 일입니다. 하나님은 성막이 만들어지는 과정을 통해 주님이 거하실 장막인 미쉬칸이 최종적으로 우리 안에 세워질 계획을 미리 보여주셨습니다.

임마누엘이신 예수님은 우리 안에 거하시기 위해 우리에게 오셨습니다. 모세가 지은 성막을 통해 하나님이 이 땅에 친히 그분의 백성과 거하심을 보여주셨다면 예수님을 통해 이제는 성령께서 우리 안에 거하실 것임을 보여주십니다. 결국 온 우주에 충만하신 하나님이 사람 안에 거하겠다고 결정하신 것을 성막을 통해 보여주신 것입니다. 그렇기에 두 번에 걸쳐 성막을 짓는 과정을 반복해서 기록으로 남기게 하셨습니다. 이것이 너무 중요한 일이었기에 그 모든 과정이 하나님이 보여주신 설계도에 따라 명하신 대로 만들어가야 하며 하나님이 거하실 처소가 거룩하게 구별되어야 함을 거듭 강조하셨습니다. 하나님은 회중(카할 קהל)을 불러 모으시고 그들을 통해 미쉬칸을 짓게 하셨으며 그들 가운데 거할 처소로 삼으셨습니다. 에클레시아(교회)는 하나님이 거하실 하나님의 성전이 되기 위해 부름받은 자들의 모임입니다. 성막이 거룩함의 과정을 거쳐야 하는 것처럼 교회인 우리도 하나님이 거하시는 처소로서 거룩함의 과정을 거치는 것은 마땅합니다. 예수님은 우리를 거룩하게 하기 위해 새로운 길, 영생으로 나아가는 길을 내셨습니다. 그 길을 통해 우리 한 사람, 한 사람 안에 하나님의 영광이 거하고 그렇게 하나님의 영광이 머무는 존귀한 사람들이 모여 새 예루살렘이 됩니다. 거룩한 성 새 예루살렘이 하나님께로부터 하늘에서 내려올 때 그 준비한 것이 신부가 남편을 위하여 단장한 것 같다고 하였습니다(계21:2). 새 예루살렘은 우리 모두가 다 함께 모여서 이루게 될 최종적인 모습의 지성소입니다.

사도 요한은 계시록 21장에서 새 예루살렘을 자세히 묘사하면서 최종 완성된 새 예루살렘을 이미 보았다고 하였습니다. 새 예루살렘에 이미 내가 있습니다. 나 한 사람이 빠지면 새 예루살렘이 온전히 이뤄질 수 없고 완성될 수 없습니다. 이미 먼저 가신 믿음의 선진들은 우리가 달려야 할 믿음의 경주를 완주하고 한 명도 빠짐없이 다 최종 목적지에 모이게 되길 기대하고 바라며 응원하고 있습니다. 우리 한 사람이 없으면 그들도 완성에 이르지 못하기 때문입니다(히11:40). 그만큼 우리는 존귀하고 거룩한 존재입니다. 무엇을 해서가 아니라(doing) 하나님의 영광이 내 안에 거하겠다고 말씀하셨기에 그분이 거하시는 존재인 것만으로도(being) 나는 존귀하고 거룩합니다. 하나님께서 당신에게 말씀하십니다.

---

1 성막과 모든 기구들에 대한 설명과 의미는 출애굽기 토라 포션 19주간 테루마 참고

"이제부터 너는 지성소이다. 아름다운 지성소의 상태를 항상 유지하며 살아라.
하늘과 땅이 연결된 상태가 항상 활성화되도록 매일 노력해야 한다.
항상 하늘 에덴과 땅 동산이 하나가 된 상태로 살아라. 지금부터 새 예루살렘에
이르기까지, 너가 지성소임을 항상 인식하며 살아라"

하프타라 왕상 7:13-26, 40-50

솔로몬의 성전

솔로몬은 두로사람 히람과 함께 성전을 세웠습니다. 이동식 성전인 모세의 성막(미쉬칸משכן)은 오롯이 이스라엘 백성들이 세웠지만 붙박이 성전인 솔로몬의 성전(미크다쉬מקדש)은 이스라엘 백성과 이방인 건축가 두로 사람 히람과(왕상7:13) 두로 왕 히람이(왕상5:1) 보내준 재료들로 함께 세워집니다. 하나님의 집을 세우려는 이방인 히람에게도 하나님은 지혜와 총명과 재주를 부어 주셨습니다(왕상7:14). 그는 성전의 두 기둥인 야긴과 보아스를 세웁니다. 야긴יכין은 '그가 세우시리라'는 뜻입니다. 야긴은 쿤כן이라는 단어에서 나온 말인데 이는 '굳건히, 견고히, 안정되게'라는 뜻을 가지고 있습니다. 하늘과 땅을 만나게 하는 하나님의 집을 굳건히, 견고히, 안정되게 세우신다는 것입니다. 보아스בעז는 '그에게 능력이 있다, 빠르다'는 뜻입니다. 하나님은 자신의 집을 그분의 능력으로 신속하게 굳건히 세우십니다. 하나님께서는 모든 준비의 시간을 충분히 가지셨다가(다윗이 성전을 지을 모든 준비를 이미 다 해놓은 것처럼) 타이밍이 오면 신속하게, 견고히 세우실 능력이 있으십니다. 구약 시대에는 이스라엘 백성을 통해 성막과 성전이 어떻게 지어지는지 보여주셨다면 이제 새 예루살렘, 새 성전은 온 열방 중에서 사람 성소가 된 자들이 모두 참여하여서 그들이 살아 있는 돌이 되어 함께 지어질 것입니다. 그 성전은 바로 예슈아를 메시아로 고백하는 그의 신부들이 될 것입니다. 앞서 만들어졌던 성막과 성전은 올람하티쿤(천년왕국)이 올 때까지만 유효하게 적용될 것이었습니다(히9:10). 그러나 이제 주님께서 더 크고 온전한 장막을 세우실 것입니다(히9:11). 그분의 피로 말미암아 단번에 드려진 제사로 인해 영원한 속죄를 이루셨고(히9:12) 이제 자기를 고대하는 자들에게 두 번째 나타나실 것입니다(히9:28). 그 때 우

리는 하나님의 영과 완전히 연합된 영으로서 부활의 몸입고 이미 영원한 미쉬케놑מִשְׁכָּנוֹת
(성막들)이 될 것입니다.

> "또 내가 보매 거룩한 성 새 예루살렘이 하나님께로부터 하늘에서 내려오니
> 그 준비한 것이 신부가 남편을 위하여 단장한 것 같더라"(계21:2)

브리트 하다샤 히9:1-11 / 마17:22-27

첫 언약과 새 언약

히브리서 9장에서는 대조되는 개념과 병렬을 이루는 구조를 시간의 축과 공간의 축으로 펼쳐놓고 설명하고 있습니다.

시간의 축에서 대조와 병렬을 이루는 개념은 첫 언약과 새 언약입니다. 첫 언약만 적용되던 시대가 있었고, 새 언약의 시작과 함께 그 언약이 계속 확장되며 적용되지만 여전히 첫 언약과 새 언약이 공존하는 때가 있고, 점진적으로 낡고 쇠하여지던 첫 언약이 완전히 사라지면서(히8:13) 새 언약만 적용되는 시대가 있을 것입니다. 지금은 새 언약이 계속 확장되면서도 첫 언약과 새 언약이 공존하고 있는 시대입니다. 메시아가 오시면 완전히 새 언약의 시대로 들어가게 될 것입니다. 또한 첫 장막인 성소와 둘째 장막인 지성소를 대조하여 설명하였는데 첫 장막인 성소(땅)가 현 세상과 같다면(히9:9) 둘째 장막인 지성소(하늘)는 천년왕국과 같습니다. 이 세상이 땅을 중심으로 이뤄지는 시간이라면 천년왕국은 하늘과 땅이 하나된 공간으로 하늘이 중심이 되는 시간입니다.

공간적인 면에서 대조와 병렬을 이루는 개념은 하늘 성전과 땅 성소입니다. 이 땅의 성소는 하늘에 있는 진짜 성전의 모형으로 지어진 것으로 그림자와 같습니다. 하지만 땅 성소에 들어가는 것은 곧 하늘 성소에 들어가는 것과 같은 것으로, 이것은 수직적이고 공간적이면서 영적인 이동으로써 성소에서 지성소로 들어갈 때 땅의 성소에서 하늘의 지성소로 들어가는 것과 같습니다. 미래의 오는 세상에 존재하는 천년왕국의 성전이 있습니다(겔40-48). 그 천년왕국 성전의 그림자로서 현 세상의 성전이 있는 것입니다. 현 세상에 있는 성

전의 성소에서 지성소로 들어갈 때 오는 세상의 지성소를 맛볼 수 있습니다.

"한번 빛을 받아서 하늘의 은사를 맛보고, 성령을 나누어 받고, 또 하나님의 선한
말씀과 장차 올 세상의 권능을 맛본 사람들"(히6:4-5, 새번역)

"그가 내게 말했다. "그분은 오는 세상의 이름으로 너에게 샬롬을 선포하신다.
세상의 창조에서부터 샬롬은 거기로부터 나왔기 때문이다. 그래서 너는 샬롬을
영원히, 영원 영원히 가지게 될 것이다"(에녹1서 71:15, 진리의 집 번역본)

세상 만물이 창조되면서부터 세상 만물이 누리게 되는 모든 샬롬(평화)의 원형은 영원
후에 이미 완성되어 있는 샬롬으로부터 공급됩니다. 앞으로 오게 될 세상인 그곳에 완전한
샬롬이 있을 것입니다. 그리고 그 완전한 샬롬을 지금 살면서 받아 누리는 자는 영원히 샬
롬을 누리게 될 것입니다.

미래에 있을 것이지만 이미 완성된 모습으로 존재하고 있으며 모든 샬롬의 근원이
되는 그 곳은 바로 새 예루살렘입니다. 예루살라임ירושלים은 '샬롬이 하늘에서 땅으로 폭포
처럼 쏟아지는 곳'이란 의미입니다. 미래에 있는 완성된 최종 모습을 미리 앞당겨서 맛보고
누리며 사는 것이 바로 믿음의 삶입니다. 이러한 믿음으로 살면 결국 우리는 그곳에 가 있
게 될 것입니다. 아니, 우리는 이미 그곳에 존재하고 있는 것입니다. 믿음의 족장들은 이러
한 믿음을 가지고 앞으로 올 세상으로부터(거기로부터) 오는 샬롬을 멀리서 보며 환영하고
맛보며 살았습니다.

"그들이 이제는 더 나은 본향을 사모하니 곧 하늘에 있는 것이라 이러므로
하나님이 그들의 하나님이라 일컬음 받으심을 부끄러워하지 아니하시고
그들을 위하여 한 성을 예비하셨느니라"(히11:16)

우리도 믿음의 조상들을 따라 앞으로 오는 세상으로부터 이루어질 완전한 샬롬을 기
대하며 살아가고 있습니다. 믿음의 조상들에게는 아주 멀리 있는 것이었지만 우리에게는 아
주 가까이 다가와 있습니다.

봐야크헬 주간의 말씀

1. 히브리어 카할은 이집트에서 구출해내어 광야로 불러 모은 구약의 광야 교회이며 메시아의 몸입니다. 헬라어 에클레시아는 어둠에서 빛으로 구원하고 사탄의 권세에서 그리스도께로 불러낸 신약의 이스라엘이며 그리스도의 몸입니다.

2. 하나님은 세상으로부터 구별되라 하셨지만 교회는 이방 종교와 세상 학문과 섞여서 하나님이 하늘에서부터 내려 주신 토라의 말씀과 법, 하나님의 시간인 샤밧과 모아딤을 혼합, 변개시키고, 잃어버렸으며, 세상의 권력을 뒷받침해 주는 도구가 되어 진리를 훼손시켜 버렸습니다. 본질이 사라지고 껍데기만 남겨두고 하나님의 것이 아닌 다른 것들을 섞어서 갖다 채워버린 것입니다. 이것은 또한 오랜 시간 동안 교회 안에 대체신학과 반유대주의의 씨앗으로 심겨져 뿌리내리고 자라왔습니다. 그래서 교회와 이스라엘은 서로를 향한 미움에 사로잡혀 오해와 분리 속에 멀어져 갔습니다.

3. 마지막 때 하나님은 여종들에게 성령을 부으신다고 하셨습니다(욜2:29). 성령으로 충만한 여인들, 하늘의 지혜로 충만한 여인들, 마음이 슬기로운 여인들은 비둘기 같은 눈을 가지고 신랑이신 주님만을 바라보며 자신들의 손(헌신)으로 하나님의 집을 준비하고, 예슈아를 왕으로 모실 준비를 하며, 많은 신부들을 일으켜서 예슈아께로 인도할 것입니다.

4. 하나님의 지혜는 하나님의 아름다움을 표현하는 창조의 능력입니다. 하늘의 영역에 속하는 각양 아름다운 색깔과 모양을 이 땅에 풀어 놓는 하나님의 영에 감동된 예술가들을 통해 하나님의 성전이 하나님이 거하실 처소가 되기 위하여 함께 지어져 갑니다.

5. 에클레시아(교회)는 하나님이 거하실 하나님의 성전이 되기 위해 부름받은 자들의 모임입니다. 성막이 거룩함의 과정을 거쳐야 하는 것처럼 교회인 우리도 하나님이 거하시는 처소로서 거룩함의 과정을 거치는 것은 마땅합니다.

봐야크헬 주간의 선포

1. 하나님을 증거하는 증인들의 회중인 카할로서, 에클레시아로서 교회가 본질과 정체성을 되찾게 하소서. 교회 안에 세상의 이론과 이방 종교와 섞여져 버린 악한 것들을 갈라내시고 철저히 회개하게 하소서.

2. 교회 안에 자라온 대체신학과 반유대주의의 뿌리가 근절되고 마지막 때 하나님의 편에 서서 이스라엘을 축복하고 이스라엘이 다시 하나님의 언약 안으로 들어올 수 있도록 기도하며 선교하는 사명을 감당할 수 있게 하소서. 이 일을 위해 남겨진 자들이 완악한 자들로 인해 절망하거나 포기하지 않고 끝까지 하나님의 편에 서서 진리를 말하는 사명을 감당하게 하소서.

3. 하나님의 나라를 위해 이름없이 교회와 성도들을 섬기는 여인들에게 지혜와 성령을 더욱 충만하게 하소서. 드보라, 한나, 에스더, 마리아와 같은 여인들이 군화 신은 신부로서 당당하게 일어서서 마지막 때 민족과 나라를, 다음 세대를 구해낼 수 있게 하소서.

4. 하나님의 나라를 표현하는 마지막 때의 예술가들이 일어나게 하소서. 하늘의 모습과 색깔들을 그려내고 만들어 내는 예술가들을 통해서 하늘의 아름다움이 더 많이 풀어지게 하소서.

23주간

פְקוּדֵי

PEKUDEI

프쿠데이, 결산목록

파라샤 **출38:21-40:38**

하프타라 **왕상7:51-8:21**

브리트 하다샤 **히8:1-12 / 눅16:1-13**

DAY 1 출38:21-39:1

명하신 대로

아론의 넷째 아들 이다말은 성막을 위해 사용된 모든 물품 목록들을 계산합니다. 물목이라는 히브리어 프쿠데이פְקוּדֵי는 파카드פָקַד에서 파생된 단어로 그 뜻은 '결산하다'인데 그냥 결산하는 것이 아니라 '잊지 않고 샅샅이 다 기억하고 있다가 정해진 때가 오면 그 때에 딱 맞춰서 직접 방문하여서 최종 결산한다'는 뜻입니다. 이 단어는 최종 결산의 결과에 따라서 어떤 이에게는 칭찬과 상급이 주어지고 어떤 이에게는 문책과 징벌이 내려지는 결산 이후 집행되는 심판의 의미까지 포함하고 있어서 소선지서에서 여호와의 크고 두려운 날이 이르렀을 때(모든 것이 기록되어 있는 결산 목록을 가지고) 벌하시러 찾아오신다는 의미로 사용됩니다. 출애굽기 32:34에서 아론의 금송아지 숭배 이후 심판을 받은 이스라엘 백성으로 인해 슬퍼하며 중보하는 모세를 향해 하나님은 보응할 날(베욤 파크디בְּיוֹם פָּקְדִי)에는 그들의 죄를 보응하겠다고 말씀하였는데 이 때 사용된 단어가 파카드입니다. 베욤 파크디בְּיוֹם פָּקְדִי를 한글성경에서는 '보응의 날, 징벌하는 날, 감찰하는 날'로 각각 번역했습니다.

하나님은 성막의 물목들을 가져오라 말씀하시며 그것들을 파카드 하겠다고 하셨는데 여기서는 '계산되다, 혹은 숫자가 매겨지다'는 의미로 성막을 위해 들어간 모든 것이 결산되었음을 말합니다. 백성들이 성막을 위해 필요한 모든 것들을 자원하는 마음으로 예물로 드리면서 필요한 모든 것들이 준비되었으며, 아론의 아들 이다말은 빠짐없이 목록들이 들어오고 나가는 것을 계산하였습니다.

하나님은 우리가 얼마만큼 하나님의 말씀과 명령대로 잘 지키며 살았는지 다 지켜보고 계십니다. 마지막 날 완성될 하나님의 킹덤에서도 최종 결산의 시간에 하나님은 우리의 모든 것을 정확하게 결산하실 것입니다. 우리가 하나님의 성전을 위해서 한 일, 예배를 위해 헌신한 일, 형제 자매를 섬기고 도운 일, 혹은 사람의 입장을 생각하고 사람의 말을 듣고 하나님의 반대편에 섰던 일까지, 선하고 악했던 일들 모두가 정확하게 기록되어 있기 때문에 누적된 모든 자료들을 바탕으로 잘한 것은 잘한 대로, 못한 것은 못한 대로 최종 결산하실 것입니다. 결산의 날에 칭찬과 보상을 받을지, 심판과 형벌을 받을지는 지금 우리가 이 땅에서 어떻게 살아가느냐에 따라 결정될 것입니다. 하나님은 모든 것을 보고 계시는 정확한 분이십니다. 그래서 매순간 하나님을 경외하는 마음으로 살아야 합니다. 하나님을 경외하는 마음은 우리가 어떻게 살고 어떤 결정을 해야 할지에 대한 지혜를 줄 것입니다.

"여호와를 경외하는 것이 지혜의 근본이요 거룩하신 자를 아는 것이 명철이니라"
(잠9:10)

DAY 2 출39:2-21

12보석과 12지파

대제사장이 성소에 들어가서 직무를 감당할 때 그의 두 어깨와 가슴에는 이스라엘의 12지파의 이름이 새겨진 보석을 달고 들어가야 했습니다. 두 어깨위에는 각각 6지파씩, 그리고 가슴에는 12지파를 흉패에 달고 들어 갔습니다. 제사장은 이스라엘 백성의 대표자로서 하나님 앞에 섰습니다. 제사장의 가슴 흉패에 달린 보석은 첫째 줄은 홍보석, 황옥, 녹주옥, 둘째 줄은 석류석, 남보석, 홍마노, 셋째 줄은 호박, 백마노, 자수정, 넷째 줄은 녹보석, 호마노, 벽옥이라고 토라는 가르쳐 주고 있습니다(출39:10-14). 우리는 12보석이 12지파를 대표한다는 것은 알지만 어느 보석이 어느 지파와 일치되는지에 대해서는 조금씩 다른 견해들을 가지고 있습니다. 여러 가지 자료를 통해 유추해서 설명해놓은 자료들이 있는데 몇 몇 지파는 의견이 통일되지만 다른 지파들은 추정할 수밖에 없습니다. 중요한 것은 하나님이 왜 이스라엘 12지파들을 12보석으로 여기시느냐는 것입니다.

보석은 돌의 원석을 깎고, 치고, 다듬고, 부수어서 원석 안에 담겨 있는 형형 색색의 아름다움을 뽑아내는 것입니다. 얼마만큼 잘 깎고 다듬느냐에 따라서 보석의 가치는 천차만별로 달라집니다. 칙칙하고 무거웠던 돌은 세공의 과정을 거치면 거칠수록 보석 자체만의 빛과 색깔을 띕니다. 아름다운 빛과 색깔을 찾은 보석이 어디에 달리느냐에 따라서 그것의 가치도 달라집니다. 사람의 몸이든, 옷이든, 장신구이든 보석의 크기와 모양에 따라 가치는 더욱 올라가며, 존귀와 위엄을 더하여 아름답게 해줍니다.

시나이 산에서 하나님은 이스라엘 백성을 나의 소유, 쎄굴라, 보석이라고 부르셨습니다. 거친 돌이지만 하나님이 깎고, 치고, 다듬고, 부수어서 그들을 보석으로 다듬어 새 예루살렘의 기초가 되는 돌들로 사용하실 계획을 가지고 계셨기 때문입니다. 잘 다듬어진 보석이 되었을 때 하나님의 성을 빛나게 하고, 열방에 아름다움을 비추는 존재, 그것이 바로 하나님이 이스라엘을 위해 계획하신 것이었고, 또 앞으로 새 예루살렘에 함께 서게 될 우리를 향한 계획입니다.

사도 바울은 우리가 예수 그리스도라는 터 위에 하나님의 집을 세울 때 불에 타도 없어지지 아니할 금이나 은, 보석으로 하면 상을 받게 되겠지만 나무나 풀이나 짚으로 하면 불에 타서 다 사라져 버릴 것이라고 말합니다(고전3:9-15). 이것은 우리 한 사람이 하나님의 집이고 성전이기 때문에 하나님의 집을 세울 때 없어질 것으로 하지 말고 잘 깎이고, 다듬어지고, 연단된 보석으로 세우라는 뜻입니다. 하나님은 새 예루살렘에 모든 시험과 연단을 거쳐 불에 타도 없어지지 않는 단단하고 고결하고 아름다운 보석들을 모으실 것입니다. 보석이 되기 위해서는 세공사이신 하나님께 내 자신 전부를 맡겨드려야 합니다. 내가 어떤 원석인지 아시는 분께서 내 안의 빛과 색깔을 되찾아 가장 아름다운 모습으로 세우실 것입니다.

DAY 3 출39:22-31

순금 방울과 석류 그리고 여호와께 성결

대제사장 아론이 입는 에봇 아래 받쳐 입는 긴 옷은 전부 하늘을 상징하는 청색(테헬렛 תְּכֵלֶת)으로 짜서 만들어 입도록 했습니다. 그 청색 의복의 가장자리에 청색, 자색, 홍색실과 가는 베실로 석류를 수놓았습니다. 석류 하나가 가지고 있는 200개에서 1,400개의 씨가 터뜨려지고 벌어진 모습 때문에 석류는 다산과 풍요의 축복을 상징합니다. 또 유대 전통에서는 다 자란 석류의 씨가 613개 정도 있다고 하여 토라의 5권에서 '하라'라는 계명과 '하지 말라'라는 계명의 총수인 613개의 계명을 석류와 연결시켜 생각합니다.

수놓은 석류 사이 사이에 정금으로 만든 방울을 옷 가장자리로 돌아가면서 달도록 했습니다. 순금 방울은 제사장이 움직일 때마다 소리를 내어 제사장의 움직임을 알리는 역할을 했습니다. 종소리가 갑자기 멈춘다면 뭔가 잘못되었다는 뜻이거나 대제사장이 성소나 지성소 안에서 섬기다가 죽었다는 신호입니다. 석류는 대제사장이 계명을 지키는 데에 있어서 가장 높은 수준 즉, 토라의 계명을 빠짐없이 지켜야 된다는 것을 의미하는 것이고, 순금 방울은 가장 거룩한 곳인 지성소에 들어가는 임무를 위해서 거룩한 계명에 합당하지 못할 경우 죽을 수도 있다는 것을 상기시켜주는 것입니다. 석류와 순금 방울은 대제사장에게 거룩한 삶을 요구하는 표시입니다.

세마포로 두건과 빛난 관과 속옷을 만들고 가는 베 실과 청색, 자색, 홍색 실로 수 놓아 허리띠를 만든 것은 대제사장이 의로움으로 옷을 입고 두건과 관을 써야하는 것을 상징합니다. 정금으로 거룩한 패를 만들어 여호와께 성결이라고 새기고 청색 끈으로 빛나는 관에 단 것은 대제사장은 하나님의 본성인 거룩함으로 모든 영역에서 하나님의 거룩한 본성을 대표해야 함을 표현하는 것입니다. 결과적으로 대제사장의 의복에 관한 모든 재료와 색깔과 물건들은 그가 거룩함과 의로움으로 옷 입어야 함을 말해주고 있습니다. 그리고 이것은 오늘날 제사장적 부르심을 받고 그 부르심을 따라 치열하게 믿음의 삶을 살아내고 있는 남은 자들을 향해 말하고 있는 것이기도 합니다. 마지막 때 세상은 바벨론의 영으로 모든 것을 섞어버려서 철저하게 하나님의 백성들이 미혹되고 더럽혀지게 할 것입니다. 그러나 끝까지 섞이지 않기를 선택하는 소수의 남겨진 자들만이 하나님의 거룩함과 의로움으로 옷 입고 하늘 성전으로 들어갈 것입니다.

DAY 4 출39:32-43

여호와께서 명령하신 대로

출애굽기 39장과 40장에는 '명령하신 대로'라는 말이 각각 10번, 8번 반복됩니다. '명령하신 대로'라는 말이 반복된 이유는 미쉬칸은 하나님이 거하실 장소였기에 완전한 예물을 가지고 완전한 순종과 헌신을 통해 하나님이 주신 설계도에 따라서 완성해야 함을 강조한 것입니다. 하나님은 조금이라도 사람의 생각이 끼어들지 못하도록 하셨고, 그래서 더 철저히 간섭하셨습니다. 사람이 보기에 더 좋고 아름다운 모양이 아닌 하나님이 계획하시고 디자인하신 그대로 단 하나라도 섞이지 않도록 하셨습니다. 왜냐하면 하나님 그분 자신이 거하셔야 할 처소였기 때문에 사람의 생각과 세상적인 그 어떤 것과 조금도 섞일 수 없었기 때문입니다. 그것이 하나님을 위해서도 또한 사람을 위해서도 최선이기 때문입니다.

이것은 사람이 미쉬칸מִשְׁכָּן(성령이 거하시는 거룩한 처소)이 되는 과정과도 같습니다. 사람이 인간 창조의 목적이며 인생의 최고의 가치인 사람 성전이 되게 하기 위해서는 하나님이 말씀하신 말씀대로 가르치고 교육해야 합니다. 하나님이 명하신 대로 한 사람을 양육하고 가르쳐야 합니다. 그러나 사람들은 여전히 '이 영역은 그래도'라는 기준이 있습니다. 말씀은 옛 역사의 상황과 환경을 반영한 것이니 현대인인 우리에게 맞게 재해석하여 새로운 기준을 만들어서 적용해도 된다는 타협을 통해 말씀의 본질을 흐리거나 합리화하거나 잘라내거나 덧붙입니다. 혹은 철학과 학문과 과학에 말씀을 섞고 세상 논리를 섞습니다. 그래서 사람들이 납득할 만한 것으로 만들어 더 멋있게 다듬습니다. 그들의 입장에서 논리적이거나, 그들의 입장에서 합리적이지 않으면 뭔가 낮은 수준의 지식인 것처럼 여기는 세상의 논리를 말씀에도 그대로 적용합니다. 그래서 결국 성경 말씀을 세상 지식의 권위 아래, 진화

론적 세계관, 지질학적 연대기, 인문학과 고고학과 비문학(Epigraphy)의 권위 아래 두고 그들의 입맛대로 재편성해버립니다.

이것은 여전히 우리가 선과 악을 알게 하는 지식의 나무를 따라 사는 것입니다. 기준이 하나님이 아니라 사람의 생각, 인본주의에 있다는 증거입니다. 그러나 하나님은 그렇게 말씀하지 않으십니다. 하나님이 말씀하신 대로, 명령하신 대로 하라고 하십니다. 왜냐하면 하나님 자신이 기준이기 때문입니다. 하나님이 보시기에 좋은 것이 좋은 것입니다. 하지만 사람들은 '그래도'라는 자신의 기준을 다시 한번 내세웁니다.

코비드19 기간에 바이러스를 통해 하나님이 세상을 모두 멈추게 하셨습니다. 그리고 다시 한번 우리에게 선택하라고 하셨습니다. 생명나무인지 지식나무인지, 하나님 나라인지 세상인지, 하나님의 권세 아래에 있을 것인지 어둠의 권세 아래 있을 것인지를 두고 선택하게 하셨습니다. 이 멈춤은 세상이 자기의 기준인 사람에게는 두려움과, 공포, 걱정이지만 하나님께 시선을 두고 그분의 말씀이 기준인 사람에게는 안식과 재조정, 새롭게 하는 시간이 되었습니다. 마치 샤밭의 멈춤이 우리를 새롭게 하고 더욱 거룩하게 하는 것처럼 말입니다. 이 때, 세상은 철저하게 두 방향으로 나뉘었고 교회 안에서도 세상의 압박을 따라가는 자들과 끝까지 말씀을 붙들려는 자들로 나뉘었습니다. 이런 시간은 앞으로 더욱 가속화될 것입니다. 전염병, 전쟁, 기근, 자연재해들의 현상이 더 빈번해질 것이며 그런 시간이 이어질 때마다 세상 정부는 사람들을 위협하고 협박해서 자기들의 통제 아래로 두려고 할 것입니다. 그들의 통제 아래 들어가지 않으려는 자들은 죽음만이 남겨질 것입니다. 그러나 죽음 앞에서도 말씀을 지켜내고 하나님께 매달리는 남겨진 자들은 하나님이 친히 그들을 보호하시고 건져내셔서 큰 영광으로 들어가게 할 것입니다.

이러한 재앙의 시간은 마치 최종 결산이 있기 전에 중간 결산의 시간이 주어진 것과 같습니다. 그러므로 지금 주어진 시간을 통해 미쉬칸인 나 자신을, 또한 우리의 가정, 우리의 교회를 깊이 돌아보고, 나도 모르게 틀어져 있고, 비뚤어져 있었던 것들을 재조정하고 튜닝하는 시간이 될 수 있도록 해야 합니다. 이러한 시간은 우리의 영, 혼, 육을 괴롭게 하는 재앙과 같은 시간이기도 하지만 하나님의 나라를 선택한 자에게는 기회이며, 더 깊어지는 은혜의 시간입니다.

DAY 5 출40:1-16

8개의 기름 부음

성막에 들어가야 할 모든 것이 하나님이 명령하신대로 셋팅이 되고 모세는 모든 기구를 구별하여 하나님이 만들라고 하신 대로 향기름(거룩한 관유)를 만들어 바릅니다.

> "또 관유를 가져다가 성막과 그 안에 있는 모든 것에 발라 그것과
> 그 모든 기구를 거룩하게 하라 그것이 거룩하리라"(출40:9)

모세는 언약궤와 진설병과 모든 기구들, 메노라와 모든 기구들, 분향단, 번제단과 모든 기구들, 물두멍과 그 받침에 관유를 발라 모든 것들을 거룩하게 했습니다. 또한 아론과 그의 아들들을 데려다가 깨끗하게 씻기고 그들에게도 기름을 부어 거룩하게 했습니다. 거룩하게 했다는 의미는 그것을 구별하여 정결하게 했다는 뜻입니다.

성경에서 기름부음과 그 예식은 메시아를 예표합니다. 기름부음이라는 히브리어 마샤흐 מָשַׁח에서 마쉬아흐 מָשִׁיחַ, 메시아라는 단어라 나왔습니다. 메시아란 기름부음 받은 자라는 뜻으로 왕과 제사장, 선지자들에게 부어졌고, 예슈아를 통한 새 언약의 시대에는 예슈아를 믿는 자는 자들에게 성령으로 부어졌습니다. 기름부음은 곧 성령입니다. 그리고 이것은 궁극적으로는 마지막 날에 다시 오셔서 온 땅을 구원하실 메시아, 통치하실 왕 예슈아를 의미하는 것입니다.

모세가 기름을 부은 성소의 기구 하나하나와 성막, 그리고 아론과 그의 아들들은 모두 예슈아를 예표하는 것입니다. 출애굽기 40:9-15까지의 본문에 마샤흐מָשַׁח, '기름 붓다'는 히브리어 단어는 모두 8번 등장합니다. 8은 영원을 상징하는 숫자로 8번의 기름이 다 부어질 때, 우리는 땅에서 영원으로 들어갈 준비가 된 것입니다.

DAY 6 출40:17-27

첫째 달 초하루

출이집트 한지 둘째 해, 아빕 월 1일에 모든 이스라엘 백성이 성막에 모였습니다. 이집트에서 나와서 광야를 지나 시나이 산에 머무른지 1년이 되었을 때 하나님이 이집트에서 이 달(아빕 월)을 너희의 첫 번째 달로 정하라고 명령하셨던 바로 그 시간이 되었습니다. 그리고 이 달(아빕 월)은 하나님이 모세에게 유월절 규례를 알려주신 달이었습니다. 이 달은 하나님이 아브라함과 횃불 언약을 맺으시고 영원히 아브라함의 자손들과 함께 하겠다고 약속하신 달이었습니다. 하나님은 이 달에 자신의 집을 이스라엘 가운데 세우시고 그들과 함께 기뻐하셨습니다.

모세는 아빕 월 1일에 성막을 세운 뒤에 모든 성막의 기구들에 관유를 바르고, 14일 뒤에 있을 유월절 예식에 앞서 아론과 그 아들들 제사장들의 위임식을 8간 거행했습니다. 사실 이스라엘 백성은 이집트에서 나오던 그 날 밤에 유월절을 한 번, 그리고 성막이 세워지고 나서 한 번 지낸 후 광야 40년 동안은 유월절을 지키지 못했습니다. 요단강을 건너 하나님이 약속하신 땅에 처음 발을 디디고 선 그 때, 길갈에서 유월절을 지키기 시작했습니다(수5:10-11). 아브라함과 그의 자손에게 유업으로 주겠다고 약속한 그 땅에 하나님이 정하신 그 시간에 들어간 것은 마지막 날 예슈아가 오셔서 이스라엘과 열방을 모으시고 에덴-동산 성전을 세우시게 될 것을 예표합니다. 선지자 에스겔은 메시아가 오실 때 제사장이 새로운 성전을 깨끗하게 하고 그 첫째 달, 첫째 날에 희생예배를 시작할 것이라고 말합니다(겔45:18). 메시아닉 킹덤에서의 첫 희생제사는 모세가 처음 성막을 세웠던 그 날을 기억하게 할 것입니다.

"여호와께서 이같이 말씀하셨느니라 첫째 날 초하룻날에 흠 없는 수송아지
한 마리를 가져다가 성소를 정결하게 하되"(겔45:18)
"첫째 달 열나흘날에는 유월절을 칠 일 동안 명절로 지키며
누룩 없는 떡을 먹을 것이라"(겔45:21)

이것은 우리가 메시아닉 킹덤에서 드리게 될 첫 유월절 예배가 될 것입니다. 메시아닉 킹덤에서의 첫 유월절 예배는 광야 40년을 지나 요단강을 건너 마침내 약속의 땅으로 들어갔을 때 여호수아와 이스라엘 백성이 드렸던 유월절처럼, 큰 음녀 바벨론이라는 세상을 지나 에덴-동산으로 재입성하여 드리게 될 첫 유월절 절기 예배가 될 것입니다.

아빕 월에 예슈아는 우리의 구속을 완성하셨습니다. 이집트에서 이스라엘의 구속을 위해 죽임당한 유월절 어린 양이신 예슈아는 아빕 월, 유월절에 열방의 구속을 위해 죽으시고 부활하셨습니다. 하나님이 정하신 바로 그 시간에 하나님의 뜻을 이루시는 신실하신 하나님이 마지막 때에도 하나님의 시간에 모든 것을 완성하실 것입니다.

DAY 7 출40:28-38

여호와의 영광이 성막에 충만하매

모든 기구들이 한 치의 오차도 없이 정확하게 하나님이 계획하고 명령하신 대로 만들어졌습니다. 이집트에서 나온 지 1년이 된 첫째 달 초하루에 성막을 세우는데 가장 먼저 지성소에 증거궤를 들여놓고 휘장으로 가립니다. 그리고 성소에 진설병을 들여놓고 등잔대를 놓아 불을 켜기 시작했습니다. 분향단을 휘장 앞에 두고 성소의 문에 휘장을 달고 그 문 앞에 번제단을 놓았습니다. 그리고 번제단 앞에 물두멍을 놓고 물을 담은 뒤 성막의 뜰 주위에 포장을 하고 뜰 문에 휘장을 달았습니다. 지성소부터 시작하여 성막의 뜰 문까지 모든 천막을 단 뒤에 하나님이 명령하신 대로 관유, 거룩한 향기름을 가져다가 모든 것에 바르고 아론과 그의 아들들에게 바릅니다. 성막과 모든 기구들과 제사장에게까지 하나님이 명령하신 대로 행함으로 모든 일이 마쳐지자 거룩한 영광의 구름이 성막에 충만하게 덮입니다(출 40:34).

모든 과정이 거룩하게 하나씩 차근차근 거친 뒤 하나님이 임하십니다. 이것은 마치 성령의 불이 하늘에서 내 마음 제단에 떨어지기 전에, 나의 속사람을 정결하게 하고 정돈함으로 거룩하신 성령님을 합당하게 맞이할 준비를 충분히 갖추는 것과 같습니다. 땅은 성소이고, 하늘은 지성소입니다. 모세의 성막에서 성소와 지성소는 정해진 제사장들만 들어갈 수 있었지만 예수님은 십자가를 통해 그 가려진 휘장을 찢어주셨고, 우리 모두가 지성소(하늘의 영역)로 들어갈 수 있게 하셨습니다.

예수님이 휘장을 찢으심으로 구약에서는 극소수에게만 부어졌던 거룩한 영이 지금은 모든 자에게 부어지게 되었고, 그분을 믿는 모든 자들이 하늘의 영역으로 들어갈 수 있게 되었습니다. 구약의 제사는 오늘날 우리에게는 예배인데 예수님의 피를 힘입어 우리는 예배를 통해 하늘 지성소를 경험할 수 있게 되었습니다. 예배는 우리가 공간을 초월하고 시간을 초월해서 하늘을 경험할 수 있게 해줍니다. 하늘이 땅의 영역으로 내려옵니다. 또한 우리가 그 하늘의 영역으로 들어가 올려집니다.

우리는 예배 안에서 예수님처럼 하나님과 세상 사이의 중간에 서서 중보자가 됩니다. 그래서 믿음이 연약한 자들이, 혹은 주님을 모르는 자들이 범하고 있는 죄의 문제를 대신 들고 주님 앞으로 나아갑니다. 하지만 때로는 이런 중보의 영역이 자신의 뜻을 관철시키려는 우리 자신의 아젠다agenda나 자기 의가 될 때가 있습니다. 이 영역을 해결해야만 한다는 간절함이 나 자신의 뜻을 이루기 위한 고집으로 바뀔 때가 있습니다. 그러나 우리는 오히려 이런 아젠다를 내려놓고 경배(엎드려 절하여 나를 낮춤)함으로 보좌 앞으로 나아가 그분의 영광의 임재 안에서 충분히 머물고 그분의 권위로 그분의 뜻을 따라 그 뜻을 이 땅 가운데 권세있게 선포해야 합니다. 이것이 진정한 중보입니다.

모세가 이스라엘 백성과 하나님 사이에 서서 중보할 때 그는 그의 뜻(아젠다, agenda) 혹은 그가 옳다고 생각하는 것을 가지고 기도하지 않았습니다. 이스라엘 백성의 불평으로 지칠대로 지쳐있던 모세는 하나님이 모세 너를 통해서만 내가 다시 새로운 백성을 일으키겠다고 하실 때 그것을 선택하지 않았습니다. 왜냐하면 그것이 하나님의 뜻이 아니라는 것을 알았기 때문입니다. 모세는 정확하게 하나님이 이스라엘 백성을 통해 하고자 하시는 일이 무엇인지 알았기에(메시아의 오심을 준비하는 민족으로서 열방의 제사장, 축복의 통로가 되는 것) 이스라엘 백성을 한 번에 멸하겠다는 하나님의 진노 앞에서 하나님의 의중意中을 읽고 마음을 돌이키는 중보를 할 수 있었습니다.

시편 57편에서 사울을 피해 도망 다니던 다윗이 아둘람 굴에서 예배를 드릴 때 그는 자신이 당하고 있는 재앙과 마음의 두려움과 억울함을 토로하던 중에 하늘을 경험하게 됩니다(시57:5). 그럼에도 그는 다시 땅으로 내려와 자기 문제로 괴로워합니다(시57:6). 그러다가 자신의 문제로 괴로워하던 자신의 시선을 다시 하늘로 올리며 "나훈 리비 엘로힘 나훈 리비 **נָכוֹן לִבִּי אֱלֹהִים נָכוֹן לִבִּי**, 내 중심이 하나님께 고정되었습니다"(시57:7) 라고 고백하는 그 순간 그의 중심은 다시 하늘의 영역으로 올라가게 됩니다(시57:9-11). 다윗의 시선이 자신에게 고정되어 있을 때 그의 간구는 괴로움의 토로였지만 그 시선을 하늘로 올릴 때, 마음의 중심을 하나님께 맞추고 고정해 버릴 때, 그는 하늘의 영역을 경험하고 미래에 완성될 천년왕국의 메시아 통치를 바라보며 그 현장에 서서 온 우주에 충만한 하나님의 영광으로 가득 채워지는 경험을 하고 완전한 자유를 맛봅니다. 그러므로 "나혼 리비 엘로힘"의 결단은 땅에 있는 내가 하늘로 올라가게 하는 우리의 산 제사의 예배입니다.

그 어느 때보다도 중보가 필요한 시즌입니다. 절박함과 간절함이 점점 더 치달아가고 있습니다. 하지만 나의 시선이 자꾸 내게 고정되고 나의 복잡한 생각에 머물러 있으면 우리는 권세를 가지고 하나님의 뜻을 선포하는 중보를 드릴 수가 없습니다. 내가 거룩하지 않은 채로 세상의 이슈를 가득 안고 중보하면 나의 의로 기도하게 됩니다. 그래서 모든 것을 다 떨궈놓고 보좌 앞으로 온전히 나아가서 주님의 얼굴을 구한 뒤 충분한 경배가 이뤄지고 나면 그 상태에서 땅을 향해 권세를 가지고 선포할 수 있고 그 때 그 선포가 강력한 힘을 갖게 됩니다.

하나님의 쉐키나**שְׁכִינָה**(거주하시는 하나님)께서 쇼켄**שׁוֹכֵן**(머무시다)하시기 위해 미쉬칸 **מִשְׁכָּן**(하나님이 거하시는 처소)을 만드셨습니다. 그리고 우리가 바로 그 하나님의 영광이 머무는 미쉬칸입니다. 하나님의 영광을 더 구하고 그 영광 안에서 하나님이 말씀하신 대로 명령하고 선포할 때, 하나님의 킹덤의 통치를 선포하며 하나님을 올려드리는 찬양을 할 때, 그리고 우리가 하나님 앞에 완전히 엎드리는 경배를 할 때 하나님의 영광이 임할 것입니다. 거룩한 시간에, 거룩한 장소에서 영과 진리로 하나님을 구하는 예배자가 지금 하나님이 찾으시는 그 한 사람입니다.

우리의 방향성이 되는 영광

성막이 다 완성되자 하나님은 구름으로 회막을 가리십니다. 그 순간 여호와의 영광은 성막에 충만합니다(출40:34). 구름과 영광은 하나님의 현현과 임재를 의미합니다. 하나님이

---

1   히브리어 나혼**נָכוֹן**은 '견고하게 세워지고 고정되어서 변하지 않고 지속되는 상태'를 표현해주는 말이다.

그 백성 가운데 친히 거하시겠다 말씀하신 것이 이뤄진 것입니다. 하늘의 하나님이 친히 이 땅 가운데 내려와 거주하셨습니다. 그리고 그분의 영광을 다 드러내지는 않으시고 구름으로 그 영광을 가리시고 그 백성을 인도하셨으니 구름이 떠오르는 것을 보면 주님이 길을 떠나시는 줄 알고 이스라엘 백성이 움직였고, 구름이 머무르면 주님이 머무시는 줄 알고 이스라엘 백성도 구름이 머무는 곳에 머물렀습니다. 하나님이 움직이실 때 움직이고 머무실 때 머무는 삶은 완전히 하나님을 의지하는 삶입니다. 그리고 전적으로 순종하는 삶입니다. 낮에는 구름이 성막 위에 있고 밤에는 구름 가운데 불이 있음으로 이스라엘 모든 백성이 자기들의 눈으로 하나님의 임재를 보았습니다.

하나님의 임재는 우리 삶의 방향성입니다. 임재를 느낄 때 우리는 무엇을 해야 할지 알게 됩니다. 움직여야 할지 멈춰야 할지, 어디에 머물러야 할지, 무엇을 해야 할지, 무슨 말을 해야할지 하지 말아야 할지, 모든 것이 하나님의 임재가 우리와 함께 하실 때 우리는 알 수 있습니다. 우리는 하나님의 임재 없이 움직일 때 방향성을 잃어버리고 헤매게 됩니다. 성막에 임하셨던 하나님의 임재는 지금 내 안에 거하시는 성령님이십니다.

예배의 삶을 사는 그리스도의 신부에게는 늘 그분의 임재가 함께 합니다. 그래서 정확한 방향을 향해 나아가게 됩니다. 하나님은 그분의 임재가 우리 안에 거하시며 그분의 영광으로 우리를 채워 주길 원하십니다. 하나님 스스로 그렇게 우리안에 거하시겠다고 결정하셨습니다. 우리 안에 거하시는 임재와 영광으로 인해 우리는 세상에서 구별된 거룩한 신부가 되고 빛이 됩니다.

임재와 영광으로 채워진 신부는 세상이 어두울수록 더 빛을 발하여 열방과 열왕들로 하여금 찾아와 묻게 합니다. "도대체 너의 안에 있는 이 빛은 무엇이냐" 그리고 어둠 가운데 방향을 잃은 그들이 임재와 영광으로 채워진 하나님의 신부들 앞으로 물으며 나아오게 될 것입니다.

"나라들은 네 빛으로 왕들은 네 비치는 네 광명으로 나아오리라"(사60:3)

이 영광의 빛은 마지막 날 이스라엘이 회복하게 될 빛이며 하나님의 교회들이 비추게 될 빛이 될 것입니다. 모든 것이 최종 결산되고 하나님의 영광으로 찬란하게 빛나게 될 그 날을 기다립니다.

하프타라 왕상7:51-8:21

맡기신 일을 마쳤을 때 나타나는 영광

모세가 성막의 일을 마쳤을 때, 솔로몬이 성전의 일을 마쳤을 때 '일'로 번역된 히브리어 믈라카מְלָאכָה는 '맡겨진 일, 직업, 사업, 재산'이라는 뜻을 가집니다. 이것의 어원은 말라크מַלְאָךְ인데 이것은 '메시지를 받고 보냄 받은 자'라는 뜻을 가집니다. 모세와 솔로몬이 마무리한 하나님의 일은 하나님의 메시지와 명령으로부터 시작된 일이었습니다. 하나님이 맡기신 일을 하나님이 말씀하신 대로 마치면 하나님의 영광이 드러납니다. 하나님의 뜻이 이뤄졌기 때문에 하나님의 말씀에 순종해서 일을 마쳤다는 것 자체가 하나님께 영광이 되기 때문입니다. 그러나 하나님이 시작하신 일을 사람이 영광을 받으려고 하면 그 끝은 죄와 사망입니다.

하나님이 우리에게 시작하라고 명령하신 일은 성전, 하나님의 집을 짓는 것입니다. 우리의 몸이 거룩한 성전이 되게 하는 것입니다. 성전을 짓게 하기 위해 하나님은 백성들을 겸비시키셨고 하나님께 예물을 가지고 나오도록 하셨습니다. 우리의 몸이 하나님의 거룩한 성전이 되기 위해 하나님은 우리를 겸비시키시고 우리의 몸과 시간, 에너지가 하나님을 위해 드려지는 예물이 되게 하십니다.

우리가 하나님의 성전이 되고 결국에는 새 예루살렘이 되게 하기 위해 모세의 성막을 모형과 그림자로서 우리에게 보여주셨고(히8:5) 예슈아를 통해 새 언약을 맺으셨습니다. 마지막 날에 주님은 우리가 주님께 무엇을 드렸는지 결산하실 것입니다. 우리가 자원하여 드린 모든 것을 통해 그분이 거하실 새 예루살렘은 완성될 것이고 그 때 우리는 서로 영광을 보게 될 것입니다.

솔로몬은 하나님이 거하실 처소를 지은 것에 대해 하나님이 자신의 이름을 두기 위해 다윗을 택하여 그에게 말씀하셨고 다윗에게 말씀하신 것을 하나님의 손으로 친히 이루셨다고 고백하였습니다(왕상8:16). 하나님의 이름을 위해 지어진 집에 하나님의 이름의 문패가 달려있고, 이 집에 12지파 아들들의 이름을 달고 제사장이 대표로 들어갔습니다. 그리고 마지막 날에 하나님은 자신의 집에 모든 백성들을 초대하시면서 함께 영원을 누리게 하실 것입니다. 예슈아는 아버지의 집에 우리가 거할 처소를 예비하기 위해 먼저 가셨습니다.

> "내 아버지 집에 거할 곳이 많도나…내가 너희를 위하여 거처를 예비하러 가노니
> 가서 너희를 위하여 거처를 예비하면 내가 다시 와서 너희를 내게로
> 영접하여 나 있는 곳에 너희도 있게 하리라"(요14:2-3)

브리트 하다샤 히8:1-12 / 눅16:1-13

불의한 재물로 친구를 사귀라

누가복음 16장에 나오는 옳지 않은 청지기의 이야기는 주인의 소유를 낭비하던 청지기가 주인의 집에서 쫓겨날 위기에 놓이자 주인에게 빚진 자의 빚을 자신의 임의대로 탕감해 주고 주인에게 칭찬을 받은 이야기입니다. 이 이야기에서 특이한 점은 주인의 소유로 이 옳지 않은 청지기가 자기 권한을 사용해서 빚진 자들의 빚을 탕감해 주었음에도 주인이 그를 칭찬했다는 것입니다.

우리가 이 땅에 청지기의 인생으로 사는 동안 우리에게 맡겨진 모든 것은 주님의 소유이고 우리는 주님의 소유를 맡은 청지기입니다. 맡겨진 물질과 권한으로 나와 다른 사람의 영원을 잘 준비할 수 도 있고 맡겨진 물질과 권한으로 나와 다른 사람의 영원을 망칠 수 도 있습니다. 우리는 이 비유를 통해 몇 가지를 생각해 볼 수 있습니다.

불의한 과거가 있었더라도 이 청지기는 직분을 빼앗기기 전에 맡겨진 권한으로 빚진 자들에게 자비를 베풀려고 노력했고 이러한 점에서 그는 주인으로부터 지혜로웠다는 칭찬을 받습니다. 지나간 과정은 결코 선하지 않았지만 청지기는 자기의 권한으로 인생의 막판에 자비를 베풀어 탕감 받은 자들이 자기를 영원한 처소로 영접하도록 일을 지혜있게 하였습니다.

큰 빚을 진 자들이 갚을 길이 없어 상환을 포기한 상태라면 주인은 아예 손해입니다.

하지만 어느 정도 원금을 보장하는 범위에서 빚을 감해 준다면 빚진 자들은 빚을 상환해 볼 수 있는 여력을 갖게 되고, 주인은 원금을 상환 받음으로써 오히려 큰 손해를 면하게 됩니다. 더 중요한 것은 주인이 빚진 자들을 영원히 잃어버리지 않게 될 수 있다는 것입니다. 주인은 빚진 자들이 빚을 갚지 못하고 결국 감옥에 가는 것보다는 그들이 빚을 갚고 영원한 처소에 이르기를 원하고 있습니다.

하나님이 청지기를 칭찬한 이유는 자비로운 주인의 마음에 합당하게 일을 했기 때문입니다. 이 세대의 아들들이 빛의 아들들보다 지혜롭다 칭찬하신 이유는 불의의 재물로 빚진 자에게 자비를 베풀고 영원한 처소를 준비하였기 때문입니다. 주인이 자신의 소유를 맡겨준 이유는 이 땅에서 영원을 잘 준비하라고 기회를 주신 것이 때문이며 이것이 청지기가 주인으로부터 칭찬 받은 이유입니다.

청지기의 재산이 아니었고 주인이 맡겨 놓은 재산이었음에도 빚진 자들에게 호의를 베풀어 줌으로써 종은 빚진 자들의 마음을 얻었습니다. 청지기는 주인의 돈은 어느 정도 상환 받고 자신은 사람들의 마음을 얻음으로써 이후에 이 땅에서의 청지기 인생이 마감되더라도 자신이 호의를 베푼 사람들에 의해 영원한 처소로 영접 받을 수 있는 길을 열어 놓았습니다. 이 시대의 소유물로 다음 시대에 상급과 칭찬과 면류관으로 주어질 영원한 것을 예비한 것이 주인이 청지기를 칭찬한 또 하나의 이유입니다.

당신은 지나간 날들 동안 주님이 맡기신 것을 허비해 왔던 청지기 인생입니까? 지금부터라도 맡겨주신 권한을 사용해서 사람들에게 자비를 베풀고 빚진 자들을 용서하여 그들의 빚을 덜어주는 긍휼을 실천하는 것은 빚진 자도 살리고 나도 살리는 주인의 칭찬을 받을 만한 지혜로움입니다.

> "그러므로 내가 너희에게 말한다. 불의의 재물(맘몬)로 친구를 사귀어라. 그리하여
> 너희가 이 세상을 떠날 때에, 그들이 너희를 영원한 처소(장막)로 맞아들이게
> 하여라"(눅16:9, 진리의 집 번역)

예수님의 칭찬과 상급은 이 땅에서의 일과 규모와 양이 아닌 우리의 신실함과 관계있습니다. 우리에게 주어진 것이 지극히 작은 것이라도 그것에 신실하게, 충성스럽게 대하면 다음 세상, 올람 하바에서 우리에게는 큰 것이 맡겨질 것입니다. 지금 우리에게 맡겨주신 것에 우리가 어떻게 반응하는가에 따라 다음 세상에서 주어질 것이 결정되는 것입니다.

우리는 최종 결산 때를 위해 지금 이 시대를 살아가고 있습니다. 이 세상 자체는 온전하지 않고 불의한 것이 많습니다. 주님은 그러한 세상 가운데서도 지혜롭고 충성되게 살아가라고 말씀하십니다. 결산 이후에 다시 우리에게 맡겨질 영원한 것을 바라보면서, 온전하지 않은 이 세상에서 맡겨진 것으로 미리 투자하라 하십니다. 불의한 재물을 거룩하게 하려고 하기보다는 그것을 가지고 어떻게 사용할 것인가가 더 중요합니다. 불의한 것을 깨끗하게 할 능력이 우리에게 없고 또 그렇게 하려는 것은 우리의 의가 될 수도 있습니다. 마지막 때 모든 결산은 하나님의 주권에 있습니다. 하나님은 정확하게 상급과 벌을 결정하실 것입니다.

쉐모트שֵׁמוֹת, 이름들로 시작한 출애굽기는 마지막에 하나님의 집(성막)을 위한 모든 재료들의 이름들과 집을 지은 사람들의 이름들로 마무리됩니다. 하나님이 이 땅에 친히 거하시고자 하시는 하나님의 집을 모두 함께 세워가는 모습 속에서 결국 마지막 때 하나님과 우리가 거할 새 예루살렘의 완성을 향해 가는 과정을 보게 됩니다. 이스라엘 백성들이 봉헌한 성막의 각종 재료들은 이집트에서 가지고 나온 것들이었습니다. 이집트에서 가지고 나온 재료들이라 할지라도 백성들이 봉헌한 그 재료들로 하나님은 당신이 거하실 집을 짓게 하셨습니다.

성막은 움직이는 이동식 집이었고 성전은 하나님이 정하신 곳에 세워진 집이었습니다. 성막은 개인적인 스케일이라면, 성전은 온 땅을 커버링하는 전 인류적, 전 지구적인 스케일입니다. 성막과 성전이 하늘의 타브니트תַּבְנִית에 따라 만들어진 것처럼 우리 자신도 하나님의 말씀으로 지어지는 성전이 될 것입니다. 나의 설계도에 따라 세상이 좋다라고 하는 대로 나를 건설하면 하나님은 결국 그 부분을 흔들어 무너뜨리실 것이며 영원히 존재하게 될 것들만 남게 하셔서 우리가 영원한 하나님 나라에 이르게하실 것입니다. 모세의 성막이 긴 준비 과정을 거친 뒤 하루만에 세워진 것처럼 하나님은 한 순간에 이루실 것입니다.

All the prophecies fulfill in a moment.

프쿠데이 주간의 말씀

1. 파카드는 '잊지 않고 샅샅이 다 기억하고 있다가 정해진 때가 오면 그 때에 딱 맞춰서 직접 방문하여서 최종 결산한다'는 뜻입니다. 마지막 날 완성될 하나님의 킹덤에서도 최종 결산의 시간(파카드의 날)에 하나님은 우리의 모든 것을 정확하게 결산하실 것입니다.

2. 잘 다듬어진 보석이 되었을 때 하나님의 성을 빛나게 하고, 열방에 아름다움을 비추는 존재, 그것이 바로 하나님이 이스라엘을 위해 계획하신 것이었고, 또 앞으로 새 예루살렘에 함께 서게 될 우리를 향한 계획입니다.

3. 보석이 되기 위해서는 세공사이신 하나님께 내 자신 전부를 맡겨드려야 합니다. 내가 어떤 원석인지 아시는 분께서 내 안의 빛과 색깔을 되찾아 가장 아름다운 모습으로 세우실 것입니다.

4. 하나님이 말씀하신 대로, 명령하신 대로 하라고 하십니다. 왜냐하면 하나님 자신이 기준이기 때문입니다. 하나님이 보시기에 좋은 것이 좋은 것입니다. 하지만 사람들은 '그래도'라는 자신의 기준을 다시 한번 내세워서 하나님에게 속한 것을 사람의 것으로 섞어서 더럽힙니다.

5. 메시아닉 킹덤에서의 첫 유월절 예배는 광야 40년을 지나 요단강을 건너 마침내 약속의 땅으로 들어갔을 때 여호수아와 이스라엘 백성이 드렸던 유월절처럼, 큰 음녀 바벨론이라는 세상을 지나 에덴-동산으로 재입성하여 드리게 될 첫 유월절 예배가 될 것입니다.

6. 때로는 이런 중보의 영역이 자신의 뜻을 관철시키려는 우리 자신의 아젠다agenda나 자기 의가 될 때가 있습니다. 이 영역을 해결해야만 한다는 간절함이 나 자신의 뜻을 이루기 위한 고집으로 바뀔 때가 있습니다. 그러나 우리는 오히려 이런 아젠다를 내려놓고 경배(엎드려 절하여 나를 낮춤)함으로 보좌 앞으로 나아가 그분의 영광의 임재 안에서 충분히 머물고 그분의 권위로 그분의 뜻을 따라 그 뜻을 이 땅 가운데 권세있게 선포해야 합니다. 이것이 진정한 중보입니다.

7. 하나님의 임재는 우리 삶의 방향성입니다. 임재를 느낄 때 우리는 무엇을 해야 할지 알게 됩니다. 움직여야 할지 멈춰야 할지, 어디에 머물러야 할지, 무엇을 해야 할지, 무슨 말을 해야 할지 하지 말아야 할지, 모든 것이 하나님의 임재가 우리와 함께 하실 때 우리는 알 수 있습니다.

8. 하나님이 맡기신 일을 하나님이 말씀하신 대로 마치면 하나님의 영광이 드러납니다. 하나님의 뜻이 이뤄졌기 때문에 하나님의 말씀에 순종해서 일을 마쳤다는 것 자체가 하나님께 영광이 되기 때문입니다. 그러나 하나님이 시작하신 일을 사람이 영광을 받으려고 하면 그 끝은 죄와 사망입니다.

9. 쉐모트, 이름들로 시작한 출애굽기는 마지막에 하나님의 집(성막)을 위한 모든 재료들의 이름들과 집을 짓은 사람들의 이름들로 마무리됩니다. 하나님의 성전은 한 사람, 한 사람의 이름부터 성전이 완공되는 목록의 이름까지 여호와께서 명령하신 대로 완성되어 갔습니다.

프쿠데이 주간의 선포

1. 마지막 날 결산의 때에 칭찬과 상급을 받는 지혜로운 종이 되기 원합니다. 하나님의 임재로 내 삶이 방향성을 알 수 있도록 내 삶을 예배와 기도로 채웁니다. 부르신 자리에서 예배할 때 하나님의 임재로 항상 함께 하셔 주소서.

2. 원석인 나를 보석되게 하기 위해 다듬고 깎는 모든 과정을 잘 인내하게 하소서. 내가 원하는 모습이 아닌 하나님이 원하시는 모습으로 나를 다듬어서 하나님을 닮은 자 되게 하소서.

3. 중보기도와 예배를 사역의 방법으로 사용하여 내 뜻을 관철시키려는 어리석음을 범하지 않도록 내 안에 계신 성령님께서 늘 나에게 가르쳐 주시길 기도합니다. 나 또한 무엇을 위해 기도해야 할지 매순간 묻고 행하는 자 되기 원합니다.

4. 성전을 이루기 위해 오늘도 한 사람, 한 사람을 다듬고 만들어가시는 하나님, 마지막 때에 세상과 타협하지 않고 세상의 위협에 굴복하지 않는 남겨진 의로운 자가 되게 하소서. 그래서 새 예루살렘을 이루는 하나의 보석이 되게 하소서.

Torah Portion

부록

누구나 쉽게 히브리어 읽기

【부록 #1】 누구나 쉽게 히브리어 읽기

히브리어는 자음과 모음을 익히면 어렵지 않게 읽을 수 있는 문자입니다. 문자학적으로 구체적이고 자세한 설명보다는 누구나 쉽게 히브리어를 읽을 수 있도록 간단한 안내를 드립니다.

1. 히브리어는 한국어와 다르게 오른쪽에서 왼쪽 방향으로(←)읽습니다.
2. 성경 히브리어는 모음이 없이 자음만 표기하여 읽었습니다. 자음만 표기된 단어에 모음을 어떻게 붙여서 읽을지는 랍비와 부모를 통해서 구전전통으로만 전해 내려왔지만 후대에 와서 자음 주변에 모음을 표시하여 함께 읽을 수 있도록 하였습니다. 자음과 모음을 조합해서 읽는 방법은 다음 예시와 같습니다.

בְּרֵאשִׁית 베레쉬트 →ב = 베 / ר = 레 / א (음가없음) / שׁ = 쉬 / ת 트

3. 한글 자음으로 표현되지 않는 자음들을 아래와 같이 보충 설명합니다.

> 1. כ가 'ㅋ' 소리를 가질 때도 있지만 목구멍을 긁으며 'ㅋ' 와 'ㅎ' 를 함께 발음하여 내는 소리(kh)도 있습니다. 한국인들이 "크~~~게"를 강조하면서 발음할 때 'ㅋ' 와 'ㅎ' 를 함께 발음하여 긁는 소리를 내는 경우와 비슷합니다.
> 2. ח는 위에 설명한 כ의 'kh' 발음처럼 목구멍을 긁으면서 내는 'ㅎ'발음입니다. 그래서 표기를 'ㅋㅎ'으로 했습니다. 이렇게 발음하는 것이 좋으나, 어려울 경우 'ㅎ' 발음으로 합니다.
> 3. ר는 'ㄹ' 발음으로 해도 상관없지만 때로는 'ㄱ' 발음이 섞여 있어서 'ㄱ' 소리로 들릴 경우가 있는데 이는 'ㄹ' 보다 더 목 안쪽에서 나는 'ㄹ' 소리이기 때문입니다.

히브리어 성경 관련 APP

MySword Bible, BLB, הברית החדשה, 성경읽기 – 안드로이드 / BLB – IOS

자음			

문자	이름	발음	숫자값
א	알렢	음가가 없지만 초성 'ㅇ'와 비슷	1
ב	베트	ㅂ (b, v)	2
ג	김멜	ㄱ	3
ד	달렡	ㄷ	4
ה	헤이	ㅎ	5
ו	봐브	ㅂ (v,w)	6
ז	자인	ㅈ (z)	7
ח	ㅋ헤트	ㅋㅎ (kh)	8
ט	테트	ㅌ	9
י	유드	이 (y)	10
כ	카프	ㅋ, ㅋㅎ (k, kh)	20
ל	라메드	ㄹ	30
מ	멤	ㅁ	40
נ	눈	ㄴ	50
ס	싸멕	ㅆ	60
ע	아인	ㅇ	70
פ	페	ㅍ (p, f)	80
צ	짜디	ㅉ와 ㅊ의 중간음	90
ק	쿠프	ㅋ	100
ר	레쉬	ㄹ	200
שׁ שׂ	씬 쉰	우측점은 쉬 좌측점은 ㅆ	300
ת	타브	ㅌ	400

모음	
문자	발음
◌ֻ	
◌ַ	아
◌ָ	
◌ֵ	
◌ֶ	에
◌ֱ	
׳◌ֵ	
׳◌ֶ	에이
◌ִ	
׳◌ִ	이
◌ֹ	
◌ֳ	
◌ֹ	오
◌ֻ	
◌ֲ	
◌ֻ	
◌	우
◌ְ	'으'와 '어' 사이발음